Die historische Entwicklung des Rechtsinstituts Verwaltungsakt

Europäische Hochschulschriften
Publications Universitaires Européennes
European University Studies

Reihe II
Rechtswissenschaft

Série II Series II
Droit
Law

Bd./Vol. 3479

PETER LANG
Frankfurt am Main · Berlin · Bern · Bruxelles · New York · Oxford · Wien

Markus Engert

Die historische Entwicklung des Rechtsinstituts Verwaltungsakt

PETER LANG
Europäischer Verlag der Wissenschaften

Die Deutsche Bibliothek - CIP-Einheitsaufnahme

Engert, Markus:

Die historische Entwicklung des Rechtsinstituts Verwaltungsakt / Markus Engert. - Frankfurt am Main ; Berlin ; Bern ; Bruxelles ; New York ; Oxford ; Wien : Lang, 2002
(Europäische Hochschulschriften : Reihe 2, Rechtswissenschaft ; Bd. 3479)
Zugl.: Freiburg (Breisgau), Univ., Diss., 2002
ISBN 3-631-39690-2

D 25
ISSN 0531-7312
ISBN 3-631-39690-2

www.peterlang.de

Meinen Eltern

Lothar und Emmi Engert

"Man muss eigentlich jede Gelegenheit benutzten, um daran zu erinnern, dass es etwas gibt, was man übereingekommen ist als *Verwaltungsakt* zu bezeichnen, und dass mit der Aufnahme dieses Begriffs in die Wirklichkeit unseres öffentlichen Rechtes etwas Grosses geschehen ist."

Otto Mayer, AöR 21 (1907), S. 1 (2, Fn. 3)

Vorwort

Die vorliegende Arbeit wurde im Wintersemester 2001/2002 von der Rechtswissenschaftlichen Fakultät der Albert-Ludwigs-Universität Freiburg als Dissertation angenommen.

Mein Dank gilt an erster Stelle Prof. Dr. Thomas Würtenberger für die Betreuung der Arbeit und viele wertvolle Hinweise. Weiterhin danke ich Prof. Dr. Rainer Wahl für die Erstellung des Zweitgutachtens.

Für die kritische Durchsicht des Manuskripts bedanke ich mich bei Lothar Engert, Tina Engert, Ute Heermann, Dr. Peter Kersten, Silvia Mensing und Dr. Gernot Sydow.

Meine Eltern haben meine gesamte Ausbildung in jeder Beziehung unterstützt. Ihnen ist die Arbeit gewidmet.

Kornwestheim, im Februar 2002

Markus Engert

Inhaltsübersicht

Inhaltsverzeichnis

Abkürzungen

a.a.O.	am angegebenen Ort
Abs.	Absatz
AcP	Archiv für die civilistische Praxis
AnwBl.	Anwaltsblatt
AöR	Archiv des öffentlichen Rechts
Art.	Artikel
Aufl.	Auflage
BayVBl.	Bayerische Verwaltungsblätter
Bad. VGH	Badischer Verwaltungsgerichtshof
Bay. VGH	Bayerischer Verwaltungsgerichtshof
Bd.	Band
BGB	Bürgerliches Gesetzbuch
BVerfGE	Entscheidungen des Bundesverfassungsgerichts
BVerwGE	Entscheidungen des Bundesverwaltungsgerichts
bzw.	beziehungsweise
Can.	Canon
CIC	Codex Iuris Canonici
C.J.S.	Corpus Juris Secundum
DGO	Deutsche Gemeindeordnung
d. h.	das heißt
Diss. jur.	Dissertatio juris
DJZ	Deutsche Juristen-Zeitung
DÖV	Die Öffentliche Verwaltung
DR	Deutsches Recht

DRiZ	Deutsche Richterzeitung
DV	Deutsche Verwaltung
DVBl.	Deutsches Verwaltungsblatt
EAGV	Vertrag zur Gründung der Europäischen Atomgemeinschaft (EURATOM)
EGV	Vertrag zur Gründung der Europäischen Gemeinschaft (EG)
EuGH	Europäischer Gerichtshof
EuGRZ	Europäische Grundrechte Zeitschrift
f., ff.	folgende, fortfolgende
Fischers Zeitschr.	Fischers Zeitschrift für Praxis und Gesetzgebung der Verwaltung, ab Bd. 56 (1924) Fischers Zeitschrift für Verwaltungsrecht
Fn.	Fußnote
GG	Grundgesetz
Hrsg.	Herausgeber
JA	Juristische Arbeitsblätter
JöR	Jahrbuch des öffentlichen Rechts der Gegenwart
J.R.A.	Jüngster Reichsabschied
Jura	Juristische Ausbildung
JuS	Juristische Schulung
JW	Juristische Wochenschrift
JZ	Juristenzeitung
m.w.N.	mit weiteren Nachweisen
NJW	Neue Juristische Wochenschrift
NVwZ	Neue Zeitschrift für Verwaltungsrecht
ÖR	Öffentliches Recht
Österr. AVG	Österreichisches Allgemeines Verwaltungsverfahrensgesetz
Österr. VGH	Österreichischer Verwaltungsgerichtshof
OVG	Oberverwaltungsgericht
OVGE	Entscheidungssammlung des (jeweils angegebenen) OVG
Preuß. ALR	Allgemeines Landrecht für die Preußischen Staaten

Preuß. OVG	Preußisches Oberverwaltungsgericht
Preuß. PVG	Preußisches Polizeiverwaltungsgesetz
Preuß. VBl.	Preußisches Verwaltungs-Blatt
PVS	Politische Vierteljahresschrift
RAO	Reichsabgabenordnung
RGO	Reichsgewerbeordnung
RGVG	Reichsgerichtsverfassungsgesetz
RGZ	Entscheidungen des Reichsgerichts in Zivilsachen
Rn.	Randnummer
Rspr.	Rechtsprechung
RStGB	Strafgesetzbuch für das Deutsche Reich
RuPrVBl.	Reichsverwaltungsblatt und Preußisches Verwaltungsblatt
RVBl.	Reichsverwaltungsblatt
RVerwG	Reichsverwaltungsgericht
S.	Seite
Sächs. OVG	Sächsisches Oberverwaltungsgericht
Sp.	Spalte
str.	streitig
Thür. LVO	Thüringische Landesverwaltungsordnung
Thür. OVG	Thüringisches Oberverwaltungsgericht
u.	und
u. a.	unter anderem
usw.	und so weiter
v.	vom, von
VBlBW	Verwaltungsblätter für Baden-Württemberg
VerwArch.	Verwaltungsarchiv
VGH	Verwaltungsgerichtshof
vgl.	vergleiche
VVDStRL	Veröffentlichungen der Vereinigung der Deutschen Staatsrechtslehrer
VwGO	Verwaltungsgerichtsordnung

VwVfG	Verwaltungsverfahrensgesetz
Württemb. VGH	Württembergischer Verwaltungsgerichtshof
Württemb. VRO	Verwaltungsrechtsordnung für Württemberg
ZAkDR	Zeitschrift der Akademie für Deutsches Recht
z. B.	zum Beispiel
ZStW	Zeitschrift für die gesamte Staatswissenschaft

A. Einleitung

I. Gegenstand der Untersuchung

Zum Rechtsinstitut Verwaltungsakt liegen keine Untersuchungen vor, die darauf angelegt sind, einen Überblick über die gesamte historische Entwicklung zu geben. Nur Teilaspekte in zeitlicher oder sachlicher Hinsicht wurden bisher dargestellt[1]. Trotz gegenwärtiger Tendenzen, seinen Anwendungsbereich etwas einzuschränken - durch öffentlich-rechtliche Verträge, informelles Verwaltungshandeln usw. - ist er noch immer das Standardinstrument der Behörden[2]. Bereits diese Position im Verwaltungsrechtssystem rechtfertigt den Versuch einer historischen Aufarbeitung der Gesamtentwicklung. Um einen Satz aus der Zeit der vorletzten Jahrhundertwende zu zitieren, der immer noch Gültigkeit besitzt: "Man muss eigentlich jede Gelegenheit benutzen, um daran zu erinnern, dass es etwas gibt, was man übereingekommen ist als *Verwaltungsakt* zu bezeichnen, und dass mit der Aufnahme dieses Begriffs in die Wirklichkeit unseres öffentlichen Rechtes etwas Grosses geschehen ist."[3]

In dieser Untersuchung soll die Entwicklung des Verwaltungsakts von seiner Entstehung mit Beginn des liberalen Rechtsstaats[4] bis zum Untergang des Nationalsozialismus nachgezeichnet werden, mit einem Ausblick auf die

1 Vgl. *Becker*, Die behördliche Erlaubnis des absolutistischen Fürstenstaates; *Erichsen*, Verfassungs- und verwaltungsrechtsgeschichtliche Grundlagen der Lehre vom fehlerhaften belastenden Verwaltungsakt und seiner Aufhebung im Prozeß; *Funk*, Der Verwaltungsakt im österreichischen Rechtssystem; *Görlitz*, PVS 12 (1971), S. 71; *Krause*, Rechtsformen des Verwaltungshandelns; *Schmidt-De Caluwe*, Der Verwaltungsakt in der Lehre Otto Mayers.

2 Zur aktuellen Bedeutung des Verwaltungsakts beispielsweise *Kahl*, Jura 2001, S. 505.

3 *Mayer*, AöR 21 (1907), S. 1 (2, Fn. 3), Hervorhebung im Original.

4 Die rechtliche Situation vor Beginn des 19. Jahrhunderts wird hier nicht behandelt, da damals die wissenschaftliche Ausarbeitung eines Rechts der Verwaltung noch weitestgehend gefehlt hat. Vgl. zu diesem Zeitraum vor allem *Erichsen*, Verfassungs- und verwaltungsrechtsgeschichtliche Grundlagen (vom Mittelalter bis zum 19. Jahrhundert) und *Becker*, Die behördliche Erlaubnis des absolutistischen Fürstenstaates; zum öffentlichen Recht allgemein *Jeserich / Pohl / v. Unruh*, Deutsche Verwaltungsgeschichte, Bd. 1, *Stolleis*, Geschichte des öffentlichen Rechts in Deutschland, Bd. 1.

folgende Zeit. Beabsichtigt ist nicht eine vollständige Beschreibung aller Arten von Verwaltungsakten und deren Inhalt, sondern ein Herausfiltern der wesentlichen Wandlungen und Modifikationen dieses Rechtsinstituts.

Dabei ist zu berücksichtigen, daß der Verwaltungsakt noch bis weit ins 20. Jahrhundert hinein ein sehr offener Rechtsbegriff war[5], der von den Strömungen des Staats- und sonstigen allgemeinen Verwaltungsrechts ganz wesentlich geprägt wurde. Besondere Beachtung muß daher auch und vor allem der Einfluß des jeweils geltenden Verfassungsrechts auf den Verwaltungsakt finden. Entgegen *Otto Mayers* Satz aus der Anfangszeit der Weimarer Republik: "Verfassungsrecht vergeht, Verwaltungsrecht besteht"[6], ist zu sagen, daß der Einfluß des Verfassungsrechts derart untrennbar mit der Entwicklung des Rechtsinstituts Verwaltungsakt verbunden ist, daß eine isolierte, rein verwaltungsrechtliche Betrachtung den Veränderungen dieses Rechtsinstituts nicht annähernd gerecht werden könnte. "Denn Verwaltungsrecht und Verwaltungsrechtswissenschaft", so treffend *Erk Volkmar Heyen*, "sind gewissermaßen die handwerkliche Seite der sich stetsfort konkretisierenden Menschenrechte und der ihnen zugehörigen politischen Philosophie des Verfassungs- und Rechtsstaats"[7]. Anhand des Rechtsinstituts Verwaltungsakt läßt sich die

5 Dazu *Krause*, Rechtsformen des Verwaltungshandelns, S. 117, 139 f. Geändert hat sich diese Situation wohl erst durch die Kodifizierung unmittelbar nach dem Zweiten Weltkrieg und dann endgültig in den §§ 35 ff. VwVfG im Jahr 1976 (vgl. dazu unten im Abschnitt D.III.) sowie die ausführliche Rspr. des Bundesverfassungsgerichts zu den wesentlichen rechtsstaatlichen Voraussetzungen von Verwaltungsakten, z. B. zum Gesetzesvorbehalt und zur Bestimmtheit gesetzlicher Ermächtigungen; vgl. etwa BVerfGE 8, S. 224 (Urteil v. 12. November 1958); BVerfGE 9, S. 137 (Urteil v. 3. Februar 1959); BVerfGE 48, S. 210 (Urteil v. 19. April 1978). Vgl. aber auch zur neuerdings wieder zunehmenden Aufweichung des Verwaltungsaktsbegriffs durch den 'nichtmateriellen Verwaltungsakt' die diesbezüglich kritische Darstellung von *Erfmeyer*, DÖV 1996, S. 629 sowie zum 'fiktiven Verwaltungsakt' die Ausführungen von *Caspar*, AöR 125 (2000), S. 131; jeweils m.w.N. Daneben waren und sind wichtige Grundfragen wie etwa das "Erfordernis gesetzlicher Ermächtigung für Verwaltungshandeln in der Form des Verwaltungsakts" (dazu der so betitelte Aufsatz von *Osterloh*, JuS 1983, S. 280 sowie *Druschel*, Die Verwaltungsaktbefugnis; *Fischer*, Der Verwaltungsakt als staatsrechtlich determinierte Handlungsform; *Schmidt-De Caluwe,* Der Verwaltungsakt in der Lehre Otto Mayers, S. 273) weiterhin umstritten.

6 *Mayer*, Deutsches Verwaltungsrecht, Bd. 1, 3. Aufl., Vorwort. Wobei der Satz, als er geschrieben wurde, also speziell für den Umbruch von 1918, durchaus berechtigt war (ausführlich dazu im Abschnitt D.I.). Nur die Verallgemeinerung ist problematisch, was *Mayer* jedoch bewußt war; vgl. dazu *Bachof*, VVDStRL 30 (1972), S. 193 (204 ff.).

Stellung des Menschen im Staat während der vergangenen zweihundert Jahre gut nachverfolgen: Der Verwaltungsakt mit seinem verfassungsrechtlichen Hintergrund prägte wesentlich die Entwicklung vom Untertan zum Staatsbürger.

Eine Schwierigkeit besteht darin, daß die Entwicklung in Deutschland durch die vielen Einzelstaaten - vor allem im 19. Jahrhundert - nicht zeitgleich verlief. Im Gegensatz zu Frankreich, wo durch die Revolution von 1789 ein klarer Bruch mit dem Ancien régime erfolgte, der sich in kürzester Frist im ganzen Land auswirkte, gab es hier weder räumlich noch zeitlich einen eindeutigen Beginn für ein neues Verwaltungsrecht.

Mangels eines zentralistischen Einheitsstaates und einer umfassenden Revolution können die Ausführungen zu den deutschen Territorien immer nur unter der Einschränkung betrachtet werden, daß es Gebiete gab, die in ihrer Entwicklung bereits weiter fortgeschritten waren bzw. weiter zurücklagen. Die unterschiedliche politische Situation in den reichsunmittelbaren Städten und den von Fürsten beherrschten Staaten verschiedenster Größe und Herrschaftsstruktur beeinflußte zwangsläufig auch die Handlungsformen der jeweiligen Verwaltung. Während es in den meisten deutschen Staaten bereits vor 1850 zu einem Ausgleich zwischen Fürsten- und Volkssouveränität kam, hielt sich die absolutistische Regierungsform - als Ausnahmeerscheinung - in den beiden mecklenburgischen Großherzogtümern (Mecklenburg-Strelitz und Mecklenburg-Schwerin) noch während des ganzen 19. Jahrhunderts[8]. Wichtige Neuerungen und Ereignisse betrafen in der Regel nur einzelne Länder[9] (etwa das Allgemeine Landrecht für die preußischen Staaten von 1794) oder führten sogar zu einer noch größeren Rechtszersplitterung (z. B. das Ende des Heiligen Römischen Reiches Deutscher Nation im Jahr 1806).

Die Entwicklung des Verwaltungsakts kann daher - aufgrund seiner Abhängigkeit vom staatsrechtlichen Umfeld - vielfach nur exemplarisch an-

7 *Heyen*, Der Staat 22 (1983), S. 21 (32). In diesem Sinn auch *Werners* oft zitierter Aufsatztitel "Verwaltungsrecht als konkretisiertes Verfassungsrecht", DVBl. 1959, S. 527.

8 *Haenel*, Deutsches Staatsrecht, Bd. 1, S. 132.

9 Teilweise war auch das Recht in verschiedenen Landesteilen sehr unterschiedlich, vgl. dazu etwa *Schulte*, Die Einführung der preußischen Verwaltungsgerichtsbarkeit in Schleswig-Holstein. Um das Jahr 1800 galt das örtliche Recht als vorrangig gegenüber dem Provinzialrecht und dieses wiederum als vorrangig gegenüber dem Landesrecht, dazu *Hattenhauer*, Geschichte des deutschen Beamtentums, S. 175.

hand des Fortgangs in den einflußreichsten Staaten dargestellt werden. Trotz aller Unterschiede gab es aber auch bereits im 19. Jahrhundert unbestreitbare Gemeinsamkeiten im gesamten deutschen Bereich. *Edgar Loening* drückte dieses Phänomen im Jahr 1884 treffend aus: "Das Verwaltungsrecht der Einzelstaaten bietet in seinen Einzelheiten das Bild einer kaum übersehbaren Mannigfaltigkeit dar. Trotz dieser Mannigfaltigkeit zeigen aber die Grundzüge der einzelnen Rechtsinstitute eine merkwürdige Gleichheit. Das Verwaltungsrecht ist nicht ein gemeines Recht, aber ein nationales gemeinsames Recht."[10]

Die Konsequenz für seine Darstellung des "Deutschen Verwaltungsrechts", die auch für die vorliegende Arbeit als Leitlinie gelten soll, war: "Trotzdem hat die Wissenschaft des deutschen Verwaltungsrechts nicht die Aufgabe, eine statistische Zusammenstellung der in den verschiedenen deutschen Staaten bestehenden Rechtsnormen über die Verwaltung zu geben. Die Wissenschaft des deutschen Verwaltungsrechts ist nicht gleichbedeutend mit einer Gesetzeskunde aller deutschen Staaten."[11] Vielmehr besteht die Aufgabe "darin, die gemeinsamen Wurzeln des Verwaltungsrechts der Einzelstaaten bloß zu legen und nachzuweisen, wie aus diesen Wurzeln sich die Rechtsinstitute entwickelt und gestaltet haben."[12]

Ausgangspunkt dieser Abhandlung ist nur der Verwaltungsakt in der Bedeutung des jetzigen § 35 VwVfG, d. h. die einseitige hoheitliche Regelung eines Einzelfalls durch eine Behörde mit Außenwirkung. Dies schließt aber nicht aus, daß zur Abgrenzung andere Handlungsformen der Verwaltung mitbehandelt werden müssen. Alles weitere würde den Rahmen dieser Untersuchung sprengen, die ohnehin, wie es bei epochenübergreifenden Darstellungen zwangsläufig der Fall ist, nur die Grundzüge herausarbeiten kann. Dabei wird der Versuch unternommen, die wichtigsten Strömungen der Entwicklung des Rechtsinstituts Verwaltungsakt zu erfassen und anschaulich zu machen.

Hierzu sind die prägenden Voraussetzungen des Verwaltungsakts in der fortschreitenden Zeit darzustellen, insbesondere:

10 *Loening*, Lehrbuch des Deutschen Verwaltungsrechts, S. 21. Vgl. dazu auch *Bühler*, VerwArch. 27 (1919), S. 283 (306 ff.).

11 *Loening*, Lehrbuch des Deutschen Verwaltungsrechts, S. 20.

12 *Loening*, Lehrbuch des Deutschen Verwaltungsrechts, S. 21.

1. Die Herausbildung einer einheitlichen Begriffsdefinition des Verwaltungsakts.

2. Die Entwicklung der rechtlichen Grundlagen, die beim Erlaß von Verwaltungsakten zu beachten sind, besonders der Vorbehalt und der Vorrang des Gesetzes.

3. Die Entstehung der Garantiefunktion des Verwaltungsakts, d. h. die Rechts- oder Bestandskraft und ihre Auswirkung auf die Aufhebbarkeit.

4. Die sich entwickelnden Möglichkeiten des gerichtlichen Rechtsschutzes gegen Verwaltungsakte[13].

II. Terminologie

Ein sehr wichtiger Punkt ist die Behandlung der Terminologie, die sich im Laufe der letzten zweihundert Jahre stark gewandelt hat[14]. Es beginnt schon damit, daß der Begriff 'Verwaltungsakt' erst am Anfang des 19. Jahrhunderts in der deutschen rechtswissenschaftlichen Literatur aufgetaucht ist und sich nur sehr langsam gegen eine Vielzahl anderer Formulierungen durchsetzen konnte. Eine genaue Definition fehlte damals ebenso wie eine Abgrenzung von anderen Begriffen, die auch zur Bezeichnung von Verwaltungshandlungen verwandt wurden.

Einen Verwaltungsakt im heutigen Sinn, also gemäß der Definition von § 35 VwVfG[15], nannte man je nach Zeit und Ort auch (mit wechselnder Orthographie und unterschiedlichen Zusätzen wie 'einseitig', 'hoheitlich' oder 'obrigkeitlich'):

13 *Wahl*, VBlBW 1988, S. 387 bezeichnet das Verhältnis zwischen "Verwaltungsverantwortung und Verwaltungsgerichtsbarkeit" als ein "Dauerthema und -problem" in der Geschichte der Verwaltungsgerichtsbarkeit.

14 Vgl. auch *Erichsen*, Verfassungs- und verwaltungsrechtsgeschichtliche Grundlagen, S. 110 ff.

15 Die Bezeichnungen waren natürlich regelmäßig noch nicht exakt auf diese enge Definition bezogen; man kann daher allenfalls aus dem Zusammenhang schließen, daß - zumindest auch - das jetzige Rechtsinstitut Verwaltungsakt gemeint war.

'Akt der Staatshoheit'[16], 'Anordnung'[17], 'Anweisung'[18], 'Auftrag'[19], 'Bann'[20], 'Befehl'[21], 'Bescheid'[22], 'Beschluß'[23], 'Concession'[24], 'Dekret'[25], 'Dis-

16 *Mayer*, AöR 3 (1888), S. 3 (43).

17 *Bluntschli*, Allgemeines Staatsrecht, Bd. 2, S. 106; *Gönner*, Handbuch des deutschen gemeinen Prozesses, S. 66; *Harl*, Entwurf eines Polizei-Gesetzbuchs, S. 614; *Mayer*, Grundsätze des Verwaltungs-Rechts, S. 459; *v. Sarwey*, Allgemeines Verwaltungsrecht, S. 29.

18 *Harl*, Entwurf eines Polizei-Gesetzbuchs, S. 614.

19 *Bluntschli*, Allgemeines Staatsrecht, Bd. 2, S. 107.

20 *Bluntschli*, Allgemeines Staatsrecht, Bd. 2, S. 107.

21 *Bluntschli*, Allgemeines Staatsrecht, Bd. 2, S. 106; *Gönner*, Teutsches Staatsrecht, S. 469; *Häberlin*, Handbuch des Teutschen Staatsrechts, Bd. 2, S. 457; *Harl*, Entwurf eines Polizei-Gesetzbuchs, S. 604; *Held*, System des Verfassungsrechts, S. 599; *Jordan*, Versuche über allgemeines Staatsrecht, S. 405; *Laband*, Das Staatsrecht des Deutschen Reiches, Bd. 2, 1. Aufl., S. 216; *Mayer*, Theorie des Französischen Verwaltungsrechts, S. 167; *Mohl*, Das Staatsrecht des Königreiches Württemberg, Bd. 1, S. 197; *Rosin*, Das Polizeiverordnungsrecht in Preußen, S. 11; *Schlözer*, Allgemeines StatsRecht und StatsVerfassungsLere, S. 103; *Schmalz*, Das natürliche Staatsrecht, S. 83 f. Um 1800 war der Begriff 'Befehl' wohl noch die gebräuchlichste Bezeichnung für das, was man heute unter einem Verwaltungsakt versteht. Im Laufe des 19. Jahrhunderts, im Zusammenhang mit der liberalen Verfassungsbewegung und der zunehmenden Rechtsstaatlichkeit, ging der Gebrauch jedoch immer mehr zurück und es wurden Formulierungen gewählt, die nicht mehr so stark an den Polizeistaat erinnerten. Vgl. dazu etwa *Blum*, Handbuch, Stichwort "Befehl", S. 122. Aber auch der Ausdruck "Befehl" wurde nicht nur für Verfügungen benutzt, sondern stand zusätzlich oft noch für andere staatliche Maßnahmen wie Gesetze oder allgemeine Verordnungen, z. B. bei *Haenel*, Deutsches Staatsrecht, Bd. 1, S. 124; *v. Rotteck*, Lehrbuch des Vernunftrechts, Bd. 2, S. 106; *Mayer*, Deutsches Verwaltungsrecht, Bd. 1, 1. Aufl., S. 271 ff.; *Meyer*, Lehrbuch des deutschen Verwaltungsrechtes, Bd. 1, S. 29; *Nebinger*, Reichspolizeirecht, S. 30; oder - wie sehr häufig - für verwaltungsinterne Anweisungen, vgl. beispielhaft für viele *Meyer*, Lehrbuch des deutschen Verwaltungsrechtes, Bd. 1, S. 29; *v. Mohl*, Das Staatsrecht des Königreiches Württemberg, Bd. 2, S. 72.

22 *Dennewitz*, Verwaltung und Verwaltungsrecht, S. 95 (mit ausführlicher Darlegung des Begriffsgebrauchs in Österreich und unter Verweis auf die Regelung in § 56 des Österr. AVG); *Funk*, Der Verwaltungsakt im österreichischen Rechtssystem, S. 23 f.; *Mannlicher*, DV 1942, S. 291; *v. Mohl*, Das Staatsrecht des Königreiches Württemberg, Bd. 2, S. 79; *Spanner*, DV 1938, S. 676 (681); *Ulbrich*, Grundzüge des österreichischen Verwaltungsrechtes, S. 68.

23 *Stahl*, Philosophie des Rechts, Bd. 2, 2. Abtheilung, S. 124.

24 *Bluntschli*, Allgemeines Staatsrecht, Bd. 2, S. 107; *Heimbach*, Stichwort "Privilegium", S. 492 (494).

25 *Blum*, Handbuch, Stichwort "Befehl", S. 122; *Stahl*, Philosophie des Rechts, Bd. 2, 2. Abtheilung, S. 124; *Ulbrich*, Grundzüge des österreichischen Verwaltungsrech-

pensation'[26], 'Einzelanordnung'[27], 'Entscheidung'[28], 'Entschließung'[29], 'Maasregel'[30], 'Manipulation der Polizeigewalt'[31], 'Ordre'[32], 'Polizeibefehl'[33], 'Privileg'[34], 'Regierungsact'[35], 'Rescript'[36], 'Souveränetätsakt'[37], 'Staatsakt'[38], 'Verfügung'[39], 'Verordnung'[40], 'Willenserklärung'[41] usw.

tes, S. 68.

26 *Heimbach*, Stichwort "Privilegium", S. 492 (494).

27 *Nebinger*, Reichspolizeirecht, S. 45.

28 *v. Sarwey*, Allgemeines Verwaltungsrecht, S. 29.

29 *Gönner*, Handbuch des deutschen gemeinen Prozesses, S. 69.

30 *Lotz*, Ueber den Begriff der Polizei und den Umfang der Staatspolizeigewalt, S. 60; *Leist*, Lehrbuch des teutschen Staatsrechts, S. 356; *Mayer*, Grundsätze des Verwaltungs-Rechts, S. 459; *v. Sarwey*, Allgemeines Verwaltungsrecht, S. 29; *Stahl*, Philosophie des Rechts, Bd. 2, 2. Abtheilung, S. 45.

31 *Lotz*, Ueber den Begriff der Polizei und den Umfang der Staatspolizeigewalt, S. 61.

32 *Blum*, Handbuch, Stichwort "Befehl", S. 122.

33 *Ansorge*, DV 1941, S. 235 u. 249; *Fries*, Von Deutschem Bund und Deutscher Staatsverfassung, Zweyte Abtheilung, S. 9; *Mayer*, Deutsches Verwaltungsrecht, Bd. 1, 1. Aufl., S. 271 ff.; *Mayer*, Theorie des Französischen Verwaltungsrechts, S. 167; *Thoma*, Der Polizeibefehl im Badischen Recht, S. 53.

34 Vgl. zur wiederum sehr unterschiedlichen Bezeichnung des Rechtsinstituts 'Privileg': *Mohnhaupt*, Stichwort "Privileg, neuzeitlich", Sp. 2005 (2006) und *Mohnhaupt*, Untersuchungen zum Verhältnis Privileg und Kodifikation im 18. und 19. Jahrhundert, S. 77 f.

35 *Heffter*, Beiträge zum deutschen Staats- und Fürstenrecht, S. 130. Zur heutigen Abgrenzung von Verwaltungs- und Regierungsakten vgl. *Achterberg*, Allgemeines Verwaltungsrecht, S. 417 f. m.w.N.

36 *Bluntschli*, Allgemeines Staatsrecht, Bd. 2, S. 107; *Zoepfl*, Grundsätze des gemeinen deutschen Staatsrechts, Bd. 2, S. 591.

37 *Mayer*, AöR 3 (1888), S. 3 (43).

38 *Coester*, Die Rechtskraft der Staatsakte, 14 ff. (als Oberbegriff, u. a. auch für Verwaltungsakte); *Fleiner*, Institutionen des Deutschen Verwaltungsrechts, 1. Aufl., S. 153; *Kelsen*, AöR 31 (1913), S. 53 u. 190 (53); *Kormann*, System der rechtsgeschäftlichen Staatsakte, S. 27 (als Oberbegriff für Verwaltungsakte und Urteile, allerdings nur um die Urteile erkennbarer einzubeziehen; a.a.O., S. 48 bezeichnete er dann Urteile wieder als Verwaltungsakte); *Mayer*, AöR 3 (1888), S. 3 (43).

39 *Ansorge*, DV 1941, S. 235 u. 249; *Biermann*, Privatrecht und Polizei in Preußen, S. 14; *Fleiner*, Institutionen des Deutschen Verwaltungsrechts, 1. Aufl., S. 156 u. 8. Aufl., S. 183; *Foerstemann*, Principien des preußischen Polizeirechts, S. 478; *Gerber*, Ueber öffentliche Rechte, S. 79; *Grotefend*, Lehrbuch des Preußischen Verwaltungsrechts, S. 30; *Haenel*, Deutsches Staatsrecht, Bd. 1, S. 124; *Jolly*, Das Polizeistrafgesetzbuch, S. 19; *Hatschek*, Lehrbuch des deutschen und preußischen Verwaltungsrechts, S. 8; *v. Kirchenheim*, Einführung in das Verwaltungsrecht, S. 74; *Kneu-*

Dazu kamen und kommen die Bezeichnungen für bestimmte Kategorien von Verwaltungsakten, wie z. B. 'Bescheinigung', 'Beurkundung', 'Dispens', 'Entzug', 'Erlaubnis', 'Genehmigung', 'Konzession', 'Polizeiverfügung', 'Steuerbescheid', 'Verbot', 'Versagung', 'Zusage', 'Zusicherung' und viele mehr[42], die oft unterschiedlich, widersprüchlich oder einfach nur unklar und ohne weitere Erläuterung Verwendung fanden.

Neben unterschiedlichen Bezeichnungen für die heutigen Begriffe 'Verwaltungsakt' und 'Verfügung' benutzte man auch diese Ausdrücke selbst wiederum für sehr viele verschiedene (oder alle[43]) Verwaltungshandlungen,

er, Kurzes Handbuch des Bayerischen Verwaltungsrechts, S. 27; *Laband*, Das Staatsrecht des Deutschen Reiches, Bd. 2, 1. Aufl., S. 216 f.; *Mayer*, Grundsätze des Verwaltungs-Rechts, S. 460; *Mayer*, AöR 3 (1888), S. 3 (43); *Mayer*, Theorie des Französischen Verwaltungsrechts, S. 170; *Merk*, Deutsches Verwaltungsrecht, S. 814 ff.; *Meyer*, Lehrbuch des deutschen Staatsrechtes, S. 451; *Meyer*, Lehrbuch des deutschen Verwaltungsrechtes, Bd. 1, S. 29; *Rosin*, Das Polizeiverordnungsrecht in Preußen, S. 11; *v. Sarwey*, Allgemeines Verwaltungsrecht, S. 29; *Schenkel*, Das Staatsrecht des Großherzogthums Baden, S. 27; *v. Stengel*, Lehrbuch des Deutschen Verwaltungsrechts, S. 182; *Thoma*, Der Polizeibefehl im Badischen Recht, S. 57; *Ulbrich*, Grundzüge des österreichischen Verwaltungsrechtes, S. 64; *v. Weiler*, Ueber Verwaltung und Justiz, S. 51. Vgl. zur Diskussion, ob die Begriffe Verfügung und Verwaltungsakt austauschbar sind *Kormann*, System der rechtsgeschäftlichen Staatsakte, S. 50, 62 f.

40 *Gerstner*, Einleitung in die gesammte Staatsverwaltungslehre, S. 153. Er verwendet den Begriff gleichermaßen für Verwaltungsakte und Verordnungen im heutigen Sinn. Für *Leuthold*, Das Königlich Sächsische Verwaltungsrecht, S. 76, Anmerkung 1 sind Verordnungen: "Verfügungen, Bekanntmachungen, Erlasse, Regulative, Reglements u.s.w."

41 *Rosin*, Das Polizeiverordnungsrecht in Preußen, S. 11 f.

42 Beispiele finden sich in nahezu allen derzeitigen Verwaltungsgesetzen und Lehrbüchern. Vgl. auch die Aufzählungen bei *Kormann*, System der rechtsgeschäftlichen Staatsakte, S. 62 f. und *Wolff / Bachof / Stober*, Verwaltungsrecht I, S. 612.

43 *Loening*, Lehrbuch des Deutschen Verwaltungsrechts, S. 226 f., der alle "Willenserklärungen des Staats" als Verwaltungsakte bezeichnete, "welche keine Rechtsnormen enthalten, sondern konkrete Verhältnisse nach Maßgabe bestehender Rechtsnormen ordnen". Zudem könne in bestimmten gesetzlich vorgeschriebenen Fällen auch die "Vornahme des Verwaltungsakts durch ein Gesetz" erfolgen. Davon abweichend, aber ebenfalls sehr weitgehend, ist auch seine Definition der 'Verfügungen', die er, a.a.O., S. 240 in "Verfügungen im engeren Sinne" (entsprechend dem heutigen Verfügungsbegriff) und "staatsrechtliche Verträge" einteilt. Ähnlich weit ist auch der Verwaltungsaktsbegriff bei *Meyer*, Lehrbuch des deutschen Verwaltungsrechtes, Bd. 1, S. 29 ff., der nur den Begriff 'Verfügungen' für die heutigen Verwaltungsakte verwendet. Im Anschluß an *Meyer* auch *Thoma*, Der Polizeibefehl im Badischen Recht, S. 52, Fn. 6 (mit gewissen Einschränkungen dann S. 62 f.).

die man derzeit nicht mehr als Verwaltungsakt bezeichnet[44], so z. B. für Gesetze[45], Realakte[46], Verordnungen[47] und Urteile[48]. Insbesondere bei Urteilen blieb die Abgrenzung für eine lange Dauer schwierig, da die Trennung von Verwaltungsbehörden und Verwaltungsgerichten in den einzelnen Ländern zu unterschiedlichen Zeiten und generell erst spät - ab der zweiten Hälfte des 19. Jahrhunderts - vollzogen wurde.

Eine ähnliche Begriffsvielfalt und -verwirrung herrschte - und herrscht teilweise heute noch - auch bei den Formulierungen, die mit dem Verwaltungsakt in engem Zusammenhang stehen. Beispielhaft seien hier nur solche genannt, die mit der Wirksamkeit zu tun haben (nahezu alle finden sich noch regelmäßig in den aktuellen Gesetzen und der neuesten Literatur[49]): 'Anfechtung', 'Aufhebung', 'Bestandskraft', 'Gültigkeit', 'Nichtigkeit', 'Rechtskraft', 'Rechtsverbindlichkeit', 'Rücknahme', 'Vernichtbarkeit', 'Widerruf', 'Wirksam-

44 Vgl. auch *Pauly*, Stichwort "Verwaltungsakt", Sp. 875 (876).

45 *Fleiner*, Institutionen des Deutschen Verwaltungsrechts, 1. Aufl., S. 159; *Giese*, Deutsches Staatsrecht, S. 177; *Kormann*, System der rechtsgeschäftlichen Staatsakte, S. 58; *Laband*, Das Staatsrecht des Deutschen Reiches, Bd. 2, 1. Aufl., S. 209.

46 *Bluntschli*, Stichwort "Verwaltung und Verwaltungsrecht", S. 60 (mit einer sehr weiten Auslegung des Begriffs, der "die Ernennung bestimmter Minister, die Einberufung und Berathung der Kammern, die Leitung des Schwurgerichts, die Herstellung einer Straße als Verwaltungsakte betrachtet"); *Fleiner*, Institutionen des Deutschen Verwaltungsrechts, 1. Aufl., S. 156 f. u. 8. Aufl., S. 183 f. (der allerdings neben diesen Verwaltungsakten im weiteren Sinn auch solche im engeren Sinn erwähnt (obrigkeitliche Akte = Verfügungen)); *Funk*, Der verfahrensfreie Verwaltungsakt; *Funk*, Der Verwaltungsakt im österreichischen Rechtssystem, S. 13 (wie in Österreich üblich werden bei ihm Realakte als "verfahrensfreie Verwaltungsakte" bezeichnet); *Schmitthenner*, Grundlinien des allgemeinen oder idealen Staatsrechts, S. 499.

47 Vgl. etwa *Giese*, Deutsches Staatsrecht, S. 177; *Häberlin*, Handbuch des Teutschen Staatsrechts, Bd. 2, S. 556; *Pfeiffer*, Practische Ausführungen, Bd. 5, S. 558.

48 Beispielsweise *Fleiner*, Institutionen des Deutschen Verwaltungsrechts, 1. Aufl., S. 157; *Kormann*, System der rechtsgeschäftlichen Staatsakte, S. 48; *Kunze*, Das Verwaltungsstreitverfahren, S. 3; *Mayer*, Deutsches Verwaltungsrecht, Bd. 1, 1. Aufl., S. 162, 173 ff.; *Spiegel*, Die Verwaltungsrechtswissenschaft, S. 97; *v. Stengel*, Lehrbuch des Deutschen Verwaltungsrechts, S. 183. Ähnlich auch *Müller*, Rechtskraft im Verwaltungsstreitverfahren, S. 46 f., der davon ausging, daß das Verwaltungsurteil in der Regel einen Verwaltungsakt enthalte.

49 Vgl. zur noch verwirrenderen Situation zu Beginn des 20. Jahrhunderts auch *Herrnritt*, Grundlehren des Verwaltungsrechtes, S. 269, Fn. 11, S. 284, Fn. 6; *Kormann*, System der rechtsgeschäftlichen Staatsakte, S. 204; jeweils mit ausführlichen weiteren Beispielen von wenig bestimmten Begriffen.

keit' und 'Zurücknahme'. Eine vergleichbare Liste könnte auch zu den Nebenbestimmungen von Verwaltungsakten[50] und vielen anderen Bereichen aufgestellt werden. Und fast überall hat sich eine klare Definition und ein einheitlicher Sprachgebrauch erst nach längerer Anwendung, meistens sogar erst nach gesetzlicher Regelung eingebürgert. Aber selbst Legaldefinitionen, insbesondere, wenn sie nur in einigen Ländern galten, haben der Verwirrung nicht immer ein Ende gesetzt. Auf noch heute bestehende Unklarheiten kann an dieser Stelle nicht näher eingegangen werden.

Geklärt werden muß jedoch die Verwendung der wichtigsten Begriffe in dieser Abhandlung[51]:

'Verwaltungsakt' und *'Verfügung'* werden synonym in der heute üblichen Bedeutung benutzt. Der Ausdruck *'Privileg'* konnte sowohl Vorrechte ganzer Klassen bezeichnen als auch die Erteilung von Sonderrechten für einzelne[52]. Behandelt wird unter diesem Namen hier allein die zweite Variante, da nur diese als Vorläufer des Verwaltungsakts in Betracht kommt. Nicht ausgeschlossen sind jedoch die Privilegierungen von Personengruppen, die mit der jetzigen Allgemeinverfügung vergleichbar sind. Bei Ausführungen zu Österreich findet auch der dort übliche Ausdruck *'(Verwaltungs-)Bescheid'* Verwendung.

'Prozessuale Anfechtung' steht für ein gerichtliches, *'Widerspruch'* für ein behördliches Rechtsschutzersuchen gegen einen Verwaltungsakt. Zusammenfassend werden beide Alternativen als *'Anfechtung'* bezeichnet. Insbesondere wird aber eine Aufhebung aufgrund behördlicher Initiative - im Gegensatz zu früher[53] - nicht mehr Anfechtung genannt. Die Begriffe *'Rücknahme'* und *'Widerruf'* werden im Sinne der §§ 48, 49 VwVfG gebraucht, also Rücknahme bei rechtswidrigen und Widerruf bei rechtmäßigen Verwaltungsakten. Als Oberbegriff für eine erfolgreiche gerichtliche Anfechtung, eine Rücknahme oder einen Widerruf wird in dieser Arbeit die Bezeichnung *'Aufhebung'* benutzt. Die Begriffe *'Rechtskraft'* und *'Bestandskraft'* werden so gebraucht, wie dies in der jeweils behandelten Epoche üblich war; die heutige Abgren-

[50] Vgl. dazu *Elster*, Begünstigende Verwaltungsakte, S. 11 ff.

[51] Abweichender Gebrauch wird, falls erforderlich, an der betreffenden Stelle erläutert.

[52] Vgl. *Cucumus*, Lehrbuch des Staatsrechts, S. 372; *Zoepfl*, Grundsätze des allgemeinen und des constitutionell-monarchischen Staatsrechts, S. 235.

[53] Beispielsweise bei *Koellreutter*, Deutsches Verwaltungsrecht, S. 103.

zung wird im Rahmen der Entwicklung an der entsprechenden Stelle behandelt.

Bei Zitaten aus historischen Quellen wird die beabsichtigte Bedeutung jeweils angegeben, falls diese zu erschließen und die Erklärung erforderlich ist. In der Regel sind die Formulierungen in den früheren Originaltexten nicht restriktiv, sondern eher weiter auszulegen als heute. Im Zweifel wird ein zeitgenössischer Ausdruck - oder auch ein Zitat - vorgezogen, wenn die Gefahr besteht, daß der anachronistische Gebrauch einer heutigen Bezeichnung Eigenschaften eines Rechtsinstituts impliziert, die mit der damaligen Epoche nicht vereinbar sind. Ansonsten ist grundsätzlich von der gesetzlichen oder gegenwärtig üblichen Begriffsdefinition auszugehen.

B. Die Darstellung des Verwaltungsakts in der Literatur

Um die nachfolgende Darstellung der Entwicklung des Verwaltungsakts besser verstehen zu können, ist es erforderlich, vorab auf die zugrundegelegten Materialien - die 'verwaltungsrechtliche' Literatur der vergangenen zweihundert Jahre - einzugehen[54]. Die Art der Behandlung des hier untersuchten Rechtsinstituts in den juristischen Schriften, ihre Systematik und Ausführlichkeit, gibt einen ersten Aufschluß darüber, wie sich das Gewicht des Verwaltungsakts im Lauf der Zeit gewandelt hat. Die Beachtung, die ihm die Literatur in der Anfangsphase dieser Untersuchung zukommen ließ, ist in keiner Weise vergleichbar mit der detaillierten und umfassenden Ausarbeitung in den aktuellen Verwaltungsrechtslehrbüchern, in denen dem Verwaltungsakt wohl generell der breiteste Raum von allen dargestellten Handlungsformen der Behörden zukommt[55].

Das Verwaltungsrecht wurde in der ersten Hälfte des 19. Jahrhunderts noch kaum wissenschaftlich behandelt. Erst nach und nach entwickelte es sich aus der Polizeiwissenschaft, die neben dem Polizeirecht vor allem viele praktische Fragen untersuchte, der Kameralwissenschaft und dem Staatsrecht[56].

Karl Heinrich Ludwig Hoffmann bedauerte diesen Zustand noch im Jahr 1844: "Hauptsächlich fehlt es hierbei an der Zugrundelegung richtiger und klarer Begriffe, sowie an wissenschaftlicher Begränzung des Gegenstandes. Diese Mängel in der Bearbeitung des Verwaltungsrechtes tragen aber [...] wiederum dazu bei, die wissenschaftliche Bedeutung von jenem in den Schatten zu stellen. Es besteht demzufolge fortwährend eine bedeutende Lücke in der Literatur des öffentlichen Rechtes, welche bei dem Umfang und der Wichtigkeit des Gegenstandes in hohem Grade zu beklagen ist."[57]

[54] Siehe zur Entwicklung von Verwaltungsrechtswissenschaft und Verwaltungslehre die entsprechenden Beiträge von *Stolleis*, in: *Jeserich / Pohl / v. Unruh*, Deutsche Verwaltungsgeschichte sowie *Stolleis*, Geschichte des öffentlichen Rechts in Deutschland, Bd. 1 bis 3.

[55] Vgl. statt aller nur *Maurer*, Verwaltungsrecht, S. 176 ff.

[56] Näheres dazu bei *Spiegel*, Die Verwaltungsrechtswissenschaft, S. 1 ff., 9 ff.

Zu untersuchen waren daher vor allem Werke zum Polizei- und Staatsrecht, die die Administration integriert mitbehandelten[58].

Der Verwaltungsakt - oder sein damaliger Vorläufer - fand in den Darstellungen zum öffentlichen Recht nur sehr wenig Raum. Er wurde allenfalls am Rande erwähnt, bei der Ausarbeitung sonstiger Fragestellungen mitbehandelt und beispielhaft - zur Veranschaulichung anderer Komplexe - angeführt. Meistens erschien er in den Kapiteln über den Umfang der Polizeigewalt[59] und über das Verhältnis des Regenten bzw. des Staates zu den Untertanen[60]. Einen eigenständigen - sehr kurzen - Abschnitt widmete ihm in der ersten Jahrhunderthälfte nur *Nicolaus Thaddäus Gönner*[61], wobei er hauptsächlich auf die Frage einging, wer oder welche Institution die Befugnis zum Befehlen hatte. Häufig fehlten Ausführungen zu Verwaltungsakten völlig. So wurde z. B. in dem von *Julius Weiske* zwischen 1839 und 1862 herausgegebenen mehrbändigen "Rechtslexikon für Juristen aller teutschen Staaten" kein Stichwort aufgenommen, das den Verwaltungsakt, den Befehl oder eine auch nur vergleichbare Handlungsform beschreibt, wenn man von dem sehr speziellen "Privilegium"[62] absieht, das nur in einem sehr engen Rahmen als Vorläufer der Verfügung anzusehen ist[63].

57 *Hoffmann*, ZStW 1 (1844), S. 190 f. Zudem werde auch an den meisten Universitäten "rein gar nichts für den Unterricht im Verwaltungsrecht gethan" (a.a.O., S. 214). *Karl Heinrich Ludwig Hoffmann* (1807-1881) war Inhaber des ersten deutschen Lehrstuhls für Verwaltungsrecht in Tübingen (errichtet 1843). Siehe zum Verwaltungsrecht an den Universitäten *Feist*, Die Entstehung des Verwaltungsrechts, S. 139 ff., 153 ff. und zur unsystematischen Rechtspraxis (am Beispiel Bayerns) *Poppitz*, AöR 72 (1943), S. 158 (192).

58 Vgl. allgemein zur Entstehung des Verwaltungsrechts als Rechtsdisziplin die gleichnamige Darstellung von *Feist*.

59 Etwa bei *v. Berg*, Handbuch des Teutschen Policeyrechts, Teil 1, S. 79 ff.; *Häberlin*, Handbuch des Teutschen Staatsrechts, Bd. 2, S. 551 ff.; *Klüber*, Staatsrecht des Rheinbundes, S. 353 ff.; *Leist*, Lehrbuch des teutschen Staatsrechts, S. 541 ff.; *Lotz*, Ueber den Begriff der Polizei und den Umfang der Staatspolizeigewalt, S. 85 ff.; *v. Rotteck*, Lehrbuch des Vernunftrechts, Bd. 3, S. 288 ff.

60 Z. B. *Jordan*, Versuche über allgemeines Staatsrecht, S. 404 ff.; *Maurenbrecher*, Grundsätze des heutigen deutschen Staatsrechts, S. 76 ff.; *Mohl*, Das Staatsrecht des Königreiches Württemberg, Bd. 1, S. 267 ff., insbesondere 279 ff.; *Pölitz*, Die Staatswissenschaften, Erster Theil, S. 226 ff.; *v. Rotteck*, Lehrbuch des Vernunftrechts, Bd. 2, S. 99 ff.; *Zoepfl*, Grundsätze des allgemeinen und des constitutionell-monarchischen Staatsrechts, S. 74 ff.

61 *Gönner*, Teutsches Staatsrecht, S. 469 ff.

62 *Heimbach*, Stichwort "Privilegium", S. 492.

Schwerpunkt in der verwaltungsrechtlichen Forschung - und überhaupt das einzige speziellere Thema in diesem Bereich, das bis 1850 umfassend bearbeitet wurde - war die Problematik des Rechtsschutzes gegen Verwaltungshandlungen. Aber auch dabei ging es weniger um Bezüge zum materiellen Recht und zu den administrativen Maßnahmen, als vielmehr um die Frage, bei welcher Institution man Rechtsschutz erlangen könne; bei den Zivilgerichten oder nur bei den Verwaltungsbehörden selbst[64].

Woran es besonders mangelte, war eine Abgrenzung zwischen den verschiedenen Handlungsformen der Verwaltung (Rechtsverordnung, Vertrag, Verfügung usw.). Nur im Beamtenrecht ging man in sehr begrenztem Umfang und ohne eine wirkliche Ausarbeitung der einzelnen Handlungsmerkmale auf diesen Themenkomplex ein. Um exemplarisch zu verdeutlichen, was damals schon eine ungewöhnlich ausführliche Diskussion war, und weil es sich um die einzige Problematisierung der Handlungsformen handelte, soll der entstandene Streit um die Rechtsnatur der Beamtenanstellung hier dargestellt werden.

Diese damals wichtige Fragestellung im Zusammenhang mit Befehlen und Verwaltungsakten war in der ersten Hälfte des 19. Jahrhunderts ein Hauptthema im Schrifttum. Bei der Anstellung konnte es sich entweder um einen Vertrag zwischen Staat und Bürger handeln, so *Silvester Jordan*, *Justus Christoph Leist*, *F. Meisterlin* und *Clemens Theodor Perthes*[65], oder um eine Verbeamtung durch eine einseitige staatliche Verfügung. Einen einheitlichen Ausdruck für das, was der Staat einseitig 'macht', gab es zu dieser Zeit noch nicht, ebensowenig wie eine methodische Ausgestaltung, man kann es aber aus heutiger Sicht als eine Art von Verwaltungsakt ansehen.

63 Vgl. dazu den Abschnitt über die besondere Behandlung der Privilegien (C.III.).

64 Etwa *Funke*, Die Verwaltung in ihrem Verhältniß zur Justiz; *v. Gönner*, Entwurf eines Gesetzbuchs, Bd. 1 u. Bd. 2, erste Abtheilung; *Mittermaier*, AcP 21 (1838), S. 254 ff. u. AcP 22 (1839), S. 47 ff.; *Pfeiffer*, Practische Ausführungen, Bd. 3, S. 441 ff., Bd. 5, S. 201 ff., Bd. 6, S. 1 ff.; v. *Pfizer*, Ueber die Grenzen zwischen Verwaltungs- und Civil-Justiz; *v. Pfizer*, Prüfung der neuesten Einwendungen; *v. Weiler*, Ueber Verwaltung und Justiz. Ausführlich dazu unten im Abschnitt über den Rechtsschutz gegen Verwaltungsakte (C.I.4.).

65 *Jordan*, Versuche über allgemeines Staatsrecht, S. 378 f.; *Leist*, Lehrbuch des teutschen Staatsrechts, S. 367; *Meisterlin*, Die Verhältnisse der Staatsdiener, S. 13 ff., *Perthes*, Der Staatsdienst in Preußen, S. 78 f.

Nicolaus Thaddäus Gönner lehnte die Vertragstheorie mit der Begründung ab, daß dann die Staatsgewalt eine Rechtsänderung in ihrem Verhältnis zum Staatsdiener kaum durchsetzen könnte. Dem Vertrag wurde gegenüber der Verfügung eine vielfach höhere Bindungswirkung zugesprochen[66].

Eine vermittelnde Position nahmen vor allem *August Wilhelm Heffter* und *Freiherr v. Weiler* ein:

Heffter ging zwar im Grundsatz ebenfalls von einer einseitigen Verfügung des Staates aus, vertragliche Beziehungen zwischen Staat und Beamten konnten nach seiner Ansicht aber wenigstens "minder wesentliche Modalitäten des Amtsverhältnisses betreffen", die er ausschließlich im Privatrecht ansiedelte[67]. Dafür sprach nach seiner Darstellung auch § 44 der preußischen Geschäftsinstruktion für die Regierung: "Jeder Offiziant muß dem Dienst volle Anstrengung und einen rechtlichen Sinn widmen. Eben darum müßen die Regierungen das Dienstverhältniß gegen ihre Untergebenen nicht zu einem Miethscontract und öffentliche Beamte nicht zu Miethlingen herabwürdigen"[68].

Eine doppelte Beziehung sah auch *v. Weiler*: einmal ein öffentlichrechtliches Dienstverhältnis, das keiner richterlichen Kontrolle unterlag und daher wohl auf einem einseitigen Hoheitsakt beruhen mußte, und zweitens einen privatrechtlichen Dienstvertrag[69].

Umstritten blieb diese beamtenrechtliche Problematik das gesamte 19. Jahrhundert hindurch und noch darüber hinaus[70], worauf an dieser Stelle nicht näher einzugehen ist[71].

66 *Gönner*, Der Staatsdienst, S. 194 f. Anders sei es nur bei Ausländern im Staatsdienst; bei diesen sollte eine begrenzte vertragsmäßige Bindung bestehen, vgl. a.a.O., S. 196.

67 *Heffter*, Beiträge zum deutschen Staats- und Fürstenrecht, S. 129 ff.

68 Vom 26. Dezember 1808. Zitiert nach *Heffter*, Beiträge zum deutschen Staats- und Fürstenrecht, S. 155 f., Fn. 72.

69 *v. Weiler*, Ueber Verwaltung und Justiz, S. 20. Wohl ähnlich sahen es *v. Rotteck*, Lehrbuch des Vernunftrechts, Bd. 2, S. 318 f., mit weiteren Differenzierungen, die jedoch nicht näher erläutert wurden; *Stahl*, Philosophie des Rechts, Bd. 2, 2. Abtheilung, S. 123 f. und *Zoepfl*, Grundsätze des allgemeinen und des constitutionell-monarchischen Staatsrechts, S. 246, insbesondere Fn. *).

70 *Fleiner*, Institutionen des Deutschen Verwaltungsrechts, 8. Aufl., S. 192 ff.; *Jellinek*, Zweiseitiger Verwaltungsakt und Verwaltungsakt auf Unterwerfung, S. 93 ff. m.w.N.

Bezüglich der Darstellung des Verwaltungsakts in dieser Epoche ist auch *Robert v. Mohl* hervorzuheben. Von ihm stammt das erste eigenständige Werk zum Verwaltungsrecht (trotz des Titels "Das Staatsrecht des Königreiches Württemberg" handelt es sich bei dem zweiten Band inhaltlich um eine erstmals systematisch von anderen Rechtsgebieten abgesonderte, umfassende Darstellung des Verwaltungsrechts, während der erste Band unabhängig davon das Verfassungsrecht behandelt; der Titel erklärt sich aus der damals noch gebräuchlichen begrifflichen Zusammenfassung von Verfassungs- und Verwaltungsrecht zum Staatsrecht[72]). In diesem ging er erstmals 'ausführlicher' - bezogen auf die damaligen Verhältnisse waren diese zweieinhalb Seiten schon eine ganz ungewöhnlich detaillierte Bearbeitung - auf die Form (Mündlichkeit, Schriftlichkeit, Höflichkeit usw.) und die grundsätzliche Unentgeltlichkeit von Verfügungen ein, ohne jedoch das Rechtsinstitut selbst inhaltlich genauer zu definieren oder sonstige Begriffsmerkmale herauszuarbeiten[73].

Die Beleuchtung des Verwaltungsakts bis zur Mitte des 19. Jahrhunderts - und teilweise darüber hinaus - kann daher auch in der vorliegenden Arbeit zwangsläufig nur 'unvollständig' sein und in vielen - aus heutiger Sicht interessanten - Bereichen entweder keine oder nur exemplarische Aussagen treffen, wenn man gewagte Spekulationen vermeiden will und nicht versucht, eine juristische Systematik und Wissenschaftlichkeit da zu finden, wo sie schlicht noch nicht vorhanden war. Erstens gab es ein dogmatisch ausgestaltetes Rechtsinstitut Verwaltungsakt noch nicht und zweitens waren umfassende Darstellungen vergleichbarer Einzelmaßnahmen von Verwaltungsbehörden in der Literatur kaum vorhanden; in der Regel wurden sie nur zusammen mit anderen Themen - oft ohne deutliche Differenzierung - mitbehandelt. Dies ist aus der rechtlichen Situation der damaligen Zeit auch verständlich, da man die

71 Vgl. zur Beamtenanstellung auch *Hattenhauer*, Geschichte des deutschen Beamtentums, insbesondere S. 191, 199. Zur späteren Entwicklung des Verhältnisses dieser Handlungsformen siehe *Bullinger*, Vertrag und Verwaltungsakt sowie *Butterwegge*, Verwaltungsvertrag und Verwaltungsakt.

72 Vgl. dazu unten die genaueren Ausführungen zur Trennung der Rechtsgebiete im Abschnitt C.II.1.a.

73 *v. Mohl*, Das Staatsrecht des Königreiches Württemberg, Bd. 2, S. 78 ff. Bei "Personen vornehmeren Standes" hielt er besondere Arten von Schreiben für angebracht. "Ein Recht auf eine solche höflichere Form besteht aber nicht." Vgl. auch die Würdigung *v. Mohls* bei *Badura*, Das Verwaltungsrecht des liberalen Rechtsstaates, S. 22 f. und *Feist*, Die Entstehung des Verwaltungsrechts, S. 71 ff., 104, 108 ff.

Möglichkeit der Administration durch Verwaltungsakte zu handeln einfach als unproblematisch voraussetzte.

Ab der Mitte des Jahrhunderts wurden die verwaltungsrechtlichen Grundlagen genauer herausgearbeitet und die Trennung von Staats- und Verwaltungsrecht setzte sich nach und nach durch. *Michael Stolleis* führt das darauf zurück, daß nach 1848 die Verfassungsfrage zum Stillstand gekommen sei und daher das Verwaltungsrecht stärker in den Vordergrund treten konnte[74].

Das zeigte sich auch an den deutschen Universitäten. Die Ausbildung im Bereich des öffentlichen Rechts wurde deutlich ausgeweitet und *Carl v. Stengel* meinte 1882 zum Thema Verwaltungsrecht, "so ist es gegenwärtig auch nicht mehr nothwendig, die Berechtigung einer selbständigen wissenschaftlichen Behandlung desselben darzulegen"[75].

In der Literatur gab es zwar auch während der zweiten Jahrhunderthälfte[76] vielfach noch die kombinierte Darstellung von Verfassungs- und Verwaltungsrecht in einem Werk, wobei jedoch die Trennung innerhalb der Bücher immer deutlicher wurde. Außerdem entstanden mehr und mehr eigenständige Darstellungen des Verwaltungsrechts. Viele der Handbücher zum Staats- und Verwaltungsrecht gaben im wesentlichen eine Übersicht über Arten der Verwaltungsakte, ohne deren rechtliche Behandlung näher zu erläutern oder gar allgemeine Lehren zu entwickeln[77].

Der Verwaltungsakt selbst erlangte erst ab den achtziger und neunziger Jahren ein deutlich erkennbares neues Gewicht. Insbesondere auch die Ausgestaltung durch *Otto Mayer* in seinem Lehrbuch "Deutsches Verwaltungsrecht, Bd. 1" (1895)[78] markierte den Anfangspunkt für eine Vielzahl von Autoren, die sich anschließend mit diesem Thema ausführlich auseinandersetzten. Erst ab dieser Zeit wurden der Verfügung regelmäßig eigenständige Kapitel in den Werken zum Verwaltungsrecht zugewiesen[79] und es erschienen teilweise sehr

74 *Stolleis*, Verwaltungslehre und Verwaltungsrechtswissenschaft 1803-1866, S. 62.

75 *v. Stengel*, ZStW 38 (1882), S. 219 (220).

76 Vgl. zur verwaltungsrechtlichen Literatur in diesem Zeitabschnitt *Stolleis*, Geschichte des öffentlichen Rechts in Deutschland, Bd. 2, S. 381 ff.

77 Ausführlich dazu unten im Abschnitt C.II.1.b.

78 *Mayer*, Deutsches Verwaltungsrecht, Bd. 1, 1. Aufl., S. 94 ff.

79 *Fleiner*, Institutionen des Deutschen Verwaltungsrechts, 8. Aufl., S. 183 ff.; *Herrnritt*, Grundlehren des Verwaltungsrechtes, S. 264 ff.; *Jellinek*, Verwaltungsrecht, S.

ausführliche Einzelabhandlungen zu speziellen Ausprägungen des Verwaltungsakts[80]. Die Notwendigkeit der Erforschung des Verwaltungsakts wurde erkannt, was beispielsweise auch in dem Preisausschreiben der Rudolf-Schleiden-Stiftung im Jahr 1906 erkennbar wird, das eine Arbeit "über die allgemeine Lehre von den Verwaltungsakten" forderte. *Karl Kormann* widmete dem Rechtsinstitut (im etwas weiteren Sinn) aus diesem Anlaß erstmalig ein umfangreiches Buch: "System der rechtsgeschäftlichen Staatsakte" und wurde dafür von der juristischen Fakultät der Universität Freiburg mit dem genannten Preis bedacht[81]. Er hatte den Anspruch, ein bisher fehlendes, "bis in Einzelheiten durchgeführtes System der rechtsgeschäftlichen Staatsakte" zu entwickeln[82] und nahm damit die Tendenz bis zum Ende der Weimarer Republik[83] vorweg, immer detailliertere Darstellungen zu liefern. Aus der Zeit der Republik sind insbesondere die vier großen Lehrbücher von *Fritz Fleiner*[84], *Julius Hatschek*[85], *Rudolf Herrmann Herrnritt*[86] und *Walter Jellinek*[87] zu nennen, die das Verwaltungsrecht und insbesondere den Verwaltungsakt umfassend präsentierten.

Die verminderte Bedeutung des Verwaltungsakts, wie des Rechts überhaupt, zeigte sich dann im Dritten Reich bereits rein äußerlich dadurch, daß in der Literatur zum Verwaltungsrecht fast ausschließlich Grundrisse erschienen[88]. In diesen wurde der Verfügung naturgemäß nur ein geringer Raum

244 ff.; *Meyer / Anschütz*, Lehrbuch des deutschen Staatsrechts, S. 757 ff.; *Meyer / Dochow*, Lehrbuch des deutschen Verwaltungsrechts, Bd. 1, S. 44 ff. Zudem wurden dem Verwaltungsakt auch in Gesetzen zum allgemeinen Verwaltungsrecht eigene Abschnitte eingeräumt, vgl. §§ 48 ff. der Thür. LVO vom 10. Juni 1926, abgedruckt bei *Reuß*, Thüringisches Verwaltungsrecht, S. 40 ff.; Art. 61 ff. der Württemb. VRO (Entwurf), herausgegeben 1931 von der Kommission für die Landesordnung des Allgemeinen öffentlichen Rechts.

80 Etwa *Jellinek*, Zweiseitiger Verwaltungsakt und Verwaltungsakt auf Unterwerfung; *Schoen*, Der Widerruf der Verfügungen.

81 Vgl. *Kormann*, System der rechtsgeschäftlichen Staatsakte, S. VI.

82 *Kormann*, System der rechtsgeschäftlichen Staatsakte, S. VII.

83 Vgl. zur verwaltungsrechtlichen Literatur in diesem Zeitabschnitt *Stolleis*, Geschichte des öffentlichen Rechts in Deutschland, Bd. 3, S. 234 ff.

84 *Fleiner*, Institutionen des Deutschen Verwaltungsrechts, 8. Aufl.

85 *Hatschek*, Lehrbuch des deutschen und preußischen Verwaltungsrechts.

86 *Herrnritt*, Grundlehren des Verwaltungsrechtes, hauptsächlich mit Blick auf die Rechtslage in Österreich.

87 *Jellinek*, Verwaltungsrecht.

88 *Dennewitz*, Verwaltung und Verwaltungsrecht; *Koellreutter*, Deutsches Verwal-

zugestanden, was einen dogmatischen Fortschritt kaum ermöglichte. Häufig war das, was als juristische Schrift firmierte, eher eine politische Abhandlung. Umfassendere Untersuchungen und Darstellungen einzelner Aspekte des Verwaltungsakts mit wissenschaftlichem Anspruch setzten die vorherige Entwicklung ohne Zugeständnisse an die nationalsozialistische Ideologie fort. Allenfalls wurde mehr oder weniger nebenbei erwähnt, daß man die gemachten Ausführungen mit der neuen Weltanschauung abgleichen müsse[89].

In der Nachkriegszeit knüpfte man in der Literatur an die Epoche der Weimarer Republik an. Deutlich wird dies z. B. durch den 1948 erschienenen, unveränderten Nachdruck von *Walter Jellineks* "Verwaltungsrecht" aus dem Jahr 1931[90]. Durch *Jellinek*, einem Schüler von *Paul Laband* und *Otto Mayer*[91], wurde so eine Traditionslinie fortgesetzt, die bis ins 19. Jahrhundert zurückreicht. Die Beschreibungen des Verwaltungsakts wurde immer zahlreicher und detaillierter. Es entstand eine Vielzahl von ausführlichen Monographien über einzelne Aspekte des Verwaltungsakts, wie etwa die nachfolgend aufgeführten[92]:

Amberg, Rechtsnatur und prozessuale Behandlung behördlicher Mitwirkungsakte bei mehrstufigen Verwaltungsakten (1966);

Andreae, Der streitentscheidende Verwaltungsakt (1986);

Arndt, Der Verwaltungsakt als Grundlage der Verwaltungsvollstreckung (1967);

tungsrecht; *Köttgen*, Deutsche Verwaltung; *Laforet*, Deutsches Verwaltungsrecht; *v. Schönfeldt*, Die allgemeine und innere Verwaltung; *Stuckart*, Führung und Verwaltung im Kriege; *Stuckart / Scheerbarth*, Verwaltungsrecht. Etwas ausführlicher *Frank*, Deutsches Verwaltungsrecht; *v. Köhler*, Grundlehren des Deutschen Verwaltungsrechts; *Maunz*, Verwaltung. Vgl. zur Literatur der damaligen Zeit auch *Peters*, Lehrbuch der Verwaltung, S. 19; *Stolleis*, Geschichte des öffentlichen Rechts in Deutschland, Bd. 3, S. 299 ff., 343 ff.

89 Vgl. etwa *Biener*, DV 1942, S. 453 ff.; *Cremer*, RVBl. 1937, S. 192 f.; *Jungmann*, RVBl. 1942, S. 384 ff.; *Klein*, VerwArch. 45 (1940), S. 49 ff.; *v. Köhler*, Grundlehren des Deutschen Verwaltungsrechts, S. 151 ff.; *Mannlicher*, DV 1942, S. 291 ff.; *Schack*, Fischers Zeitschr. 69 (1933), S. 273 ff.; *Weber*, AöR 73 (1943), S. 60 ff.

90 Für *Redeker*, NJW 1997, S. 2639 (2640) war dieses Buch "eine der Grundlagen der Verwaltungspraxis nach 1945. Sein Neudruck war für uns, die wir um 1947 das Studium aufnahmen, das zentrale Werk, an dem man sich orientierte." Vgl. dazu auch *Peters*, Lehrbuch der Verwaltung, Vorwort.

91 *Stolleis*, Geschichte des öffentlichen Rechts in Deutschland, Bd. 3, S. 238.

92 Nur eine Auswahl, ohne Anspruch auf Vollständigkeit.

Aubin, Die Haftung der Europäischen Wirtschaftsgemeinschaft und ihrer nationalen Mitgliedsstaaten bei gemeinschaftsrechtswidrigen nationalen Verwaltungsakten (1982);

Bähr, Die maßgebliche Rechts- und Sachlage für die gerichtliche Beurteilung von Verwaltungsakten (1967);

Becker, Die Bindungswirkung von Verwaltungsakten im Schnittpunkt von Handlungsformenlehre und materiellem öffentlichem Recht (1997);

Beseler, Die Rechtskraft der Verwaltungsakte (1960);

Bode, Die Rücknahme rechtswidriger Verwaltungsakte mit Doppelwirkung (1967);

Braun, Die präjudizielle Wirkung bestandskräftiger Verwaltungsakte (1981);

Brede, Der Verwaltungsakt mit Dauerwirkung (1997);

Breitkopf, Rücknahme und Widerruf von Verwaltungsakten mit Dauerwirkung unter besonderer Berücksichtigung des Wiederaufgreifens des Verwaltungsverfahrens im Recht der Sozialversicherung und der Kriegsopferversorgung (1980);

Bronnenmeyer, Der Widerruf rechtmäßiger begünstigender Verwaltungsakte nach § 49 VwVfG (1994);

Bücking, Rechtsschutz bei zurückgenommenen und erledigten Verwaltungsakten (1976);

Bulling, Die Anfechtbarkeit von Verwaltungsakten zusammenwirkender Behörden (1963);

Bullinger, Vertrag und Verwaltungsakt (1962);

Butterwegge, Verwaltungsvertrag und Verwaltungsakt (2001);

Dott, Täuschung und objektive Unrichtigkeit von Angaben eines Beteiligten als Widerrufsgrund eines begünstigenden Verwaltungsakts (1964);

Druschel, Die Verwaltungsaktbefugnis (1999);

Eibert, Die formelle Rechtswidrigkeit von Verwaltungsakten (1978);

v. Einem, Strukturen der Beseitigungs- und Anpassungsverfahren von Verwaltungsakten in Verwaltungsverfahrensgesetz, Sozialgesetzbuch Teil X und Abgabenordnung unter besonderer Berücksichtigung der höchstrichterlichen Rechtsprechung als Anpassungs- und Beseitigungsgrund (1989);

Elster, Begünstigende Verwaltungsakte mit Bedingungen, Einschränkungen und Auflagen (1979);

Engel, Planungssicherheit für Unternehmen durch Verwaltungsakt (1992);

Erbel, Die Unmöglichkeit von Verwaltungsakten (1972);

Erbguth, Der Rechtsschutz gegen die Aufhebung begünstigender Verwaltungsakte (1999);

Fischer, Der Verwaltungsakt als staatsrechtlich determinierte Handlungsform (2000);

Fluck, Die Erfüllung des öffentlich-rechtlichen Verpflichtungsvertrages durch Verwaltungsakt (1985);

Forst, Der Verwaltungsakt in der UdSSR und der "DDR" (1969);

Funk, Der verfahrensfreie Verwaltungsakt (1975);

Funk, Der Verwaltungsakt im österreichischen Rechtssystem (1978);

Furkel, Der Widerruf rechtswidriger begünstigender Verwaltungsakte im deutschen und französischen Recht unter besonderer Berücksichtigung des Sozialrechts (1967);

Goßmann, Der Widerruf begünstigender Verwaltungsakte im Recht der Europäischen Gemeinschaften (1964);

Grossmann, Die Beteiligung mehrerer Verwaltungsbehörden am Zustandekommen eines Verwaltungsaktes (1964);

Happe, Die grenzüberschreitende Wirkung von nationalen Verwaltungsakten (1987);

Heike, Der gegenwärtige Stand der Lehre vom nichtigen Verwaltungsakt (1960);

Heitzer, Probleme des Zusammenwirkens mehrerer Verwaltungsbehörden beim Erlaß eines Verwaltungsakts (1961);

Helmke, Verfahrensfehler beim Zustandekommen eines Verwaltungsaktes (1976);

Hengst, Der nichtige Verwaltungsakt im Verwaltungsverfahren und im Prozeß (1960);

Hermann, Der begünstigende Verwaltungsakt unter besonderer Berücksichtigung des Widerrufs (1966);

Hilg, Zusammenwirken von Behörden beim Erlaß eines Verwaltungsaktes (1965);

Hönig, Die Zulässigkeit von Nebenbestimmungen bei Verwaltungsakten (1968);

Horn, Die Aufhebung des der Drittanfechtung unterliegenden Verwaltungsakts (1989);

Hühne, Die Bedeutung der Mitwirkung des Privaten für das Zustandekommen eines ihn betreffenden mitwirkungsbedürftigen Verwaltungsaktes (1991);

Huxholl, Die Erledigung eines Verwaltungsakts im Widerspruchsverfahren (1995);

Jachmann, Die Berichtigung offenbar unrichtiger Verwaltungsakte gemäß § 42 VwVfG / § 129 AO (1995);

Jesch, Die Bindung des Zivilrichters an Verwaltungsakte (1956);

Josten, Die Teilbarkeit der Regelung von Verwaltungsakten (1998);

Kawerau, Bundesgesetzliche Ermächtigung zum Erlaß von Verwaltungsakten durch Bundesminister (1970);

Kellner, Auskünfte und Zusagen über künftige Verwaltungsakte (1965);

Kemper, Der vorläufige Verwaltungsakt (1990);

Klostermann, Die Aufhebung des Verwaltungsaktes mit Doppelwirkung im Verwaltungsverfahren (1992);

Knoke, Rechtsfragen der Rücknahme von Verwaltungsakten (1989);

König, Die Anerkennung ausländischer Verwaltungsakte (1965);

Kopp, Vorläufiges Verwaltungsverfahren und vorläufiger Verwaltungsakt (1992);

Kost, Behördliches Zusammenwirken beim Erlaß verwaltungsgerichtlich anfechtbarer Verwaltungsakte (1965);

Kreuzer, Der vertragswidrige Verwaltungsakt (1988);

Kühne, Die Bedeutung der Mitwirkung des Privaten für das Zustandekommen eines ihn betreffenden mitwirkungsbedürftigen Verwaltungsaktes (1991);

Lascho, Die Erledigung des Verwaltungsaktes als materiellrechtliches und verwaltungsprozessuales Problem (2001);

Laubinger, Der Verwaltungsakt mit Doppelwirkung (1967);

Maas, Verwaltungsakt und Rechtssatz (1970);

Märklin, Die Grenzen der Formfreiheit des Verwaltungsaktes (1965);

Mager, Der maßgebliche Zeitpunkt für die Beurteilung der Rechtswidrigkeit von Verwaltungsakten (1994);

Mihatsch, Änderung, Rücknahme und Widerruf von Steuerverwaltungsakten (1988);

Müller, Die Aufhebung von Verwaltungsakten unter dem Einfluß des Europarechts (2000);

Niere, Der Verwaltungsakt im Sozialrecht, Begriff und Funktion (1969);

Obermayer, Verwaltungsakt und innerdienstlicher Rechtsakt (1956);

Ossenbühl, Die Rücknahme fehlerhafter begünstigender Verwaltungsakte (1964);

Piendl, Eine Studie zur maßgeblichen Sach- und Rechtslage beim Rechtsschutz gegen Verwaltungsakte (1992);

Pöppinghaus, Das System des Widerrufs von Verwaltungsakten (1959);

Polomski, Der automatisierte Verwaltungsakt (1993);

Rittmann, Die Verwaltungsklage bei Divergenzen zwischen Antrag und rechtsgewährendem Verwaltungsakt (1984);

Rocke, Die Legitimation zur Anfechtung von Verwaltungsakten (1968);

Rüping, Verwaltungswille und Verwaltungsakt (1986);

Saladin, Der Widerruf von Verwaltungsakten (1960);

Samalee, Die Umdeutung fehlerhafter Verwaltungsakte (1999);

Schachel, Nebenbestimmungen zu Verwaltungsakten (1979);

Schäfer, Der Widerruf begünstigender Verwaltungsakte (1960);

Schäfer, Die Beseitigung begünstigender Verwaltungsakte durch die Erlaßbehörde (1966);

Schiedermair, Der Verwaltungsakt auf Unterwerfung (1967);

Schimmelpfennig, Vorläufige Verwaltungsakte (1989);

Schlüter, Das Zusammenwirken von Verwaltungsbehörden bei Erlaß eines Verwaltungsaktes (1966);

Schmidt, Unmittelbare Privatrechtsgestaltung durch Verwaltungsakt (1975);

Seibert, Die Bindungswirkung von Verwaltungsakten (1989);

Siebecke, Die mitwirkungsbedürftigen Verwaltungsakte (1958);

Spick, Der vorläufige Rechtsschutz bei rechtsgestaltenden Verwaltungsakten (1961);

Storz, Die Rücknahme begünstigender Verwaltungsakte wegen ursprünglicher Fehlerhaftigkeit (1963);

Strickstrock, Zur Kompetenz Oberster Bundesbehörden zum Erlaß von Verwaltungsakten (1968);

Volkmann, Die Problematik der Rechtskraft sozialversicherungsrechtlicher Verwaltungsakte (1966);

Voucko, Die Pflicht zur Begründung von Verwaltungsakten (1967);

v. Walcke-Wülffen, Begründungszwang bei Verwaltungsakten (1974);

Widmann, Abgrenzung zwischen Verwaltungsakt und eingreifendem Realakt (1996);

Wieseler, Der vorläufige Rechtsschutz gegen Verwaltungsakte (1967);

Winkler, Der Bescheid (1956);

Winterstetter, Der Verwaltungsakt als Vollstreckungstitel (1967);

Wirth, Umdeutung fehlerhafter Verwaltungsakte (1991);

Woerner / Grube, Die Aufhebung und Änderung von Steuerverwaltungsakten (1978);

Zuleeg, Bürgerlichrechtliche Schuldverhältnisse auf Grund Verwaltungsakts? (1959).

Unüberschaubar ist auch die Zahl der Aufsätze[93] zu diesem Thema. Da die heutige Situation der Darstellung des Verwaltungsakts in der Wissenschaft als bekannt vorausgesetzt werden kann, soll auf weitere Ausführungen verzichtet werden. Wenige 'Umsturzversuche' in der Literatur, wie etwa von *Otto Bachof*, die das Verwaltungsrecht mehr von dem grundlegenden Verwaltungsaktsbegriff lösen wollten, blieben weitestgehend erfolglos[94]. Durchge-

93 Für Nachweise zu den wesentlichsten Aufsätzen wird auf die kleine Auswahl bei *Wolff / Bachof / Stober*, Verwaltungsrecht I, S. 606 verwiesen.

94 *Bachof*, Über einige Entwicklungstendenzen im gegenwärtigen deutschen Verwaltungsrecht; *Bachof*, VVDStRL 30 (1972), S. 193 (230 ff.); vgl. auch *Brohm*, VVDStRL 30 (1972), S. 245 (281 ff.); *Görlitz*, PVS 12 (1971), S. 71; *Haueisen*, DÖV 1961, S. 121 (122 f.), der selbst jedoch den "Rechtswert des Verwaltungsakts"

setzt hat sich die Meinung, daß "der Verwaltungsakt ein demokratisch, rechts- und sozialstaatlich *unentbehrliches Gestaltungsinstrument* darstellt, dessen Wert nicht in Zweifel gezogen werden kann"[95]. Dem entsprechen Umfang und Vertiefung der wissenschaftlichen Bearbeitung des Themas in der heutigen Literatur.

erkennt und ihn gegen die Kritik verteidigt (S. 124 ff.); *Herzog*, JA 1973, ÖR S. 21, im Anschluß an *Brohm*; *Krause*, Rechtsformen des Verwaltungshandelns, S. 115 ff.; *Schmidt-De Caluwe*, Der Verwaltungsakt in der Lehre Otto Mayers, S. 5 ff.; *Schweickhardt*, DÖV 1965, S. 795, vor allem zum Verwaltungsakt im prozessualen Sinn; jeweils m.w.N.

95 *Zimmer*, Jura 1980, S. 242 (244), Hervorhebung im Original.

C. Die Entstehung des Verwaltungsakts im 19. Jahrhundert

Zeitlich einzugrenzen ist die kontinuierliche Entstehung des Rechtsinstituts Verwaltungsakt durch das 19. Jahrhundert im weiteren Sinn, also die Zeit vom Ende des Heiligen Römischen Reiches Deutscher Nation im Jahr 1806 bis zum Ende des Deutschen Reiches im Jahr 1918. Während etwa in der ersten Hälfte dieses Zeitraums vor allem die verfassungsrechtlichen Grundlagen herausgebildet wurden, auf denen die Dogmatik zum Verwaltungsakt aufbauen konnte, entwickelten sich die verwaltungsrechtlichen Bausteine und die Verwaltungsrechtswissenschaft erst im zweiten Teil des Jahrhunderts. Die folgende Darstellung zieht daher im Jahr 1850 eine Trennlinie, wobei, aufgrund der bereits erwähnten evolutionären und uneinheitlichen Entwicklung in den deutschen Staaten, dieser Schnitt nicht als einmaliger Wendepunkt anzusehen ist. Gerechtfertigt ist die Heranziehung dieses Datums jedoch durch die - zumindest geistig prägende - Revolution von 1848/49, deren Einfluß auf die zukünftige Verwaltungsrechtsentwicklung und die Rechtsstellung des Bürgers gegenüber Staat und Verwaltung nicht unterschätzt werden sollte.

I. Die Vorstufen der Entwicklung bis 1850

In der ersten Hälfte des 19. Jahrhunderts waren die Handlungsformen der Verwaltung vielfach rechtlich unbestimmte Maßnahmen. Einen Verwaltungsakt im Sinn des heutigen, klar abgrenzbaren Rechtsinstituts gab es noch nicht. Vorauszuschicken ist daher eine Darstellung des juristischen Umfelds, in dem sich der Verwaltungsakt langsam entwickeln konnte[96].

[96] Siehe zum verfassungs- und verwaltungsgeschichtlichen Hintergrund z. B. *Badura*, Das Verwaltungsrecht des liberalen Rechtsstaates; *Forsthoff*, Deutsche Verfassungsgeschichte, S. 78 ff.; *Frotscher / Pieroth*, Verfassungsgeschichte, S. 47 ff.; *Hartung*, Deutsche Verfassungsgeschichte, S. 159 ff.; *Jeserich / Pohl / v. Unruh*, Deutsche Verwaltungsgeschichte, Bd. 2; *Merk*, Deutsches Verwaltungsrecht, S. 234 ff.; *Stolleis*, Geschichte des öffentlichen Rechts in Deutschland, Bd. 2. Nachweise

1. Begriffsbestimmung des Verwaltungsakts

a) *'Verwaltungsrechtlicher' Hintergrund*

Bis zur Mitte des Jahrhunderts[97] gab es - wie bereits erwähnt - noch keine klare Trennung von Staats- und Verwaltungsrecht[98], so daß die damaligen Abhandlungen ein Gesamtbild der Staatshandlungen entwarfen, in dem der heutige Bereich des Verwaltungsakts nur einen Ausschnitt darstellte. Aufgrund der mangelnden Differenzierung von Regierungs- und Verwaltungshandlungen muß auch an dieser Stelle der erste Teilbereich mitbehandelt werden, um nicht eine künstliche Trennung einzuführen, die in der Realität der Zeit nicht bestand[99].

Klarer unterschieden wurde bereits zwischen Privatrecht und öffentlichem Recht[100], wobei aber auch in dieser Frage noch Überschneidungen bestanden, die sich mit der historischen Entwicklung der Landeshoheit erklären lassen: Die Herrschaftsbefugnis setzte sich ursprünglich aus einzelnen Rechten, die eher privatrechtlicher Natur waren, zusammen[101] (was besonders beim

zur allgemein-historischen Entwicklung finden sich bei *Görtemaker*, Deutschland im 19. Jahrhundert.

97 In diesem Teil der Arbeit ist von einem Verwaltungsaktsbegriff im weiteren Sinn auszugehen, wie er der damaligen Anschauung entsprach.

98 Vgl. *Feist*, Die Entstehung des Verwaltungsrechts, S. 50 ff.; *Stolleis*, Verwaltungslehre und Verwaltungsrechtswissenschaft 1803-1866, S. 57 f. Erste Versuche einer Trennung, die sich jedoch in der sonstigen Literatur noch kaum durchsetzen konnten, fanden sich bei *Lotz*, Ueber den Begriff der Polizei und den Umfang der Staatspolizeigewalt, S. 38 ff.; *v. Mohl*, Das Staatsrecht des Königreiches Württemberg, Bd. 2 und *Stahl*, Philosophie des Rechts, Bd. 2, 2. Abtheilung, S. 30 ff. Auch in diesem Bereich war die Terminologie noch uneinheitlich, was die systematische Aufarbeitung erschwerte. So benutzte - um nur ein Beispiel zu nennen - *Zoepfl*, Grundsätze des allgemeinen und des constitutionell-monarchischen Staatsrechts, S. 8 den Ausdruck 'Staatsrecht' noch als Oberbegriff für Verfassungs- und Verwaltungsrecht. *Fleiner*, Ueber die Umbildung zivilrechtlicher Institute, S. 8 sah 1906 den Ursprung des Verwaltungsrechts noch weiter gefächert: "Aus einer Mischlehre, welche Geschichte, Politik und Nationalökonomie bunt vermengte, ist die Wissenschaft des deutschen Verwaltungsrechtes" entstanden.

99 Vgl. dazu *Hoffmann*, ZStW 1 (1844), S. 190 ff.

100 Dazu *Bullinger*, Öffentliches Recht und Privatrecht, S. 30 ff.

101 Dazu *Hartung*, Deutsche Verfassungsgeschichte, S. 58 ff.; *Remmert*, Verfassungs- und verwaltungsrechtsgeschichtliche Grundlagen des Übermaßverbotes, S. 13. Zur

Todesfall des Regenten deutlich wurde, der häufig zu Landesteilungen führte - es gab keine "staatliche Thronfolge", sondern eine "private Erbfolge"[102]). Erst im Laufe des 15. und 16. Jahrhunderts setzte sich die Auffassung durch, daß der Fürst nicht als Privatperson herrschte, sondern ein von Gott gegebenes Amt im Staat wahrnahm[103]. Wichtig wurde diese Unterscheidung von Privatrecht und öffentlichem Recht vor allem bei der Abgrenzung von Justiz- und Administrativsachen, besonders im Zusammenhang mit dem Streit um die Frage der Kontrollmöglichkeiten von Verwaltungsakten durch die Zivil- oder Verwaltungsjustiz[104].

Auch Straf- und Verwaltungsrecht waren noch sehr stark vermischt. Beispielsweise wurde als Polizeigerichtsbarkeit häufig die Behandlung von bestimmten Strafsachen bezeichnet[105]. So stand der Polizei in leichteren Fällen von Rechtsbrüchen (zu denen etwa Diebstahl gehören konnte) die Strafgewalt zu[106]. Diese wurde regelmäßig auch dann eingesetzt, wenn ein Bürger eine erlassene Verfügung nicht befolgte. Dementsprechend wurden Verwaltungsakte oft nur inzident überprüft, wenn Untertanen gegen Polizeistrafen Einwände erhoben. Zuständig für die Überprüfung war erst nachrangig die Justiz, vorrangig aber die "Dienst- und Aufsichtsbehörde"[107]. Ein direkter Rechtsschutz gegen die vorher erlassene Maßnahme wurde häufig überhaupt nicht erwähnt.

Sicht der Autoren des 19. Jahrhunderts auf diese Problematik siehe *Zoepfl*, Grundsätze des allgemeinen und des constitutionell-monarchischen Staatsrechts, S. 220 f. und die vergleichende Darstellung bezüglich Deutschland und Frankreich bei *Zachariä*, Das Staatsrecht der Rheinischen Bundesstaaten, S. 86 ff. Zur umstrittenen Frage, ob das Land als Eigentum des Fürsten anzusehen war, vgl. etwa *Stahl*, Philosophie des Rechts, Bd. 2, 2. Abtheilung, S. 96 f.

102 *Hartung*, Deutsche Verfassungsgeschichte, S. 62.

103 *Hartung*, Deutsche Verfassungsgeschichte, S. 62 f. Vgl. zu diesem Zeitraum auch *Bullinger*, Öffentliches Recht und Privatrecht, S. 16 ff.

104 Vgl. unten im Abschnitt C.I.4.

105 Vgl. *Harl*, Entwurf eines Polizei-Gesetzbuchs, S. 609, der sich u. a. auf Teil 2, Titel 17, § 11 des Preuß. ALR stützte.

106 *Klüber*, Öffentliches Recht, S. 584; *Schmitthenner*, Grundlinien des allgemeinen oder idealen Staatsrechtes, S. 330; *Stahl*, Philosophie des Rechts, Bd. 2, 2. Abtheilung, S. 345 f.

107 Vgl. beispielsweise *Funke*, Die Verwaltung in ihrem Verhältniß zur Justiz, S. 138 f., insbesondere Fn. 142.

Vor diesem rechtlichen Hintergrund ist die folgende Charakterisierung der Verfügung zu sehen. Es handelte sich dabei also noch nicht um ein eindeutig öffentlich-rechtliches oder gar verwaltungsrechtliches Institut, sondern um eine nur unklar abgrenzbare Handlungsform der Verwaltung. Die juristische Umgebung der damaligen Zeit relativiert somit alle Aussagen, die über den Verwaltungsakt, die Verfügung oder den Befehl getroffen werden.

b) Charakterisierung des Verwaltungsakts

Definitionen eines Rechtsinstituts, das mit dem heutigen Verwaltungsakt vergleichbar ist, gab es in der ersten Hälfte des 19. Jahrhunderts nur sehr vereinzelt. In der Regel wurde ein Versuch, die staatlichen Einzelmaßnahmen begrifflich klar zu fassen, gar nicht unternommen. Man benutzte ganz selbstverständlich eine der vielfachen Bezeichnungen für Verfügungen und nannte günstigstenfalls noch Beispiele, um die Ausführungen zu verdeutlichen. Mehr schien nicht nötig zu sein, da "*das Recht der Verfügung* [...] ohnehin in der befehlenden (regierenden) Gewalt enthalten ist."[108] Weil die Möglichkeiten der Verwaltung durch Einzelakte zu handeln noch wenig eingeschränkt waren, konnte man auf klar abgegrenzte Begriffsmerkmale, wie sie etwa der heutige § 35 VwVfG enthält, leicht verzichten. Die ersten Ansätze der wenigen Autoren, die sich überhaupt an einer Definition des Verwaltungsakts versuchten, sollen nachfolgend dargestellt werden.

Nicolaus Thaddäus Gönner interpretierte 1804 den Begriff 'Befehl' im Sinn einer Einzelmaßnahme oder eines Verwaltungsakts noch sehr umfassend: "Bald werden durch solche Befehle Erkundigungen eingezogen, bald Aufträge zu besondern Geschäften ertheilt, bald schädliche Dinge abgestellt u. dgl."[109] Darunter fielen Anweisungen an Individuen ebenso wie Einzelbefehle an hierarchisch nachgeordnete Stellen innerhalb des Reiches bzw. des Landes[110].

Polizeiliche Maßnahmen und Verfügungen sollten, so *Johann Friedrich Eusebius Lotz* im Jahr 1807, dazu dienen, die beabsichtigte Wirkung der Gesetze für den Staatszweck zu sichern und zu unterstützen. Wenn der "psychologische Zwang" der nur mittelbar wirkenden Gesetze nicht ausreichte, um

108 *Jordan*, Versuche über allgemeines Staatsrecht, S. 260, Hervorhebung im Original.

109 *Gönner*, Teutsches Staatsrecht, S. 469.

110 *Gönner*, Teutsches Staatsrecht, S. 470; *Gönner*, Der Staatsdienst, S. 199.

den Willen der Bürger auf rechtmäßigen Bahnen zu halten, sollten durch die direkte Einflußnahme der Polizei zumindest die widerrechtlichen Handlungen verhindert werden[111]. Zudem sollte alles entfernt werden, was der Zielsetzung des Staates widersprach[112]. Ähnlich sah es *Jakob Friedrich Fries* (1816). Für ihn waren Polizeibefehle oder -verfügungen "alles das, bey dem das Gesetzgeben nichts hilft"[113].

Die kürzeste und vielleicht deshalb - in der damaligen Zeit - treffendste Definition dieses kaum juristisch faßbaren Begriffs 'Verwaltungsakt' bzw. 'Befehl' findet sich in einem Handbuch von *Robert Blum* aus dem Revolutionsjahr 1848: "Befehl [...] heißt das Gebot, so oder so zu handeln."[114]

Deutliche Differenzierungen mit terminologisch klaren Einzelmerkmalen, an denen man einen rechtswissenschaftlichen Fortschritt bereits äußerlich erkennen könnte, gab es in der zu betrachtenden Epoche noch nicht.

Der Ausdruck 'Verwaltungsakt' erschien in der deutschen Literatur die ersten Male - soweit ersichtlich - im Jahr 1821 bei dem bayerischen Regierungsrat *Anton Kurz*[115] und 1826 bei dem badischen Oberhofgerichtsrat *Freiherr v. Weiler*[116]. Nach der Art, wie der Begriff im Text eingeführt wurde ("Verwaltungsakte *(acte administratif)*"), und im Kontext mit der Thematik ergibt sich bei beiden Autoren eindeutig der französische Ursprung des Ausdrucks. *Kurz* und *v. Weiler* benutzten die Formulierung im Zusammenhang mit ihren Ausführungen zur französischen Entstehung der Administrativjustiz; *v. Weiler* in dem Sinn, daß in Frankreich bei Verwaltungsakten keine gerichtliche Kontrolle möglich sei. Gleichzeitig kritisierte er die dortige sehr weite Auslegung des Begriffs, die sogar privatrechtliche Handlungen von

111 *Lotz*, Ueber den Begriff der Polizei und den Umfang der Staatspolizeigewalt, S. 44. *Lotz* benutzte a.a.O., vgl. S. 45 ff., - entgegen der sonstigen damaligen Praxis - einen engeren Polizeibegriff: Er trennte die sog. Polizeigesetzgebung von der Polizeigewalt ab und rechnete sie ausschließlich zur Legislative. Zudem sah er auch die Polizeijustiz a.a.O., S. 53 f. eindeutig als Zweig der richterlichen Gewalt an. Seine Ausführungen zu polizeilichen Maßnahmen waren daher in der Regel auf Einzelbefehle bezogen.

112 *Lotz*, Ueber den Begriff der Polizei und den Umfang der Staatspolizeigewalt, S. 48.

113 *Fries*, Von Deutschem Bund und Deutscher Staatsverfassung, Zweyte Abtheilung, S. 9.

114 *Blum*, Handbuch, Stichwort "Befehl", S. 122.

115 *Kurz*, Entwicklung der Grundsätze, nach welchen die Zweckmäßigkeit des Staats-Organismus in konstitutionellen Monarchien zu beurtheilen ist, S. 40.

116 *v. Weiler*, Ueber Verwaltung und Justiz, S. 41.

Behörden mitumfaßte. Eine eigene Definition findet sich bei beiden noch nicht, jedoch kann man bei *v. Weiler* nach seiner gesamten Darstellung davon ausgehen, daß er den Ausdruck in Deutschland zumindest insoweit beschränken wollte, als er eine zivilgerichtliche Kontrolle von Verwaltungsmaßnahmen für möglich hielt (in streitigen Privatrechtsfällen[117]).

Die französische Formulierung *'acte administratif'* muß damit zwar als Ursprung des deutschen Wortes 'Verwaltungsakt' angesehen werden, das Rechtsinstitut *'acte administratif'*, soweit man es aufgrund der sehr umfassenden Bedeutung überhaupt als solches bezeichnen kann[118], wurde jedoch nicht automatisch ins deutsche Recht als 'Verwaltungsakt' mitübertragen. Ohnehin wurde dieser Ausdruck noch bis zum Ende des 19. Jahrhunderts nur äußerst selten benutzt, erst danach konnte er sich allgemein durchsetzen.

117 *v. Weiler*, Ueber Verwaltung und Justiz, S. 12, ausführlichere Darlegungen zu diesem Thema im Abschnitt über den Rechtsschutz gegen Verwaltungsakte (vgl. unten C.I.4.).

118 Vgl. dazu z. B. aus dem Jahr 1825 *Merlin*, Répertoire universel et raisonné de jurisprudence, Bd. 1, Stichwort *"Acte administratif"*, S. 148: *"Acte administratif. C'est, ou un arrêté, une décision de l'autorité administrative, ou une action, un fait d'un administrateur, qui a rapport à ses fonctions."* ("Verwaltungsakt. Das ist entweder eine Verfügung, eine Entscheidung der Amtsgewalt der Verwaltung, oder eine Handlung, eine Tat eines 'Verwaltungsbeamten', welche Bezug zu seinen Amtsgeschäften hat." Übersetzung des Verfassers). Was die ursprüngliche Bedeutung des Begriffs in Frankreich betrifft, täuschte sich *Otto Mayer*, der in seiner Darstellung, Deutsches Verwaltungsrecht, Bd. 1, 1. Aufl., S. 95 f., Fn. 1, von einer engergefaßten französischen Herkunft des Verwaltungsakts ausging, die sich erst später herausgebildet hat. In seinen Untersuchungen ging er in dieser Frage zeitlich nicht weit genug zurück (siehe a.a.O. und bei *Mayer*, Theorie des Französischen Verwaltungsrechts).

2. Rechtliche Grundlagen beim Erlaß von Verwaltungsakten

a) Vorbehalt des Staats- oder Polizeizwecks und des Gesetzes

aa) Zweckbestimmung und Zweckvorbehalt

Ende des 18. Jahrhunderts sah *Günther Heinrich v. Berg* den wesentlichen Vorbehalt für Verwaltungsmaßnahmen - d. h. die Ermächtigung (und gleichzeitig Beschränkung) zu ihrer Ausführung - im Zweck der 'Policeygewalt'. Diese Polizeigewalt dürfe, besonders was die Freiheitseinschränkungen der Untertanen angehe, "nie weiter gehen, als ihr eigenthümlicher Zweck erfordert."[119] Der Zweck sollte gemäß *Joseph v. Sonnenfels*, Professor und einflußreicher Wirklicher Hofrat in Wien unter *Maria Theresia* und *Joseph II.*, noch stark angelehnt an die Tradition des absolutistischen Staates, darin bestehen, die Sicherheit aufrechtzuerhalten und zusätzlich die Wohlfahrt des Volkes zu fördern[120]. Handlungen, die nicht die allgemeine Wohlfahrt beeinträchtigten, lagen außerhalb der gesetzlichen Grenzen; *v. Sonnenfels* bezeichnete sie als "gleichgiltige Handlungen". Hier durfte keine Einschränkung erfolgen, wobei jedoch zu beachten ist, daß die Entscheidung darüber, ob die

119 *v. Berg*, Handbuch des Teutschen Policeyrechts, Teil 1, S. 88 f., 157 f. ('Policeygewalt' im umfassenden Sinn der gesamten Staatsgewalt). Auch später blieb diese Grenze bestehen, sie wurde nur immer weiter konkretisiert, vgl. beispielsweise *Behr*, Staatswissenschaftslehre, S. 78 f.; *Cucumus*, Lehrbuch des Staatsrechts, S. 401; *Klüber*, Öffentliches Recht, S. 552 f., 560; *Maurenbrecher*, Grundsätze des heutigen deutschen Staatsrechts, S. 48, 77 f.; *Schmitthenner*, Grundlinien des allgemeinen oder idealen Staatsrechtes, S. 383 f., 389; *Weiß*, System des deutschen Staatsrechts, S. 575; *Zoepfl*, Grundsätze des allgemeinen und des constitutionell-monarchischen Staatsrechts, S. 8, 74 f. Dazu auch *Maier*, Die ältere deutsche Staats- und Verwaltungslehre, S. 200 ff.

120 *v. Sonnenfels*, Grundsätze der Polizey, Handlung, und Finanz, Bd. 1, S. 200 ff., der auf den Endzweck des Gesellschaftsvertrages (die Erreichung "höheren, oder mehr gesicherten Wohls") abstellte. Ähnlich noch *v. Berg*, Handbuch des Teutschen Policeyrechts, Teil 1, S. 86 und auch Teil 2, Titel 10, § 1 des Preuß. ALR. Einschränkend schon *Häberlin*, Handbuch des Teutschen Staatsrechts, Bd. 2, S. 553 f., der die "Beförderung des Wohls" nur noch als "Neben- nicht aber Hauptzweck" ansah.

"Handlung gleichgültig sey, oder nicht", dem Gesetzgeber und der "Billigkeit" seines Verhaltens vorbehalten blieb[121].

Damit ging im Absolutismus[122] - schwerpunktmäßig während des 18. Jahrhunderts, teilweise aber auch darüber hinaus - eine äußerst umfassende Aufgabenstellung des Regenten einher, aufgrund der er in nahezu alle Bereiche des Lebens befehlend und mit Zwang eingreifen konnte, um das gestellte Ziel zu erreichen[123]. Geregelt wurden neben der Sicherheit und Ordnung - dem späteren präventiven Hauptbereich der Polizei - das Verhalten bei Festen und Lustbarkeiten, das Fluchen, die Religionsausübung, die Wissenschaft, die Wirtschaftsförderung, die Preise und Gestaltung von Lebensmitteln, Kleidung und sonstigen Wirtschaftsgütern, die Berufsausübung, die Erziehung der Kinder, die Erhaltung des Hausfriedens und des geordneten Familienlebens, die Moral, die Gesundheitspflege, die Sauberkeit der Straßen, die Bevölkerungsansiedlung, die Hilfe für die Armen, die Bettelei, die 'Üppigkeit' und der Luxus, die Pressezensur, sogar das Verhalten im Trauerfall usw. Befehle konnten demnach auch die allerprivatesten Angelegenheiten betreffen, soweit sie nur auf die erwünschte Wohlfahrt des Staates und der Bevölkerung gerichtet waren[124].

121 *v. Sonnenfels*, Grundsätze der Polizey, Handlung, und Finanz, Bd. 1, S. 203 ff. mit Beispielen von Ländern außerhalb des deutschen Rechtskreises. Varianten in der Orthographie nach dem Original.

122 Vgl. zum Absolutismus und zur Absolutismuskritik *Frotscher / Pieroth*, Verfassungsgeschichte, S. 54 ff.; *Hartung*, Deutsche Verfassungsgeschichte, S. 92 ff.; *Reinhard*, Vom italienischen Humanismus bis zum Vorabend der französischen Revolution, S. 278 ff.

123 Ausführlich zum Thema "Staatsgewalt" und "Staatszweckgerichtetheit des Staatshandelns" in dieser Zeit *Remmert*, Verfassungs- und verwaltungsrechtsgeschichtliche Grundlagen des Übermaßverbotes, S. 11 ff., 54 ff.

124 Vgl. zum umfassenden, polizeilich verfolgten Staatszweck im Absolutismus z. B. *Fremuth*, Der Vorbehalt des Gesetzes in der bayerischen Verfassungsurkunde, S. 120; *Kroeschell*, Deutsche Rechtsgeschichte, Bd. 3, S. 85 ff.; *Remmert*, Verfassungs- und verwaltungsrechtsgeschichtliche Grundlagen des Übermaßverbotes, S. 22; *Stern*, Das Staatsrecht der Bundesrepublik Deutschland, Bd. 2, S. 749; *v. Unruh*, Polizei, Polizeiwissenschaft und Kameralistik, S. 405 ff.; *Wolff / Bachof / Stober*, Verwaltungsrecht I, S. 77 ff.; *Würtenberger / Heckmann / Riggert*, Polizeirecht in Baden-Württemberg, S. 1 ff.; jeweils m.w.N. Erwähnenswert sind auch die noch 1827 bzw. 1837 sehr weitreichenden Aufzählungen bei *Pölitz*, Die Staatswissenschaften, Zweiter Theil, S. 459; *Maurenbrecher*, Grundsätze des heutigen deutschen Staatsrechts, S. 356 ff. (bezüglich den Aufgaben der sogenannten Wohlfahrtspolizei) und *Stahl*, Philosophie des Rechts, Bd. 2, 2. Abtheilung, S. 349 ff. (zum

Jeder Inhaber der Polizeigewalt, insbesondere der Landesherr, dem der umfassendste Teil dieser Aufgabe zufiel, sollte die Maßnahmen zur Erfüllung dieses Zwecks "nach seiner besten Einsicht" wählen und anwenden können[125]. Einzelmaßnahmen bzw. Verfügungen waren noch wenig begrenzt.

Auffallend weitgehend waren, um ein konkretes Beispiel zu nennen, die Möglichkeiten der Verwaltung gegenüber den Staatsdienern noch bis ins 19. Jahrhundert hinein. Beamte bedurften häufig einer Einwilligung der Regierung zur Heirat[126]. Wenn diese auch nur wegen "einer *gegründeten* Ursache versagt werden" durfte[127], so sieht man dennoch die staatlichen Eingriffsmöglichkeiten in den sehr persönlichen Bereich. Das zeigte sich ebenso - im Umkehrschluß - besonders deutlich bei den teilweise einzeln angeführten Beschränkungen. Zum Beispiel hielt *Justus Christoph Leist* im Jahr 1805 noch folgenden Satz für erwähnenswert: "Gehört nun gleich der *ehelose* Stand zu den größten Hindernissen der Volksvermehrung: so ist dennoch die Landeshoheit nicht berechtigt, wider ihre Unterthanen eigentliche Zwangsmittel zur Eingehung der Ehe anzuwenden"[128].

Generell darf der Untertan der damaligen Zeit in Bezug auf seine rechtliche Stellung nicht mit dem freien Staatsbürger von heute verwechselt werden. Zu bedenken ist immer, daß selbst die persönliche Leibeigenschaft in vielen Gebieten Deutschlands noch bis ins 19. Jahrhundert hinein (beispielsweise in Württemberg bis 1817[129]) bestand. Dementsprechend war auch das Verhältnis der staatlichen Verwaltung zu den Untertanen ein völlig anderes als heute.

Neben den, vom umfangreichen Zweck herkommenden, weiten Eingriffsmöglichkeiten war auch noch kein dogmatisch entwickeltes Rechtsinstitut Verwaltungsakt vorhanden, das von dieser - rechtstechnischen - Seite belastende Maßnahmen einengen konnte. Allerdings bestanden zumindest gewisse Rechtsschutzmöglichkeiten, auf die unten im Abschnitt C.I.4. näher eingegangen wird, die die geschilderte Stellung der Untertanen relativieren.

christlichen Prinzip der Polizei).

125 *v. Berg*, Handbuch des Teutschen Policeyrechts, Teil 1, S. 86. So auch Teil 2, Titel 13, §§ 3 und 4 des Preuß. ALR.

126 Dazu *Hattenhauer*, Geschichte des deutschen Beamtentums, S. 208.

127 *Gönner*, Der Staatsdienst, S. 217.

128 *Leist*, Lehrbuch des teutschen Staatsrechts, S. 337, Hervorhebung im Original.

129 *Gaupp*, Das Staatsrecht des Königreichs Württemberg, S. 27, Fn. 1).

In der gleichen und folgenden Zeit kam es dann verstärkt zu einer Einschränkung des Polizeizwecks[130], teilweise verbunden mit einer Trennung vom allgemeinen Staatszweck:

So begrenzte *Nicolaus Thaddäus Gönner* 1804 den Begriff der Polizei eindeutig auf den Sicherheitsaspekt und trennte die Aufgabe der Wohlstandserhöhung ab[131]. Vielfach schied man zwar den Wohlfahrtszweck nicht aus dem Polizeibegriff aus, teilte aber die Aufgaben der Polizei in zwei verschiedene Bereiche. Dabei variierten die Bezeichnungen: *Günther Heinrich v. Berg*[132] unterschied 'übelabwendende und nützliche Polizei', *Johann Friedrich Eusebius Lotz*[133] 'Zwangs- und Hülfspolizei', *Conrad Cucumus*[134], *Johann Ludwig Klüber*[135], *Romeo Maurenbrecher*[136], *Karl Heinrich Ludwig Pölitz*[137], *Friedrich Schmitthenner*[138] und *Karl Weiß*[139] 'Sicherheits- und Wohlfahrts-Polizei', *Robert v. Mohl*[140] 'Rechts- und Hülfs-Polizei', *Heinrich Zoepfl*[141] 'Rechts- und Wohlfahrtspolizei' usw.

Nach der Klassifizierung von *Maurenbrecher* aus dem Jahr 1837 war die 'Sicherheitspolizei' "auf die Erhaltung der gesetzlichen Ordnung gerichtet"[142], während die 'Wohlfahrtspolizei' die Bildung und die Wirtschaft fördern sollte[143]. Ähnlich war auch die Aufteilung von *Klüber* (1840), für den die 'Sicherheitspolizei' "wider Rechtsverletzungen und schädliche Ereignisse"

130 Vgl. dazu auch *v. d. Groeben*, Die Erfüllung von allgemeinen und besonderen polizeilichen Aufgaben, S. 435 ff.; *Maier*, Die ältere deutsche Staats- und Verwaltungslehre, S. 200 ff.

131 *Gönner*, Teutsches Staatsrecht, S. 549. *Stolleis*, Verwaltungslehre und Verwaltungsrechtswissenschaft 1803-1866, S. 59 führt diese Begrenzung auf die philosophischen Grundlagen *Immanuel Kants* zurück.

132 *v. Berg*, Handbuch des Teutschen Policeyrechts, Teil 1, S. 80 f.

133 *Lotz*, Ueber den Begriff der Polizei und den Umfang der Staatspolizeigewalt, S. 90.

134 *Cucumus*, Lehrbuch des Staatsrechts, S. 470.

135 *Klüber*, Öffentliches Recht, S. 580.

136 *Maurenbrecher*, Grundsätze des heutigen deutschen Staatsrechts, S. 191 f., 351 ff.

137 *Pölitz*, Die Staatswissenschaften, Erster Theil, S. 530.

138 *Schmitthenner*, Grundlinien des allgemeinen oder idealen Staatsrechtes, S. 291.

139 *Weiß*, System des deutschen Staatsrechts, S. 290 f.

140 *v. Mohl*, Das Staatsrecht des Königreiches Württemberg, Bd. 2, S. 279 ff., 310 ff.

141 *Zoepfl*, Grundsätze des allgemeinen und des constitutionell-monarchischen Staatsrechts, S. 282.

142 *Maurenbrecher*, Grundsätze des heutigen deutschen Staatsrechts, S. 353.

143 *Maurenbrecher*, Grundsätze des heutigen deutschen Staatsrechts, S. 356.

zuständig war, während die 'Wohlfahrtspolizei' der "Erlangung und Erhöhung des physischen, sittlichen und geistigen Gesellschaftswohls" diente[144]. Eine Abgrenzung der beiden Polizeibereiche über das Kriterium der Erforderlichkeit einer gesetzlichen Grundlage findet sich in dieser Zeit nicht. Häufig nannten die Autoren nur Beispiele, welche Aufgabenbereiche in die eine oder die andere Kategorie einzuordnen seien, ohne daß die rechtlichen Folgen dieser Kategoriebildung näher erläutert wurden. In den Ansätzen wurde dadurch die moderne Unterscheidung von Eingriffs- und Leistungsverwaltung vorbereitet, wenn auch die damaligen Kategorien mit den heutigen nur teilweise übereinstimmen.

Durch diese Kategoriebildung gelangte man noch nicht automatisch zu einer Begrenzung der Polizeigewalt. Aber man legte den Grundstein zur nachfolgenden sachlichen Differenzierung im Bereich der jeweiligen Befugnisse[145], die zu einer dogmatischen und rechtsstaatlicheren Ausgestaltung des Verwaltungsakts führte. Zumindest auch als eine Folge aus dieser Differenzierung konnten dann die verschiedenen rechtlichen Voraussetzungen zum Erlaß einer Verfügung entwickelt werden. *Lotz* erkannte die Tendenz, indem er bereits 1807 - zwar noch sehr allgemein, aber richtungweisend - der Polizei in Sicherheitsfragen ausgedehntere Befugnisse zugestand als in Bereichen der helfenden Tätigkeit. Entsprechend seiner obigen Unterscheidung der beiden Polizeibereiche sollten Zwangsmaßnahmen bei Erfüllung des Förderungszwecks - also durch die 'Hülfspolizei' - nicht zulässig sein[146].

Den umgekehrten Weg wählte *Freiherr v. Weiler* (1826): Er verstand unter dem Begriff 'Polizei' immer noch den ganzen materiellen Teil des öffentlichen Rechts, der zur Erreichung des Staatszwecks diente. Dazu zählte er sogar "die Politik mit auswärtigen Staaten"[147]. Der Charakter des Staatszwecks hatte sich bei ihm jedoch völlig geändert. Im Gegensatz zur Bevormundung im Absolutismus meinte er: "Der Zweck des Staates ist die Sicherung und Beförderung der freien Selbstthätigkeit der Staatsmitglieder", d. h.

144 *Klüber*, Öffentliches Recht, S. 580.

145 *Lotz*, Ueber den Begriff der Polizei und den Umfang der Staatspolizeigewalt, S. 85 dazu: "Diese Verschiedenheit des Zwecks der Polizei aber vorausgesetzt, kann der Umfang ihrer Rechte ohnmöglich immer einer und derselbe seyn".

146 *Lotz*, Ueber den Begriff der Polizei und den Umfang der Staatspolizeigewalt, S. 85 ff. Ebenso *Pölitz*, Die Staatswissenschaften, Erster Theil, S. 530 ff. Zu Ausnahmen vgl. *Pölitz*, Die Staatswissenschaften, Zweiter Theil, S. 438 ff.

147 *v. Weiler*, Ueber Verwaltung und Justiz, S. 5.

er stellte die Freiheit der Bürger in den Mittelpunkt[148]. Ähnlich war die Einschränkung bei *Friedrich Julius Stahl* (1837), der der Polizei zwar weiterhin hauptsächlich die Förderung des Gemeinwohls in nahezu allen Bereichen (inklusive der Sicherheit) als Aufgabe zuwies, ihre Möglichkeiten jedoch im Umfang deutlich einschränkte[149]. Als eine bewußte Abgrenzung zur absolutistischen Epoche erschien es ihm "ein wohlgegründetes Bestreben, die individuelle Freiheit zu schützen gegen eine Fürsorge der Polizey, welche die einzelnen Menschen auch gegen ihren Willen glücklich zu machen unternimmt."[150]

bb) Der Übergang vom Zweck- zum Gesetzesvorbehalt

Dem anfangs recht freien Ermessen[151] zum Verwaltungshandeln nach Zweckmäßigkeitsgrundsätzen waren jedoch auch schon Grenzen gesetzt, um Despotismus und Tyrannei zu verhindern[152]:

Nach *Günther Heinrich v. Berg* (1799) lagen diese zwar nicht gesetzlich (durch ein Reichsgesetz[153]) vor, sondern ergaben sich aus dem Natur- und Vernunftsrecht, für dessen Beachtung ursprünglich die Reichsgerichte zuständig waren[154]. Eingriffe mußten nach seiner Ansicht "rechtmäßige Ursachen"

148 *v. Weiler*, Ueber Verwaltung und Justiz, S. 4. Ähnlich *Mohl*, Das Staatsrecht des Königreiches Württemberg, Bd. 1, S. 286; *Müller*, Staatswissenschaftliche Studien, S. 20; *Zoepfl*, Grundsätze des allgemeinen und des constitutionell-monarchischen Staatsrechts, S. 16 f. Mit dieser Tendenz, wenn auch noch nicht so ausgeprägt und deutlich, schon 1816 *Fries*, Von Deutschem Bund und Deutscher Staatsverfassung, Zweyte Abtheilung, S. 12.

149 *Stahl*, Philosophie des Rechts, Bd. 2, 2. Abtheilung, S. 337 ff., 349 ff.

150 *Stahl*, Philosophie des Rechts, Bd. 2, 2. Abtheilung, S. 343. In diesem Sinn auch *Zoepfl*, Grundsätze des allgemeinen und des constitutionell-monarchischen Staatsrechts, S. 13 f.

151 Vgl. zur Entwicklung der Ermessenslehre *Held-Daab*, Das freie Ermessen.

152 Vgl. dazu auch *Würtenberger*, Der Schutz von Eigentum und Freiheit im ausgehenden 18. Jahrhundert.

153 Eine sehr konkrete Regelung im Landesrecht war allerdings schon damals vorhanden: In Teil 1, Titel 8, § 32 des Preuß. ALR ist das Vermögen betreffend geregelt, daß "in allen Fällen Einschränkungen des Eigenthums, welche nicht aus besonderen wohlerworbenen Rechten eines Anderen entspringen, nur durch Gesetze begründet werden können."

154 *v. Berg*, Handbuch des Teutschen Policeyrechts, Teil 1, S. 87. Diese Funktion wurde nach *v. Bergs* Ansicht a.a.O. "mit Nachdruck" wahrgenommen, Nachweise dort Fn. *). Mit dieser Beurteilung bezüglich des Schutzes der Untertanen gegenüber

haben[155]. Beispielhaft nannte er die Einschränkungen bezüglich des Eigentums: Wenn durch dessen Nutzung Gefahren für die Mitbürger und Nachbarn entstünden, dann müsse der Eigentümer "der zur Verhütung derselben abzweckenden Vorschriften sich unterwerfen, wie dieß z. E. bei vielen Anordnungen der Bau- und Feuerpolicey der Fall ist, welche freylich manches, was der natürlichen Freyheit entgegen ist, gebietet oder verbietet."[156] Besonders geschützt waren nach seiner Auffassung auch die wohlerworbenen Rechte: In diese durfte nur durch Polizeigesetze eingegriffen werden, zu denen die Landstände ihre Einwilligung erteilt hatten[157].

Gemäß *Joseph v. Sonnenfels* (1804) war die bürgerliche Freiheit nur durch Gesetze begrenzt und konnte demzufolge auch nur durch diese eingeschränkt werden[158]. Er ging jedoch von einem rechtsphilosophischen Gesetzesbegriff aus, der nicht direkt mit staatlichen Gesetzen, die durch ein geregeltes Gesetzgebungsverfahren entstanden sind, gleichgesetzt werden kann[159]. Er unterschied die "Gesetze des Naturzustandes" und die "bürgerlichen Gesetze", wobei die ersten schon dem einzeln lebenden Menschen auferlegt waren, während die zweiten als Ergänzung den Menschen in der Gemeinschaft - im

dem Landesherren im Grundsatz auch heute noch übereinstimmend *Kroeschell*, Deutsche Rechtsgeschichte, Bd. 3, S. 23 f. Der Wahrheit am nächsten kam wohl *Feuerbach*, der treffend bemerkte: "Mochten die Aussprüche der Reichsgerichte eigentlich nur gegen die schwächeren Fürsten durch Zwang geltend werden können: immerhin ! gerade die kleinen Tyrannen sind die schlimmsten und gegen die Mächtigen war schon durch den Richterspruch allein wenigstens etwas gewonnen." (Zitiert nach *Müller*, Staatswissenschaftliche Studien, S. 80, der keine Fundstelle angibt).

155 *v. Berg*, Handbuch des Teutschen Policeyrechts, Teil 1, S. 166. Zu früheren Einflüssen, die zur rechtsstaatlichen Entwicklung beitrugen (etwa durch *Immanuel Kant* oder die *Déclaration des droits de l'homme et du citoyen*), vgl. *Stolleis*, Stichwort "Rechtsstaat", Sp. 367 ff.

156 *v. Berg*, Handbuch des Teutschen Policeyrechts, Teil 1, S. 90.

157 *v. Berg*, Handbuch des Teutschen Policeyrechts, Teil 1, S. 195 ff. Dazu auch *Würtenberger*, Der Schutz von Eigentum und Freiheit im ausgehenden 18. Jahrhundert, S. 65.

158 *v. Sonnenfels*, Grundsätze der Polizey, Handlung, und Finanz, Bd. 1, S. 200 ff.

159 *v. Sonnenfels*, Grundsätze der Polizey, Handlung, und Finanz, Bd. 1, S. 200 ff. Vgl. zum rechtsphilosophischen Gesetzesverständnis bis zum Beginn des 19. Jahrhunderts *Müller*, Staatswissenschaftliche Studien, S. 3 ff. Zur Bindung durch allgemeine Rechtsgrundsätze (abgeleitet von Begriffen wie Natur, Vernunft, Gott usw.) siehe auch *Erichsen*, Verfassungs- und verwaltungsrechtsgeschichtliche Grundlagen, S. 123 ff. m.w.N.).

Staat - betrafen. Bürgerliche Gesetze waren bei ihm die, die in Übereinstimmung mit dem Endzweck des Gesellschaftsvertrages den Naturzustand in einen Staat verwandelten, also nicht erst die vom bereits bestehenden Staat förmlich erlassenen Gesetze. Daher konnte bei *v. Sonnenfels* von einem wirklichen Gesetzesvorbehalt im heutigen Sinn noch nicht gesprochen werden[160].

Johann Friedrich Eusebius Lotz beschränkte 1807 die Eingriffsverwaltung - mit seinen Worten die "Zwangspolizei" - auf das Gebiet der Sicherheitsgefährdung, wobei er dort allerdings für belastende Maßnahmen nur "die *rein vernünftige* Ueberzeugung, daß die Rechtssicherheit" gefährdet sei, als Eingriffsvoraussetzung ansah[161]. Allgemein sahen *Lotz* und, im Anschluß an diesen, *Johann Ludwig Klüber* (1808) die Grenze der Polizeigewalt noch sehr undifferenziert im Staatszweck[162]. Auf eine eventuelle Notwendigkeit gesetzlicher Ermächtigungen gingen beide nicht ein.

Weitergehend waren die Ausführungen von *Wilhelm Joseph Behr* (1816) und *Julius Graf v. Soden* (1817). Für *Behr* war ein Gesetzesvorbehalt noch nicht unbedingt verpflichtend, aber zumindest "sollten" Exekutivmaßnahmen möglichst nicht ohne ein entsprechendes Gesetz erfolgen[163]. *Julius Graf v. Soden* sprach sich für eine umfassende Gesetzgebung in allen Staatszweigen aus, dennoch hielt er es für unmöglich, daß die Gesetzgebung im Bereich des Polizeiwesens vollständig sein könne. Zwar wäre es machbar, gewisse einzelne Vorschriften als Gebote oder Verbote zu erlassen, damit könne jedoch das gesamte Feld der Polizeiaufgaben nicht abgedeckt werden[164]. Trotz eines geforderten Ausbaus der Polizeirechtsgesetzgebung, sollte die Polizei "ihrer Natur nach *wirken, wo* und *so oft* es ihr *Zweck* gebietet; also auch da, wo sie kein positives Gesetz zu vollziehen hat."[165] Sein Polizeibegriff

160 Das ist insbesondere an anderer Stelle bei *v. Sonnenfels*, Grundsätze der Polizey, Handlung, und Finanz, Bd. 1, S. 206 zu erkennen, wo die Formulierung umgekehrt wird: "Die *Freyheit* der Handlungen reichet weiter nicht, als es die Gesetze *zugeben.*" Hervorhebungen im Original. Vgl. dazu auch *Huber*, Deutsche Verfassungsgeschichte, Bd. 1, S. 354.

161 *Lotz*, Ueber den Begriff der Polizei und den Umfang der Staatspolizeigewalt, S. 96, Hervorhebung im Original.

162 *Lotz*, Ueber den Begriff der Polizei und den Umfang der Staatspolizeigewalt, S. 85 ff.; *Klüber*, Staatsrecht des Rheinbundes, S. 358.

163 *Behr*, Staatswissenschaftslehre, S. 93.

164 *v. Soden*, Die Staats-Polizei, S. 50.

165 *v. Soden*, Die Staats-Polizei, S. 51 f., Hervorhebungen im Original. Er setzte sich a.a.O., S. 55 f., 63 ausdrücklich für die Schaffung eines möglichst vollständigen

war beschränkt und umfaßte nicht die gesamte Verwaltung, auch wenn eine klare Abgrenzung kaum zu erkennen ist[166]. Bei "den anderen Staatshaushaltungs-Zweigen" (der sonstigen Verwaltung) sollte diese Handlungsfreiheit unabhängig von den Gesetzen jedoch nicht bestehen, was er mit der Trennung der drei Staatsgewalten begründete[167]. Daraus läßt sich schließen, daß nach *v. Soden* außerhalb des Polizeirechts grundsätzlich ein Gesetzesvorbehalt für die Exekutive gefordert wurde.

In diese Zeit - ab 1814 beginnend im Herzogtum Nassau - fallen auch die Anfänge des Konstitutionalismus in Deutschland[168]. Einige der damals entstandenen Verfassungen[169] trafen Regelungen, nach denen gewisse Eingriffe in die Rechte der Untertanen grundsätzlich nur nach gesetzlichen Vorgaben erfolgen durften. Geschützt waren vor allem die Bereiche der persönlichen Freiheit und des Eigentums[170].

Polizeigesetzbuches (durch die gesetzgebende Staatsgewalt) ein, dessen Fehlen er als den "Hauptgrund der Beschwerden über Willkühr der Polizeigewalt" ansah. Umfassende gesetzliche Regelungen des Polizeirechts gab es im hier behandelten Zeitraum bis 1850 noch in keinem deutschen Land, vgl. *Kaufmann / Blomeyer-Bartenstein / Närger / Olzog / Ruprecht*, Der polizeilich Eingriff, S. 255.

166 Aus dem Gesamtzusammenhang läßt sich aber eine noch relativ weite Ausdehnung des Polizeibegriffs erkennen, vgl. insbesondere *v. Soden*, Die Staats-Polizei, S. 46 f., 55.

167 *v. Soden*, Die Staats-Polizei, S. 52.

168 Dazu *Frotscher / Pieroth*, Verfassungsgeschichte, S. 133 ff.; *Hartung*, Deutsche Verfassungsgeschichte, S. 197 ff.

169 Beispielsweise seien angeführt: Herzogtum Nassau 1814, Großherzogtum Luxemburg 1815, Herzogtum Limburg 1815, Großherzogtum Baden 1818, Königreich Bayern 1818, Königreich Württemberg 1819, Großherzogtum Hessen 1820, Kurfürstentum Hessen 1831, Königreich Sachsen 1831, Herzogtum Braunschweig 1832, Fürstentum Hohenzollern 1833. Eine Auswahl der wichtigsten Verfassungstexte ist abgedruckt bei *Huber*, Dokumente zur deutschen Verfassungsgeschichte, Bd. 1, S. 155 ff.

170 Vgl. etwa Titel IV, § 8 der Verfassung von Bayern; § 15 der Verfassung von Baden; § 26 der Verfassung von Württemberg; Art. 23, 27 und 33 der Verfassung des Großherzogtums Hessen; §§ 31 und 32 der Verfassung des Kurfürstentums Hessen; §§ 27 und 31 der Verfassung von Sachsen oder auch §§ 28 und 30 der späteren, zweiten Verfassung von Hannover aus dem Jahr 1840; Verfassungen jeweils abgedruckt bei *Huber*, Dokumente zur deutschen Verfassungsgeschichte, Bd. 1, S. 155 ff. Siehe zu diesem Thema auch *Erichsen*, Verfassungs- und verwaltungsrechtsgeschichtliche Grundlagen, S. 136 f.; *Fremuth*, Der Vorbehalt des Gesetzes in der bayerischen Verfassungsurkunde, S. 90 ff., jeweils m.w.N. Zur Auslegung der Begriffe 'Freiheit' und 'Eigentum' zur damaligen Zeit siehe *Fremuth*, a.a.O., S. 218 sowie *Remmert*,

Die Formulierungen ließen jedoch vielfach Ausnahmen zu. So etwa die folgende Regelung in Art. 23 der Verfassung des Großherzogtums Hessen: "Die Freyheit der Person und des Eigenthums ist in dem Großherzogthume keiner Beschränkung unterworfen, als welche Recht und Gesetz bestimmen." Dadurch, daß auch der dehnbare Begriff "Recht" einbezogen wurde, konnte von einem strengen Vorbehalt durch förmliche Gesetze nicht gesprochen werden. Vergleichbar waren § 27 der Verfassung von Sachsen, § 31 der Verfassung des Kurfürstentums Hessen und § 28 der zweiten Verfassung von Hannover aus dem Jahr 1840.

Während Eingriffe in die persönliche Freiheit, insbesondere die Verhaftung und Bestrafung, nahezu immer eines Gesetzes bedurften, waren Eingriffe in das Eigentum zum Teil auch "nach Berathung und Entscheidung des Staatsministeriums, und nach vorgängiger Entschädigung" möglich[171].

Weiterhin gab es etwa in Baden, Württemberg und Bayern Regelungen, die mit allgemein gehaltenen Formulierungen den Schutz der Verfassung oder des Staates für die Freiheit oder das Eigentum garantierten. In diesen Ländern mußten die Landstände beteiligt werden, wenn ein Gesetz erlassen oder abgeändert werden sollte, das diese Rechtspositionen beeinträchtigte[172].

Aus dieser Zustimmungsbedürftigkeit für allgemeine Regelungen kann jedoch nicht zwingend geschlossen werden, daß auch für jede belastende Einzelmaßnahme der Behörden ein entsprechend zustandegekommenes Gesetz Voraussetzung war. Denn eine dauerhafte gesetzliche Festlegung, die alle Untertanen betraf, hatte regelmäßig eine größere Bedeutung als ein möglicherweise einmaliger Verwaltungsakt gegenüber nur einer Person. In einem solchen Einzelfall konnte man daher auch - ohne gegen den Wortlaut der Verfassung zu verstoßen - auf eine gesetzliche Regelung und die damit ver-

Verfassungs- und verwaltungsrechtsgeschichtliche Grundlagen des Übermaßverbotes, S. 70 ff.

171 § 14 der Verfassung von Baden. Vergleichbar auch die Regelungen in Titel IV, § 8 der Verfassung von Bayern, wonach die Entscheidungsbefugnis beim Staatsrat lag, oder in § 31 der Verfassung von Sachsen, wo die oberste Staatsbehörde zu entscheiden hatte. Verfassungen jeweils abgedruckt bei *Huber*, Dokumente zur deutschen Verfassungsgeschichte, Bd. 1, S. 155 ff.

172 Vgl. §§ 13 und 65 der Verfassung von Baden; §§ 24 und 88 der Verfassung von Württemberg sowie Titel IV, § 8 und Titel VII, § 2 der Verfassung von Bayern; jeweils abgedruckt bei *Huber*, Dokumente zur deutschen Verfassungsgeschichte, Bd. 1, S. 155 ff. Dazu auch *Würtenberger*, Der Staat 37 (1998), S. 165 (169 f.) m.w.N.

bundene Zustimmung der Landstände verzichten. Gerade bei eiligen Fällen, wenn ein Gesetz nicht existierte, mußte die Verwaltung direkt handeln dürfen. Die Einholung einer Zustimmung der Landstände war dann schon aus praktischen Gründen nicht möglich. Das Problem des Gesetzesvorbehalts für Einzelakte der Verwaltung wurde jedoch in der Literatur kaum angesprochen und wohl bis zur Mitte des Jahrhunderts noch nicht in seiner Bedeutung erkannt[173].

Insbesondere wurden die 'Grundrechte' in den Verfassungen nicht als subjektive Abwehrrechte des Bürgers verstanden, sondern sie waren "nicht viel mehr als Staatszielbestimmungen, d. h. auf Verwirklichung in der Zukunft angelegt."[174] Sie bedurften der Konkretisierung durch andere Gesetze[175]. Die genannten Regelungen der Verfassungen bestätigten und unterstützten jedenfalls - auch wenn sie nicht Grundrechte im modernen Sinn (Abwehrrechte) waren - nachfolgend die Tendenz in der Literatur hin zum Gesetzesvorbehalt.

Einen Anknüpfungspunkt an die erwähnten Verfassungen wählte dann im Jahr 1825 auch *Conrad Cucumus*, der einen Gesetzesvorbehalt dann forderte, wenn *verfassungsmäßig garantierte Rechte* (persönliche Freiheit, Ehre und Eigentum) durch staatliche Verfügungen beeinträchtigt werden sollten. Diesbezügliche Eingriffe dürften nur "vermöge *gesetzlichen* Grundes und in gesetzlicher Form" erfolgen[176]. Allgemeiner äußerte sich 1828 *Carl v. Pfizer*: Er ging davon aus, daß die Maßnahmen der Exekutive nur die Gesetze in Anwendung bringen dürften und auch auf diese beschränkt seien[177]. Für *Ro-*

173 Vgl. dazu *Erichsen*, Verfassungs- und verwaltungsrechtsgeschichtliche Grundlagen, S. 148 ff.; *Fremuth*, Der Vorbehalt des Gesetzes in der bayerischen Verfassungsurkunde, S. 211 ff.; *Remmert*, Verfassungs- und verwaltungsrechtsgeschichtliche Grundlagen des Übermaßverbotes, S. 75 f.; jeweils m.w.N.

174 *Würtenberger*, Der Staat 37 (1998), S. 165 (171) m.w.N. Vgl. dazu auch *Fremuth*, Der Vorbehalt des Gesetzes in der bayerischen Verfassungsurkunde, S. 122 ff.

175 Vgl. *Remmert*, Verfassungs- und verwaltungsrechtsgeschichtliche Grundlagen des Übermaßverbotes, S. 72 ff. m.w.N.

176 *Cucumus*, Lehrbuch des Staatsrechts, S. 223, Hervorhebung im Original.

177 *v. Pfizer*, Ueber die Grenzen zwischen Verwaltungs- und Civil-Justiz, S. 4. Ebenso *Maurenbrecher*, Grundsätze des heutigen deutschen Staatsrechts, S. 334 f. (der als Ausnahme nur die Pfändung - allerdings nur wegen *gesetzlicher* Ansprüche gegen den Untertanen - zuließ); wohl auch *Schmitthenner*, Grundlinien des allgemeinen oder idealen Staatsrechtes, S. 322 und *Stahl*, Philosophie des Rechts, Bd. 2, 2. Abtheilung, S. 37. *Stahl* schränkte jedoch die Bedeutung des Gesetzes an anderer Stelle, a.a.O., S. 105, wieder etwas ein, indem er die Vollmacht zur Befehlserteilung

bert Mohl sollte ein Jahr darauf dieser Gesetzesvorbehalt in der strengen Form zumindest für die staatliche Anordnung von Zwangsmaßnahmen gelten[178]. In anderen Fällen forderte er, daß das Gesetz wenigstens als Richtschnur anzusehen sei[179].

Jedoch war die Bearbeitung dieser Fragestellung noch nicht durchgehend als ein zentraler Punkt in die Literatur eingedrungen. Zum Beispiel ging *Carl v. Rotteck* noch 1830 im Band 2 seines Lehrbuchs - trotz passender Gelegenheit - ausschließlich auf den Vorbehalt des Staatszwecks ein (den er bejahte) und beschränkte sich ansonsten auf Ausführungen zum Gesetzesvorrang[180]. Erst im folgenden Band, vier Jahre später, nahm er dann auch zum Gesetzesvorbehalt Stellung: Verfügungen dürften zwar grundsätzlich alles anordnen, was dem Staatszweck diene, daß aber "entweder ein in gehörigen Formen früher erlassenes *positives Gesez* oder ein unläugbares *natürliches* (psychologisches oder Vernunft-) Gesez zur rechtlichen Begründung einer jeden *speziellen* Verfügung unumgänglich nöthig sey."[181] Das wäre insbeson-

ausdrücklich nicht aus dem Gesetz, sondern von der Person des Königs ableitete. Zudem bevorzugte er prinzipiell das Gewohnheitsrecht gegenüber dem geschriebenen Gesetz, a.a.O., S. 109.

178 *Mohl*, Das Staatsrecht des Königreiches Württemberg, Bd. 1, S. 197. In diesem Sinn auch *Pfeiffer*, Practische Ausführungen, Bd. 3, S. 490 f.

179 *Mohl*, Das Staatsrecht des Königreiches Württemberg, Bd. 1, S. 197. Herausgehoben wurde vor allem die persönliche Freiheit (a.a.O., S. 291): "Niemand darf anders, als in den vom Gesetze bestimmten Fällen verhaftet werden." (Ebenso schon § 26 der württembergischen Verfassungs-Urkunde vom 25. September 1819). Vgl. zu den personalen Freiheitsgarantien auch *Huber*, Deutsche Verfassungsgeschichte, Bd. 1, S. 354 ff. und - zu Preußen - *Kaufmann / Blomeyer-Bartenstein / Närger / Olzog / Ruprecht*, Der polizeilich Eingriff, S. 255 f.

180 *v. Rotteck*, Lehrbuch des Vernunftrechts, Bd. 2, S. 120. Ähnlich auch *Pölitz*, Die Staatswissenschaften, Zweiter Theil, S. 609 und noch 1840 *Klüber*, Öffentliches Recht, S. 552 f., 558 f. (wobei zu beachten ist, daß es sich bei dieser - vierten - Auflage um eine Veröffentlichung nach dem Tod des Verfassers handelt, so daß eine Anpassung an die neuesten Entwicklungen nicht mehr unbedingt vorausgesetzt werden kann). Vgl. aber auch aus dem Jahr 1841 *Zoepfl*, Grundsätze des allgemeinen und des constitutionell-monarchischen Staatsrechts, S. 219, der wohl einen Gesetzesvorbehalt nicht für nötig hielt: "wo aber die vollziehende Gewalt in Ermangelung von Gesetzen, oder sonst bei dringenden Verhältnissen selbst anordnend thätig wird, hat sie keine anderen Gränzen, wie die gesetzgebende Gewalt selbst".

181 *v. Rotteck*, Lehrbuch des Vernunftrechts, Bd. 3, S. 289 f., Hervorhebungen im Original. Ebenso wie *Mohl*, vgl. oben, verlangte er für einen bestimmten Aspekt der Freiheitsbeschränkungen eine ausdrückliche gesetzliche Regelung, nämlich für die Berechtigung zur Hausdurchsuchung (vgl. zur Bestätigung beispielsweise die ent-

dere bei einer "Rechtsbeschränkung" - demnach bei belastenden Verwaltungsakten - als notwendig anzusehen[182]. Dabei legte er jedoch Wert auf die Feststellung, daß die Polizei (im umfassenden Sinn von innerer Verwaltung[183]) naturgemäß weitgehend willkürlich - nach ihrem Ermessen - handeln müsse und eine fast unbegrenzte Macht habe, die im voraus nur schwer gesetzlich regelbar sei[184].

Noch deutlicher - und auch ausdrücklich für polizeiliche Verfügungen - verlangte im Jahr 1838 *Burkhard Wilhelm Pfeiffer* unter Berufung auf mehrere Vorschriften (insbesondere § 31) der kurhessischen Verfassungsurkunde vom 5. Januar 1831 (die er dahingehend auslegte) einen Gesetzesvorbehalt: "Eine jede die Freiheit oder das Eigenthum beschränkende polizeiliche Verfügung muß daher, [...], entweder ein bestehendes Rechtsverhältniß, oder ein, vor oder nach der Verf.Urk. erlassenes, Gesetz, zur erweislichen Grundlage haben"[185].

Verfügungen seien nur noch vollziehende Maßregeln der verfassungsmäßig zustandegekommenen Gesetze. Sie dürften in keinem Fall über diese hinausgehen und dies gelte sogar in Notfällen[186].

sprechende Regelung in § 117 der Verfassung des Kurfürstentums Hessen vom 5. Januar 1831). Dabei griff er zurück auf alte Grundsätze des römischen und französischen Rechts, sowie auf die neueren Gesetzgebungen in Frankreich und England, die er a.a.O., S. 296 als vorbildhaft zitierte.

182 *v. Rotteck*, Lehrbuch des Vernunftrechts, Bd. 3, S. 292 f.

183 Vgl. *v. Rotteck*, Lehrbuch des Vernunftrechts, Bd. 3, S. 288 f.

184 *v. Rotteck*, Lehrbuch des Vernunftrechts, Bd. 3, S. 291. Ähnlich *Stahl*, Philosophie des Rechts, Bd. 2, 2. Abtheilung, S. 338.

185 *Pfeiffer*, Practische Ausführungen, Bd. 5, S. 558. Vgl. bestätigend dazu auch die bei ihm, a.a.O., S. 579 ff., dargestellten Fälle (Nr. 125 bis 129) des kurhessischen Oberappellationsgerichts aus den Jahren 1831 bis 1837. Zur vergleichbaren Haltung anderer Gerichte vgl. *Erichsen*, Verfassungs- und verwaltungsrechtsgeschichtliche Grundlagen, S. 151 m.w.N. Eindeutig in diesem Sinn 1843 auch *Weiß*, System des deutschen Staatsrechts, S. 577 ff., 585, der 'Eigentum' umfassender mit 'wohlerworbenen Rechten' und 'Vermögen' gleichsetzte und somit den durch Gesetzesvorbehalt geschützten Bereich weit ausdehnte. Vgl. zum besonderen Eigentumsschutz durch Gesetzesvorbehalt auch § 164 der Paulskirchenverfassung von 1849 und *Huber*, Deutsche Verfassungsgeschichte, Bd. 2, S. 780.

186 *Pfeiffer*, Practische Ausführungen, Bd. 5, S. 556 ff. Für die grundsätzlich reine Gesetzesausführung auch der Polizei sprach sich zwei Jahre vorher schon *Müller*, Staatswissenschaftliche Studien, S. 13 ff. aus, der jedoch noch nicht deutlich zwischen belastenden und begünstigenden Maßnahmen trennte.

Zusammenfassend kann gesagt werden, daß in der ersten Hälfte des 19. Jahrhunderts eine deutliche Tendenz erkennbar ist, den unbestimmten Zweckvorbehalt für staatliche (Eingriffs-)Maßnahmen durch einen konkreteren Gesetzesvorbehalt zu ersetzen. Die Voraussetzungen für einen solchen - insbesondere in welchen Fällen er zwingend erforderlich sei - wurden zwar noch nicht einheitlich bestimmt, aber sein Anwendungsbereich, zumindest auf dem Gebiet der Eingriffsverwaltung, wuchs stetig[187]. Selbst wenn es sich bei den Ausführungen in der Literatur eher um politische Forderungen als um die Darstellung der rechtlichen Realität handelte, war die Richtung für eine Umsetzung dieser Gedanken in der zweiten Jahrhunderthälfte klar vorgegeben.

b) Vorrang des Gesetzes oder des Rechts bis 1806

Der letzte Stand der Rechtslage vor der Reichsauflösung wurde am deutlichsten 1804 von *Nicolaus Thaddäus Gönner* dargestellt, wobei aber auch noch bei ihm ein wirkliches System fehlt[188]. Die einzelnen Ausführungen finden sich eher nebenbei in den verschiedensten Passagen seiner Darstellung. Der Gesetzesvorrang in seiner abstrakten Bedeutung - als das Verbot für Regierung und Verwaltung, gegen die Gesetze zu handeln - wurde kaum unmittelbar angesprochen; behandelt wurden Einzelfragen, wer oder welche Institution sich an bestimmte Regelungen zu halten hatte.

Die Reichsfundamentalgesetze und sonstige Reichsgesetze mit absolutem Regelungsanspruch gingen allen Gesetzen und Maßnahmen der Landesherren vor, soweit sie nicht selbst Ausnahmen zuließen[189]. Der gleiche Vorrang der Reichshoheit vor der Landeshoheit bestand auch unterhalb der Gesetzesebene im Bereich der Polizeisachen, wobei - nach *Gönner* - dem Landesherrn aber nicht vorgeschrieben werden durfte, welche polizeilichen Maßnahmen er zu treffen hätte[190].

187 Vgl. zum Gesetzesvorbehalt in dieser Zeit *Henne*, Verwaltungsrechtsschutz im Justizstaat, S. 34 ff. sowie allgemein - ohne speziell auf den Verwaltungsakt einzugehen - *Rottmann*, EuGRZ 1985, S. 277 (281 ff.).

188 Vgl. zur Zeit bis 1806 vor allem *Erichsen*, Verfassungs- und verwaltungsrechtsgeschichtliche Grundlagen, S. 24 ff. sowie zu entsprechenden Tendenzen bei der Ausgestaltung des Preuß. ALR *Conrad*, Die geistigen Grundlagen des Allgemeinen Landrechts, S. 35 ff.

189 *Gönner*, Teutsches Staatsrecht, S. 456.

190 *Gönner*, Teutsches Staatsrecht, S. 554 f.

Bezüglich der Gesetzesbindung des Landesherrn ist zu unterscheiden, welche Art von Maßnahmen er traf. So war er im Rahmen der Gesetzgebung - soweit seine Selbständigkeit und Macht in diesem Bereich ging - nicht gebunden durch ältere (Landes-)Gesetze, d. h. er konnte diese ändern oder aufheben[191]. Weiterhin konnte er von Gesetzen dispensieren[192], also im Einzelfall Gesetze unbeachtet lassen.

Vorrangig vor Befehlen des Landesherrn waren 'wohlerworbene Rechte'[193], die Reichs- und Landesverfassungen, "absolut gebiethende oder verbiethende Reichsgesetze", sowie gewisse Grundsätze des Justizwesens[194]. Wenn die gesetzgebende und die vollziehende Gewalt sich in verschiedenen Händen befand, so war die Exekutive der Legislative untergeordnet[195]. So sollte nach einer verbreiteten Meinung sogar die Gesetzesauslegung in Zweifelsfragen grundsätzlich dem Gesetzgeber vorbehalten bleiben[196].

Nicht verbindlich für den Regenten waren aber die Gesetze, die nach ihrem Zweck nur an die Untertanen gerichtet waren, also die hoheitlichen Regelungen, die das Über- und Unterordnungsverhältnis betrafen[197]. Denn

191 *Gönner*, Teutsches Staatsrecht, S. 457.

192 *Gönner*, Teutsches Staatsrecht, S. 457 f.

193 Ausführlich dazu *Erichsen*, Verfassungs- und verwaltungsrechtsgeschichtliche Grundlagen, S. 42 ff. m.w.N.

194 *Gönner*, Teutsches Staatsrecht, S. 471 f.

195 *Schmalz*, Das natürliche Staatsrecht, S. 84.

196 *Schmalz*, Das natürliche Staatsrecht, S. 85: "Wenn das Gesetz, welches angewandt werden soll, dunkel ist, und die Dunkelheit liegt in dem Gesetz selbst, *(lex in thesi obscura)* so dass an sich die Absicht der gesetzgebenden Gewalt, wie es gehalten werden soll, nicht daraus erhellet: so darf nicht die vollziehende Gewalt das Gesetz erklären, sondern sie muss von der Gesetzgebenden die Erklärung suchen." Erklärung bedeutete gemäß der Ausdruckskorrektur von *Schmalz*, a.a.O., S. 86 - in Bezug auf die Exekutive - "Anwendung". In diesem Sinn beispielsweise auch *Häberlin*, Handbuch des Teutschen Staatsrechts, Bd. 2, S. 474 und die gesetzliche Festlegung in den §§ 46 ff. der Einleitung des Preuß. ALR. Diese Auffassung der 'authentischen Interpretation' hielt sich noch lange während des 19. Jahrhunderts und ging in verschiedene Verfassungen ein. So hieß es in § 88 der württembergischen Verfassung vom 25. September 1819: "Ohne Bestimmung der Stände kann kein Gesetz gegeben, aufgehoben, abgeändert oder authentisch erläutert werden." Vgl. auch Art. 72 der Verfassung des Großherzogtums Hessen vom 17. Dezember 1820; § 95 der Verfassung des Kurfürstentums Hessen vom 5. Januar 1831 und § 85 der Verfassung des Königreichs Sachsen vom 4. September 1831.

197 *Gönner*, Teutsches Staatsrecht, S. 457 f. Noch allgemeiner *Häberlin*, Handbuch des Teutschen Staatsrechts, Bd. 2, S. 176 f. Dazu auch *Erichsen*, Verfassungs- und

gerade in der Festsetzung dieser Regeln bestand die ureigenste Aufgabe des Regenten als Inhaber der Hoheitsgewalt und Träger der Souveränität, als sogenannter *princeps legibus solutus*[198]. Daß er sich dabei selbst unterstellt war, schloß sich logisch aus. *Gönner* zählte zu derartigen Regelungen beispielhaft die Polizeiverordnungen[199]. Aus dem Text ergibt sich zwar nicht eindeutig, was er unter dem Begriff Polizeiverordnungen verstand, aber zumindest kann man festhalten, daß gerade polizeiliche Maßnahmen - wohl eher im weiten Sinn von Verwaltungshandlungen - nur einer eingeschränkten Gesetzesbindung unterlagen.

Ein Gesetzesvorrang bestand also nur teilweise, bei herausgehobenen Normen, oder auch dann, wenn der Landesherr selbst wie ein Privatmann geschäftlich tätig war, somit gerade nicht hoheitliche Rechte in Anspruch nahm[200].

Die Bindung an die Reichsgesetze bestand ebenso für den Kaiser[201]. Er mußte bei der Befehlserteilung die Reichsgrundgesetze beachten, d. h. insbesondere die Landeshoheit durfte nicht verletzt werden, und er mußte "der Justiz ihren stracken Lauf lassen"[202]. Daneben konnten auch die Reichsgerichte provisorische Bestimmungen treffen, welche jedoch nie den bestehenden Gesetzen widersprechen durften[203].

c) Vorrang des Gesetzes oder des Rechts nach dem Reichsuntergang

Auch *Johann Friedrich Eusebius Lotz* führte zu diesem Thema im Jahr 1807 noch wenig konkret aus: "Die Möglichkeit der Realisierung der Wünsche der Polizei ist immer durch die *Rechtlichkeit* dieser Wünsche bedingt"[204].

verwaltungsrechtsgeschichtliche Grundlagen, S. 30 f. m.w.N.

198 Vgl. *Erichsen*, Verfassungs- und verwaltungsrechtsgeschichtliche Grundlagen, S. 31 m.w.N.

199 *Gönner*, Teutsches Staatsrecht, S. 458.

200 *Häberlin*, Handbuch des Teutschen Staatsrechts, Bd. 2, S. 177; *Leist*, Lehrbuch des teutschen Staatsrechts, S. 346. Vgl. auch *Erichsen*, Verfassungs- und verwaltungsrechtsgeschichtliche Grundlagen, S. 31.

201 *Gönner*, Teutsches Staatsrecht, S. 452.

202 *Gönner*, Teutsches Staatsrecht, S. 470 f.

203 *Gönner*, Teutsches Staatsrecht, S. 450 f. in Bezug auf gesetzesähnliche Regelungen.

204 *Lotz*, Ueber den Begriff der Polizei und den Umfang der Staatspolizeigewalt, S. 57, Hervorhebung im Original.

Eine nähere Beschäftigung mit dieser Frage findet sich bei ihm ebenfalls nicht.

Ein entscheidender Einschnitt kam erst danach, mit der Einführung konstitutioneller Monarchien ab 1814, vor allem in Süddeutschland[205]. Die neuen Landesverfassungen brachten eine herausragende Bindung, die neben der Exekutive sogar den Gesetzgeber betraf, "denn diese ist das Gesetz aller Gesetze, die Vorschrift, nach welcher sich die Minister eben so gewiß fügen müssen, als die Repräsentativversammlung."[206] Die Konstitutionen standen schon kraft Natur der Sache über den Exekutivmaßnahmen, woraus sich ein äußerst strenger Gesetzes-(Verfassungs-)Vorrang ergab. Dieser wirkte sich auch auf die Bindungswirkung der anderen - einfachen - Gesetze aus, wie es in der Literatur der folgenden Zeit klar sichtbar wurde. Beispielsweise sah schon *Wilhelm Joseph Behr*[207] im Jahr 1816 neben der Unterordnung des Regenten unter die konstitutionellen Gesetze auch dessen Verpflichtung, die sonstigen Gesetze zu achten, soweit er als "Inhaber der Exekutiv-Gewalt" handelte[208]. Auch die Beamten wurden nach einer preußischen 'Regierungs-Instruction vom 23. October 1817' verpflichtet, niemals etwas "gegen die Gesetze" zu verfügen[209].

205 Herzogtum Nassau 1814, Großherzogtum Luxemburg 1815, Herzogtum Limburg 1815, Großherzogtum Baden 1818, Königreich Bayern 1818, Königreich Württemberg 1819, Großherzogtum Hessen 1820, Kurfürstentum Hessen 1831, Königreich Sachsen 1831, Fürstentum Hohenzollern 1833 und zahlreiche kleinere Staaten. Im Norden wurden die Verfassungen in der Regel später erlassen, etwa in Preußen erst 1848. Vgl. allgemein zur Einwirkung der Verfassungsurkunden auf das bestehende Recht *Fricker*, ZStW 43 (1887), S. 1.

206 *v. Aretin*, Staatsrecht der konstitutionellen Monarchie, Bd. 1, S. 229. Siehe zur diesbezüglich herausragenden Bedeutung der Verfassungen in der damaligen Epoche die äußerst positiven Beurteilungen von *Maurenbrecher*, Grundsätze des heutigen deutschen Staatsrechts, S. 48 und *Müller*, Staatswissenschaftliche Studien, S. 89. Die Höherrangigkeit der Verfassungen gegenüber den sonstigen Gesetzen war allerdings damals umstritten (wie auch heute noch in der Sekundärliteratur zu diesem Thema), siehe dazu *Fremuth*, Der Vorbehalt des Gesetzes in der bayerischen Verfassungsurkunde, S. 91 ff.; *Remmert*, Verfassungs- und verwaltungsrechtsgeschichtliche Grundlagen des Übermaßverbotes, S. 80; jeweils m.w.N. Vgl. zum später gewünschten reichsrechtlichen Grundrechtsschutz auch § 130 der Paulskirchenverfassung, der die genannten Rechte noch über die Landesverfassungen stellen wollte.

207 Er galt auch für *Poppitz*, AöR 73 (1944), S. 3 (18 f.) m.w.N. als einer der ersten, die sich für die Gesetzesbindung der Exekutive einsetzten.

208 *Behr*, Staatswissenschaftslehre, S. 81. Vgl. dazu auch *Cucumus*, Lehrbuch des Staatsrechts, S. 222 f.

Zudem gab die vermehrte - und immer häufiger verfassungsrechtlich garantierte - Beteiligung von Volksvertretungen (der Landstände) bei der Gesetzgebung den Normen eine größere Autorität. Die direkte Mitwirkung des Volkes im Bereich der Administration nahm ebenfalls zu, da die neuentstehende kommunale Selbstverwaltung den Staatsbürgern viele Gestaltungsmöglichkeiten gab. Um diese jedoch nicht ausufern zu lassen, wurde es notwendig, gesetzliche Rahmenbedingungen für das Verwaltungshandeln zu schaffen. Die Obrigkeit übernahm mehr und mehr die Rolle einer Staatsaufsicht über das 'gesetzmäßige' Verhalten der Gemeindeverwaltungen[210]. So trug die Einbeziehung der Bürger von zwei Seiten zur wachsenden Bedeutung der Gesetze bei.

Vor allem auch im Bereich der mit weiten Befugnissen ausgestatteten Polizei wurde die gesetzliche Bindung verstärkt. So machte *Julius Graf v. Soden* (1817) in dieser Frage keinen Unterschied mehr zwischen Polizeibehörden und allen sonstigen Staatsbehörden[211]. Problematisch war jedoch, daß die Gesetzeslage bezüglich wesentlicher und umkämpfter Freiheitsrechte in dieser Zeit noch äußerst unzureichend war. Besonders die Ausführungen von *Jakob Friedrich Fries* aus dem Jahr 1816, die mehr einem Ausruf gleichen (in seinem ansonsten eher nüchternen Staatsrechtsbuch), machen das sehr deutlich: "Besonders endlich befreyt uns die Person und den Gedanken von polizeylicher Willkühr: Gebt dem Deutschen seine *Habeas-corpus*-Acte und gebt nie einer Polizeybehörde die Befugnis in Sachen der Sprechfreyheit, Preßfreyheit und Freyheit des Verkehrs willkührlich einzugreifen!"[212] Generell sollte durch eine ausgedehntere Gesetzgebung dem willkürlichen Verhalten von Beamten engere Grenzen gezogen werden[213]. Ein "gesetzlicher Gehorsam" der Beamten sollte die Haltung des "blinden Gehorsams" gegenüber Vorgesetzten mehr und mehr ablösen[214].

209 Zitiert bei *Gneist*, Verwaltung, Justiz, Rechtsweg, S. 141.

210 Vgl. *Feist*, Die Entstehung des Verwaltungsrechts, S. 53 f.

211 *v. Soden*, Die Staats-Polizei, S. 57.

212 *Fries*, Von Deutschem Bund und Deutscher Staatsverfassung, Zweyte Abtheilung, S. 19, Hervorhebung im Original. Vgl. dazu auch *Pölitz*, Die Staatswissenschaften, Zweiter Theil, S. 461 f.

213 *Fries*, Von Deutschem Bund und Deutscher Staatsverfassung, Zweyte Abtheilung, S. 5, 19, der diesbezüglich besonders die Gesetzgebungsmacht des englischen Parlaments lobte.

214 *Fries*, Von Deutschem Bund und Deutscher Staatsverfassung, Zweyte Abtheilung,

Bereits ohne eine Unterscheidung, zu welchem Teil des öffentlichen Rechts eine Maßnahme gehöre, sprach sich *Robert Mohl* 1829 für die Bindung des Königs (bezogen auf Württemberg, allgemeiner: des Regenten) und der Beamten an das Gesetz aus[215]. Nur eine Ausnahme hielt er in ganz begrenztem Umfang für zulässig: Bei "offenbarer Unbilligkeit" oder gar "Unsinn" als Ergebnis der Gesetzesbefolgung, dürfe es außer acht gelassen werden, jedoch keinesfalls für reine "Gunstbezeugungen" und in wichtigeren Fällen auch nicht durch untergeordnete Beamte[216]. Gleichfalls zugunsten des allgemeinen Gesetzesvorrangs, ohne die Möglichkeit der unterschiedlichen Behandlung verschiedener (Verwaltungs-)Rechtsbereiche überhaupt zu problematisieren[217], votierten kurz darauf *Carl v. Rotteck*[218], *Alexander Müller*[219], *Friedrich Julius Stahl*[220] und *Heinrich Zoepfl*[221].

Einen weiteren wichtigen Aspekt führte *Romeo Maurenbrecher* im Jahr 1837 ein. Neben den Befugnissen zur Ausführung von Einzelmaßnahmen, die der Verwaltung durch die Gesetze erteilt wurden, gab es auch eine Pflicht der Administration, die gesetzlichen Aufträge *entsprechend* den Normen auszuführen[222]. Dies wurde wohl schon früher vorausgesetzt, aber hier

S. 17.

215 *Mohl*, Das Staatsrecht des Königreiches Württemberg, Bd. 1, S. 196. So auch *Stahl*, Philosophie des Rechts, Bd. 2, 2. Abtheilung, S. 89. Vgl. zur Beurteilung von *Mohl* und *Stahl* in diesem Bereich *Thoma*, JöR 4 (1910), S. 196 (197 f., 201).

216 Vgl. *Mohl*, Das Staatsrecht des Königreiches Württemberg, Bd. 1, S. 197 f. und dazugehörige Anmerkung 6 (im Text fehlerhaft als Nr. 7 angeführt) auf S. 199.

217 Anders *Klüber*, Öffentliches Recht, S. 558, der zumindest bezüglich des Regenten nur auf eine Bindung an die "positiven Privatgesetze" abstellte, wobei die Notiz in der beigefügten Anmerkung c), a.a.O., S. 559, jedoch auf eine Tendenz zur allgemeineren Gesetzesbindung schließen läßt.

218 *v. Rotteck*, Lehrbuch des Vernunftrechts, Bd. 2, S. 120. Ähnlich wohl auch *Schmitthenner*, Grundlinien des allgemeinen oder idealen Staatsrechtes, S. 323 f.

219 *Müller*, Staatswissenschaftliche Studien, S. 75.

220 *Stahl*, Philosophie des Rechts, Bd. 2, 2. Abtheilung, S. 44 f., 338, der eine gewisse inhaltliche Freiheit der Maßnahmen gewähren wollte, was bei ihm jedoch eher dem Gesetzesvorbehalt zuzurechnen ist.

221 *Zoepfl*, Grundsätze des allgemeinen und des constitutionell-monarchischen Staatsrechts, S. 218 ff., der auf S. 234 sogar ausdrücklich die Gesetzesbindung der Polizeigewalt hervorhob, mit der Begründung, "dass die Polizeihoheit das Umfassendste von allen Hoheitsrechten, und am meisten dem Missbrauche und Fehlgriffen ausgesetzt ist."

222 *Maurenbrecher*, Grundsätze des heutigen deutschen Staatsrechts, S. 331 f., insbesondere S. 334, Anmerkung (a).

nun auch ausdrücklich erwähnt, was als zusätzlicher Hinweis auf die neuerdings strengere Gesetzesbindung angesehen werden kann.

Als Ergebnis bleibt festzuhalten, daß man in dieser Epoche von einem sehr eingeschränkten Gesetzesvorrang (begrenzt auf bestimmte Verwaltungsbereiche, gewisse Arten von Gesetzen und durch Dispensationsmöglichkeiten aufgeweicht) zu einem umfassenden und allgemeinen Gesetzesvorrang kam[223].

d) Bindung an Instruktionen des Regenten oder übergeordneter Behörden

Von großer rechtlicher Bedeutung für die handelnde Verwaltung waren noch zu Beginn des 19. Jahrhunderts vor allem die Instruktionen des Landesherrn bzw. der vorgesetzten Behörden. Viele der Regelungen wurden zwar in allgemeinen Polizei- oder Verwaltungsverordnungen getroffen, dennoch blieben unabhängig davon auch Einzelinstruktionen in absolutistischer Tradition[224] ein wesentliches Mittel; besonders in den Lebensbereichen, in denen

[223] Vgl. dazu auch die Beurteilung Preußens in der Zeit von 1815 bis 1840 durch *Huber*, Deutsche Verfassungsgeschichte, Bd. 2, S. 19: In Bezug auf die Verwaltung sei es bereits ein Gesetzesstaat, allerdings noch nicht umfassend ein Rechtsstaat gewesen.

[224] Sehr aussagekräftig bezüglich der geregelten enormen Detailfülle selbst in kaiserlichen Einzelinstruktionen ist ein bei *Kroeschell*, Deutsche Rechtsgeschichte, Bd. 3, S. 90 f. (Quellentext 28) wörtlich abgedrucktes Handbillet Kaiser *Josephs II.* von 1786, in dem er für eine bestimmte Fabrik in Traiskirchen, die er im Jahr zuvor besucht hatte, in allen Einzelheiten die Behandlung der dortigen Kinder, "welche voll Krätze waren", festlegt (etwa völlige Trennung der Schlafzimmer von Mädchen und Knaben, nur noch ein Kind pro Bett "und nicht wie es bisher auch geschehen ist, 4 auch 5 zusammengelegt werden", frische Wäsche alle acht Tage, monatliche Reinigung der Bettstätten, im Frühjahr und Herbst jeweils eine ärztliche Untersuchung durch den "Kreisphysikus" usw.). Übergeordnete Behörden, bzw. wie im angeführten Beispiel sogar der Kaiser, konnten durch Einzelhandlungen die Behördenhierarchie völlig ausschalten oder zumindest teilweise überspringen, ohne es für nötig zu halten, eine allgemeine Regelung für alle vergleichbaren Tatbestände zu treffen. So waren zwar spezielle Verbesserungen durchaus möglich; es blieb aber insgesamt dem Zufall überlassen, ob eine erforderliche Maßnahme tatsächlich getroffen wurde und welchen konkreten Inhalt sie hatte. Vgl. darüber hinausgehend auch *Hattenhauer*, Geschichte des deutschen Beamtentums, S. 179 ff.; *Thoma*, JöR 4 (1910), S. 196 (197) und *Jellinek*, Verwaltungsrecht, S. 85, der von vielfältigen Eingriffen durch Einzelanweisungen *Friedrichs des Großen* gegenüber der Potsda-

Gesetze und sonstige allgemeine Anweisungen völlig fehlten. Zu beachten ist zudem, daß die wohl meisten polizeilichen Regelungen funktionell den heutigen Verwaltungsvorschriften entsprachen und somit nur als behördenintern verbindliche Dienstanweisungen vorlagen, die durch Einzelbefehle jederzeit abgeändert oder umgangen werden konnten[225].

Die Auswahl der zu treffenden Verwaltungsmaßnahmen sollte nach *Nicolaus Thaddäus Gönner* vom "Centralpunkte" aus getroffen werden, da nur dort "sich alle Rücksichten" vereinigten[226]. Der Regent war befugt, generelle Anweisungen zu erlassen, nach denen sich die untergeordneten Staatsdiener zu richten hatten, oder er konnte durch spezielle Einzelbefehle - auch im Widerspruch zu den genannten allgemeinen Richtlinien - das Verhalten der Beamten bestimmen[227]. *Robert Mohl* schloß sich dem später grundsätzlich an, wenn auch mit einer stärkeren Betonung der Gesetzestreue. Er ergänzte außerdem, daß der Regent sich bei seinen Befehlen nicht an den hierarchischen Behördenaufbau zu halten brauche, er könne direkt und unmittelbar einschreiten[228].

Die Beamten mußten "allen ihnen vorgesetzten Behörden den schuldigen Respect und Gehorsam bezeigen", "Instructionen genau befolgen" und sogar in Zweifelsfällen "sich Verhaltungsbefehle erbitten"[229]. Eine Möglich-

mer Bevölkerung berichtet. Dieser instruierte oft erst gar nicht die untergeordneten Behörden, sondern verfügte unmittelbar.

225 Plastisch ausgedrückt bei *Hatschek*, Lehrbuch des deutschen und preußischen Verwaltungsrechts, S. 1: "Plötzlich kann aber ein Einzelbefehl dazwischen fahren und alle Berechnungen und Verwaltungsvorschriften [...] über den Haufen werfen." Wobei über den eingeschränkten Umfang der Verbindlichkeit von formellen Gesetzen hier gar keine Aussage getroffen wird. Siehe dazu auch das bei *v. Turegg / Kraus*, Lehrbuch des Verwaltungsrechts, S. 11 f. geschilderte Beispiel.

226 *Gönner*, Der Staatsdienst, S. 199. In diesem Sinn auch *Stahl*, Philosophie des Rechts, Bd. 2, 2. Abtheilung, S. 113.

227 *Gönner*, Der Staatsdienst, S. 199 f. Eine Ausnahme galt für ausländische Staatsdiener, bei denen die Anweisungsmacht des Regenten aufgrund vertragsmäßiger Vorgaben beschränkt war.

228 *Mohl*, Das Staatsrecht des Königreiches Württemberg, Bd. 1, S. 213. Eine Ausnahme bestand nur bei einem Recurs gegen rechtswidrige Verfahren von Behörden, vgl. a.a.O., S. 213 f. sowie die §§ 36 und 60 der württembergischen Verfassungs-Urkunde vom 24. September 1819. Siehe dazu auch *v. Mohl*, Das Staatsrecht des Königreiches Württemberg, Bd. 2, S. 73.

229 *Gönner*, Der Staatsdienst, S. 191, 200 f. Falls Instruktionen fehlten, oder eine Rückfrage nicht möglich war, galt für den Beamten nach *Gönner*, a.a.O., S. 201: "Hier

keit der Verweigerung - etwa aus Gewissensgründen - wurde den Staatsdienern nicht zugebilligt, da dies zu einer Auflösung des Staates und zu Anarchie führen würde; sie waren jedoch verpflichtet, Bedenken gegen die Nützlichkeit oder Rechtmäßigkeit einer Anweisung vorzubringen, um gegebenenfalls eine Änderung herbeizuführen[230]. Eine Befugnis zur Überprüfung der Befehle von Vorgesetzten hinsichtlich ihrer Gesetzmäßigkeit wurde den Verwaltungsbeamten in der Regel nicht zuerkannt[231].

Bei manchen Ämtern war jedoch eine gewisse Selbständigkeit nicht auszuschließen, während bei anderen eine eindeutige Unterordnung und Bindung an die Befehle höherer Behörden bestand[232]. Damit einher ging eine umfassende Rechenschaftspflicht und Kontrolle durch den Regenten oder höhere Behörden, da der Beamte nur "fremde Geschäfte" verwaltete[233].

Mit der oben[234] bereits dargestellten zunehmenden Gesetzesbindung der Verwaltung konnte die Unterordnung gegenüber höheren Behörden nach und nach begrenzt werden. Entscheidend für amtliche Verfügungen wurde, durch die legislative Regelung, immer mehr der Gesetzeswortlaut und weniger der persönliche Wille der Vorgesetzten[235]. Trotz der weiterbestehenden

muss er die Natur und wesentlichen Verhältnisse seines Amtes vor Allem kennen, er muss auf den Hauptzweck des Staates, welchem alle Amtszwecke untergeordnet sind, zurückgehen, er muss die innern und äussern Verhältnisse des Staats vor Augen haben, und das von der Regierung angenommene, aus ihren Verordnungen und Befehlen hervorleuchtende System berücksichtigen, und aus allen diesen Betrachtungen sich in der Auswahl seiner Maasregeln leiten lassen, welche ihn, wenn er von der Natur mit gesunder Urtheilskraft ausgestattet ist, nicht leicht auf Irrwege führen werden."

230 *Gönner*, Der Staatsdienst, S. 201 ff. m.w.N. ebenfalls zu abweichenden Ansichten (wesentlich auch die deutliche Beschränkung auf Dienstsachen, a.a.O., S. 208). Vgl. als Bestätigung von *Gönners* Auffassung in dieser Frage auch Teil 1, Titel 6, § 47 und Teil 2, Titel 10, § 2 des Preuß. ALR.

231 *Mittermaier*, AcP 22 (1839), S. 47 (50); *Stahl*, Philosophie des Rechts, Bd. 2, 2. Abtheilung, S. 124, zu gewissen Ausnahmen vgl. a.a.O., S. 113 f., 124 f., 129 f.

232 *Heffter*, Beiträge zum deutschen Staats- und Fürstenrecht, S. 161.

233 *Gönner*, Der Staatsdienst, S. 196 ff. Vgl. dazu auch *Behr*, Staatswissenschaftslehre, S. 85; *Heffter*, Beiträge zum deutschen Staats- und Fürstenrecht, S. 131 f.

234 Im Abschnitt C.I.2.c.

235 Vgl. dazu *Cucumus*, Lehrbuch des Staatsrechts, S. 404; *Feist*, Die Entstehung des Verwaltungsrechts, S. 51; *Fries*, Von Deutschem Bund und Deutscher Staatsverfassung, Zweyte Abtheilung, S. 17; *Stahl*, Philosophie des Rechts, Bd. 2, 2. Abtheilung, S. 113; *Weiß*, System des deutschen Staatsrechts, S. 581, Fn. a). Im Jahr 1830 war *v. Rotteck*, Lehrbuch des Vernunftrechts, Bd. 2, S. 317 sogar schon der Auffas-

Anordnungsmacht der übergeordneten Stellen war der Gesetzesvorrang für alle Behörden ein nivellierender Faktor in der Verwaltungshierarchie. Ein Indiz dafür ist auch die veränderte Stellung des Landesherrn, der in der Regel nach den neuen Verfassungen seine Befehle nur noch unter Mitwirkung des fachlich zuständigen Ministers treffen durfte, wobei diesem eine Kontrollbefugnis bezüglich der Gesetzmäßigkeit zugestanden wurde[236]. Die Bedeutung der Instruktionen innerhalb der Verwaltung als rechtliche Grundlage für den Erlaß von Verwaltungsakten nahm also parallel zum Ausbau von Gesetzesvorbehalt und -vorrang mehr und mehr ab.

e) Begrenzung durch Zuständigkeit der Justiz

Die vollziehende Gewalt war auch dann am Eingreifen gehindert, wenn eine klare richterliche Zuständigkeit bestand, d. h. wenn "durch Subsumtion unter das Rechtsgesetz zu entscheiden" war[237]. Die Begrenzung wurde aus dieser Perspektive nur selten behandelt. Erwähnenswert sind vor allem vereinzelt auftauchende Äußerungen von *Nicolaus Thaddäus Gönner*, *Johann Friedrich Eusebius Lotz* und *Julius Graf v. Soden*. In der Regel beschäftigte sich die Literatur im Zusammenhang mit den getrennten Gewalten nur mit den Schranken, die der Justiz gezogen waren.

Gönner benutzte 1804 in diesem Zusammenhang noch nicht ausdrücklich den Begriff der Gewaltenteilung, aber er argumentierte mit einem möglichen Verstoß gegen den Grundsatz der "coordinirten Gewalten"[238]. Nach *Lotz* (1807) sollte auch die Polizei selbst die Justiz in Anspruch nehmen müssen, wenn sie rechtlich nicht in der Lage war, Störungen bei ihrer Tätigkeit zu beseitigen[239]. Nicht zuständig war die Polizei, wenn es um die Frage ging, ob

sung, daß selbst die Organisation von Behörden nicht mehr durch einzelne Befehle oder Verordnungen zugelassen sein dürfte. Er verlangte ausdrücklich eine gesetzliche Regelung.

236 *Cucumus*, Lehrbuch des Staatsrechts, S. 402; *Müller*, Staatswissenschaftliche Studien, S. 14 f.

237 *Gönner*, Handbuch des deutschen gemeinen Prozesses, Bd. 2, S. 76.

238 *Gönner*, Handbuch des deutschen gemeinen Prozesses, Bd. 2, S. 76 f. Wenige Jahre vorher noch gegen eine strikte Gewaltenteilung z. B. *Schmalz*, Das natürliche Staatsrecht, S. 82 f. Für eine noch deutlichere Trennung der Gewalten in diesem Zusammenhang schon kurz darauf *Lotz*, Ueber den Begriff der Polizei und den Umfang der Staatspolizeigewalt, S. 45 f., 51 ff.

239 *Lotz*, Ueber den Begriff der Polizei und den Umfang der Staatspolizeigewalt, S. 55.

"das Subjekt, das die Polizei einer Störung ihrer Wirksamkeit für die Realisierung des Staatszwecks beschuldiget, diese Störung wirklich zu Schulden gebracht?" und ob die Rechtmäßigkeit der gewählten Exekutivmaßnahme gegeben war[240]. Ihre Zuständigkeit beschränkte sich auf die "Beurtheilung der Brauchbarkeit oder Unbrauchbarkeit", also die "politische Zweckmäßigkeit" ihrer Maßnahme[241] und war daher nicht nach Rechtmäßigkeitsgesichtspunkten, sondern "*blos nach den Bedingungen der Klugheitslehre* zu erforschen."[242]

Eine Ausnahme bestand nach *v. Soden* (1817) nur "in so weit, und nicht weiter", als ohne eine "richtende" Entscheidung der Polizei der Staatszweck nicht erfüllt werden könne, so z. B. bei Eilbedürftigkeit einer Maßnahme[243]. In einem solchen Fall konnte jedoch eine Beschwerde bei einer höheren Behörde oder bei der Justiz nicht ausgeschlossen werden[244]. Grundsätzlich aber war *v. Soden* der Meinung, daß bei möglicher Verletzung von Privatrechten die Polizei aufgrund der alleinigen Zuständigkeit der Justizstellen nicht handeln durfte[245].

In der entscheidenden Frage der gerichtlichen Zuständigkeit kam es zu einer unmittelbaren Verbindung von wohlerworbenen Rechten und Justizsachen[246]. Falls bereits ein gerichtliches Verfahren durchgeführt wurde, lag ein Eingriff in fremde Rechte nahe, mit der Folge, daß die Polizeigewalt eingeschränkt war[247]. Die Verwaltungsmaßnahmen waren dann, laut *Gönner*, rein auf das Staatsinteresse begrenzt und durften nur auf dieses abzielen, nicht aber auf eine Entscheidung der Streitfrage zwischen den Parteien, von denen die eine der Staat selbst sein konnte[248]. Die Verfügung durfte sich nur am

240 *Lotz*, Ueber den Begriff der Polizei und den Umfang der Staatspolizeigewalt, S. 56 f.

241 *Lotz*, Ueber den Begriff der Polizei und den Umfang der Staatspolizeigewalt, S. 57 f.

242 *Lotz*, Ueber den Begriff der Polizei und den Umfang der Staatspolizeigewalt, S. 60, Hervorhebung im Original.

243 *v. Soden*, Die Staats-Polizei, S. 56.

244 *v. Soden*, Die Staats-Polizei, S. 58 f.

245 *v. Soden*, Die Staats-Polizei, S. 60 f.

246 Ausführlicher dazu unten im Abschnitt C.I.4.

247 *Gönner*, Handbuch des deutschen gemeinen Prozesses, Bd. 2, S. 82 ff.

248 *Gönner*, Handbuch des deutschen gemeinen Prozesses, Bd. 2, S. 82 ff. Vgl. dazu besonders die zusammenfassende Darstellung a.a.O., S. 88 f.

Gemeinwohl orientieren, aber nicht an den streitigen Rechten der beteiligten Parteien. Sie durfte das gerichtliche Verfahren nicht stören, sollte gegenüber der umstrittenen Rechtsposition neutral bleiben ("im Gleichgewicht stehen") und vor allem die Realisierung des gerichtlichen Urteils nicht unmöglich machen[249].

Die Abgrenzung von Polizei- und Justizsachen beeinflußte demnach nicht nur die gerichtlichen Kontrollmöglichkeiten[250], sondern begrenzte ebenso die polizeilichen Befugnisse, durch Verwaltungsakte in die Sphäre der Bürger einzugreifen - zumindest vom theoretischen Ansatz her. Jedoch wurde auch bei den Autoren, die sich zu diesem Bereich äußerten, keine umfassende Systematik entwickelt. Es blieb bei den beschriebenen einzelnen Ausführungen, die mehr oder weniger beiläufig erwähnt wurden.

f) Sonstige Tätigkeitsvoraussetzungen oder Begrenzungen

Erwähnenswert für die 'korrekte' Ausführung von Verfügungen sind, neben den bereits dargestellten Grundlagen, auch das Verhältnismäßigkeitsprinzip und die Entschädigungspflicht. Beide Bereiche standen in engem Zusammenhang mit dem damals zentralen Begriff der 'wohlerworbenen Rechte'.

Zu beachten ist allerdings, daß das Verhältnismäßigkeitsprinzip in seiner damaligen Ausprägung[251] nicht mit dem heutigen Begriff und seinen rechtlichen Folgen gleichgesetzt werden kann. Bereits aufgrund einer zu der untersuchten Zeit noch weitgehend fehlenden konkreten Festlegung der Rechte und Freiheiten der Untertanen konnte ein Maßstab für die Verhältnismäßigkeitsprüfung nur bedingt gefunden werden. "Nach welchen Kriterien [...] bewertet werden sollte, ob eine staatliche Maßnahme ein Recht oder eine

249 *Gönner*, Handbuch des deutschen gemeinen Prozesses, Bd. 2, S. 83 f. Eine Möglichkeit, den letztgenannten Zweck zu erreichen, lag in der Zahlung von Kautionen (vgl. a.a.O., S. 84).

250 In diesem Bereich wurde sie üblicherweise problematisiert; vgl. dazu unten im Abschnitt C.I.4.

251 Ausführlich zu diesem Thema *Remmert*, Verfassungs- und verwaltungsrechtsgeschichtliche Grundlagen des Übermaßverbotes. Die tatsächliche Geltung und genaue Ausprägung des Verhältnismäßigkeitsprinzips im 19. Jahrhundert ist in der Sekundärliteratur umstritten. Vgl. dazu die Nachweise bei *Remmert*, a.a.O., S. 91, 157.

Freiheit nur peripher oder schon erheblich oder wesentlich und bezogen auf den verfolgten Zweck verhältnismäßig oder unangemessen beeinträchtigte, mußte angesichts des Fehlens positiv umrissener, inhaltlich abgesteckter Schutzbereiche offen bleiben."[252] Dennoch sollen die damaligen Ansätze, die die Grundlage für die spätere Ausgestaltung des Prinzips bildeten, kurz dargestellt werden.

Bei polizeilichen Maßnahmen sollte der Grundsatz der Verhältnismäßigkeit, insbesondere das Übermaßverbot gewahrt werden[253]. Besonders ein Eingriff in "wohlerworbene Rechte" *('iura quaesita')*[254] der Untertanen - vor allem in das Eigentum[255] - durfte nur dann geschehen, wenn es sonst keine andere Möglichkeit gab, das polizeiliche Ziel zu erreichen[256]. Im Rahmen der Verhältnismäßigkeit gab es somit schon eine Stufenfolge, die das Eigentum

252 *Remmert*, Verfassungs- und verwaltungsrechtsgeschichtliche Grundlagen des Übermaßverbotes, S. 91.

253 Vgl. *v. Soden*, Die Staats-Polizei, S. 58 f. Die Polizeimaßnahme könne durchgeführt werden, - "Ohne daß diese Einschreitung sich weiter ausdehnen dürfe, als es unvermeidlich zu Abwendung des besorgenden Nachtheils nöthig ist: und" - "Ohne daß also diese Einschreitung irgend eine Maasregel enthalten dürfe, welche dem einzelnen Staatsbürger, einen *nicht* wieder herzustellenden *unwiederbringlichen* Nachtheil zufügte; also die Behauptung und Bewahrung seines durch diese Einschränkung gekränkten Privatrechts vor der gesetzlichen Justizstelle *unmöglich* machte." Hervorhebungen im Original.

254 Zum Begriff und zur Eingriffsbefugnis in der Zeit des absolutistischen Polizeistaats *Erichsen*, Verfassungs- und verwaltungsrechtsgeschichtliche Grundlagen, S. 42 ff. m.w.N.

255 Nach *v. Schwerin*, Geschichte, S. 22 hauptsächlich "die Enteignung von Grund und Boden."

256 *v. Berg*, Handbuch des Teutschen Policeyrechts, Teil 1, S. 88 ff. Ähnlich schon *Svarez*, Vorträge, S. 488. Später wurde die Anwendung des Verhältnismäßigkeitsprinzips auch besonders bei Beschränkungen der persönlichen Freiheit gefordert, vgl. etwa *Schmitthenner*, Grundlinien des allgemeinen oder idealen Staatsrechtes, S. 322 f. Selbst wenn man davon ausgeht, daß dieses Rechtsprinzip schon seit langem - unausgesprochen - allgemeine Gültigkeit besaß, ist bemerkenswert, daß auch hier die ausdrückliche Erwähnung zuerst im Zusammenhang mit dem Eigentum und danach mit der persönlichen Freiheit erfolgte. Vgl. zu den Ursprüngen dieser rechtsstaatlichen Position auch die von *Würtenberger*, Der Schutz von Eigentum und Freiheit im ausgehenden 18. Jahrhundert, insbesondere S. 64 f., als "Traditionslinien" bezeichneten Verbindungen in die zweite Hälfte des 18. Jahrhunderts, speziell zu *Johann Stephan Pütter* und *Gottlieb Hufeland*, auf deren Werke *v. Berg* Bezug nahm.

und andere *'iura quaesita'* in besonderem Maß schützte, indem ein Eingriff in diesen Bereich nur als *ultima ratio* zugelassen wurde[257].

Geringer als bei den wohlerworbenen Rechten war die Begrenzung in anderen Gebieten: Von den oben genannten Sachverhalten abgesehen, hatte die Polizei in vielen Fällen noch weitgehende Handlungsfreiheit beim Erlaß von Verwaltungsakten[258]. Als grundsätzlich nicht schutzwürdig, und deshalb bei Beeinträchtigungen auch nicht durch eine Beschwerde gegen die beeinträchtigende Maßnahme angreifbar, wurde beispielsweise der Bereich der Erwerbsaussichten angesehen, wenn nicht eine willkürliche oder eigennützige Handlung der Obrigkeit bzw. des Landesherrn vorlag[259]. Das betraf nach *Günther Heinrich v. Berg* auch das Gebiet der Leistungsverwaltung, die dem Bürger konkurrierend entgegentrat[260]. Hier wurde das Verhältnismäßigkeitsprinzip entweder ausgeklammert oder zumindest nicht als wesentlich für die zu treffenden Maßnahmen angesehen.

Eine eher indirekt begrenzende Wirkung auf Verfügungen - weniger im rechtlichen als im praktischen Sinn - lag darin, daß Opfer im Rahmen der anerkannten wohlerworbenen Rechte - die man später teilweise auch im weiteren Sinn als Privatrechte bezeichnete - entschädigt werden mußten[261]. Gesetzlich klar geregelt wurde dieser schon länger geltende Grundsatz[262] z. B. in

257 *v. Berg*, Handbuch des Teutschen Policeyrechts, Teil 1, S. 90 f.

258 *v. Berg*, Handbuch des Teutschen Policeyrechts, Teil 1, S. 160. Vgl. dazu *Remmert*, Verfassungs- und verwaltungsrechtsgeschichtliche Grundlagen des Übermaßverbotes, S. 24 ff., 81 ff.

259 *v. Berg*, Handbuch des Teutschen Policeyrechts, Teil 1, S. 160 f. Vgl. dazu auch *Gönner*, Teutsches Staatsrecht, S. 462.

260 *v. Berg*, Handbuch des Teutschen Policeyrechts, Teil 1, S. 160.

261 *Svarez*, Vorträge, S. 488. Ähnlich *v. Berg*, Handbuch des Teutschen Policeyrechts, Teil 1, S. 168 f. und *Leist*, Lehrbuch des teutschen Staatsrechts, S. 318 f., die eine Entschädigungspflicht ausnahmsweise im Falle äußerster Not ausschlossen (siehe zum Notstandsrecht *Erichsen*, Verfassungs- und verwaltungsrechtsgeschichtliche Grundlagen, S. 159 ff.); *Häberlin*, Handbuch des Teutschen Staatsrechts, Bd. 2, S. 469; *Pfeiffer*, Practische Ausführungen, Bd. 3, S. 476; *Schmitthenner*, Grundlinien des allgemeinen oder idealen Staatsrechtes, S. 290; *Weiß*, System des deutschen Staatsrechts, S. 585 f. Später benutzte man immer weniger den Begriff der wohlerworbenen Rechte, sondern man stellte mehr auf Sonderopfer ab, die den Einzelnen stärker als die Allgemeinheit betrafen, siehe dazu, schon aus dem Jahr 1830, *v. Rotteck*, Lehrbuch des Vernunftrechts, Bd. 2, S. 148.

262 *Würtenberger*, Der Schutz von Eigentum und Freiheit im ausgehenden 18. Jahrhundert, S. 57.

der noch heute bekannten Vorschrift des § 75 der Einleitung des Preuß. ALR von 1794[263].

3. Wirksamkeit, Bindungswirkung und Aufhebbarkeit von Verwaltungsakten

Auch die in diesem Abschnitt[264] darzustellende Problematik wurde in den ersten fünfzig Jahren des 19. Jahrhunderts nur von einigen wenigen Autoren ausdrücklich behandelt, und das durchweg sehr bruchstückhaft sowie ohne eine ins Detail gehende wissenschaftliche Vertiefung. Zudem fehlte es in diesem Bereich noch völlig an gesetzlichen Regelungen, ganz im Gegensatz zu anderen Rechtsgebieten, etwa dem Rechtsschutz gegen Verwaltungsakte.

Wichtig für den Verwaltungsakt sind - bzw. werden - die Bereiche Wirksamkeit, Nichtigkeit und Aufhebbarkeit vor allem deshalb, weil sich später die Rechtskraft oder Bestandskraft, die ihm nach und nach zuerkannt wird, zu einem seiner wesentlichen Merkmale entwickelt. Die darin enthaltene Garantiewirkung für den Bürger wird unmittelbar von den hier untersuchten Eigenschaften beeinflußt. Ohne klare Wirksamkeitsregelung oder bei willkürlicher Aufhebbarkeit des Verwaltungsakts wäre selbst eine theoretisch vorhandene Bestandskraft ohne Bedeutung. Und gerade diese Garantiewirkung der Bestandskraft des Verwaltungsakts ist es, die seinen Wert und seine Unverzichtbarkeit heute ausmacht. Sie prägte den Verwaltungsakt in der Folgezeit mindestens ebenso wie die einzelnen Begriffsmerkmale der Verwaltungsaktsdefinition, weshalb die Problematik im nächsten Zeitabschnitt (nach 1850) noch ausführlicher behandelt werden muß[265]. Ohne die für den Bürger

263 Gesetzliche Regelungen wurden später auch in anderen Ländern eingeführt, vgl. beispielsweise § 14 der badischen Verfassungs-Urkunde von 1818: "Niemand kann gezwungen werden, sein Eigenthum zu öffentlichen Zwecken abzugeben, als nach Berathung und Entscheidung des Staatsministeriums, und nach vorgängiger Entschädigung".

264 Vgl. zu diesem Themenkomplex auch den Abschnitt über die Gehorsamspflicht gegenüber Verfügungen (C.I.5.). Bei diesen Fragestellungen wurde zu Beginn des 19. Jahrhunderts in der Regel noch nicht genau zwischen Rechtswidrigkeit oder Nichtigkeit und den daraus resultierenden Rechtsfolgen differenziert, mit der Konsequenz, daß man auch rückblickend beide Bereiche nicht völlig getrennt betrachten kann.

entscheidende Bestandskraftswirkung wäre das Rechtsinstitut 'Verwaltungsakt' im späteren oder heutigen Rechtsstaat kaum denkbar. Die geringe Beachtung dieser Fragestellungen bei den Autoren im hier behandelten Zeitraum gibt für sich genommen schon einen deutlichen Hinweis auf die Bedeutung, die der Rechtssicherheit - zugunsten der Untertanen - damals zukam. Der Verwaltungsakt wurde aus der Sicht der Behörden und ihrer Bedürfnisse betrachtet.

Karl Friedrich Häberlin ging um die Jahrhundertwende davon aus, daß das Fortbestehen von Verfügungen grundsätzlich in der Hand des Landesherrn lag. Dieser "untersucht die neuen Policeyverfügungen, um sie nach Beschaffenheit der Umstände entweder zu cassiren oder zu bestätigen, einzuschränken, zu erweitern, oder abzuändern."[266] Gleichfalls nur als vorläufig - und im Gegensatz zu Justizurteilen nicht mit rechtsverbindlicher Kraft ausgestattet - sah *Günther Heinrich v. Berg* die Verfügungen der Polizeigewalt, insbesondere wenn diese sich mit Ansprüchen einzelner befaßten[267].

Nach *Nicolaus Thaddäus Gönner* (1808) kam den Maßnahmen der Staatsdiener eine "öffentliche Glaubwürdigkeit" zu, da die Beamten stellvertretend für die Staatsgewalt selbst tätig wurden und Gehorsam erwarten konnten[268]. Der Begriff der Glaubwürdigkeit wurde in Zusammenhang gebracht mit der Wirksamkeit der Verfügungen. *Gönner* schien damit eine gewisse Verbindlichkeit der Verwaltungshandlungen festzustellen[269], allerdings ohne deren Umfang im Kontext genauer zu erläutern. Diese Verbindlichkeit der "Befehle und Amtshandlungen" bestand aber nur dann, wenn der Beamte örtlich und sachlich zuständig war und wenn er die nötige Form "nach der Verfassung und dem Geschäftsgang des Landes" einhielt. Ansonsten waren die Maßnahmen nichtig[270]. Weiterhin wurde eine vertragliche Vereinbarung bezüglich der Bindungswirkung von ihm weit höher eingeschätzt[271].

265 Vgl. unten im Abschnitt C.II.3.

266 *Häberlin*, Handbuch des Teutschen Staatsrechts, Bd. 2, S. 556. Zu beachten ist, daß *Häberlin* in seiner Darstellung den Begriff Verfügung für allgemeine Verordnungen wie für Verwaltungsakte im heutigen Sinn verwendete.

267 *v. Berg*, Handbuch des Teutschen Policeyrechts, Teil 1, S. 134 f.

268 *Gönner*, Der Staatsdienst, S. 221 f.

269 *Gönner*, Der Staatsdienst, S. 222.

270 *Gönner*, Der Staatsdienst, S. 222.

271 *Gönner*, Der Staatsdienst, S. 194 f.

Ebenfalls für die Nichtigkeit von Befehlen sprach sich im Jahr 1829 *Robert Mohl* aus, wenn deren Inhalt mit der Verfassung in Widerspruch stand[272]. *Carl v. Rotteck* ging 1830 noch weiter und verneinte die Gültigkeit von Verfügungen, die formal nicht der Verfassung oder auch den Gesetzen entsprachen bzw. einer sonstigen höheren Pflicht zuwiderliefen[273]. Zudem ging er immer noch von einer grundsätzlich freien Aufhebbarkeit von Verfügungen aus und wollte weiterhin nur bei beeinträchtigten Privatrechten (im weiteren Sinn), die mehr und mehr die Rolle der wohlerworbenen Rechte übernommen hatten, eine Entschädigung gewähren[274].

Als Ergebnis bleibt festzuhalten, daß eine rechtskraftsähnliche Wirkung von einfachen[275] behördlichen Verfügungen regelmäßig nicht ausging. Eine gewisse Sicherheit bot allenfalls die Entschädigungspflicht bei Eingriffen in bestimmte, stärker geschützte Rechte. Besonders geachtet wurden also nur diese Rechte, nicht aber die sie begründenden Verwaltungsakte an sich. Zudem gab es eine Tendenz, die Gültigkeit von Verfügungen mit ihrer Gesetz- bzw. Verfassungsmäßigkeit in Verbindung zu bringen. Eine Unterscheidung zwischen schlicht-rechtswidrigen (also gültigen) und nichtigen Verwaltungsakten (bei schwerwiegenden Mängeln) im heutigen Sinn[276] gab es in dieser Zeit noch nicht. Vom Ansatz her ähnlich war jedoch die Nichtigkeit verfassungswidriger Verfügungen im Gegensatz zu schlicht-rechtswidrigen Maßnahmen bei *Mohl*.

272 *Mohl*, Das Staatsrecht des Königreiches Württemberg, Bd. 1, S. 280.

273 *v. Rotteck*, Lehrbuch des Vernunftrechts, Bd. 2, S. 106 ff. Klar für die Nichtigkeit gesetzwidriger Verfügungen auch *Mittermaier*, AcP 21 (1838), S. 254 (283).

274 *v. Rotteck*, Lehrbuch des Vernunftrechts, Bd. 3, S. 293. Ähnlich *Pfeiffer*, Practische Ausführungen, Bd. 3, S. 482 f. unter Berufung auf das kurhessische Oberappellationsgericht.

275 Zur abweichenden Rechtslage bei Privilegien und Maßnahmen der Administrativjustiz vgl. unten die Abschnitte C.I.4. und C.III.

276 Vgl. dazu § 44 VwVfG.

4. Rechtsschutz gegen Verwaltungsakte

a) Der Konflikt zwischen Verwaltung und Justiz

Zwischen Verwaltung und Justiz gab es einen Interessenkonflikt, wobei - vereinfacht - auf der einen Seite die Interessen des Staates (oder aller Bürger gemeinsam) grundsätzlich durch die Verwaltung repräsentiert wurden, während andererseits die der (einzelnen) Bürger von der Justiz wahrzunehmen waren. Dieser Gegensatz wurde durch *Freiherr v. Weiler* klar ausgedrückt: "Der Bürger erkennt in dem *Richteramte* die Schutzwehr gegen Unrecht und Willkühr; der Staat, indem er das Richteramt in völliger Unabhängigkeit aufstellt, kann es mit seiner eigenen, nothwendig *freien* Wirksamkeit in *Verwaltungssachen* nicht vereinbaren, daß der Richter von seiner unabhängigen Stellung aus in solchen Gegenständen einschreite und die Staatsgewalt paralysire, da wo sie ungehemmt wirken soll."[277]

Zur Lösung dieses Konflikts wurden in der ersten Hälfte des 19. Jahrhunderts die verschiedensten Konzeptionen entwickelt. Man konnte die Kontrolle von Verfügungen der Behörden ausschließlich der Selbstkontrolle der Verwaltung überlassen und die Fälle als reine Polizei- oder Verwaltungssachen behandeln. Weiter konnte man sie der Verwaltung überlassen, mit einer besonderen - justizähnlichen - Regelung darüber, wie das Verfahren der Kontrolle auszusehen habe (Administrativ- oder Verwaltungsjustiz). Die nächste Möglichkeit war eine Überprüfung der Verwaltungsmaßnahmen durch die bestehende Zivilgerichtsbarkeit. Oder man konnte - wie dies heute der Fall ist - die Kontrolle von Verwaltungsmaßnahmen besonderen Verwaltungsgerichten übertragen, die von den Behörden unabhängig und organisatorisch getrennt waren.

Art und Umfang des Rechtsschutzes waren für die Entwicklung des Verwaltungsakts von großer Bedeutung[278], denn gerade im Fall eines Streits

277 *v. Weiler*, Ueber Verwaltung und Justiz, S. 2, Hervorhebungen im Original. Siehe zu dieser Aufteilung auch *Poppitz*, AöR 73 (1944), S. 3 (19 ff.).

278 Vgl. dazu die Beurteilung von *Fleiner*, Institutionen des Deutschen Verwaltungsrechts, 8. Aufl., S. 37 ff. Zu den Wechselwirkungen zwischen materiellem Verwaltungsrecht (insbesondere dem Verwaltungsakt) und Prozeßrecht - allerdings hauptsächlich am Beispiel der Zeit nach dem Zweiten Weltkrieg - siehe auch *Haueisen*, DÖV 1961, S. 121. Allgemein zu dem Verhältnis zwischen "Verwaltungsverant-

über die Rechtmäßigkeit einer behördlichen Verfügung zeigten sich deren Merkmale oder Eigenschaften in bezug auf ihre Gesetzesbindung, ihre eigene und selbständige Bindungswirkung sowie die Möglichkeiten der Aufhebung usw. Von Interesse ist dabei besonders die Frage, welche staatlichen Stellen letztendlich die Kompetenz hatten, über Bestehen oder Nichtbestehen des Verwaltungsakts zu entscheiden. Die verschiedenen Ansätze in Literatur und Praxis sollen deshalb in den folgenden Abschnitten dargestellt werden.

b) Justiz- und Polizeisachen bis 1806

Bis zum Ende des Heiligen Römischen Reiches Deutscher Nation im Jahr 1806 unterschied man allgemein zwischen Justizsachen, bei denen eine Kontrolle durch die Gerichte zulässig war, und Polizeisachen, die *grundsätzlich* der Selbstkontrolle der Verwaltung unterlagen[279]. Zu beachten ist an dieser Stelle, daß die höchsten Reichsgerichte (Reichskammergericht und Reichshofrat) gleichzeitig mit dem Ende des Reichs durch *Franz II.* aufgelöst wurden[280].

Aufgrund der größeren Freiheit beim Umgang mit Polizeisachen im Gegensatz zu Justizsachen (gerichtliches Verfahren mit umfangreicheren Verfahrensregeln)[281], bestand um die Jahrhundertwende eine Tendenz der Obrigkeit, das Gebiet der erstgenannten weiter auszudehnen[282]. Daher war es erforderlich, beide Bereiche klarer abzugrenzen[283], wobei die Schwierigkeit darin bestand, daß aus einer Polizeisache unter bestimmten Umständen eine Justizsache werden konnte[284]. Eine relativ einfach zu handhabende Trennung

wortung und Verwaltungsgerichtsbarkeit" *Wahl*, VBlBW 1988, S. 387.

279 Der Begriff 'Polizeisachen' war in der Regel gleichbedeutend mit 'Administrativ-', 'Verwaltungs-' oder 'Regierungssachen'. *Leist*, Lehrbuch des teutschen Staatsrechts, S. 549 differenzierte zwar teilweise zwischen den Bezeichnungen, sah aber bei der sachlichen Behandlung - in Abgrenzung zu den Justizsachen - keine Unterschiede.

280 Vgl. dazu *Schmelzeisen*, JuS 1975, S. 427 (428); *Schmidt-v. Rhein*, NJW 1990, S. 489 (494).

281 *Gönner*, Handbuch des deutschen gemeinen Prozesses, Bd. 2, S. 73 f.

282 *v. Berg*, Handbuch des Teutschen Policeyrechts, Teil 1, S. 141.

283 *v. Weiler*, Ueber Verwaltung und Justiz, S. 2 meinte später, eine fehlende Abgrenzung führe "auf zwei verderbliche Abwege, zum Despotismus der Administration und zum Despotismus der Richter, beide, wenn sie ihre Schranken überschreiten."

284 Vgl. etwa *Leist*, Lehrbuch des teutschen Staatsrechts, S. 317; *v. Pfizer*, Prüfung der neuesten Einwendungen, S. 19.

zwischen öffentlich-rechtlich gelagerten Fällen, bei denen man von der Bezeichnung her auf eine Polizei- oder Verwaltungssache schließen könnte, und zivilrechtlichen Fällen, bei denen der Begriff Justizsache naheläge, gab es in dieser Zeit noch nicht. Sachverhalte aus beiden Rechtsgebieten konnten unter gewissen Voraussetzungen gleichermaßen zur gerichtlichen Überprüfung gelangen[285].

Der Versuch der sachlichen Abgrenzung durch die damaligen Autoren führte wohl auch aus diesem Grund zu keiner wirklich brauchbaren Lösung, wie *Carl v. Pfizer* einige Jahre später bemerkte: "Sie wollten in der Sache selbst ein Merkmal auffinden, woraus sich erkennen lasse, ob sie sich zur Justiz- oder Verwaltungs-Sache qualificire. Dieß war aber eine unauflösbare Aufgabe. Denn die Sache selbst hat ursprünglich weder das Merkmal einer Justizsache, noch das Merkmal einer Verwaltungs- oder Polizei-Sache. Sie erhält dieses Merkmal erst durch die Beziehung, durch das Verhältniß, in welches sie mit Justiz oder Verwaltung kommt."[286]

Wenn auch eine deutliche und methodische Ordnung nicht erreicht wurde[287], sollen doch zumindest die Ansätze der wichtigsten Vertreter aus der Zeit kurz vor der Reichsauflösung nachfolgend dargestellt werden[288].

aa) Karl Friedrich Häberlin und Günther Heinrich v. Berg

Im Gegensatz zu der häufig geäußerten Ansicht, daß es in Polizeisachen keinen Rechtsschutz (durch die Justiz) gäbe[289], stellte schon *Häberlin*

285 Vgl. dazu *v. Pfizer*, Ueber die Grenzen zwischen Verwaltungs- und Civil-Justiz, insbesondere S. 59 ff. (mit Verweis auf entsprechende Vorschriften der kaiserlichen Wahlkapitulation (§§ 4, 6 bis 8) und der Kammergerichtsordnung (Part. II, Tit. 5, § 1), abgedruckt a.a.O.

286 *v. Pfizer*, Ueber die Grenzen zwischen Verwaltungs- und Civil-Justiz, S. 62. Vgl. auch *Leist*, Lehrbuch des teutschen Staatsrechts, S. 315 f.

287 Vgl. *Jordan*, Stichwort "Administrativjustiz. Administrativjustizsachen.", S. 134 (139).

288 Zu dieser und der davor liegenden Zeit vgl. *Erichsen*, Verfassungs- und verwaltungsrechtsgeschichtliche Grundlagen, insbesondere S. 64 ff.; *Sydow*, Die Verwaltungsgerichtsbarkeit des ausgehenden 19. Jahrhunderts, S. 12 ff.; *Würtenberger*, Der Schutz von Eigentum und Freiheit im ausgehenden 18. Jahrhundert, S. 66 ff.; *Würtenberger*, Verwaltungsprozeßrecht, S. 16 ff.; jeweils m.w.N.

289 *v. Berg*, Handbuch des Teutschen Policeyrechts, Teil 1, S. 171 schrieb 1799 ebenfalls kritisch: "das bekannte Sprichwort: In Policeysachen gilt keine Appellation".

(1797) fest, daß dies "für die Freiheit der Unterthanen zu gefährlich" wäre und zu Despotismus führen könne[290]. Er ging zwar davon aus, daß wegen einer Polizeisache grundsätzlich kein Prozeß geführt werde, wenn diese ausschließlich das allgemeine Wohl beträfe, sich nur auf eine Freiheitseinschränkung der Untertanen erstrecke[291], oder - was nach seiner Ansicht mehrheitlich der Fall war - geringfügig, einfach zu ermitteln und eilbedürftig sei[292].

Eine solche könne laut *Häberlin* jedoch dann zu einer Justizsache werden, wenn der Streit die Gültigkeit von Polizeigesetzen, deren Anwendbarkeit auf den konkreten Fall, ein Entgegenstehen der Verfassung oder wohlerworbener Rechte beinhalte[293]. So war nach *v. Berg* (1799) bei willkürlicher Entziehung wohlerworbener Rechte und - besonders im Fall des rechtmäßigen Eingriffs - bei verweigerter Entschädigung die (reichs-)gerichtliche Kontrolle möglich[294]. Jedoch wurde aus einer reinen Polizeisache noch nicht schon dadurch eine Justizsache, daß "Jemand Beschwerde zu führen für gut findet"[295]. (*Johann Friedrich Eusebius Lotz* ging kurz nach Ende des Reichs - trotz grundsätzlicher Übereinstimmung - darüber etwas hinaus, indem er bei erhobener Klage solange von einer Justizsache ausging, als nicht das Gegenteil vor Gericht nachgewiesen wurde[296].)

Eine weitere Möglichkeit, bei der es zu einer Justizsache kommen konnte, war die, daß die Polizei bestimmte Verfahrensregeln nicht einhielt.

290 *Häberlin*, Handbuch des Teutschen Staatsrechts, Bd. 2, S. 559. In diesem Sinn auch *Leist*, Lehrbuch des teutschen Staatsrechts, S. 550.

291 *Häberlin*, Handbuch des Teutschen Staatsrechts, Bd. 2, S. 458. Ebenso *Leist*, Lehrbuch des teutschen Staatsrechts, S. 547, Fn. 7.

292 *Häberlin*, Handbuch des Teutschen Staatsrechts, Bd. 2, S. 559. Gegen eine Klagemöglichkeit bei Geringfügigkeit der Sache auch *v. Berg*, Handbuch des Teutschen Policeyrechts, Teil 1, S. 152 f. und *Leist*, Lehrbuch des teutschen Staatsrechts, S. 550.

293 *Häberlin*, Handbuch des Teutschen Staatsrechts, Bd. 2, S. 459 ff. (auch zur Klagemöglichkeit gegen Befehle des Fürsten in Privatsachen) und S. 559 mit Verweis auf § 106 J.R.A., siehe auch Fn. *) a.a.O., S. 559. Vgl. dazu auch die rückblickende Darstellung bei *v. Weiler*, Ueber Verwaltung und Justiz, S. 30 ff. m.w.N. Nach *Häberlin*, a.a.O., S. 469 f. konnte, im Fall von großer Gefahr für den Staat, sogar aus einer Justizsache wieder eine Regierungssache werden.

294 *v. Berg*, Handbuch des Teutschen Policeyrechts, Teil 1, S. 165 f. Ebenso *Leist*, Lehrbuch des teutschen Staatsrechts, S. 319 f.

295 *v. Berg*, Handbuch des Teutschen Policeyrechts, Teil 1, S. 149.

296 *Lotz*, Ueber den Begriff der Polizei und den Umfang der Staatspolizeigewalt, S. 62 f., Fn. **).

Bei *v. Berg* wurde beispielhaft eine Verfügung genannt, die ohne ausreichende Sachverhaltsaufklärung in die Rechte eines Bürgers eingriff. Eine richterliche Überprüfung sollte zumindest über die Frage möglich sein, ob die Polizei eine "unpartheyische Untersuchung beobachtet habe oder nicht."[297]

Kontrollierbar durch die Reichsgerichte waren auch die justizmäßigen Polizeisachen, die bereits vorher bei den Landesgerichten verhandelt worden sind. Dabei sollten Ausnahmen nur bei einem Mangel der Appellationssumme, aufgrund Besonderheiten des Urteils oder aufgrund entgegenstehender Appellationsprivilegien möglich sein. Das Argument der fehlenden Justizmäßigkeit dürfe jedoch nicht mehr vorgebracht werden[298].

Das materielle Prüfungsrecht der obersten Reichsgerichte erstreckte sich nur auf den Mißbrauch der Polizeigewalt zu Ungerechtigkeiten und Beschwerden gegen "untergerichtliche Erkenntnisse in justizmäßigen Policeysachen"[299]. Als eine derartige Ungerechtigkeit sah *v. Berg* - anders als beispielsweise *Justus Christoph Leist*[300] - auch eine Freiheitseinschränkung der Untertanen "ohne gegründete Ursache" an, und er wandte sich ausdrücklich gegen die Ansicht, daß Rechtsschutz nur gegen Eingriffe in wohlerworbene Rechte zulässig sei[301]. Nach seiner Ansicht war der Streitfall über die Einschränkbarkeit der natürlichen Freiheit der Bürger dazuzurechnen[302]. Sein Argument war, daß es sich dabei um eine reine Gesetzesanwendung handele, die ihrer Art nach von der richterlichen Gewalt entschieden werden kann[303]. Die gerichtliche Kontrolle von Verwaltungsakten beinhaltete nach *v. Berg* nicht die "Beurtheilung der Güte und Zweckmäßigkeit", da dies als eine politische Frage angesehen wurde und nicht als eine der Gerechtigkeit[304]. Daraus läßt sich

297 *v. Berg*, Handbuch des Teutschen Policeyrechts, Teil 1, S. 148 ff. (auch zu weiteren Fällen).

298 *v. Berg*, Handbuch des Teutschen Policeyrechts, Teil 1, S. 172 ff. m.w.N.

299 *v. Berg*, Handbuch des Teutschen Policeyrechts, Teil 1, S. 155, 157.

300 *Leist*, Lehrbuch des teutschen Staatsrechts, S. 547, insbesondere Fn. 7.

301 *v. Berg*, Handbuch des Teutschen Policeyrechts, Teil 1, S. 158 f. Er begründete das a.a.O. damit, daß man leichter einen Verlust akzeptieren könne, der durch Arbeit ersetzbar ist, als eine Freiheitseinschränkung ohne vernünftigen Grund - d. h. ohne rechtliche Verpflichtung - hinzunehmen. Als Beispiel nennt er auf S. 161 eine Verletzung der Freizügigkeit.

302 *v. Berg*, Handbuch des Teutschen Policeyrechts, Teil 1, S. 146.

303 *v. Berg*, Handbuch des Teutschen Policeyrechts, Teil 1, S. 146 f. Vgl. dazu auch *Lotz*, Ueber den Begriff der Polizei und den Umfang der Staatspolizeigewalt, S. 57.

304 *v. Berg*, Handbuch des Teutschen Policeyrechts, Teil 1, S. 154, 179 f.

schließen, daß Ermessensfragen nicht durch die Justiz kontrollierbar sein sollten und somit ausschließlich der Polizei, d. h. der Verwaltung im heutigen Sinn, vorbehalten blieben.

In Zweifelsfällen sollte nach *v. Bergs* Ansicht die Möglichkeit der Justizkontrolle den Vorzug bekommen, um die größtmögliche Gerechtigkeit zu erreichen[305]. Zumindest sollte die Entscheidung darüber, ob eine reine Polizeisache vorliege, immer richterlich getroffen werden[306].

Vor einer Klageerhebung bei den Reichsgerichten war eine Gegenvorstellung bei der obersten Landespolizei, der Landesregierung oder den Landesgerichten erforderlich[307], um der Administration bzw. dem Landesherrn selbst die Gelegenheit zur Abhilfe zu geben. Jedoch gab es häufig - gerade bei landeshoheitlichen Maßnahmen[308] - keine Möglichkeit zur Klage bei den eigenen Landesgerichten, sondern der Beschwerdeführer mußte sich direkt an die höchsten Reichsgerichte wenden[309], falls keine freiwillige Übereinkunft zwischen dem Landesherrn und seinen Untertanen dahingehend bestand, daß ausnahmsweise auch die landeseigenen Gerichte zuständig seien[310]. Wesent-

305 *v. Berg*, Handbuch des Teutschen Policeyrechts, Teil 1, S. 142.

306 *v. Berg*, Handbuch des Teutschen Policeyrechts, Teil 1, S. 149. Genauere Ausführungen zum Entscheidungsweg bezüglich der Abgrenzung von Polizei- und Justizsachen vom Untergericht zum Obergericht, zur Landesregierung, eventuell - bei Beschwerden gegen den Landesherrn oder die Landesregierung - bis zu den Reichsgerichten a.a.O., S. 186 ff.

307 *v. Berg*, Handbuch des Teutschen Policeyrechts, Teil 1, S. 150 f.; *Häberlin*, Handbuch des Teutschen Staatsrechts, Bd. 2, S. 461.

308 *Jordan*, Stichwort "Administrativjustiz. Administrativjustizsachen.", S. 134 (150); *Leist*, Lehrbuch des teutschen Staatsrechts, S. 549 f.; *v. Pfizer*, Prüfung der neuesten Einwendungen, S. 19.

309 Zur Zulässigkeit der Klage durch die deutschen Untertanen bei den Reichsgerichten vgl. § 106 des Reichsabschieds von 1654, auf den sich beispielsweise *v. Berg*, Handbuch des Teutschen Policeyrechts, Teil 1, S. 154, Fn. w) noch 1799 berief. Siehe zur Reichsgerichtsbarkeit, Reichskammergericht und Reichshofrat *Bauer*, Von der Administrativjustiz zur Verwaltungsgerichtsbarkeit, S. 11 ff.; *Bloem*, Verfassungsgerichtliche Probleme von 1495-1806; *Broß*, Untersuchungen zu den Appellationsbestimmungen; *Diestelkamp*, Das Reichskammergericht in der Deutschen Geschichte; *Döhring*, Geschichte der deutschen Rechtspflege seit 1500; *Gritschneder*, DRiZ 1988, S. 452; *Schlinghoff*, DRiZ 1987, S. 273; *Schmelzeisen*, JuS 1975, S. 427; *Schmidt-v. Rhein*, NJW 1990, S. 489; *Schroeder*, JuS 1978, S. 368; *Sellmann*, Der Weg zur neuzeitlichen Verwaltungsgerichtsbarkeit, S. 29 ff.; *Thieme*, JuS 1981, S. 549 (554).

310 *v. Berg*, Handbuch des Teutschen Policeyrechts, Teil 1, S. 151 f.

lich war aber, daß der Zugang zu den Reichsgerichten bestand, die von den jeweiligen Landesherren unabhängig waren (im Gegensatz zu den Landesgerichten), so daß nicht letztendlich doch der Regent als Richter in eigener Sache über seine Verfügungen entschied[311].

bb) Nicolaus Thaddäus Gönner

Allgemeiner (und damit wohl geringfügig weitergehend) meinte *Gönner* im Jahr 1804: "Zur Justizsache wird ein Gegenstand, soweit als von Rechtsverletzung dabei die Frage ist."[312] Er unterschied die Fallgruppen nach ihrem Zweck: Polizeisachen sollten nur auf die "Abwendung gemeinschädlicher Uebel" gerichtet sein und daher ausschließlich dem Gemeinwohl dienen, während bei Justizsachen rechtliche Entscheidungen im Hinblick auf die beteiligten Parteien erfolgten, mit der Konsequenz, daß als Entscheidungsgrundlage einmal das Gemeinwohl und im anderen Fall nur die Gründe aus dem jeweiligen Rechtsverhältnis maßgeblich waren[313]. Daraus folgerte er eine subjektive Unterscheidung dahingehend, daß bei Justizsachen Kläger und Beklagter vorhanden sein müßten, während ansonsten der Staat unaufgefordert, aufgrund eigenen Interesses einschreiten konnte[314]. Weiterhin ging er davon aus, daß je nach Betrachtungsweise der gleiche Sachverhalt eine Justiz- und eine Polizeisache sein konnte[315]. Die Polizei - oder Verwaltung allgemein

[311] *Häberlin*, Handbuch des Teutschen Staatsrechts, Bd. 2, S. 464 f. mit Verweis auf ein ungenanntes Mitglied des Reichskammergerichts.

[312] *Gönner*, Handbuch des deutschen gemeinen Prozesses, Bd. 2, S. 75. Im Grundsatz ebenso *Leist*, Lehrbuch des teutschen Staatsrechts, S. 316 und noch 1807 *Lotz*, Ueber den Begriff der Polizei und den Umfang der Staatspolizeigewalt, S. 58 und rückblickend *Jordan*, Stichwort "Administrativjustiz. Administrativjustizsachen.", S. 134 (140). Problematisch an *Gönners* Ausführungen a.a.O. ist, daß er nicht zwischen dem Rechtsschutz vor Landes- und Reichsgerichten unterschied. Er erwähnte nicht einmal die Fragestellung, wodurch seine Darstellung nur sehr bedingt Rückschlüsse auf die damals bestehenden Rechtsschutzmöglichkeiten zuläßt (vgl. zu dieser Lücke auch die deutliche Kritik bei *v. Pfizer*, Ueber die Grenzen zwischen Verwaltungs- und Civil-Justiz, S. 72).

[313] *Gönner*, Handbuch des deutschen gemeinen Prozesses, Bd. 2, S. 73 (vgl. auch S. 81).

[314] *Gönner*, Handbuch des deutschen gemeinen Prozesses, Bd. 2, S. 73. Ebenso *Leist*, Lehrbuch des teutschen Staatsrechts, S. 316; *Lotz*, Ueber den Begriff der Polizei und den Umfang der Staatspolizeigewalt, S. 59, Fn. *).

[315] *Gönner*, Handbuch des deutschen gemeinen Prozesses, Bd. 2, S. 79. Im Anschluß an diesen *Leist*, Lehrbuch des teutschen Staatsrechts, S. 317.

- war demnach nicht zwangsläufig daran gehindert, erforderliche Maßnahmen zu treffen, wenn gleichzeitig ein gerichtliches Verfahren stattfand; der Suspensiveffekt wirkte nur eingeschränkt[316].

Problematisch war auch, daß die Administrativbehörden oft gleichzeitig als Gerichte fungierten. Nach *Nicolaus Thaddäus Gönner* durften die Verwaltungsstellen dann nicht als Gerichte tätig werden, wenn sie wie eine Partei am Streit beteiligt waren: "Die Nachlaßgeschäfte bei Miethverträgen über Kammergüter und Zehenten, Irrungen über Holz- und Waidgerechtigkeiten, Gränzstreitigkeiten bei Kammergütern und ähnliche Gegenstände, bei welchen eine administrative Stelle nur als Partei erscheint, gehören in die Klasse der Fälle, wo ein solches Kollegium niemals in der Eigenschaft eines Richters betrachtet werden kann [...]. Zu dieser Klasse zähle ich alle Fälle, wo gegen obrigkeitliche Anordnungen die Unterthanen Vorstellungen machen, in welchen sie die Obrigkeit durch eine ausführliche Darstellung der Unrechtmäßigkeit einer Anordnung von der Verletzung ihres Rechtes abzubringen suchen. Sie haben es hier nur mit demjenigen zu thun, welcher zwar die Beschwerde selbst heben, und den Rechtsstreit hierdurch entbehrlich machen kann, der aber sobald von Anerkennung des *streitigen* Rechts die Frage ist, Partei wird, also auch vorher in eigner Sache nicht Richter seyn kann."[317] Auch wenn den Behörden grundsätzlich bei vergleichbaren Sachverhalten die Gerichtsbarkeit zustand, sollten sie nach seiner Ansicht bei derart eigener Beteiligung nicht richterlich tätig sein dürfen[318].

Falls die entscheidende Stelle nicht klar ausführte, ob ihre Handlung als Justiz- oder Administrativakt zu verstehen sei, was aufgrund der Doppelfunktion vieler Behörden möglich war, so sollte eine Vermutung der Rechtmäßigkeit eingreifen: "Würde demnach die Obrigkeit zu einer gegebenen Entschließung *als Richter* bei einer Justizsache nicht befugt seyn, so muß man vermuthen, daß sie auf den Gegenstand nicht mit der richterlichen, sondern mit der legislativen oder vollziehenden Gewalt wirken wollte, und nach diesem Gesichtspunkt muß man ihre Entschließung betrachten"[319]. Die handelnde

316 *Gönner*, Handbuch des deutschen gemeinen Prozesses, Bd. 2, S. 78 f.

317 *Gönner*, Handbuch des deutschen gemeinen Prozesses, Bd. 2, S. 64 ff., Hervorhebung im Original.

318 *Gönner*, Handbuch des deutschen gemeinen Prozesses, Bd. 2, S. 66 ff. Vgl. besonders das angeführte Beispiel S. 68.

319 *Gönner*, Handbuch des deutschen gemeinen Prozesses, Bd. 2, S. 69, Hervorhebung im Original.

Stelle sollte - bei möglicher Unklarheit der Eigenschaft ihrer Maßnahme - die Zweifel durch ausdrückliche Erklärung beseitigen, also die Maßnahme als Gesetz, Urteil oder Verfügung benennen[320]. Ebenso sollte - von der anderen Seite betrachtet - der Bürger schon bei einem Gesuch klarstellen, ob er außerhalb des gerichtlichen Rechtswegs bleiben oder Klage erheben wollte[321]. Das Gesuch selbst war daher bei der Auslegung bezüglich der Eigenschaft einer Maßnahme ebenso heranzuziehen.

Das richterliche Urteil durfte sich zudem nicht aus dem Gemeinwohl und was diesem förderlich war ergeben, sondern nur aus dem, was das Gesetz für den betreffenden Fall vorschrieb. Ein Ehemann könne beispielsweise durch ein Gericht nicht deshalb zur Zahlung von Alimenten an seine Ehefrau verurteilt werden, weil dadurch verhindert werde, daß "kein Bürger im Staate verhungere", sondern nur, weil die Zahlung in diesem Rechtsverhältnis gesetzlich entsprechend geregelt ist[322].

*

Dadurch eröffnete sich ein relativ weiter, da wenig oder unklar abgegrenzter Bereich möglicher Verwaltungskontrolle durch die Justiz, bis hin zur Appellation an die höchsten Reichsgerichte[323]. Die Literatur benutzte vielfach Einzelbeispiele, um die Rechtsschutzmöglichkeiten zu beschreiben, was einem systematischen und geschlossenen Bild der Kontrollmöglichkeiten nicht förderlich war. Letztendlich lag die Entscheidung, welche Klagen angenommen und behandelt wurden, mangels eindeutiger gesetzlicher Regelungen, ohnehin bei den Gerichten selbst.

Von Bedeutung war aber, daß es überhaupt eine Kontrolle und sogar eine Begründungspflicht des Landesherrn gab. Er konnte seine Maßnahmen nicht nur damit rechtfertigen, daß ihm die Landeshoheit zustand, "sondern er ist verpflichtet, seine Gründe ausführlich und vollständig vorzulegen."[324] Jedoch auch schon damals - als das übergeordnete Reich noch vorhanden war - bestanden bedeutende Unterschiede in den einzelnen Ländern, auf die hier

320 *Gönner*, Handbuch des deutschen gemeinen Prozesses, Bd. 2, S. 71.

321 *Gönner*, Handbuch des deutschen gemeinen Prozesses, Bd. 2, S. 72.

322 *Gönner*, Handbuch des deutschen gemeinen Prozesses, Bd. 2, S. 81.

323 *Rüfner*, Die Entwicklung der Verwaltungsgerichtsbarkeit, in: *Jeserich / Pohl / v. Unruh*, Bd. 3, S. 909 meint sogar, es "bestand grundsätzlich ein umfassender Rechtsschutz gegen rechtswidrige Ausübung der Landeshoheit".

324 *v. Berg*, Handbuch des Teutschen Policeyrechts, Teil 1, S. 165.

nur beispielhaft eingegangen werden kann: So war Österreich auch für seine deutschen Gebiete der Gerichtsbarkeit des Reichskammergerichts völlig entzogen. Eingeschränkt galt dies auch für Preußen, Württemberg, alle Kurfürstentümer und durch Appellationsprivilegien *(privilegia de non appellando)* für weitere Länder wie beispielsweise Bayern oder die Besitzungen der Schwedischen Krone auf deutschem Gebiet, mit der Folge, daß dort die unterschiedlichsten Behörden oder Gerichte mit der Behandlung der Streitfragen beauftragt wurden, oft ohne daß es eine allgemeine Regelung gab[325].

c) Die Entwicklung nach 1806

Nach dem Ende des Heiligen Römischen Reiches mußten in Literatur und Praxis Wege gefunden werden, um jetzt ausschließlich länderintern einen geordneten Rechtsschutz zu gewährleisten[326].

aa) Die Behandlung in der Literatur

Die Frage des Rechtsschutzes gegen Maßnahmen der Verwaltung war in der ersten Hälfte des 19. Jahrhunderts eines der am ausführlichsten bearbeiteten und umstrittensten[327] Gebiete in der Rechtswissenschaft. Die ersten bzw. wichtigsten Vertreter der verschiedenen Richtungen, die sich nach 1806 herausbildeten, sollen in den nächsten Abschnitten dargestellt werden.

325 Näheres dazu bei *v. Pfizer*, Ueber die Grenzen zwischen Verwaltungs- und Civil-Justiz, S. 103 ff. Vgl. auch *Brauer*, Beyträge zu einem allgemeinen Staatsrecht, S. 13 f.; *Dabelow*, Lehrbuch des Staats- und Völkerrechts, S. 259; *Reimold*, Der württembergische Geheime Rat, S. 29; *Stern*, Das Staatsrecht der Bundesrepublik Deutschland, Bd. 2, S. 748 f.

326 Gewisse Änderungsansätze gab es zum Teil schon vor 1806, weil bereits vor der Auflösung der obersten Reichsgerichte deren Bedeutung nachließ. Daher darf das genannte Jahr nur als grobe Markierung angesehen werden. Zumindest der Grundsatz, daß die "LandesPoliceygewalt [...] durchaus nicht für eine unabhängige Gewalt gehalten werden" konnte und daher einer reichsgerichtlichen Kontrolle unterworfen war, wurde aber noch im Jahr 1805 deutlich von *Leist*, Lehrbuch des teutschen Staatsrechts, S. 546 f. hervorgehoben. Vgl. auch *Feist*, Die Entstehung des Verwaltungsrechts, S. 93 ff. sowie generell zu diesem Abschnitt *Erichsen*, Verfassungs- und verwaltungsrechtsgeschichtliche Grundlagen, S. 207 ff.; *Würtenberger*, Verwaltungsprozeßrecht, S. 18 f.; jeweils m.w.N.

327 Nach *Mittermaier*, AcP 12 (1829), S. 133 u. 362 war schon die Methode der Erforschung des Prozeßrechts umstritten.

α) Johann Friedrich Eusebius Lotz

Johann Friedrich Eusebius Lotz meinte 1807: "So lange also in einem wirklich gegebenen Falle, entweder gar keine Rechtsgesetze vorhanden sind, unter welche sich der streitige Fall subsumiren läßt, oder so lange blos darüber gestritten wird, ob die von der Polizeigewalt zum Behuf der Realisirung ihrer Wünsche ergriffene Maasregel nach den Prinzipien der Politik wirklich das geeignete Mittel sey, für das es die Polizei ansieht, gehört die Erörterung der vorhandenen Streitigkeiten auf jeden Fall blos und allein für das Ressort der Polizei."[328]

Neben dieser Klarstellung blieb er auch ansonsten bei der schon vor Auflösung der Reichsgerichte üblichen Unterscheidung von Justiz- und Polizeisachen. Neue Abgrenzungskriterien fehlten bei ihm noch völlig und auch die geänderte Stellung der Länder (umfassende Souveränität[329]), die keiner höheren Justizgewalt mehr unterworfen waren, floß - zumindest im Zusammenhang mit der Kontrolle von Verwaltungsmaßnahmen - nicht in seine Betrachtungen ein[330].

*

Die herrschende Meinung in der Literatur suchte nach 1806 neue Lösungsansätze, die nachfolgend dargestellt werden. Man zog die (notwendigen) Konsequenzen aus dem Wegfall der Reichshoheit und dem daraus folgenden gleichzeitigen Ende der Reichsgerichtsbarkeit[331]. Im Rheinbund und im späteren Deutschen Bund wurde kein Ersatz für die Reichsgerichte geschaffen, so daß keine der Landeshoheit übergeordnete Justizgewalt mehr bestand[332].

328 *Lotz*, Ueber den Begriff der Polizei und den Umfang der Staatspolizeigewalt, S. 60 f.

329 Siehe *Feist*, Die Entstehung des Verwaltungsrechts, S. 50 ff., 97 m.w.N.

330 Vgl. *Lotz*, Ueber den Begriff der Polizei und den Umfang der Staatspolizeigewalt, S. 58 ff.

331 Vgl. zur geänderten Situation *Müller*, Staatswissenschaftliche Studien, S. 79 ff., der dringend, aber erfolglos, für die Errichtung eines neuen Bundesgerichts plädierte, um im gesamten Deutschen Bund ein Mindestmaß an Justizkontrolle und Rechtseinheitlichkeit zu schaffen. Bei ihm wurde der Zusammenhang von nationaler Einheit und freiheitlichen Garantien durch eine justizförmige Oberaufsicht deutlich hervorgehoben. Eine zusammenfassende Entwicklung der neuen Theorien aus der Sicht von 1838 findet sich bei *Funke*, Die Verwaltung in ihrem Verhältniß zur Justiz, S. 2 ff.

β) Julius Graf v. Soden

Im Jahr 1817 sah *Julius Graf v. Soden* keinen Grund, Entscheidungen der Polizei (im Sinn von richtender Tätigkeit; sonstige Maßnahmen wurden nicht erwähnt) einer Justizkontrolle vorzuenthalten. Bei einer behaupteten Rechtsverletzung sollte dem Staatsbürger weder der Weg zu einer höheren Behörde, noch der Rechtsweg zu den Gerichten verweigert werden können[333]. Das Argument, daß dadurch das Handeln der Polizeigewalt gelähmt würde, ließ er nicht gelten, da er einen Suspensiveffekt[334] "der Berufung" nur für die Fälle zuließ, "wo aus dieser Handlung ein unwiederbringlicher Nachteil für die Rechte *einzelner* entstehen würde."[335] Zudem sollte nach seiner Ansicht eine einzige gerichtliche Instanz zur Kontrolle von Polizeimaßnahmen ausreichen, wenn nicht der Betroffene - wieder mit dem gleichen Kriterium wie oben - "einen *unwiderbringlichen* Nachtheil zu beurkunden vermag."[336] Mit dieser Meinung gab er einen Anstoß zur weitgehenden Justizkontrolle von Verwaltungsakten; eine nähere Auseinandersetzung mit der neueren staatsrechtlichen Lage sowie eine umfassende theoretische Grundlage war jedoch - ebenso wie bei *Lotz* - noch nicht vorhanden.

*

Abweichende - und teilweise sehr ausführlich begründete - Ansätze boten danach die Vertreter der Verwaltungs- oder Administrativjustiz[337]:

332 Vgl. dazu *Jordan*, Stichwort "Administrativjustiz. Administrativjustizsachen.", S. 134 (140 ff.).

333 *v. Soden*, Die Staats-Polizei, S. 57 f. Es ist hier davon auszugehen, daß die Zivilgerichte gemeint waren, da Verwaltungsgerichte zu dieser Zeit noch nicht existierten. Noch etwas unklar ein Jahr vorher, aber wohl auch - zumindest ansatzweise - in diesem Sinn *Fries*, Von Deutschem Bund und Deutscher Staatsverfassung, Zweyte Abtheilung, S. 18.

334 Ausführlicheres zum Suspensiveffekt unten im Abschnitt C.I.5.

335 *v. Soden*, Die Staats-Polizei, S. 57, Hervorhebung im Original.

336 *v. Soden*, Die Staats-Polizei, S. 62, Hervorhebung im Original.

337 Vgl. zu den Vorläufern der Administrativjustiz *Poppitz*, AöR 73 (1944), S. 3 (26 ff.); *Sellmann*, Der Weg zur neuzeitlichen Verwaltungsgerichtsbarkeit, S. 35 ff.; *Sydow*, Die Verwaltungsgerichtsbarkeit des ausgehenden 19. Jahrhunderts, S. 25 ff.; jeweils m.w.N.

γ) Freiherr v. Weiler

Nach *v. Weiler* (1826), damals badischer Oberhofgerichtsrat, konnte die (Zivil-)Justiz nur noch in ***streitigen*** Fällen des *Privatrechts* eingreifen. Beide Merkmale ('streitig' und 'Privatrecht') mußten zusammen vorliegen. Alle anderen Bereiche gehörten ausschließlich zur Verwaltung. Auch das unstreitige Privatrecht wurde unter dem Namen "Rechtspolizei" der Verwaltung zugeteilt[338] (gemeint war wohl eine Art freiwillige Gerichtsbarkeit[339]). Bei Handlungen der Verwaltung auf dem Gebiet des Gemeinwohls, der Verfassung oder der Polizei sollte der Staat nicht als Beklagter vor die Gerichte gezogen werden können[340]. Die Trennung war bei *v. Weiler* schon sehr exakt: So sei z. B. die Vorfrage über die Rechtmäßigkeit einer Verfügung von der Verwaltung zu entscheiden, während die Feststellung des daraus entstandenen Schadens - den er als privatrechtlich qualifizierte - vor den Richter gehöre[341].

Um den Bürger nicht rechtlos gegenüber den Maßnahmen einer despotischen Verwaltung stehen zu lassen, setzte sich *v. Weiler* für eine "administrative Justiz" ein[342]. Für die streitigen Fälle im Rahmen der Verwaltung

338 *v. Weiler*, Ueber Verwaltung und Justiz, S. 10 ff. Er hielt die frühere Unterscheidung (bis 1806) zwischen Justiz- und Verwaltungssachen nicht für falsch, sondern durch den Untergang des Reiches sah er die Notwendigkeit einer neuen Betrachtungsweise, da über den Landesherren keine Gerichte mehr existierten, die deren Macht begrenzen konnten, vgl. a.a.O., S. 38 ff.

339 Vgl. *Klüber*, Öffentliches Recht, S. 578; *v. Rotteck*, Lehrbuch des Vernunftrechts, Bd. 3, S. 192.

340 *v. Weiler*, Ueber Verwaltung und Justiz, S. 13.

341 *v. Weiler*, Ueber Verwaltung und Justiz, S. 51.

342 *v. Weiler*, Ueber Verwaltung und Justiz, S. 14. Er führt auf S. 40 ff. die Administrativ- oder Verwaltungsjustiz in Deutschland auf französischen Einfluß zurück (dagegen *Poppitz*, AöR 72 (1943), S. 158 (163)): Seit einem a.a.O., S. 40 zitierten Gesetz vom 24. August 1790 *("Que les juges ne peuvent troubler, de quelque manière que ce soit, les opérations des corps administratifs")* durften in Frankreich die Gerichte keine Entscheidungen mehr über Verwaltungsakte *(acte administratif)* treffen, sondern mußten diese ausschließlich den Behörden überlassen (dazu auch *Funke*, Die Verwaltung in ihrem Verhältniß zur Justiz, S. 148 und *Jordan*, Stichwort "Administrativjustiz. Administrativjustizsachen.", S. 134 (141); *Sellmann*, Der Weg zur neuzeitlichen Verwaltungsgerichtsbarkeit, S. 51 f.; jeweils m.w.N.). Der Verwaltungsakt im französischen Sinn umfaßte dabei auch rein privatrechtliche Handlungen der Behörden. Daher rührt die Einschränkung *v. Weilers*, a.a.O., S. 49: "Mit weiser Umsicht ist der verderbliche französische Grundsatz, daß jeder *acte administratif* unbedingt die gerichtliche Kompetenz ausschließe [...], in die badische Gesetzgebung nicht aufgenommen worden." Hervorhebung im Origi-

sollte diese selbst "eine Art von Richteramt" ausüben. Damit meinte er, daß gewisse Verfahrensregeln eingehalten werden müßten, insbesondere dürfe das rechtliche Gehör nicht versagt werden, der Beamte der die umstrittene Anordnung erlassen habe, könne nicht selbst Richter sein und eine höhere Behörde müsse als weitere Instanz zur Verfügung stehen[343]. Im Konfliktfall, bei einem Kompetenzstreit zwischen Justiz und Verwaltung, könne nur die höchste Staatsbehörde, in *v. Weilers* Land Baden der Staatsrat, bindend für Behörden und Gerichte entscheiden. Dieser Staatsrat sei auch gleichzeitig die höchste Instanz der administrativen Justiz[344].

nal. Noch deutlicher wurde die französische Rechtslage ausgedrückt in einer *"loi du 16 fructidor an 3"* (nach der kurzfristig eingeführten neuen Zeitrechnung), *"qu'il est défendu aux tribunaux de connaître des Actes d'administration."* Zitiert nach *Merlin*, Répertoire universel et raisonné de jurisprudence, Bd. 1, Stichwort *"Acte administratif"*, S. 148, der bei seinen nachfolgenden Ausführungen jedoch einige Ausnahmen (mit Beispielen aus der Praxis) anführte, woraus sich ergibt, daß auch in Frankreich die Handhabung nicht so streng war, wie es die genannten Gesetze und *v. Weilers* Befürchtungen erscheinen lassen.

343 *v. Weiler*, Ueber Verwaltung und Justiz, S. 23. Grundsätzlich sei jedoch eine Personalunion von Verwaltungsbeamten und Richtern (abgesehen von höheren Instanzen) möglich und in der Realität auch vorhanden, vgl. a.a.O., S. 25 ff., jedoch für die Zukunft nicht mehr wünschenswert, S. 44. (Im Zusammenhang damit ist zu bemerken, daß Verwaltung und (Zivil-)Justiz ohnehin erst in den mittleren und oberen Behördenebenen getrennt waren, vgl. *Funke*, Die Verwaltung in ihrem Verhältniß zur Justiz, S. 1, Fn. 1, S. 166, Fn. 158; *Rapp*, 100 Jahre Badischer Verwaltungsgerichtshof, S. 4; insbesondere *Stahl*, Philosophie des Rechts, Bd. 2, 2. Abtheilung, S. 120 hielt dies sogar für notwendig.) Ebenso für zukünftige Verbesserungen im Bereich der "Form" der Verwaltungsjustiz (vor allem durch gesetzliche Vorschriften), die zu Beginn des 19. Jahrhunderts in der Praxis noch sehr mangelhaft war, *v. Pfizer*, Ueber die Grenzen zwischen Verwaltungs- und Civil-Justiz, S. 187 ff. m.w.N. Bei *v. Pfizer*, a.a.O., S. 187 heißt es: "Die Quelle der vielen Klagen über die Administrativjustiz kann nur allein in der Thatsache aufgesucht werden: daß die Verwaltungsjustizstellen sich von aller Form bei Behandlung administrativer Rechtssachen losgesprochen glauben. Es ist beinahe unbegreiflich, daß in manchen Staaten, in welchen über Behandlung der Civilrechtssachen die sorgfältigsten Vorschriften ertheilt sind, die Form der administrativen Rechtssachen beinahe ganz mit Stillschweigen übergangen wird."

344 *v. Weiler*, Ueber Verwaltung und Justiz, S. 24 f. Neben Baden gelte dies z. B. auch in Bayern, vgl. a.a.O., S. 42. An dieser Stelle kritisierte auch *v. Weiler* die mangelnde "sachgemäße Ausbildung" der Verwaltungsjustiz in der Realität und plädiert für eine Revision nach seinen vorher dargestellten Grundsätzen. Eine Zusammenstellung von Gesetzen und Beispielen zum Thema Verwaltungsjustiz aus dem Großherzogtum Baden findet sich auf S. 44 ff. Unklar und widersprüchlich bleibt im Zusammenhang mit der Konfliktlösung die Darstellung a.a.O., S. 17 f., wo *v. Weiler*

δ) Carl v. Pfizer

Der Theorie *v. Weilers* verwandt - im Sinn einer Befürwortung der Verwaltungsjustiz und bezüglich der Abgrenzung von Justiz- und Verwaltungssachen nach privatem und öffentlichem Recht - war die Anschauung *Carl v. Pfizers* aus dem Jahr 1828. Für *v. Pfizer*, einem ehemaligen Obertribunal-Direktor in Württemberg, lagen Justizsachen dann vor, wenn es um Rechte und Verbindlichkeiten ging, die entweder verletzt oder zumindest bestritten sein mußten. Die Verwaltung habe nicht über streitiges Recht zu befinden, sondern nur über Interessenkonflikte[345] (an anderer Stelle bezeichnete er diese allerdings dann doch als Konflikte über bestimmte Rechte, nämlich "Regierungsrechte"[346]). Gleichwohl handele es sich dabei um wirkliche Entscheidungen, wie sie auch die Gerichte zu treffen hätten[347]. Weil die Regierungsrechte und die bürgerlichen Rechte nicht in einem hierarchischen Verhältnis stünden, könne auch bei der Verwaltungs- und Ziviljustiz keine solche Über- bzw. Unterordnung bestehen[348]. Daraus schloß er, daß ein Richter (gemeint ist ein Zivilrichter) sich bei Materien mit einem rechtlichen Subjektionsverhältnis, d. h. öffentlich-rechtlichen Fällen, nicht zwischen den Regenten (bzw. die Verwaltung) und den Betroffenen stellen dürfe, "sonst würde der Souverän nicht Souverän, und der Unterthan nicht Unterthan seyn." Es wäre paradox, wenn der Regent als Oberherr des Landes über dem Richter stünde, und dieser wiederum bei verwaltungsrechtlichen Verfügungen als "Oberherr des Oberherrn" auftreten könne[349].

die Entscheidungskompetenz in Zweifelsfragen der Qualifikation an die Gerichte delegiert. Aufgrund der nachfolgenden deutlichen Ausführungen bezüglich der Zuständigkeit des Staatsrats muß aber davon ausgegangen werden, daß letztendlich doch dieser die Entscheidung treffen sollte. Mit dieser neuen Interpretation würde auch die Kritik *v. Pfizers*, Ueber die Grenzen zwischen Verwaltungs- und Civil-Justiz, S. 52 ff. obsolet werden, da er a.a.O. ebenfalls zu *v. Weilers* späterem Ergebnis gelangte.

345 *v. Pfizer*, Ueber die Grenzen zwischen Verwaltungs- und Civil-Justiz, S. 8 ff.

346 *v. Pfizer*, Ueber die Grenzen zwischen Verwaltungs- und Civil-Justiz, S. 19.

347 *v. Pfizer*, Ueber die Grenzen zwischen Verwaltungs- und Civil-Justiz, S. 11.

348 *v. Pfizer*, Ueber die Grenzen zwischen Verwaltungs- und Civil-Justiz, S. 19 f.

349 *v. Pfizer*, Ueber die Grenzen zwischen Verwaltungs- und Civil-Justiz, S. 21 ff. Vgl. zu seiner Begrenzung der öffentlich-rechtlichen Fälle die Ausführungen a.a.O., S. 31, wo er die Materie, die von der Verwaltungsjustiz zu bearbeiten war, derart einschränkte, daß letztendlich nur Verfügungen oder Verwaltungsakte übrigblieben. Siehe zur allgemeinen Definition des öffentlich-rechtlichen Falles a.a.O., S. 108.

Die konsequente Lösung eines Rechtsschutzes gegenüber Verwaltungsakten war für *v. Pfizer* daher die Verwaltungsjustiz. Er sah darin auch keinen Verstoß gegen den Grundsatz der Gewaltenteilung (Rechtsprechung durch die Verwaltung), sondern im Gegenteil begrüßte er den Effekt, daß den Zivilgerichten nicht zuviel Macht zuerkannt wurde[350]. Bemerkenswert, aber eher kurios (so sah er es auch selbst), war seine Aussage über den Umfang der Rekursmöglichkeiten bei den Verwaltungsbehörden: Daß neben einfachen Einwänden gegen Verfügungen auch eine Nichtigkeitsklage möglich sein müsse, verstünde sich eigentlich von selbst, da der Nichtigkeit in der Regel eine schwerwiegendere Rechtswidrigkeit zugrundeliege; er erwähne es aber nur deshalb, weil die Praxis häufig anders verfahre, nämlich, "daß zwar Beschwerden, aber keine Nichtigkeiten einen Rekurs begründen."[351]

*

Ebenfalls für die Verwaltungsjustiz sprachen sich danach *Robert Mohl*[352] (1829), *Carl v. Rotteck*[353] (1830), *Romeo Maurenbrecher*[354], *Friedrich Julius Stahl*[355] (beide 1837) und *Gottlob Leberecht Funke*[356] (1838) aus[357].

350 *v. Pfizer*, Ueber die Grenzen zwischen Verwaltungs- und Civil-Justiz, S. 27.

351 *v. Pfizer*, Ueber die Grenzen zwischen Verwaltungs- und Civil-Justiz, S. 209 f.

352 *Mohl*, Das Staatsrecht des Königreiches Württemberg, Bd. 1, S. 329 im Anschluß an die vorher dargestellten Theorien, u. a. mit lobender Erwähnung der "geistreichen Schrift" *v. Pfizers*, a.a.O., S. 333, Anmerkung 1. Vgl. zu seiner Haltung bei den Verhandlungen des Verfassungsausschusses der Nationalversammlung 1849 *Poppitz*, AöR 72 (1943), S. 158 (159) u. AöR 73 (1944), S. 3 (17); *Sellmann*, Der Weg zur neuzeitlichen Verwaltungsgerichtsbarkeit, S. 77.

353 *v. Rotteck*, Lehrbuch des Vernunftrechts, Bd. 3, S. 194 ff.

354 *Maurenbrecher*, Grundsätze des heutigen deutschen Staatsrechts, S. 340 f. Hervorzuheben ist, daß er im Notfall gegenüber der Justiz auch noch Machtsprüche des Regenten für zulässig hielt, a.a.O., S. 337 u. 339, Anmerkung (l). Dies wurde von *Zoepfl*, Grundsätze des allgemeinen und des constitutionell-monarchischen Staatsrechts, S. 241, Fn. *) unter Bezugnahme auf *Maurenbrecher* ausdrücklich abgelehnt und als Widerspruch zu einem Beschluß der Bundesversammlung vom 7. 10. 1830 angesehen. Vgl. zur langsamen Abkehr von Machtsprüchen bereits im 18. Jahrhundert auch *Schmidt*, Rechtssprüche und Machtsprüche.

355 *Stahl*, Philosophie des Rechts, Bd. 2, 2. Abtheilung, S. 409 ff.

356 *Funke*, Die Verwaltung in ihrem Verhältniß zur Justiz, S. 39 ff., zumindest im Grundsatz.

357 Vgl. zu den Befürwortern, zu denen auch einige Justizrichter gehörten, *Poppitz*, AöR 73 (1944), S. 3 (5).

Kriterium für die alleinige Zuständigkeit der Administrativstellen war grundsätzlich auch bei ihnen der öffentlich-rechtliche Charakter einer Sache[358].

Die Verwaltungsjustiz entsprach, besonders in der Restaurationszeit nach dem Wiener Kongreß, im Grundsatz eher dem landesfürstlichen Interesse, da die Beamten auch als Administrativrichter gegenüber dem Regenten weisungsgebunden und bezüglich ihrer Dienststellung von ihm abhängig waren[359]. Die Verwaltung sollte "vom Geist der Staatsführung durchdrungene Richter finden."[360] Auch strukturell war die Verwaltung den Fürsten stärker zugeneigt, weil die führenden Positionen - im Gegensatz zur Justiz - noch vom Adel besetzt wurden[361]. Folgender Beurteilung von *Hans Hattenhauer* ist

358 *Mohl*, Das Staatsrecht des Königreiches Württemberg, Bd. 1, S. 332; *v. Rotteck*, Lehrbuch des Vernunftrechts, Bd. 3, S. 196; *Stahl*, Philosophie des Rechts, Bd. 2, 2. Abtheilung, S. 409 ff. Vgl. dazu auch *v. Gönner*, Entwurf eines Gesetzbuchs, Bd. 1, S. 11 und Bd. 2, erste Abtheilung, S. 104, der nach dem Untergang der Reichsgerichte ebenfalls zu einem Befürworter der Administrativjustiz wurde.

359 Siehe zu diesem negativen Bild bei den damaligen Zeitgenossen *Bauer*, Von der Administrativjustiz zur Verwaltungsgerichtsbarkeit, S. 68 ff. m.w.N. Zur weitgehenden Abhängigkeit der Beamten - beispielsweise auch durch das unterschiedliche Disziplinarrecht für Beamte und Richter - vgl. *Hattenhauer*, Geschichte des deutschen Beamtentums, S. 242 ff., 254, 307 ff. Selbst gegenüber Beamten, die in ein Parlament gewählt wurden, gingen die Regierungen nahezu hemmungslos vor. *Hattenhauer*, Geschichte des deutschen Beamtentums, S. 250 f. schildert aus den Jahren 1832 und 1833 das Beispiel des kurhessischen Professors *Sylvester Jordan* (der auch ein Gegner der Administrativjustiz war, vgl. *Jordan*, Stichwort "Administrativjustiz. Administrativjustizsachen.", S. 134): Die Regierung versuchte - unter Hinweis auf das bestehende Beamtenverhältnis - mit finanziellen Mitteln, durch Bekanntmachung seines unsittlichen Lebenswandels (wofür bei Kasseler Dirnen nachgeforscht wurde) und sogar mit einer Verhaftung Einfluß auf ihn zu nehmen. Ein positives Gegenbeispiel ist Württemberg mit seinem Geheimen Rat, bei dessen Mitgliedern es zwar auch formal weitgehend an richterlicher Unabhängigkeit fehlte, die aber in der Realität ohne Eingriffe des Königs entscheiden konnten. So kommt etwa *Reimold*, Der württembergische Geheime Rat, S. 145 f. zu dem Ergebnis: "Im Königreich Württemberg bestand somit eine richterähnliche und außerhalb der Verwaltung stehende Behörde, welche in Admistrativjustizsachen in letzter Instanz unabhängig nach freier Überzeugung entscheiden konnte. Die Rekurstätigkeit des württembergischen Geheimen Rates war daher bereits Anfang des 19. Jahrhunderts eine Rechtsschutzgewährung gegenüber der Verwaltung, wie sie in keinem anderen deutschen Land ähnlich praktiziert wurde." Vgl. zur sachlichen Unabhängigkeit und zur Akzeptanz der Spruchtätigkeit auch a.a.O., S. 204 ff. Zur historischen Entwicklung der richterlichen Unabhängigkeit allgemein siehe *Schaffer*, BayVBl. 1991, S. 641.

360 *Poppitz*, AöR 73 (1944), S. 3 (4).

361 Dazu *Feist*, Die Entstehung des Verwaltungsrechts, S. 94 ff.; *Hattenhauer*, Ge-

zuzustimmen: "Inzwischen hatten sich die Richter dem Geiste der Aufklärung und des Liberalismus verschrieben. Die Justiz war nicht nur in Preußen in ihrer Überzeugung und Zusammensetzung bürgerlicher als die Verwaltung. Bis in das letzte Drittel des 19. Jahrhunderts waren vornehmlich Richter Vorkämpfer progressiver Ideen. Die Justiz stand politisch links von der Verwaltung. Ihre Angehörigen waren eher als die Regierungsräte zur Kritik am Monarchen und den bestehenden Verhältnissen bereit."[362] Daher fand die Administrativjustiz unter den Autoren - insbesondere in den dreißiger und vierziger Jahren des 19. Jahrhunderts - nicht nur Befürworter.

ε) Carl Josef Anton Mittermaier

Nicht mehr zur obigen Gruppe zu rechnen ist *Carl Josef Anton Mittermaier*, ein einflußreicher Heidelberger Professor und Präsident der Badischen Zweiten Kammer sowie späterer Abgeordneter der Nationalversammlung. Er ging 1838/39 davon aus, daß die Rechtsschutzmöglichkeiten, die bei den Reichsgerichten bestanden, nicht vollständig auf die Landesgerichte übergegangen sind. Ausgeschlossen seien die Fälle, die eine Überschreitung oder einen Mißbrauch der Landeshoheit betrafen[363]. Daraus folgt, daß in diesen Bereichen nur die Verwaltung selbst korrigierend tätig werden konnte[364]. Eine ausschließliche Behördenzuweisung von öffentlich-rechtlichen Fällen oder solchen, die von einem Subjektionsverhältnis geprägt waren, lehnte er aber ganz entschieden ab[365].

Mittermaier schränkte die Zuweisung dahingehend ein, daß er - sehr formal - die umstrittenen Verwaltungsmaßnahmen, in denen nach Rechtsnormen zu entscheiden war, den Gerichten zuwies. Speziell zu Verfügungen meinte er: "Ueberall, wo das Recht eines Privatmanns durch Verwaltungsakte

schichte des deutschen Beamtentums, S. 112 ff., der auch auf Ausnahmeerscheinungen hinweist: So waren in Preußen zu Beginn des 19. Jahrhunderts - zumindest auf mittlerer und unterer Behördenebene außerhalb der Ministerien - überwiegend bürgerliche Räte, also Angehörige des höheren Dienstes, tätig (a.a.O., S. 220). Dieser Anteil ging jedoch in der Zeit zwischen 1820 und 1841 wieder deutlich zurück (vgl. die konkreten Zahlenangaben a.a.O., S. 278).

362 *Hattenhauer*, Geschichte des deutschen Beamtentums, S. 308.

363 *Mittermaier*, AcP 21 (1838), S. 254 (279 ff.).

364 Eine nähere Beschreibung von Verwaltungssachen nach seiner Sicht findet sich bei *Mittermaier*, AcP 22 (1839), S. 47 (54 ff.).

365 *Mittermaier*, AcP 22 (1839), S. 47.

verletzt wird, und derjenige, welcher den Schutz der Gerichte anruft, den verletzenden Akt als einen formell gesetzwidrigen erklärt, ist eine Justizsache begründet"[366].

Keinen gerichtlichen Rechtsschutz gegen eine Verfügung gab es jedoch, wenn diese eine allgemeine Anordnung oder ein Gesetz vollzog "und unter den gehörigen formellen Bedingungen erlassen ist". Wenn die zuständige Behörde entsprechend den geltenden Gesetzen handelte, konnten die Gerichte die Durchführung der Maßnahme nicht verhindern. Eine Inzidentkontrolle von Gesetzen war ebenso ausgeschlossen wie deren unmittelbare gerichtliche Überprüfung[367]. Begründet wurde diese Auffassung damit, daß "sonst die eigentliche Staatsverwaltung den Gerichten anvertraut wäre, und weil gegen den Mißbrauch von Seite der Staatsgewalt andere zweckmäßige politische Einrichtungen in der Verfassung des Landes bestehen müssen."[368]

Damit nahm *Mittermaier* eine Mittelposition zwischen Widersachern und Befürwortern der Verwaltungsjustiz ein, mit einer deutlichen Tendenz zu den Anhängern des gerichtlichen Rechtsschutzes[369].

ζ) Burkhard Wilhelm Pfeiffer

Als klarer Gegner der Administrativjustiz war vor allem der Oberappellationsrat im Kurfürstentum Hessen *Burkhard Wilhelm Pfeiffer* anzusehen[370]. Er hob 1831 besonders die Gefahren hervor, die durch wei-

366 *Mittermaier*, AcP 21 (1838), S. 254 (282). Nähere Ausführungen dazu bei *Mittermaier*, AcP 22 (1839), S. 47 (67 ff.), wo er ausdrücklich erklärte, daß dies nicht nur für gesetzwidrige, sondern auch - weitergehend - für rechtswidrige Verwaltungsakte gelte.

367 *Mittermaier*, AcP 22 (1839), S. 47 (55 f.).

368 *Mittermaier*, AcP 22 (1839), S. 47 (56).

369 Vgl. zur Bestätigung auch *Mittermaier*, AcP 22 (1839), S. 47 (94 f.).

370 Ähnlich *Cucumus*, Lehrbuch des Staatsrechts, S. 380 f., 400, 476; *Jordan*, Stichwort "Administrativjustiz. Administrativjustizsachen.", S. 134 (144 ff.); *Weiß*, System des deutschen Staatsrechts, S. 694, Fn. m); *Zoepfl*, Grundsätze des allgemeinen und des constitutionell-monarchischen Staatsrechts, S. 226 (insbesondere Fn. *)), 229 ff. Das scheint teilweise auch auf *Klüber*, Öffentliches Recht, S. 562 zuzutreffen ("Verwerflich [...] ist [...] der so genannte Administrativ- oder VerwaltungsJustizweg"), der aber das Thema nur kurz anschnitt, insbesondere hoheitliche Maßnahmen in diesem Zusammenhang nicht erwähnte, a.a.O., S. 571 allein verletzte "wohlerworbene Privatrechte" als Justizsachen qualifizierte und auch in bestimmten

sungsgebundene Beamte und untergeordnete Behörden entstünden, wenn diese Entscheidungen zwischen den Zwecken der Verwaltung und dem bestehenden Recht zu treffen hätten. Denn sie müßten sich im Konfliktsfall auch gegen ihre vorgesetzte Organisation stellen, eventuell sogar soweit gehen, "ihre eigene Handlung für gesetzwidrig zu erklären", da in vielen Ländern gerade auf unterer Verwaltungsebene die Einheit von administrativ und im Rahmen der Rechtspflege tätigen Stellen durchaus üblich war[371]. Seine Position war auf einen sehr weitgehenden Rechtsschutz durch die Justiz ausgerichtet, wobei er besonders auch die Fälle im Bereich eines Subordinationsverhältnisses einschloß: "Gegen Handlungen und Verfügungen, welche von dem *Landesherrn* selbst, in seiner Eigenschaft als Staatsoberhaupt, herrühren, findet im Allgemeinen ebensowohl, wie gegen die der von ihm bestellten Staatsverwaltungs-Behörden, die Eröffnung des Weges Rechtens [...] statt."[372]

Dies sollte zumindest immer dann der Fall sein, wenn Rechte der Untertanen betroffen waren[373]. Kontrolliert werden sollte die Rechtmäßigkeit von Verwaltungshandlungen, ausgeschlossen war aber auch bei ihm die justizmäßige Überprüfung von Zweckmäßigkeits- und Ermessenserwägungen sowie von den Fällen, die nur das Gemeinwohl betrafen und keine einzelnen Bürger

Fällen a.a.O., S. 586 f. eine ausschließliche Polizeigerichtsbarkeit befürwortete. Jedoch spricht seine Ablehnung einer richterlichen Tätigkeit durch den "Souverain", das "Cabinet" oder das "Staatsministerium", sowie seine Forderung nach einer Trennung von Justiz und Verwaltung unter Berufung auf die kurhessische Verfassungsurkunde, a.a.O., S. 572 u. 573 f., Anmerkungen i), l), (zu Kurhessen siehe unten im folgenden Abschnitt über die Praxis) wiederum recht eindeutig dafür, daß *Klüber* eher der Position *Pfeiffers* zugerechnet werden kann. Einen gewissen Bereich von "Regierung-Sachen", welche unmittelbar die Staatsregierung betrafen, schloß er dann wieder völlig von einer gerichtlichen Erörterung aus. Zudem wies er im Fall von Kompetenzkonflikten die Entscheidung grundsätzlich der höchsten Staatsbehörde zu, vgl. a.a.O., S. 574. Insgesamt betrachtet bleibt seine Position sehr widersprüchlich und unklar.

371 *Pfeiffer*, Practische Ausführungen, Bd. 3, S. 442 f.; *Pfeiffer*, Praktische Ausführungen, Bd. 6, S. 3 ff. Ebenso *Jordan*, Stichwort "Administrativjustiz. Administrativjustizsachen.", S. 134 (146 ff.), der die Verwaltungsjustiz als "Rechtspfuscherei" bezeichnete. Vgl. auch die äußerst ablehnende Reaktion auf *Pfeiffers* Ausführungen durch *v. Pfizer*, Prüfung der neuesten Einwendungen.

372 *Pfeiffer*, Practische Ausführungen, Bd. 3, S. 477, unter Berufung auf Entscheidungen des kurhessischen Oberappellationsgerichts, Hervorhebung im Original. In diesem Sinn später auch *Minnigerode*, Beitrag zur Beantwortung der Frage: Was ist Justiz- und was ist Administrativ-Sache?, S. 80 ff. Vgl. dazu auch *Pfeiffer*, Practische Ausführungen, Bd. 5, S. 202.

373 *Pfeiffer*, Praktische Ausführungen, Bd. 6, S. 8 f.

beeinträchtigten. Diese Bereiche blieben als Regierungssachen der Verwaltung vorbehalten[374]. Jedoch konnte auch bei *Pfeiffer* aus einer derartigen Regierungssache eine Justizsache werden: Beispielhaft führte er Verfügungen der Finanzbehörden zur Steuererhebung an. Diese seien zwar grundsätzlich als - auf das Gemeinwohl gerichtete - Regierungssachen nur behördenintern zu behandeln, sie müßten aber dann von der Justiz überprüfbar sein, wenn ihre Gesetzmäßigkeit bezweifelt würde[375].

bb) Die Ausgestaltung in der Praxis

So unterschiedlich wie in der Literatur[376] war auch die Anwendung in der Praxis der einzelnen Länder, die hier nur exemplarisch dargestellt werden kann[377]. Eine unmittelbare Auswirkung auf den Rechtsschutz gegenüber Verwaltungsakten in den nun souveränen deutschen Staaten gab es nach 1806 nicht[378]; die Entwicklung begann regelmäßig sehr langsam und mehrfach wurden eingeleitete Rechtsschutzänderungen bald wieder rückgängig gemacht. Gerade in der Umwälzungszeit nach Untergang des Reichs waren Reformen einer Reform eher die Regel als die Ausnahme.

Stark ausgeprägt war das System der Administrativjustiz besonders in Baden und Bayern[379]. Auch im Großherzogtum Hessen wurden im Jahr 1814

[374] *Pfeiffer*, Practische Ausführungen, Bd. 3, S. 480 f.; *Pfeiffer*, Praktische Ausführungen, Bd. 6, S. 3, 8 f., 11. Ebenso *Cucumus*, Lehrbuch des Staatsrechts, S. 475.

[375] *Pfeiffer*, Praktische Ausführungen, Bd. 6, S. 13 f.

[376] Auffällig ist, daß die Autoren in aller Regel die Ausformung des Rechtsschutzes gegen Verwaltungsmaßnahmen bevorzugten, die in ihrem Land gängig war, was nur partiell durch ihre Mitwirkung an der Ausgestaltung erklärt werden kann.

[377] Regelungen aus verschiedensten Ländern werden dargestellt bei Poppitz, AöR 72 (1943), S. 158 ff. u. AöR 73 (1944), S. 3 ff.; *Sellmann*, Der Weg zur neuzeitlichen Verwaltungsgerichtsbarkeit, S. 44 ff.; *Sydow*, Die Verwaltungsgerichtsbarkeit des ausgehenden 19. Jahrhunderts, S. 16 ff.

[378] Vgl. *Rüfner*, Die Entwicklung der Verwaltungsgerichtsbarkeit, in: *Jeserich / Pohl / v. Unruh*, Bd. 3, S. 909 (910).

[379] Vgl. dazu *Bauer*, Von der Administrativjustiz zur Verwaltungsgerichtsbarkeit; *Cucumus*, Lehrbuch des Staatsrechts, S. 380, Fn. 2; *Feist*, Die Entstehung des Verwaltungsrechts, S. 83 ff., 88 f.; *Funke*, Die Verwaltung in ihrem Verhältniß zur Justiz, S. 151, 153; *Mittermaier*, AcP 21 (1838), S. 254 (266 f.); *Montag*, VBlBW 1992, S. 194 u. 391 (197 f.); *Poppitz*, AöR 72 (1943), S. 158 (170 ff., 207 ff., 218 ff.); *Rapp*, 100 Jahre Badischer Verwaltungsgerichtshof, S. 3 ff.; *Sellmann*, Der Weg zur neuzeitlichen Verwaltungsgerichtsbarkeit, S. 52 ff.; *Sydow*, Die Verwaltungsgerichts-

wieder ausschließlich privatrechtliche Verhältnisse der Kompetenz der Zivilgerichte zugewiesen, nachdem man wenige Jahre zuvor - viel weitergehend - verordnet hatte, daß alle streitigen Rechtsfälle von der Justiz zu entscheiden seien[380].

Der umgekehrte Weg wurde im benachbarten Kurfürstentum Hessen eingeschlagen. Nachdem ursprünglich die Administrativjustiz vorherrschend war[381], wurde durch das Organisations-Edict vom 29. Juni 1821[382] (insbesondere § 36) eine strikte Trennung von Justiz und Verwaltung durchgeführt, wobei die Justiz in weiten Bereichen auch für öffentlich-rechtliche Fälle die Zuständigkeit erhielt[383]. Die Rechtsentwicklung prägte vor allem das kurhessische Oberappellationsgericht, das in einem Urteil bezüglich einer hoheitlichen Verfügung aus dem Jahr 1828 klar ausführte, "es verstehe sich von selbst, daß wenn eine Behörde wegen einer einem Interessenten angeblich zugefügten Rechtsverletzung in Anspruch genommen werde, dieselbe sich einer Rechtfertigung ihrer Handlungsweise, auch wenn solche von dem Landesherrn genehmigt worden, vor den Gerichten nicht entziehen könne."[384] Nachfolgend bestätigt und verfestigt wurde diese rechtliche Situation durch die §§ 112[385] und 113[386] der kurhessischen Verfassungsurkunde vom 5. Januar 1831.

barkeit des ausgehenden 19. Jahrhunderts, S. 35 ff.; *v. Weiler*, Ueber Verwaltung und Justiz, S. 42.

380 Zur näheren Ausgestaltung der Administrativjustiz im Großherzogtum *Mittermaier*, AcP 21 (1838), S. 254 (262 f.); *v. Pfizer*, Ueber die Grenzen zwischen Verwaltungs- und Civil-Justiz, S. 101, Fn. *); *Poppitz*, AöR 72 (1943), S. 158 (202 ff.).

381 Vgl. *Pfeiffer*, Practische Ausführungen, Bd. 3, S. 441 ff., 453.

382 Abgedruckt in der Sammlung von Gesetzen für die kurhessischen Staaten, Bd. 3 (1821), S. 29.

383 Detailliertere Darstellung dazu bei *Pfeiffer*, Practische Ausführungen, Bd. 3, S. 447 ff., 477; *Pfeiffer*, Practische Ausführungen, Bd. 5, S. 216 f. Vgl. auch *Funke*, Die Verwaltung in ihrem Verhältniß zur Justiz, S. 149; *Sellmann*, Der Weg zur neuzeitlichen Verwaltungsgerichtsbarkeit, S. 67 ff.

384 Kurhessisches Oberappellationsgericht Cassel (Urteil v. 25. Oktober 1828), Militair Wittwen Cassen Direction zu Cassel gegen Flachsbart, zitiert nach *Pfeiffer*, Practische Ausführungen, Bd. 3, S. 478.

385 Abgedruckt bei *Zoepfl*, Grundsätze des allgemeinen und des constitutionell-monarchischen Staatsrechts, S. 226, Fn. *).

386 Abgedruckt und interpretiert bei *Pfeiffer*, Practische Ausführungen, Bd. 5, S. 217; *Sellmann*, Der Weg zur neuzeitlichen Verwaltungsgerichtsbarkeit, S. 49 f.

Erwähnenswert ist weiterhin die ähnliche Behandlung von Verwaltungsakten in Preußen. Dort war, nach den §§ 14 und 38 des Gesetzes vom 26. Dezember 1808 über die verbesserte Einrichtung von Provinzialbehörden, selbst gegenüber polizeilichen Verfügungen der Rechtsweg zu den Gerichten eröffnet[387]. Gleiches galt auch für Verfügungen der Finanzbehörden[388]. Im Falle von Zuständigkeitszweifeln zwischen Verwaltung und Justiz hatte ein besonders eingesetzter "Gerichtshof zur Entscheidung der Kompetenzkonflikte" zu urteilen[389].

Eine Mischform von Gerichtszuständigkeit und Administrativjustiz in öffentlich-rechtlichen Fällen gab es in Sachsen. In den §§ 6 ff. des sächsischen Gesetzes über die Competenzverhältnisse zwischen Justiz- und Verwaltungsbehörden vom 28. Januar 1835[390] wurden die verschiedenen Möglichkei-

387 Vgl. dazu *Mittermaier*, AcP 21 (1838), S. 254 (264 f.). Konkretisiert und eingeschränkt wurde diese Regelung später durch das Gesetz über die Zulässigkeit des Rechtswegs in Beziehung auf polizeiliche Verfügungen vom 11. Mai 1842, abgedruckt und mit vielen Beispielen - insbesondere aus der Rspr. - erläutert bei *Oppenhoff*, Die Preußischen Gesetze, S. 337 ff.; dazu auch *Kaufmann / Blomeyer-Bartenstein / Närger / Olzog / Ruprecht*, Der polizeiliche Eingriff, S. 255 f. Erwähnenswert ist vor allem, daß *Oppenhoff*, a.a.O., S. 347 eine Klage auf Vornahme eines Verwaltungsakts (also die heutige Verpflichtungsklage) nach seiner Gesetzesauslegung nicht als möglich ansah, da dies einen unerlaubten Eingriff in die Behördenzuständigkeit darstellen würde. Gerichtlichen Rechtsschutz gab es also nur gegen bereits erlassene Verfügungen. Bestätigt wurde diese Ansicht im Bereich der Sozialfürsorge durch weitere Normen, etwa § 35 des Gesetzes über die Verpflichtung zur Armenpflege vom 31. Dezember 1842: "Einen Anspruch auf Verpflegung kann der Arme gegenüber dem Armenverband niemals im Rechtswege, sondern nur bei der Verwaltungsbehörde geltend machen, in deren Pflicht es liegt, keinen Anspruch zuzulassen, welcher über das Notdürftigste hinausgeht." Siehe dazu *Knoll*, Die Entwicklung der Gerichtsbarkeit des Reichs bei Sozialleistungen, S. 90.

388 Ausführlicher zur preußischen Rechtslage *Funke*, Die Verwaltung in ihrem Verhältniß zur Justiz, S. 149 ff.; *Rüfner*, Verwaltungsrechtsschutz in Preußen im 18. und in der ersten Hälfte des 19. Jahrhunderts; *Rüfner*, Verwaltungsrechtsschutz in Preußen von 1749 bis 1842, S. 119 ff. Zu späteren gegenteiligen Regelungen vgl. *Feist*, Die Entstehung des Verwaltungsrechts, S. 81 ff.; *Poppitz*, AöR 72 (1943), S. 158 (184 ff.); *Sellmann*, Der Weg zur neuzeitlichen Verwaltungsgerichtsbarkeit, S. 69 ff.; *Thoma*, JöR 4 (1910), S. 196 (207).

389 Vgl. hierzu das Gesetz über das Verfahren bei Kompetenzkonflikten zwischen den Gerichten und den Verwaltungs-Behörden vom 8. April 1847, abgedruckt und erläutert bei *Oppenhoff*, Die Preußischen Gesetze, S. 470 ff., der auch die Entwicklung bis zum Jahr 1847 darstellt.

390 Abgedruckt bei *Mittermaier*, AcP 21 (1838), S. 261 (266, Fn. 11). Vgl. zu Verfahren und Instanzenzug der Administrativjustiz in Hessen a.a.O., S. 263.

ten des Rechtsschutzes einzeln aufgezählt, wobei die Zuweisungen an die Gerichte in der Regel mit möglichen Rechtsverletzungen durch Verwaltungsmaßnahmen zusammenhingen. In einigen Einzelbereichen erscheint die Verteilung aber auch eher zufällig[391].

Wiederum anders war die Lage im Königreich Württemberg: Die württembergische Verfassungs-Urkunde vom 25. September 1819[392] gab gemäß § 36 jedem "das Recht, über gesetz- und ordnungswidriges Verfahren einer Staats-Behörde oder Verzögerung der Entscheidung, bei der unmittelbar vorgesetzten Stelle schriftliche Beschwerde zu erheben, und nöthigenfalls stufenweise bis zur höchsten Behörde zu verfolgen."[393] Unter Umständen konnte nach § 39 auch der Geheime Rat[394] damit befaßt werden. Bei Abweisung mußte die jeweilige Behörde ihre Gründe darlegen (§ 37). Bei Verletzung bestimmter Privatrechte[395] durch die Staatsgewalt war in diesem Administrativjustizsystem aber auch der gerichtliche Rechtsschutz - zumindest dem Wortlaut nach - garantiert (§ 95): "Keinem Bürger, der sich durch einen Akt

391 Ausführlich zur sächsischen Rechtslage *Funke*, Die Verwaltung in ihrem Verhältniß zur Justiz, S. 156 ff. m.w.N. und einer Zusammenstellung der einschlägigen Gesetze a.a.O., S. 156 f., Fn. 139; *Poppitz*, AöR 72 (1943), S. 158 (167 ff., 212 ff.); *Sellmann*, Der Weg zur neuzeitlichen Verwaltungsgerichtsbarkeit, S. 64 f.

392 Besonders zu erwähnen bei dieser Verfassung ist, daß sie, im Gegensatz zu anderen in den süddeutschen Staaten, nicht oktroyiert, sondern mit den Ständen ausgehandelt wurde. Vgl. zum Verfahren *Dürig / Rudolf*, Texte zur deutschen Verfassungsgeschichte, S. 21 f. Abdruck der Verfassungs-Urkunde ebenfalls a.a.O. Vgl. auch die Erläuterungen zur Verfassung bei *Gessler*, ZStW 18 (1862), S. 719 (734 ff.).

393 Ausführungen dazu bei *Mohl*, Das Staatsrecht des Königreiches Württemberg, Bd. 1, S. 340 ff.

394 Gemäß § 55 die Minister und sonstige vom König ernannte Räte, vgl. zu seiner Stellung auch die §§ 54 ff. Seine Praxis wurde allgemein positiv beurteilt, siehe z. B. *Keller*, Stichwort "Verwaltungsgerichtsbarkeit", S. 879; *Rüfner*, Die Entwicklung der Verwaltungsgerichtsbarkeit, in: *Jeserich / Pohl / v. Unruh*, Bd. 3, S. 909 (916). Ausführlich zur Entwicklung und Tätigkeit dieser Institution: *Reimold*, Der württembergische Geheime Rat; *Sydow*, Die Verwaltungsgerichtsbarkeit des ausgehenden 19. Jahrhunderts, S. 31 ff.

395 Zu beachten ist dabei, daß man häufig unter einem "Privatrecht", bis ins 19. Jahrhundert hinein, "jedes einem Individuum persönlich zustehende Recht, ohne Rücksicht darauf, ob es auf einer bürgerlich-rechtlichen oder einer öffentlich-rechtlichen Norm beruhte", verstand, vgl. *Sellmann*, Der Weg zur neuzeitlichen Verwaltungsgerichtsbarkeit, S. 63 m.w.N. Zur engeren Auslegung in Württemberg, mit der Folge, daß dort ein Verwaltungsjustizsystem praktiziert wurde, siehe *Mohl*, Das Staatsrecht des Königreiches Württemberg, Bd. 1, S. 331 f.

der Staatsgewalt in seinem auf einem besonderen Titel beruhenden Privatrechte verletzt glaubt, kann der Weg zum Richter verschlossen werden."[396]

Nachrangig konnte man sich an die Landstände wenden[397]. Und als letzte Möglichkeit blieb den Untertanen, wie in allen Mitgliedsstaaten des seit 1815 bestehenden Deutschen Bundes, eine Beschwerde bei der Bundesversammlung bzw. dem Bundesschiedsgericht, jedoch nur sehr eingeschränkt im Falle einer Justizverweigerung und wenn gesetzliche Wege keine Abhilfe versprachen[398].

cc) Ergebnis

Tendenziell war - nach einem Höhepunkt in den zwanziger und dreißiger Jahren des 19. Jahrhunderts - zumindest in der Theorie wieder eine Abwendung von der Administrativjustiz zu erkennen. Dies zeigte sich auch besonders deutlich in § 182 der Frankfurter Paulskirchenverfassung vom 28. März 1849[399]: "Die Verwaltungsrechtspflege hört auf; über alle Rechtsverletzungen entscheiden die Gerichte."

[396] Ein sehr aufschlußreiches praktisches Beispiel für die Rechtsschutzmöglichkeiten gegen einen Verwaltungsakt, mit allen Teilen des Verfahrensablaufs, beschrieb *v. Pfizer*, Ueber die Grenzen zwischen Verwaltungs- und Civil-Justiz, S. 210 ff., Fn. *) aus eigener Erfahrung (er wehrte sich über Jahre hinweg erfolglos gegen eine Herabsetzung seiner Beamtenbesoldung). Vgl. zur tatsächlichen Ausgestaltung des Rechtsschutzes auch *Feist*, Die Entstehung des Verwaltungsrechts, S. 86 ff.; *Magerl*, Verwaltungsrechtsschutz in Württemberg, S. 86 ff.; *Mittermaier*, AcP 21 (1838), S. 254 (266); *Poppitz*, AöR 72 (1943), S. 158 (194 ff.); *Sellmann*, Der Weg zur neuzeitlichen Verwaltungsgerichtsbarkeit, S. 58 ff. sowie die Einzelfallaufzählung der außergerichtlich durch die Behörden zu entscheidenden hoheitsrechtlichen Streitigkeiten bei *Funke*, Die Verwaltung in ihrem Verhältniß zur Justiz, S. 152 f.

[397] *Mohl*, Das Staatsrecht des Königreiches Württemberg, Bd. 1, S. 202 f.

[398] Art. 29 der Wiener Schlußakte vom 15. Mai 1820, abgedruckt bei *Dürig / Rudolf*, Texte zur deutschen Verfassungsgeschichte, S. 65 ff. Vgl. dazu *Maurenbrecher*, Grundsätze des heutigen deutschen Staatsrechts, S. 190 f., insbesondere Anmerkung (b); *Mohl*, Das Staatsrecht des Königreiches Württemberg, Bd. 1, S. 346 ff.

[399] Abgedruckt bei *Schuster / Evers*, Alle deutschen Verfassungen, S. 29. Zur Entstehungsgeschichte der Vorschrift und ihrer relativ geringen Wirkung in der Praxis vgl. *Feist*, Die Entstehung des Verwaltungsrechts, S. 111 ff.; *Sellmann*, Der Weg zur neuzeitlichen Verwaltungsgerichtsbarkeit, S. 75 ff.; *Sydow*, Die Verwaltungsgerichtsbarkeit des ausgehenden 19. Jahrhunderts, S. 19 ff.; jeweils m.w.N. Vorschriften mit vergleichbarer Tendenz aus der gleichen Zeit finden sich auch in der öster-

Allgemein läßt sich sagen, daß - falls gegen Verwaltungsakte überhaupt ein justizförmiger Rechtsschutz bestand - die Gerichte grundsätzlich zum Schutz von Rechten der Bürger (aus dem Begriff der 'wohlerworbenen Rechte'[400] war man über 'wohlerworbene Privatrechte'[401] und 'Privatrechte'[402] - ohne Zusatz - zu 'Rechten'[403] gekommen, wobei die inhaltliche Bedeutung im materiellen Bereich weitestgehend gleich blieb, jedoch die persönliche Freiheit des Bürgers immer stärker betont wurde[404]) tätig werden konnten, nicht aber in Fällen, bei denen es sich um Zweckmäßigkeits- oder Ermessenserwägungen[405] handelte. Zu entscheiden waren somit nur Rechtsfragen. Sonstige Sachverhalte blieben den Verwaltungsbehörden vorbehalten[406]. Aufgrund der unterschiedlichen Ausgestaltung der Rechtsschutzmöglichkeiten gegen Verwaltungsakte in den einzelnen Ländern läßt sich eine detailliertere Bilanz mit Gültigkeit für alle Staaten nicht ziehen.

5. Gehorsamspflicht, Widerstandsrecht und Suspensiveffekt

Zu Beginn des 19. Jahrhunderts bestand gegenüber Verfügungen der Obrigkeit grundsätzlich eine strenge Befolgungspflicht, von der nur in sehr begrenztem Umfang Ausnahmen zugelassen wurden[407]. Als äußerst verbind-

reichischen Reichsverfassung vom 4. März 1849, näher dazu *Tezner*, VerwArch. 8 (1900), S. 220 (225, Fn. 13) sowie in einigen kleineren deutschen Ländern, vgl. *Feist*, Die Entstehung des Verwaltungsrechts, S. 113.

400 Z. B. bei *v. Berg*, Handbuch des Teutschen Policeyrechts, Teil 1, S. 146 oder *Dabelow*, Lehrbuch des Staats- und Völkerrechts, S. 261.

401 Etwa bei *Klüber*, Öffentliches Recht, S. 574.

402 Beispielsweise § 95 der württembergischen Verfassungs-Urkunde vom 25. September 1819.

403 Z. B. *Mittermaier*, AcP 21 (1838), S. 254 (271).

404 Die genauen Einzelheiten, was zu den wohlerworbenen bzw. sonstigen Rechten gehörte, waren allerdings immer umstritten, was hier jedoch nicht näher untersucht werden kann.

405 Siehe auch *Held-Daab*, Das freie Ermessen, S. 53 ff.

406 Vgl. dazu auch die zusammenfassende Beurteilung von *Mittermaier*, AcP 21 (1838), S. 254 (271 ff.).

407 Siehe zur Gehorsamspflicht auch *Remmert*, Verfassungs- und verwaltungsrechtsgeschichtliche Grundlagen des Übermaßverbotes, S. 92 f.

lich - im Sinn einer absoluten Gehorsamspflicht der Untertanen - sah *J. P. Harl* noch im Jahr 1822 die Befehle der Polizei an: "Den Anordnungen und Anweisungen der Polizei-Offizianten muss unbedingt und ohne allen Anstand von Jedermann Folge geleistet werden."[408]

In der folgenden Zeit bildete sich eine immer stärkere Differenzierung heraus. *Carl v. Pfizer* benutzte sechs Jahre später zwar immer noch den Ausdruck des "unbedingten Gehorsams", beschränkte aber den Bereich, in dem der Regent solchen verlangen durfte, ausschließlich auf die Hoheitsrechte, die das Verhältnis von Untertanen und Staat regelten[409].

Konkreter gefaßt wurde die Beschränkung bei *Silvester Jordan* (1828) und *Robert Mohl* (1829), letzterer unter Bezugnahme auf § 21 der württembergischen Verfassungs-Urkunde. *Mohl* sah nur die Pflicht, verfassungsmäßige Befehle zu befolgen und gestand demzufolge dem Staatsbürger das Recht zu, andernfalls den Gehorsam zu verweigern und eventuell sogar "zum thätigen Widerstande" überzugehen, wenn er vorher mit Beschwerden und Vorstellungen bei höheren Behörden nicht erfolgreich war[410]. *Jordan* dehnte die Grenzen auf der einen Seite weiter aus, indem er - noch allgemeiner - nur "gesezmäßigen Gehorsam" forderte, beschränkte aber andererseits das Widerstandsrecht auf die Fälle "moralisch-religiösen" Unrechts[411].

Carl v. Rotteck befürwortete im Jahr 1830 zwar den unbedingten, lehnte aber den blinden Gehorsam ab[412]. Nicht zu befolgen waren auch nach seiner

408 *Harl*, Entwurf eines Polizei-Gesetzbuchs, S. 614. Er ging a.a.O. sogar noch weiter und erklärte, daß jede Mißbilligungsäußerung "an Ort und Stelle und in Gegenwart der Polizei" strafbar sei. Allenfalls eine spätere Beschwerde bei der vorgesetzten Behörde dürfe sich der Betroffene vorbehalten. Ähnlich drastisch, allerdings früher, noch gegen Ende des vorhergehenden Jahrhunderts, *Schlözer*, Allgemeines StatsRecht und StatsVerfassungsLere, S. 104: "Jeder vorsetzliche Ungehorsam gegen irgend ein Befel, der vom Herrscher und dessen Subalternen ergeht, ist HochVerrat." Vgl. dazu auch *Erichsen*, Verfassungs- und verwaltungsrechtsgeschichtliche Grundlagen, S. 198 ff.

409 *v. Pfizer*, Ueber die Grenzen zwischen Verwaltungs- und Civil-Justiz, S. 20 f. Ähnlich *Pölitz*, Die Staatswissenschaften, Erster Theil, S. 226 ff.

410 *Mohl*, Das Staatsrecht des Königreiches Württemberg, Bd. 1, S. 280 ff. *Klüber*, Öffentliches Recht, S. 560 wählte ähnliche Begriffe (er sprach von einer "Pflicht der Unterthanen, zu *staatsbürgerlichem* oder verfassungsmäsigem *Gehorsam*", Hervorhebungen im Original); ebenso *Cucumus*, Lehrbuch des Staatsrechts, S. 130. Beide gingen jedoch nicht auf ein eventuelles Widerstands- oder Verweigerungsrecht der Bürger ein.

411 *Jordan*, Versuche über allgemeines Staatsrecht, S. 404 ff.

Ansicht, die zur herrschenden Meinung wurde, Befehle, die formal nicht den gesetzlichen oder gar verfassungsrechtlichen Anforderungen genügten und unter gewissen Umständen solche, die inhaltlich rechtswidrig waren[413]. Bei der inhaltlichen Rechtswidrigkeit war zu unterscheiden, ob sich der Befehl gegen eine andere "vollkommene und unbedingte" Pflicht richtete - dann war die Ausführung zu verweigern -, oder ob nur eigene Rechte verletzt wurden. Im letzten Fall war grundsätzlich die Gehorsamspflicht vorrangig[414]. Eine Ausnahme bestand nur in Fällen von "wichtiger und empörender Natur". Dann war nicht nur der Ungehorsam erlaubt oder zumindest entschuldigt, sondern dem Bürger wurde neben dem eigenen aktiven Widerstandsrecht eventuell sogar "*eine Appellation an die Gesammtheit*, d. h. eine Aufforderung zur Hülfeleistung durch Wort oder durch voranschreitende That und Beispiel" zugestanden[415]. Auch im Bereich der Gehorsamspflicht wandelte sich mit der weitergehenden Gesetzesbindung die Anschauung in der Literatur. Letztendlich entscheidend für die Untertanen waren nicht mehr der Befehl oder die Verfügung, sondern immer stärker das Gesetz und die Verfassung.

Damit im Zusammenhang stand die praktische Frage, ob eine Klage gegen einen Verwaltungsakt aufschiebende Wirkung hatte und die Gehorsamspflicht zumindest vorläufig ausgesetzt war, oder ob er von der Exekutive unmittelbar durchsetzbar war. Zumindest bei Polizeisachen verweigerten *Conrad Cucumus*, *Karl Friedrich Häberlin* und *Johann Ludwig Klüber* regel-

412 v. *Rotteck*, Lehrbuch des Vernunftrechts, Bd. 2, S. 104.

413 v. *Rotteck*, Lehrbuch des Vernunftrechts, Bd. 2, S. 106 f. Ebenso *Mittermaier*, AcP 21 (1838), S. 254 (283); *Stahl*, Philosophie des Rechts, Bd. 2, 2. Abtheilung, S. 90; ähnlich *Zoepfl*, Grundsätze des allgemeinen und des constitutionell-monarchischen Staatsrechts, S. 74 ff., der einen 'rechtlichen Gehorsam' forderte und besonders die Verhältnismäßigkeit des Widerstandsrechts hervorhob. Im Grundsatz, daß nur ein verfassungsmäßiger Gehorsam geschuldet sei, auch *Maurenbrecher*, Grundsätze des heutigen deutschen Staatsrechts, S. 77 ff. Er billigte jedoch 1837 den Untertanen nur ein sehr eingeschränktes Widerstandsrecht zu, nämlich die Verweigerung gegenüber unmoralischen oder unsinnigen Geboten, wenn diesen eine höhere Pflicht entgegenstehe. Beispielhaft, a.a.O., S. 79, Anmerkung (f) nannte er eine religiöse Pflicht: "du sollst Gott mehr gehorchen, denn den Menschen". Dieser Satz wurde vielfach als Rechtfertigung für Ungehorsam gebraucht, vgl. etwa *Zoepfl*, Grundsätze des allgemeinen und des constitutionell-monarchischen Staatsrechts, S. 75, Fn. *). Ähnlich wie *Maurenbrecher*: *Schmitthenner*, Grundlinien des allgemeinen oder idealen Staatsrechtes, S. 389 ff. und *Weiß*, System des deutschen Staatsrechts, S. 581 ff. Vgl. auch *Blum*, Handbuch, Stichwort "Befehl", S. 122.

414 v. *Rotteck*, Lehrbuch des Vernunftrechts, Bd. 2, S. 107 ff.

415 v. *Rotteck*, Lehrbuch des Vernunftrechts, Bd. 2, S. 111, Hervorhebung im Original.

mäßig der Appellationsklage den Suspensiveffekt, d. h. daß die Ausführung einer Maßnahme nicht verhindert werden konnte[416]. Ebenso war, nach *Nicolaus Thaddäus Gönner*, im Fall eines laufenden Gerichtsverfahrens die Verfügung des Landesherrn oder seiner Behörden gegenüber dem Untertanen - aufgrund der fortbestehenden "Wirksamkeit" - vollziehbar, um zu vermeiden, daß mittels der Justizkontrolle die Polizeigewalt aufgelöst wurde[417]. Mit diesem Grundsatz prinzipiell einverstanden waren *Julius Graf v. Soden*[418], *Burkhard Wilhelm Pfeiffer*[419] und *Heinrich Zoepfl*[420], wobei die beiden letzteren dies mit der vermuteten Gesetzmäßigkeit von behördlichen Verfügungen begründeten; übereinstimmend beispielsweise auch die Rechtslage in Preußen[421]. Eine regelmäßig vorhandene Suspensivwirkung von Klagen konstatierte hingegen *Carl v. Pfizer*, der sie nur in den Fällen ausschloß, "welche eine schleunige oft momentane Entscheidung fordern"[422]. Insgesamt betrachtet, gab es jedoch noch keine klare und systematische Theorie zu dieser Problematik, es kann allenfalls festgestellt werden, daß die herrschende Meinung von einem nur sehr eingeschränkten Suspensiveffekt ausging.

6. Ergebnis

Die für die Ausgestaltung des Verwaltungsakts bedeutendste Entwicklung in der ersten Jahrhunderthälfte bestand in den zunehmenden Tendenzen zur Gesetzesbindung der Verwaltung. Vorbehalt und Vorrang des Gesetzes schufen die Grundlagen für eine beginnende Verwaltungsrechtswissenschaft, auf denen in der nachfolgenden Zeit das Rechtsinstitut Verwaltungsakt mit

416 *Cucumus*, Lehrbuch des Staatsrechts, S. 475 (mit Verweis auf eine bayerische Verordnung von 1815); *Häberlin*, Handbuch des Teutschen Staatsrechts, Bd. 2, S. 560; *Klüber*, Öffentliches Recht, S. 588.

417 *Gönner*, Handbuch des deutschen gemeinen Prozesses, Bd. 2, S. 85.

418 *v. Soden*, Die Staats-Polizei, S. 57.

419 *Pfeiffer*, Praktische Ausführungen, Bd. 6, S. 11.

420 *Zoepfl*, Grundsätze des allgemeinen und des constitutionell-monarchischen Staatsrechts, S. 77.

421 Vgl. *Funke*, Die Verwaltung in ihrem Verhältniß zur Justiz, S. 150 sowie § 3 des Gesetzes über die Zulässigkeit des Rechtsweges in Beziehung auf polizeiliche Verfügungen vom 11. Mai 1847, abgedruckt und erläutert bei *Oppenhoff*, Die Preußischen Gesetze, S. 337 (352).

422 *v. Pfizer*, Ueber die Grenzen zwischen Verwaltungs- und Civil-Justiz, S. 216. Wohl ebenso *Leist*, Lehrbuch des teutschen Staatsrechts, S. 550.

seinen genauer bestimmten Begriffsmerkmalen entstehen konnte. Erst dem wachsenden Gewicht von Gesetzen und Verfassungen für die Rechtssicherheit konnte auch eine Vorausberechenbarkeit des Verwaltungshandelns folgen, ohne die eine rechtsstaatliche Verfügung im heutigen Sinn nicht denkbar ist. Die Gesetzmäßigkeit, mit der das zukünftige Behördenverhalten mehr und mehr berechenbar wurde, machte den Hauptunterschied zu den im Absolutismus noch freieren und umfassenderen Regenten- oder Behördenbefugnissen aus.

In einigen Teilen Deutschlands kam es durch den beispielsweise in Preußen herrschenden aufgeklärten Absolutismus zu einem sehr fließenden Übergang. Insbesondere weil dort - etwa durch das Preußische Allgemeine Landrecht oder andere Kodifikationen - bereits wichtige Grundlagen für den zukünftigen Rechtsstaat gesetzt wurden.

Nicht übersehen werden darf jedoch, daß Gesetzesvorbehalt und -vorrang in anderen deutschen Ländern und in großen Bereichen des öffentlichen Rechts, insbesondere des weitläufigen Polizeirechts, in dieser Phase theoretische Aussagen blieben. Die Gesetze in vielen entscheidenden Gebieten fehlten anfangs noch und wurden später teilweise erfolgreich verhindert[423]. In der Praxis konnten demnach Verfügungen weiterhin oftmals ohne gesetzliche Grundlagen erlassen werden, da die Beamten einfach nicht die Möglichkeit hatten, sich den theoretischen Grundlagen zu unterwerfen.

Wichtig für die Entwicklung des Verwaltungsakts in dem behandelten Zeitraum bis 1850, und vielleicht eine notwendige Voraussetzung des Rechtsinstituts im späteren Sinn, war auch das Aufkommen der Administrativjustiz[424]. Von ihr ausgehend gibt es eine deutliche Verbindungslinie zu *Otto Mayers* Ausgestaltung des Verwaltungsakts. Er lehnte - worauf später

423 *Erichsen*, Verfassungs- und verwaltungsrechtsgeschichtliche Grundlagen, S. 143 f. weist zudem auf die vielfach weitergeltenden vorkonstitutionellen Gesetze hin, die mit den neuen Auffassungen in der Literatur kaum noch in Einklang zu bringen waren.

424 Auch die Entwicklung des Verwaltungsrechts insgesamt ist wohl durch die Administrativjustiz eher gefördert worden. Da man den Zivilgerichten die Entscheidungsbefugnis über öffentlich-rechtliche Verwaltungshandlungen weitgehend entzogen hatte, konnten nunmehr Beamte die Streitigkeiten verhandeln, die sich erstens besser in der Verwaltung auskannten und zweitens nicht so stark vom Privatrecht geprägt waren wie die (Zivil-)Richter. Durch diese Abtrennung vom Privatrecht mußten sich nahezu zwangsläufig eigene verwaltungsrechtliche Regeln herausbilden. Vgl. dazu *Feist*, Die Entstehung des Verwaltungsrechts, S. 101 ff.

noch genauer eingegangen wird - den Verwaltungsakt an das gerichtliche Urteil an, um ihm dadurch eine stärkere Bindungswirkung zu verschaffen[425]. Damit gab er der Verwaltung in begrenztem Umfang[426] das zurück, was sie ehemals in Teilbereichen mit der Administrativjustiz bereits besaß und in der Phase vor *Otto Mayer* - durch die Schaffung von behördenunabhängigen Verwaltungsgerichten - weitgehend verloren hatte, nämlich die Rechtskraft ihrer Entscheidungen.

Neben dem Aufbau auf dem gerichtlichen Urteil kann daher die Administrativjustiz als zweites, historisches Standbein des *'mayerschen'* Verwaltungsakts angesehen werden. Sein Ansatz war somit - zumindest in einem Teilaspekt - eine Gegenreaktion auf den Untergang der Administrativjustiz.

II. Die verwaltungsrechtliche Ausgestaltung von 1850 bis 1918

Während für die erste Jahrhunderthälfte eine zusammenfassende Darstellung der Entwicklung des Verwaltungsakts möglich war, weil es sich damals allenthalben nur um verschwommene Vorstufen des heutigen Rechtsinstituts handelte, muß in diesem Teil die zeitliche Abfolge mehr Gewicht bekommen. Die Fortschritte in der Ausgestaltung des Verwaltungsakts wurden immer schneller und offensichtlicher, weshalb sich in vielen Bereichen eine stärker chronologische Darstellung aufdrängt, die in diesem Abschnitt zur Verdeutlichung der Entwicklung - soweit möglich und sinnvoll - durchgehalten werden soll. Untersucht wird die Zeit bis zum Ende des Ersten Weltkrieges[427].

425 Vgl. dazu *Mayer*, Deutsches Verwaltungsrecht, Bd. 1, 1. Aufl., S. 94 ff.

426 Bestandskraft statt Rechtskraft.

427 Siehe zum verfassungs- und verwaltungsgeschichtlichen Hintergrund z. B. *Badura*, Das Verwaltungsrecht des liberalen Rechtsstaates; *Frotscher / Pieroth*, Verfassungsgeschichte, S. 176 ff.; *Hartung*, Deutsche Verfassungsgeschichte, S. 163 ff.; *Huber*, Deutsche Verfassungsgeschichte, Bd. 3; *Jeserich / Pohl / v. Unruh*, Deutsche Verwaltungsgeschichte, Bd. 2, 3; *Merk*, Deutsches Verwaltungsrecht, S. 234 ff.; *Stolleis*, Geschichte des öffentlichen Rechts in Deutschland, Bd. 2. Nachweise zur allgemein historischen Entwicklung finden sich bei *Görtemaker*, Deutschland im 19. Jahrhundert.

1. Begriffsbestimmung des Verwaltungsakts

a) Verwaltungsrechtlicher Hintergrund

Nach 1850 begann sich das Verwaltungsrecht als selbständige Rechtsdisziplin langsam zu entwickeln[428]. Anfangs wurde den Juristen vor allem der Mangel einer wissenschaftlichen Systematik in diesem Rechtsgebiet bewußt. Die allgemeine Unzufriedenheit führte dann zu zahlreichen Versuchen, diese Lücke zu füllen.

Noch 1864 sah *Otto Bähr* das öffentliche Recht in seiner Ausbildung als "zurückgeblieben" an[429] und *Johann Caspar Bluntschli* bedauerte 1870, daß "das eigentliche Verwaltungsrecht weder wissenschaftlich noch praktisch ausgebildet" sei[430]. *Bähr* führte das darauf zurück, daß das öffentliche Recht zur Zeit der Trennung von Justiz und Verwaltung nicht als Recht anerkannt wurde, insbesondere der Gedanke, daß Untertanen schutzwürdige Rechte gegenüber der Obrigkeit hätten - vergleichbar den Privatrechten - sei noch nicht weit genug entwickelt gewesen[431]. *Bluntschli* begründete die mangelhafte Ausbildung des Rechtsgebiets vor allem mit dem Fehlen unabhängiger Verwaltungsgerichte[432].

Eine Folge der noch schwachen Ausprägung des Verwaltungsrechts war, daß die Abgrenzung der einzelnen Rechtsgebiete weiterhin sehr umstritten blieb[433]. Speziell vom Verwaltungsrecht zum Strafrecht und zum Staatsrecht wurden die Trennlinien unterschiedlich gezogen oder gänzlich abgelehnt, worauf insbesondere die folgenden Autoren abstellten:

428 Vgl. dazu *Feist*, Die Entstehung des Verwaltungsrechts, S. 105 ff.; *Stolleis*, Stichwort "Verwaltungsrechtswissenschaft", Sp. 883; *Stolleis*, Verwaltungslehre und Verwaltungsrechtswissenschaft 1803-1866; *Stolleis*, Verwaltungsrechtswissenschaft und Verwaltungslehre 1866-1914.

429 *Bähr*, Der Rechtsstaat, S. 56.

430 *Bluntschli*, Stichwort "Verwaltung und Verwaltungsrecht", S. 60 (72).

431 *Bähr*, Der Rechtsstaat, S. 56.

432 *Bluntschli*, Stichwort "Verwaltung und Verwaltungsrecht", S. 60 (72).

433 Vgl. dazu *Feist*, Die Entstehung des Verwaltungsrechts, S. 155 ff. und speziell zur Abgrenzung Verwaltungsrecht - Privatrecht auch *Schmidt*, Unmittelbare Privatrechtsgestaltung durch Verwaltungsakt, S. 268 ff.

Auch *Lorenz v. Stein* fehlte 1870 noch "ein System der Verwaltung". Er sah zwar die Entwicklung eines Polizeirechts (im weiteren Sinn von Verwaltungsrecht), jedoch sei dieses noch "stückweise und ohne Zusammenhang."[434] Als Wissenschaft wurde es von ihm daher nicht anerkannt[435]. Die Trennung von Verwaltungs- und Strafrecht war nach seiner Auffassung noch nicht ausreichend vollzogen[436].

Sogar ausdrücklich gegen eine Trennung, diesmal von Staats- und Verwaltungsrecht, argumentierte 1878 *Paul Laband*: Er ging davon aus, daß alle Gesetze, die Rechte des Staates betrafen (insbesondere alle Eingriffsermächtigungen, also aus heutiger Sicht regelmäßig verwaltungsrechtliche Normen), "staatsrechtliche" Gesetze seien[437]. Jedoch sah er zumindest die "Abgränzung des Verwaltungsrechts aus dem Chaos der sogen. Verwaltungslehre" (die juristische und wissenschaftliche Systematik damals eher verhinderte als förderte) als positiv an[438].

Die gegenteilige Auffassung vertrat im gleichen Jahr *Georg Meyer*: Er bevorzugte die klare Trennung vom Staatsrecht und sah einen dringenden Bedarf für eine wissenschaftliche Behandlung des deutschen Verwaltungsrechts[439]. Zumindest ein erster Fortschritt lag für ihn in der Neubewertung des Polizeibegriffs im 19. Jahrhundert. Die frühere Bezeichnung 'Polizei' für die gesamte innere Verwaltung wandelte sich langsam zum engeren Polizeibegriff[440] wie er heute noch besteht. Dadurch wurde es möglich, losgelöst von

434 *v. Stein*, Handbuch der Verwaltungslehre und des Verwaltungsrechts, S. 98.

435 *v. Stein*, Handbuch der Verwaltungslehre und des Verwaltungsrechts, S. 99. Für die fehlende wissenschaftliche Vertiefung ist auch die Rede *Rudolf Gneists* zum Zustand des öffentlichen Rechts vor den Juristen des Deutschen Reichstags im Jahr 1871 erwähnenswert; gedruckt als *Gneist*, Der Rechtsstaat.

436 *v. Stein*, Handbuch der Verwaltungslehre und des Verwaltungsrechts, S. 104 f. Vgl. dazu auch die Darstellung zum verwaltungsrechtlichen Hintergrund in der ersten Hälfte des 19. Jahrhunderts, oben im Abschnitt C.I.1.a.

437 *Laband*, Das Staatsrecht des Deutschen Reiches, Bd. 2, 1. Aufl., S. 205, 229. Etwas gemäßigter - wenn auch noch mit gleicher Tendenz - dann seine Auffassung im Jahr 1911, vgl. *Laband*, Das Staatsrecht des Deutschen Reiches, Bd. 2, 5. Aufl., S. 185, 203. Ebenfalls in diesem Sinn *Grotefend*, Lehrbuch des Preußischen Verwaltungsrechts, S. 36.

438 *Laband*, Das Staatsrecht des Deutschen Reiches, Bd. 2, 1. Aufl., S. 229.

439 *Meyer*, Lehrbuch des deutschen Staatsrechtes, S. VI. Diesem Bedarf kam er später mit seinem Lehrbuch des deutschen Verwaltungsrechtes selbst nach. In diesem Sinn auch *v. Stein*, Handbuch der Verwaltungslehre, Bd. 1, 3. Aufl., S. 118.

440 *Meyer*, Lehrbuch des deutschen Staatsrechtes, S. 449; *Meyer*, Lehrbuch des deut-

bestimmten Teilen des besonderen Verwaltungsrechts ein unabhängiges und systematisches allgemeines Verwaltungsrecht zu entwickeln.

Eine vermittelnde Position nahm *Carl v. Stengel* 1882 ein. In seiner ausführlichen Abhandlung über "Begriff, Umfang und System des Verwaltungsrechts" zählte er zwar das Verwaltungsrecht zum Staatsrecht im weiteren Sinn, erkannte jedoch die Notwendigkeit einer getrennten Darstellung von Verfassungs- und Verwaltungsrecht[441]. Seine Behandlung des Themas zeigt exemplarisch den damaligen Stand der Diskussion zum verwaltungsrechtlichen Hintergrund des Verwaltungsakts: Die Trennung der Rechtsgebiete war gegen Ende des 19. Jahrhunderts regelmäßig vollzogen, allerdings war teilweise noch ein Streit über die richtigen Oberbegriffe für einzelne Kategorien vorhanden. So war *v. Stengel* etwa der Auffassung, auch das gesamte Prozeßrecht gehöre zum Verwaltungsrecht, gleichzeitig erkannte er aber auch in diesem Fall die Notwendigkeit einer getrennten Behandlung, weshalb er begrifflich den engeren Bereich des Verwaltungsrechts als "Verwaltungsrecht des Innern" bezeichnete[442].

Letztendlich handelte es sich bei der Frage, ob man den Abschnitt über das Verwaltungsrecht als einen Teil des Staatsrechtssystems oder aber als selbständiges System des Verwaltungsrechts betrachtete, mehr um "eine Frage des Geschmacks, als der Systematik."[443]

Nach der Jahrhundertwende war das eigenständige Verwaltungsrecht dann schon so etabliert, daß auch die diesbezüglichen Diskussionen in der Literatur aufhörten. Nur ganz vereinzelt finden sich noch Hinweise wie 1906 bei *Fritz Fleiner*, der meinte, das deutsche Verwaltungsrecht habe "zur Stunde noch um die Anerkennung seiner Eigenart zu kämpfen"[444] oder 1913 bei *Hans*

schen Verwaltungsrechtes, Bd. 1, S. 70 ff.; jeweils m.w.N. zur Entwicklung des Polizeibegriffs. Ausführlich zu diesem Thema und zur Herkunft des Begriffs 'Polizei' auch *Herrnritt*, Grundlehren des Verwaltungsrechtes, S. 327 ff.; *Loening*, Lehrbuch des Deutschen Verwaltungsrechts, S. 3 ff.; *Wolzendorff*, Der Polizeigedanke des modernen Staats; *Wolzendorff*, Die Grenzen der Polizeigewalt, Teil 2.

441 *v. Stengel*, ZStW 38 (1882), S. 219 (221 ff.). Bei ihm findet sich eine recht umfassende Zusammenstellung der damals vorhandenen Ansätze.

442 *v. Stengel*, ZStW 38 (1882), S. 219 (226 f.).

443 *Spiegel*, Die Verwaltungsrechtswissenschaft, S. 31.

444 *Fleiner*, Ueber die Umbildung zivilrechtlicher Institute, S. 3. Letztendlich kam er in seiner Schrift aber auch zum Ergebnis, daß das Verwaltungsrecht selbständig und unabhängig bestehen müsse, wenn es sich auch "noch in den Anfängen" befinde (S.

Kelsen, der - in seinem völlig wirkungslos gebliebenen Aufsatz - sogar die Meinung vertrat, "daß die Idee des Rechtsstaats unvereinbar ist mit der Scheidung in privates und öffentliches Recht"[445]. In seinen während des Ersten Weltkrieges "in den Waldlagern des Verdun-Abschnitts" entstandenen Ausführungen zog *Bühler* die Bilanz mit einer von seiner Situation geprägten, aber treffenden Wortwahl, das Verwaltungsrecht habe "sich sein Geltungsgebiet erobert, nur noch um gewisse Stellungen geht der Streit."[446]

Mit der inhaltlichen Trennung kam gleichzeitig die wissenschaftliche und systematische Ausgestaltung des Rechtsgebiets mit der Folge einer Bildung von klar abgrenzbaren Rechtsinstituten, wie etwa dem Verwaltungsakt. Erst die Strukturierung des Rechts in Teilbereiche schuf die Voraussetzung, um innerhalb dieser Gebiete allgemeine Grundlagen zu erkennen, auf denen die Rechtswissenschaft in der Folgezeit aufbauen konnte[447].

b) Charakterisierung des Verwaltungsakts

Im hier behandelten Zeitraum wurden langsam die noch heute geltenden Begriffsmerkmale und Eigenschaften des Verwaltungsakts herausgebildet. Wesentlich wird vor allem die Bindungswirkung sein, die gegen Ende des Jahrhunderts Bedeutung gewann. Begrifflich herrschte allerdings weiterhin eine verwirrende Vielfalt. Das Wort 'Verwaltungsakt' wurde zwar mittlerweile fast überall benutzt und hatte sich im deutschen Sprachgebrauch durchgesetzt; was mit dem Ausdruck gemeint war, blieb jedoch noch für einen langen Zeitraum der sprachlichen Willkür des jeweiligen Benutzers vorbehalten.

aa) Die Entwicklung bis 1895

Auch in der zweiten Jahrhunderthälfte - zumindest zu deren Beginn - gehörte eine Definition des Rechtsinstituts Verwaltungsakt noch nicht zum Standard in der öffentlich-rechtlichen bzw. verwaltungsrechtlichen Literatur. Vergleichbare Handlungsformen wurden zwar häufiger erwähnt und teilweise

24).

445 *Kelsen*, AöR 31 (1913), S. 53 u. 190 (218).

446 *Bühler*, VerwArch. 27 (1919), S. 283 (S. 284, Fn. 1, S. 289). Im Ergebnis ebenso *Feist*, Die Entstehung des Verwaltungsrechts, S. 155 ff. m.w.N.

447 Vgl. zu diesem Komplex auch *Thoma*, JöR 4 (1910), S. 196 (217).

auch beschrieben, eine konkrete Charakterisierung entwickelte sich aber erst nach und nach. Die Darstellung bei den wichtigsten Autoren soll zur Veranschaulichung in zeitlicher Reihenfolge wiedergegeben werden.

Johann Caspar Bluntschli versuchte 1857 eine Begriffsbestimmung von staatlichen Einzelanordnungen vorzunehmen, eine klare juristische Definition findet sich bei ihm allerdings noch nicht: Im Erlaß von Anordnungen im einzelnen Fall "äuszert sich auch formell das eigentliche Wesen der Regierungsgewalt. Es ist eine krankhafte und schwächliche Vorstellung unserer Zeit, welche in der Regierung nur eine Verwaltung sehen will und die entscheidende Kraft des staatlichen Befehls in einem vagen und schwankenden Einflusz und Rath der Regierung abschwächen möchte. Soweit der Staat in seinem Rechte ist, darf und soll die Regierung nicht blosz wünschen, ermahnen, empfehlen, sondern das Erforderliche bestimmt anordnen und ihren Anordnungen auch den Vollzug sicheren."[448]

Ähnlich offen waren auch die Darlegungen von *Friedrich Franz Mayer*, der 1862 in seinem Kapitel über "Spezielle Anordnungen und Maasregeln" hauptsächlich Beispiele anführte und auf Rechtsschutzmöglichkeiten einging. Grundlage seiner Ausführungen waren Verfügungen, "wodurch die Verwaltung auf die Interessen Einzelner einwirkt."[449]

Bei *Georg Meyer* findet sich 1878 in seinem Staatsrechtslehrbuch eine differenziertere Definition der Verfügung mit einigen Beispielen, ohne daß er danach auf ihre nähere Ausgestaltung und Wirkung einging[450]: Es handele sich bei dieser Form der Verwaltung um "die Ausübung obrigkeitlicher Befugnisse gegenüber den Unterthanen". Sie könne "eine bestimmte Handlung entweder gebieten oder verbieten", "eine Thätigkeit gestatten" oder "ein Rechtsverhältniss begründen"[451].

Erstmals ausführlich - auf mehreren Seiten - definiert und beschrieben wurde die Verfügung ebenfalls 1878 bei *Paul Laband*[452]. Zu beachten ist, daß die Begriffe 'Verwaltungsakt' und 'Verfügung' bei ihm nicht gleichbedeutend sind. Während die Bezeichnung 'Verwaltungsakt' alle Verwaltungshandlun-

448 *Bluntschli*, Allgemeines Staatsrecht, Bd. 2, S. 106 f.

449 *Mayer*, Grundsätze des Verwaltungs-Rechts, S. 459.

450 Ausführlicher dann später in seinem Lehrbuch des deutschen Verwaltungsrechtes, Bd. 1, S. 29 ff., vgl. unten in diesem Abschnitt.

451 *Meyer*, Lehrbuch des deutschen Staatsrechtes, S. 451 f.

452 *Laband*, Das Staatsrecht des Deutschen Reiches, Bd. 2, 1. Aufl., S. 216 ff.

gen umfaßte, waren bei ihm nur die 'Verfügungen' mit dem heutigen Verwaltungsakt vergleichbar. Er nannte die Verfügung "das einseitige Rechtsgeschäft des öffentlichen Rechtes" und grenzte sie von Verträgen, Gesetzen, Verordnungen[453] und Realakten[454] ab. Zudem beschrieb er den notwendigen Inhalt sowie die einzuhaltende Form[455] (letztendlich entsprach seine Unterscheidung von rechtmäßigem Inhalt und rechtmäßiger Form etwa der heutigen Differenzierung in materielle und formelle Rechtmäßigkeit von Verfügungen). Durch die wissenschaftlich-systematische Darstellungsweise wurde eine neue Qualität der Behandlung des Verwaltungsakts in der Literatur erreicht. Dabei kam *Laband* auch inhaltlich schon sehr nah an die heutige Ausgestaltung des Verwaltungsakts heran. Ein wesentlicher Unterschied zu heute ist vor allem noch darin zu sehen, daß von ihm auch innerdienstliche Weisungen bei der Bezeichnung 'Verfügung' miteinbezogen wurden[456].

Auf das heutige Merkmal der Außenwirkung als Bestandteil der Verwaltungsaktsdefinition kam es damals auch bei anderen Autoren - im gesamten 19. Jahrhundert - noch nicht an. Regelmäßig wurden Maßnahmen im Innen- und im Außenverhältnis gemeinsam abgehandelt, oder man hielt es, wenn eine Differenzierung erfolgte, nicht für nötig, unterschiedliche Begriffe für die entsprechenden Verwaltungshandlungen zu finden[457].

In den folgenden Jahren kam es dann zu feineren Verästelungen bei der Darstellung des Verwaltungsakts. Vor allem wurden Verfügungen in bestimmte Unterkategorien eingeteilt, die dann jeweils weiter erläutert wurden. Durch die größere Detailfülle bei diesen weiteren Unterscheidungen gerieten aber die den Verfügungen gemeinsamen Eigenschaften in der Darstellung häufig wieder in den Hintergrund[458]. Ein wirklicher Fortschritt in der Entwicklung des Verwaltungsakts ist kaum erkennbar. Zur Veranschaulichung soll auf eine kurze Wiedergabe der verschiedenen Ansätze dennoch nicht verzichtet werden.

453 *Laband*, Das Staatsrecht des Deutschen Reiches, Bd. 2, 1. Aufl., S. 217.

454 *Laband*, Das Staatsrecht des Deutschen Reiches, Bd. 2, 1. Aufl., S. 212.

455 *Laband*, Das Staatsrecht des Deutschen Reiches, Bd. 2, 1. Aufl., S. 217 ff.

456 *Laband*, Das Staatsrecht des Deutschen Reiches, Bd. 2, 1. Aufl., S. 222.

457 Vgl. etwa *Haenel*, Deutsches Staatsrecht, Bd. 1, S. 124; *Loening*, Lehrbuch des Deutschen Verwaltungsrechts, S. 240 ff.; *Meyer*, Lehrbuch des deutschen Verwaltungsrechtes, Bd. 1, S. 29 ff.; *v. Stengel*, Lehrbuch des Deutschen Verwaltungsrechts, S. 182 f.

458 Vgl. dazu auch die exemplarische Kritik von *Mayer*, AöR 11 (1896), S. 157 (160).

Annähernd *Laband* vergleichbar - wenn auch mit gewissen Abstrichen - war 1884 die Darstellung des Verwaltungsakts bei *Edgar Loening*. Er definierte "Verfügungen im engeren Sinne" als "einseitige staatliche Willenserklärungen, durch welche der Staat nach Maßgabe der von ihm anerkannten Rechtskraft seiner Herrschaftsgewalt bestimmte Rechtswirkungen hervorruft."[459] Entscheidend war für ihn, daß dieser erklärte Wille für und gegen den Staat wirkte, also auch für die Untertanen eine Garantiefunktion hatte, und sich innerhalb der Rechtsordnung bewegte. Weiterhin unterschied er fünf bestimmte Arten von Verfügungen, insbesondere die drei wichtigen Gruppen der Befehle (Ge- und Verbote einzelner konkreter Handlungen), Ermächtigungen (Befugniserteilungen zur Vornahme von Handlungen) sowie der feststellenden Verfügungen und erläuterte deren Eigenschaften[460].

Für *Josef Ulbrich* gab es ebenfalls 1884 drei Hauptgattungen von obrigkeitlichen Verfügungen, nämlich Befehle, Gestattungen (beide *Loenings* ersten beiden Kategorien entsprechend) und Rechte begründende oder aufhebende Verfügungen. Eine zusammenfassende Definition fehlt bei ihm. Er beschrieb zahlreiche Unterkategorien mit verschiedenen Beispielen, ohne allerdings deren gemeinsame Eigenschaften systematisch herauszuarbeiten[461].

Mit leichten Abweichungen bezüglich der Kategorienbildung folgten diesen Arbeiten auch die anderen Verwaltungsrechtsdarstellungen:

Als Hauptgruppe unter den Verwaltungsakten im weiteren Sinn sah *A. v. Kirchenheim* 1885 die Verfügung an, die er definierte als "eine einseitige - möglicherweise jedoch nur unter Uebereinstimmung der Beteiligten erfolgende - staatliche Willenserklärung, durch welche Hoheitsrechte ausgeübt oder bestimmte Rechtswirkungen hervorgebracht werden."[462] Er unterteilte diese in vier Untergruppen, wobei er Beurkundungen ausdrücklich ausschloß[463].

Karl Freiherr v. Stengel sah 1886 dann sieben verschiedene Arten von Verfügungen, die er allgemein definierte als "einseitige Rechtsakte der Verwaltungsbehörden, Willenserklärungen, durch welche einzelne konkrete Verhältnisse geregelt und je nachdem subjektive Pflichten und Rechte

[459] *Loening*, Lehrbuch des Deutschen Verwaltungsrechts, S. 240.

[460] *Loening*, Lehrbuch des Deutschen Verwaltungsrechts, S. 240 ff.

[461] *Ulbrich*, Grundzüge des österreichischen Verwaltungsrechtes, S. 54 ff.

[462] *v. Kirchenheim*, Einführung in das Verwaltungsrecht, S. 75.

[463] *v. Kirchenheim*, Einführung in das Verwaltungsrecht, S. 76 f.

(Rechtsverhältnisse) geschaffen werden, während Gesetz und Verordnung objektives Recht schaffen."[464] Er sah regelmäßig einen obrigkeitlichen Charakter der Verfügungen, allerdings konnten sie auch einen "privatrechtlichen Inhalt" haben (beispielsweise ein "Angebot" oder die "Annahme eines Angebots")[465].

Georg Meyer unterschied 1893[466] obrigkeitliche Verfügungen im Sinn heutiger Verwaltungsakte in Gebote, Verbote, Erlaubniserteilungen, rechtsbegründende und rechtsaufhebende Akte. Feststellungen, Beurkundungen und Jurisdiktionsakte der Verwaltung zählte er zwar auch - entsprechend seiner weiteren Auffassung ('Verwaltungsakt' nannte er alle Tätigkeitsäußerungen der Verwaltung[467]) - zu den obrigkeitlichen Verwaltungsakten, nicht jedoch zu den Verfügungen[468]. Er unterschied die obrigkeitlichen Maßnahmen nach Innen- und Außenwirkung schon bei der Art seiner Darstellung und differenzierte die verschiedenen Eigenschaften, jedoch bezeichnete er noch beide Gruppen gleichermaßen als 'Verwaltungsakte' bzw. 'Verfügungen'[469]. Eine umfassende Definition für Verfügungen findet sich auch bei ihm nicht; er bezeichnete sie nur als "Anordnungen für konkrete Angelegenheiten"[470] und erläuterte im Anschluß daran ebenfalls ausführlich die Einzelkategorien[471].

Eine engere Definition mit ausdrücklicher Anbindung an die gesetzliche Grundlage findet sich 1895 bei *Heinrich Rosin*: Für ihn war die Verfügung "derjenige Willensact der Verwaltung, durch welchen ein concreter, im Gesetz abstract vorgesehener Fall in der vom Gesetz abstract vorgesehenen Weise rechtlich geordnet oder gestaltet wird."[472] Er ging wieder verstärkt auf

464 *v. Stengel*, Lehrbuch des Deutschen Verwaltungsrechts, S. 182 ff.

465 *v. Stengel*, Lehrbuch des Deutschen Verwaltungsrechts, S. 182.

466 Die Darlegungen zur ersten Auflage von 1893 gelten auch noch für die 1913 erschienene vierte Auflage von *Meyer / Dochow*, Lehrbuch des deutschen Verwaltungsrechts, Bd. 1, S. 44 ff.

467 Ebenso im Jahr 1906, ausdrücklich im Anschluß an *Georg Meyer*: *Thoma*, Der Polizeibefehl im Badischen Recht, S. 52, Fn. 6.

468 *Meyer*, Lehrbuch des deutschen Verwaltungsrechtes, Bd. 1, S. 32 ff.

469 *Meyer*, Lehrbuch des deutschen Verwaltungsrechtes, Bd. 1, S. 32 ff.

470 *Meyer*, Lehrbuch des deutschen Verwaltungsrechtes, Bd. 1, S. 32.

471 Siehe hierzu die Kritik in der Buchbesprechung von *Otto Mayer*, AöR 11 (1896), S. 157 (160), der die ganze Einteilung für überflüssig hält: "Sie hätte ohne Schaden völlig bei Seite bleiben können. Man kann sofort die Probe darauf machen: wenn wir sie uns bei der ganzen darauffolgenden Darstellung einfach wegdenken, werden wir sie nirgends vermissen. Sie leitet nichts ein und erläutert nichts."

die allgemeinen Grundlagen ein, ohne sich in einer weiteren Unterkategorisierung zu verlieren[473].

bb) Der Verwaltungsaktsbegriff bei Otto Mayer

Aus dem Jahr 1895 stammt auch die bekannte und noch bis heute vielzitierte, allerdings auch häufig zumindest tendenziell mißverstandene Verwaltungsaktsdefinition von *Otto Mayer*:

"Der Verwaltungsakt ist ein der Verwaltung zugehöriger obrigkeitlicher Ausspruch, der dem Unterthanen gegenüber im Einzelfall bestimmt, was für ihn Rechtens sein soll."[474]

Allgemein wird dieser Satz - aus dem Zusammenhang gerissen - als die Grundlage für den Verwaltungsaktsbegriff im gegenwärtigen Sinn gemäß § 35 VwVfG angesehen und *Otto Mayer* dementsprechend als Begründer 'des Verwaltungsakts' gefeiert[475]. Übersehen wird allerdings, daß die Auslegung der einzelnen Begriffsmerkmale und die weitere Ausgestaltung bei ihm deutlich anders war, als das heute gängige Verständnis vermuten läßt.

Aufgrund der weitverbreiteten zumindest mißverständlichen Darstellung ist auf die Position *Mayers*, speziell was den Verwaltungsakt betrifft, ausführlicher einzugehen[476]. Wobei seine ansonsten wichtigen und beispielge-

472 *Rosin*, Das Polizeiverordnungsrecht in Preußen, S. 12. A.a.O., Fn. 2) hält er auch eine weiter gefaßte Definition für möglich (wohl mit Vorbehalten), die "Gewährungen, rechtsbegründende Acte, Beurkundungen und Entscheidungen" umfaßt: "Verfügung ist derjenige Willensact der Verwaltung, durch welchen ein einzelner realer Thatbestand in der vom Gesetz (abstract oder individuell) vorgesehenen Weise rechtlich geordnet wird."

473 *Rosin*, Das Polizeiverordnungsrecht in Preußen, S. 11 ff.

474 *Mayer*, Deutsches Verwaltungsrecht, Bd. 1, 1. Aufl., S. 95.

475 Vgl. nur beispielsweise die Darstellung in den gegenwärtig weit verbreiteten Verwaltungsrechtslehrbüchern: *Erichsen*, in: *Erichsen*, Allgemeines Verwaltungsrecht, S. 242; *Maurer*, Allgemeines Verwaltungsrecht, S. 178. Die Basis für diese - heutige - Einschätzung wurde schon sehr früh gelegt, wobei die damaligen Ausführungen aufgrund des anderen Begriffsverständnisses durchaus berechtigt waren: "Eine zentrale Stellung im Systeme des Verwaltungsrechts nimmt die Lehre vom *Verwaltungsakt* ein. *Otto Mayers* Verdienst ist es, diesen Begriff im deutschen Verwaltungsrecht überhaupt erst heimisch gemacht zu haben." (*Bühler*, VerwArch. 27 (1919), S. 283 (293), Hervorhebungen im Original).

476 Vgl. dazu auch die umfassende Untersuchung von *Schmidt-De Caluwe*, Der Ver-

benden Beiträge für das deutsche Verwaltungsrecht - er wird mit Recht auch "als der eigentliche Schöpfer und Klassiker der modernen deutschen verwaltungsrechtlichen Methode"[477] bezeichnet - dadurch in keiner Weise bestritten werden.

Für ihn zählten in der hier untersuchten Zeit zu den Verwaltungsakten - neben den noch heute üblichen Kategorien entsprechend der gesetzlichen Legaldefinition - auch öffentlich-rechtliche Verträge[478], Dienstanweisungen im Innenverhältnis[479], Gesetze[480] und verwaltungsgerichtliche Urteile[481]. Die

waltungsakt in der Lehre Otto Mayers.

477 *Forsthoff*, Lehrbuch des Verwaltungsrechts, Bd. 1, S. 49. Vgl. dazu - im Anschluß an *Forsthoff* - auch *Stolleis*, Geschichte des öffentlichen Rechts in Deutschland, Bd. 2, S. 403 ff. sowie die ausführliche Untersuchung von *Hueber*, Otto Mayer. Die "juristische Methode" im Verwaltungsrecht.

478 *Mayer*, Deutsches Verwaltungsrecht, Bd. 1, 1. Aufl., S. 98, Fn. 5: Verwaltungsakte auf Unterwerfung, d. h. solche, die mit der Einwilligung des Betroffenen erlassen werden und deshalb keiner Ermächtigungsgrundlage bedürfen, bezeichnete er als 'öffentlichrechtliche Verträge'. Als Hauptbeispiel nannte er die Anstellung im Staatsdienst. Insofern ist sein Begriff des öffentlich-rechtlichen Vertrages also nicht mit dem gegenwärtigen Verständnis gleichzusetzen. Allerdings schließt er auch andere Verträge nicht aus, die heute zu den öffentlich-rechtlichen Verträgen gemäß §§ 54 ff. VwVfG gezählt werden. Demzufolge ging er in dieser Beziehung über den heutigen Verwaltungsaktsbegriff hinaus, der eine Einseitigkeit voraussetzt. Vgl. zu seiner Auffassung vom "öffentlichrechtlichen Vertrage" auch *Mayer*, AöR 3 (1888), S. 3. Diese Terminologie *Mayers* wurde berechtigterweise von *Kormann*, System der rechtsgeschäftlichen Staatsakte, S. 37 als unglücklich, weil irreführend bezeichnet. Der Ausdruck 'öffentlichrechtlicher Vertrag' findet sich demzufolge später an der entsprechenden Stelle bei *Mayer*, Deutsches Verwaltungsrecht, Bd. 1, 3. Aufl., S. 98 nicht mehr. Es handelte sich jedoch allenfalls um eine stillschweigende Meinungsänderung, denn eine differenzierende Auseinandersetzung mit dem Begriffspaar 'Verwaltungsakt - Vertrag' erfolgte nicht.

479 *Mayer*, Deutsches Verwaltungsrecht, Bd. 1, 1. Aufl., S. 102: Er begründete die Einbeziehung der Dienstanweisung a.a.O., Fn. 11 damit, daß der Beamte durch sie als Untertan betroffen wird, er erkannte also zumindest das Problem der Außenwirkung. Für ihn war jede Dienstanweisung dem Beamten gegenüber ein Verwaltungsakt. Nur gegenüber dem außenstehenden Untertan, an den sie nicht gerichtet war, fehlte die Verwaltungsakteigenschaft, da er nicht durch die Anweisung gebunden wurde. Eine Außenwirkung im heutigen Sinn, d. h., daß der Beamte "als selbständige Rechtsperson" getroffen sein muß und nicht nur als "Amtswalter" oder "Glied der Verwaltungsorganisation" (*Maurer*, Allgemeines Verwaltungsrecht, S. 191), war für das Vorliegen eines Verwaltungsakts nicht erforderlich. Die klare Trennung von Verwaltungsakt und Anweisung erfolgte bei ihm erst später, vgl. *Mayer*, Deutsches Verwaltungsrecht, Bd. 1, 3. Aufl., S. 101 ff.

480 *Mayer*, Deutsches Verwaltungsrecht, Bd. 1, 1. Aufl., S. 273, allerdings mißverständ-

heute für einen Verwaltungsakt wesentlichen Merkmale der Einseitigkeit und der Außenwirkung sowie die Abgrenzung von gerichtlichen Urteilen und Gesetzgebungsakten waren für ihn damals[482] nur eingeschränkt von Bedeutung. In anderen Fällen benutzte er die Rechtsfigur Verwaltungsakt aber auch sparsamer als heute, so etwa nicht für die Widmung öffentlicher Sachen oder die Zulassung zur Anstaltsnutzung[483].

Nach seiner Systematik unterschied er Verwaltungsakte in zwei wesentliche Gruppen, in die die vorgenannten Verwaltungshandlungen einzuordnen waren: 'Entscheidungen' (Maßnahmen mit gebundenem Inhalt) und 'Verfügungen' (Maßnahmen mit einem behördlichen Spielraum bezüglich des "Ob und Wie")[484]. Hinzu kamen als Ausnahme im Falle eines Gewaltverhältnisses die 'Generalverfügungen' ("Gesamtakte mit mittelbarer Bezeichnung der Getroffenen und ohne Beschränkung auf einen gegenwärtigen abgegrenzten Personenkreis"), d. h. Maßnahmen, die einem eng begrenzten Teil der heutigen Allgemeinverfügung entsprechen[485].

Mayer war damit - bei Einbeziehung aller von ihm zu den Verwaltungsakten gerechneten Maßnahmen - von der heutigen Auffassung des Rechtsinstituts Verwaltungsakt wohl noch ebensoweit oder gar weiter entfernt

lich ausgedrückt und bezogen auf Polizeibefehle. Im folgenden Text beschränkte er Verwaltungsakte wieder auf die vollziehende Gewalt. Mit deutlicherer Differenzierung in der späteren Auflage von 1924, vgl. *Mayer*, Deutsches Verwaltungsrecht, Bd. 1, 3. Aufl., S. 228 ff.

481 *Mayer*, Deutsches Verwaltungsrecht, Bd. 1, 1. Aufl., S. 162, 173 ff. A.a.O., S. 177 definiert er: "Verwaltungsrechtspflege ist Erlassung eines rechtskraftfähigen Verwaltungsaktes." Etwa in diesem Sinn auch noch 1924, vgl. *Mayer*, Deutsches Verwaltungsrecht, Bd. 1, 3. Aufl., S. 131 ff. (insbesondere S. 138). Ausführlich zum Verhältnis 'Verwaltungsakt - Urteil' *Schmidt-De Caluwe,* Der Verwaltungsakt in der Lehre Otto Mayers, S. 220 ff., der zu dem Ergebnis kommt (S. 224): "Bis hierhin läßt sich also feststellen, daß in *Mayers* Lehre - bewußt! - kein Kriterium zur inhaltlich-materiellen Unterscheidung zwischen Verwaltungsakt und Verwaltungsurteil existiert, letzteres ist lediglich ein besonderer Unterfall des ersteren".

482 Mit dem allgemeinen Fortschritt - und teilweise aufgrund einer ausdrücklich an ihm geübten Kritik - wurde auch *Mayers* Ausgestaltung des Verwaltungsakts bei gleichbleibender Definition bis zur 3. Aufl. seines Deutschen Verwaltungsrechts von 1924 (dort S. 92 ff.) nach und nach enger; vgl. die vorherigen Fn.

483 Dazu *Bachof,* VVDStRL 30 (1972), S. 193 (213), der a.a.O. auch generell das Verhältnis '*Otto Mayer* - Verwaltungsakt' beleuchtet.

484 *Mayer*, Deutsches Verwaltungsrecht, Bd. 1, 1. Aufl., S. 100 f.

485 *Mayer*, Deutsches Verwaltungsrecht, Bd. 1, 1. Aufl., S. 103 f.

als Jahre vor ihm schon *Paul Laband*[486] (wenn man dessen Kategorie der 'Verfügungen' zugrundelegt[487]), weshalb er nicht die uneingeschränkt herausgehobene Stellung einnimmt, die ihm allgemein zugewiesen wird[488]. So kann etwa dem Satz von *Hartmut Maurer*, *Mayer* habe dem Verwaltungsakt "seine auch heute noch im wesentlichen maßgebende Gestalt" gegeben[489], nicht kritiklos zugestimmt werden[490].

Wenn einzelne Autoren als entscheidend hervorgehoben werden sollten, was bei der auf viele Jahrzehnte angelegten Gemeinschaftsleistung 'Verwaltungsakt' ohnehin sehr problematisch ist, dann könnte als Begründer des Rechtsinstituts ebenso - aber auch wieder mit Einschränkungen - *Paul Laband* genannt werden, der schon früher - wenn auch unter anderem Namen - annähernd die sachliche Abgrenzung des Rechtsinstituts schuf[491], welches man heute als 'Verwaltungsakt' bezeichnet.

Otto Mayer ist, auch wenn er keine eigenständige (Unter-)Kategorie für den heutigen engeren Verwaltungsaktsbegriff einführte, durchaus als bedeutender Mitbegründer oder Nachfolger anzusehen. Er hat nicht nur - neben einer sehr vertieften Darstellung - eine einprägsame Definition für den Verwaltungsakt gefunden, die so prägnant war, daß sich die späteren Autoren immer ausführlicher mit ihr auseinandersetzten und die Beschäftigung mit dem Begriff 'Verwaltungsakt' nahezu unvermeidbar wurde[492].

Sein besonderes Verdienst - den Verwaltungsakt betreffend - liegt aus heutiger Sicht weniger in der begrifflichen Eingrenzung und Charakterisierung, sondern darin, daß er einen neuen Maßstab für die Bindungswirkung des Verwaltungsakts entwickelte - in Anlehnung an das zivilgerichtliche Urteil[493], allerdings ohne es unmittelbar zu kopieren. Damit legte er den

486 *Laband*, Das Staatsrecht des Deutschen Reiches, Bd. 2, 1. Aufl., S. 216 ff.

487 Vgl. zu seiner Unterscheidung zwischen Verwaltungsakt und Verfügung die Ausführungen im vorherigen Abschnitt C.II.1.b.aa.

488 Gegen die herausgehobene Position - soweit nur die Definition des Verwaltungsakts betroffen ist - auch *Stolleis*, Geschichte des öffentlichen Rechts in Deutschland, Bd. 2, S. 406.

489 *Maurer*, Allgemeines Verwaltungsrecht, S. 178.

490 In diesem Sinn auch *Schmidt-De Caluwe*, Der Verwaltungsakt in der Lehre Otto Mayers, insbesondere S. 19 ff., 269 ff.

491 *Laband*, Das Staatsrecht des Deutschen Reiches, Bd. 2, 1. Aufl., S. 216 ff.

492 Vgl. oben im Abschnitt B.

493 *Mayer*, Deutsches Verwaltungsrecht, Bd. 1, 1. Aufl., S. 95 ff. Vgl. dazu die ausführ-

Grundstein für die heutige Unterscheidung zwischen Rechtskraft und Bestandskraft, was an späterer Stelle ausführlich dargestellt wird[494].

cc) Die Entwicklung nach 1895

Auch nach 1895 gab es noch keine Einigkeit über den Begriff 'Verwaltungsakt'[495], der aber zumindest - wenn auch mit großer Bandbreite hinsichtlich der Kategoriebildung - in der einschlägigen Literatur nicht mehr völlig ignoriert werden konnte. Regelmäßig eingegangen - wenn auch teilweise nur äußerst knapp und noch wenig aussagekräftig - wurde ab dieser Zeit auf das Merkmal der Bindungswirkung der Verfügung[496].

Im Jahr 1906 definierte *Richard Thoma* Verfügungen als "Befehle der Organe der öffentlichen Verwaltung an die Untertanen als solche, insoweit sie nicht allgemeiner Natur, also nicht Rechtsverordnungen sind"[497], wobei für ihn - wie es sich aus seinen sonstigen Ausführungen ergibt - die 'Verfügung' etwa dem heutigen 'Verwaltungsakt' entspricht und 'Verwaltungsakt' umfassend für "jede Art von Tätigkeitsäußerung der Verwaltung" gebraucht wurde[498]. Mit dieser Definition schloß er den Befehl im Innenverhältnis der Verwaltung aus. Einen solchen bezeichnete er als "Anweisung"[499].

In der umfassenden Darstellung von *Karl Kormann* (1910) gab es eine Aufteilung der Verwaltungsakte in vier Gruppen, die 'privatrechtlichen Akte', die 'rein tatsächlichen Akte', die 'rechtsgeschäftlichen Verwaltungsakte' und die 'rechtshandlungsmäßigen Verwaltungsakte'[500], wobei er meinte, nur die 'rechtsgeschäftlichen Verwaltungsakte' (die er auch 'amtliche publizistische Rechtsgeschäfte' nannte) seien "Verwaltungsakte im eigentlichen Sinn"[501].

liche Kritik bei *Spiegel*, Die Verwaltungsrechtswissenschaft, S. 97 ff.

494 Vgl. unten im Abschnitt C.II.3.

495 Siehe dazu etwa aus dem Jahr 1906 die Beurteilung von *Thoma*, Der Polizeibefehl im Badischen Recht, S. 62.

496 Dazu ebenfalls im Abschnitt C.II.3.

497 *Thoma*, Der Polizeibefehl im Badischen Recht, S. 63.

498 *Thoma*, Der Polizeibefehl im Badischen Recht, S. 52, Fn. 6 (ausdrücklich im Anschluß an *Georg Meyer*, mit gewisser Einschränkung S. 62 f.).

499 *Thoma*, Der Polizeibefehl im Badischen Recht, S. 63.

500 *Kormann*, System der rechtsgeschäftlichen Staatsakte, S. 14 ff. Zusammengefaßte Darstellung von 1914 bei *Kormann*, Stichwort "Verwaltungsakte", S. 718.

501 *Kormann*, System der rechtsgeschäftlichen Staatsakte, S. 21.

Diese waren nach *Kormanns* Definition - in Anlehnung an den zivilrechtlichen Rechtsgeschäftsbegriff des BGB - alle Willenserklärungen des Staates, die keine Rechtssetzung darstellen. Auch die rechtsgeschäftlichen Verwaltungsakte teilte er wiederum in eine Vielzahl verschiedener Arten ein[502], wobei er allerdings zwischen verwaltungsinternen Akten und Akten mit Außenwirkung nicht grundsätzlich unterscheiden wollte[503].

Trotz seiner umfassenden und in die Einzelheiten gehenden Darstellung (der schon deshalb ein unbestreitbarer Wert zukommt), ist eine grundsätzliche Weiterentwicklung des Rechtsinstituts Verwaltungsakt in begrifflicher Hinsicht bei ihm nicht zu erkennen. Auch er fügte den bisherigen Kategoriebildungen nur eine weitere Variante an, ohne wesentlich Neues zu entwickeln.

Ähnlich wenig Fortschritt hinsichtlich der Charakterisierung gab es bei *Fritz Fleiner* (1911), der Verwaltungsakte umfassend definierte als "tatsächliche Handlungen, wie Handlungen juristischer (privatrechtlicher und öffentlichrechtlicher) Natur."[504] Näher befaßte er sich dann nur mit der wesentlichsten Unterkategorie: "die obrigkeitlichen Verfügungen rechtsgeschäftlicher Natur, d. h. die Verfügungen, die auf Begründung, Abänderung oder Aufhebung eines öffentlichen Rechtsverhältnisses zwischen der öffentlichen Verwaltung und dem Untertan abzielen."[505] Diese unterschied er wiederum in 'Vollziehungsverfügungen' und 'Gestaltungsverfügungen'[506].

*

Die grundlegenden Eigenschaften des heutigen Verwaltungsaktes sowie die wesentlichen Problemfelder wurden in der Literatur der untersuchten Zeit entwickelt und dargestellt. Ein dem jetzigen Verwaltungsakt völlig entsprechendes Rechtsinstitut gab es jedoch noch bei keinem einzelnen der Autoren. Nur mittels einer Zusammenstellung aus verschiedenen Darstellungen dieser Zeit ließe sich der heutige Verwaltungsakt herausfiltern. Entschei-

502 *Kormann*, System der rechtsgeschäftlichen Staatsakte, S. 28 ff., 58 ff. Vgl. insbesondere das Schema a.a.O., S. 63 oder bei *Kormann*, Stichwort "Verwaltungsakte", S. 718 (719). Eine weitergehende Darstellung seines umfangreichen, sehr verfeinerten Systems kann im Rahmen dieser Abhandlung nicht geleistet werden.

503 *Kormann*, System der rechtsgeschäftlichen Staatsakte, S. 62.

504 *Fleiner*, Institutionen des Deutschen Verwaltungsrechts, 1. Aufl., S. 156.

505 *Fleiner*, Institutionen des Deutschen Verwaltungsrechts, 1. Aufl., S. 157.

506 *Fleiner*, Institutionen des Deutschen Verwaltungsrechts, 1. Aufl., S. 158.

dend ist aber, daß sich die heutigen Begriffsmerkmale mit ihren wichtigsten Differenzierungen herausgebildet hatten. Für die Juristen jener Epoche wäre der Verwaltungsakt in seiner aktuellen Charakterisierung kein fremdes Rechtsinstitut mehr, sondern nur eine weitere Variante der damals gebräuchlichen Modelle.

2. Rechtliche Grundlagen beim Erlaß von Verwaltungsakten

a) Vorbehalt des Gesetzes

Der Vorbehalt des Gesetzes wurde auch zu Beginn der zweiten Hälfte des 19. Jahrhunderts noch selten erwähnt, und wenn doch, so betraf er nur eingeschränkte Bereiche.

In den Verfassungsurkunden der Revolutionsjahre in der Mitte des vorletzten Jahrhunderts - die allerdings teilweise bald darauf wieder aufgehoben wurden - findet sich ein klarer Gesetzesvorbehalt insbesondere für bestimmte Freiheitsrechte und Enteignungen. So durften Enteignungen nur auf Grund eines Gesetzes und in der vom Gesetz vorgeschriebenen Form geschehen[507]. Zwar bestand teilweise ein solcher Vorbehalt schon früher aufgrund einfachgesetzlicher Regelungen[508] oder in abgeschwächter Form in den Verfassungen des Vormärz[509], die derart eindeutige verfassungsmäßige Garantie war jedoch neu.

Beispielhaft sollen die Formulierungen in der preußischen Verfassung vom 31. Januar 1850 erwähnt werden. Dort lautet Art. 9: "Das Eigenthum ist

507 § 38 der Verfassung von Schwarzburg-Sondershausen (1849, später aufgehoben); § 41 der Verfassung von Anhalt-Bernburg (1850, später aufgehoben); Art. 9 der Verfassung von Preußen (1850); § 49 der Verfassung von Sachsen-Coburg-Gotha (1852); § 34 der Verfassung von Waldeck (1852); Art. 60, §§ 1 und 2 der Verfassung von Oldenburg (1852); Art. 16 der Verfassung von Luxemburg (1856); § 14 der Verfassung von Liechtenstein (1862). Ausführlich zum Thema Enteignungen *Zoepfl*, Grundsätze des gemeinen deutschen Staatsrechts, Bd. 2, S. 501 ff.

508 Beispielsweise § 70 der Einleitung des Preuß. ALR (1794); Art. 545, 545 a Badisches Landrecht (1809).

509 Vgl. dazu oben im Abschnitt C.I.2.a.bb.

unverletzlich. Es kann nur aufgrund des öffentlichen Wohles gegen vorgängige [...] Entschädigung nach Maaßgabe des Gesetzes entzogen oder beschränkt werden." Auch für die Bereiche der persönlichen Freiheit, der Unverletzlichkeit der Wohnung, der Meinungs- und Pressefreiheit gab es ähnliche Regelungen. Die Beschränkungen der persönlichen Freiheit "werden durch das Gesetz bestimmt" (Art. 5), das Eindringen in die Wohnung ist "nur in den gesetzlich bestimmten Fällen und Formen gestattet" (Art. 6), es darf eine "Beschränkung der Preßfreiheit nur im Wege der Gesetzgebung erfolgen" (Art. 27). Der schwächere Begriff des 'Rechts', der in den früheren Verfassungen ebenfalls Beschränkungen ermöglichte, taucht hier nicht mehr auf. Entscheidend ist immer die gesetzliche Regelung.

In der Literatur setzten sich die Vorgaben dieser neueren Verfassungen ab der Jahrhundertmitte nur sehr langsam durch, was auch damit zu erklären ist, daß für die Staatspraxis zwangsläufig gewohnheitsrechtliche und vorkonstitutionelle Regelungen oder weitreichende Ermessensbestimmungen für Eingriffe anwendbar bleiben mußten, wenn man einen "Zusammenbruch staatlicher Verwaltung" vermeiden wollte[510]. Gleichzeitig mit der Verfassungsgebung konnten schon aus Kapazitätsgründen nicht alle Gesetze sofort neu und auf rechtsstaatlichem Niveau erlassen werden. Außerdem wurde weiterhin die Höherrangigkeit der Verfassungen gegenüber den sonstigen Gesetzen bestritten und es wurden die in den Verfassungen genannten Grundrechte nur als Staatszielbestimmungen angesehen[511].

Für *Joseph Held* war im Jahr 1857 - unter Verweis auf verschiedene Landesverfassungen - der Vorbehalt des Gesetzes nur in einem Bereich erwähnenswert: "Steuern und Abgaben sollen nur durch Gesetz begründet werden."[512] Alle anderen Rechtsgebiete oder Fallgestaltungen erwähnt er - trotz seiner ansonsten sehr umfassenden Darstellung - nicht. Grundsätzlich sah auch *Heinrich Zoepfl* 1863 in den Gesetzen und Rechten nur die Grenzen der vollziehenden Gewalt. Bei fehlenden Gesetzen oder anderen Rechtsnormen

510 Dazu *Erichsen*, Verfassungs- und verwaltungsrechtsgeschichtliche Grundlagen, S. 170.

511 Vgl. *Remmert*, Verfassungs- und verwaltungsrechtsgeschichtliche Grundlagen des Übermaßverbotes, S. 117 ff. m.w.N.

512 *Held*, System des Verfassungsrechts, S. 606. Vgl. in diesem Zusammenhang auch die knappen Ausführungen von *Meier*, Einleitung in das Deutsche Staatsrecht, S. 14, Fn. 3 zur Gesetzesform für "financielle Erlasse", mit wohl ähnlicher Tendenz.

habe die Verwaltung - ebenso wie die gesetzgebende Gewalt - ihre Grenzen nur im Staatszweck[513].

Vergleichbar ist die Darstellung auch noch im weiteren Verlauf der sechziger Jahre bei *Otto Bähr* (1864), *Robert v. Mohl* (1866), *Heinrich Albert Zachariä* (1867), und *G. A. Grotefend* (1869). Bei *Bähr* findet sich ebenfalls nur die Bemerkung, die Regierungsgewalt habe Recht und Gesetz lediglich als "äußere Schranke einer mehr oder weniger freien Thätigkeit" zu beachten[514], während *Grotefend* mit gleicher Tendenz von "allgemeinen Schranken" sprach[515].

Bei *v. Mohl* wird konkretisiert, daß nicht nur hinsichtlich des Gegenstandes der Maßnahmen die Rechtsgesetze zu beachten seien, sondern auch bei der Art der Ausführung[516]. Zwar solle, nach *v. Mohl*, so weit als möglich "durch förmliches Gesetz der Fall der Berechtigung festgestellt sein; allein da eine Aufzählung aller denkbaren Vorkommnisse und Zustände [...] nicht zu bewerkstelligen ist, so bleibt eine gewisse Willkür unvermeidlich."[517]

Bähr, *Grotefend* und *v. Mohl* erwähnten einen unbedingten Gesetzesvorbehalt für belastende Verwaltungsakte im heutigen Sinn nicht einmal für bestimmte Sonderfälle[518]. *Zachariä* stellte darüberhinaus gerade auch für belastende Verwaltungsakte die Möglichkeit fest, daß verletzende Eingriffe in Rechte der Bürger ohne gesetzliche Grundlage vorgenommen werden könnten, wenn sie "durch das überwiegende Interesse des Ganzen geboten" seien[519].

513 *Zoepfl*, Grundsätze des gemeinen deutschen Staatsrechts, Bd. 2, S. 515.

514 *Bähr*, Der Rechtsstaat, S. 52.

515 *Grotefend*, Das Deutsche Staatsrecht, S. 187 mit Verweisen auf zahlreiche Landesverfassungen. Er ging a.a.O., Fn. 1) davon aus, daß der Staat auch etwas fordern könne, wozu keine sonstige rechtliche Verpflichtung besteht.

516 *v. Mohl*, Die Polizei-Wissenschaft, S. 39.

517 *v. Mohl*, Die Polizei-Wissenschaft, S. 42 m.w.N. Ebenso *v. Stein*, Handbuch der Verwaltungslehre und des Verwaltungsrechts, S. 16, 18.

518 Bei *v. Mohl*, Die Polizei-Wissenschaft, S. 58 findet sich allerdings - nicht unmittelbar bezogen auf Verwaltungsakte, aber untrennbar mit deren Durchsetzung verbunden - die Aussage: "Unzweifelhaft erfordert jedoch einer Seits die Billigkeit gegen die Bürger, andererseits die nothwendige Feststellung der Zuständigkeit und der Verantwortlichkeit der Polizeibeamten, daß auch die Berechtigung zu diesen unmittelbaren Zwangsmitteln im Gesetze ausgesprochen und angedroht sei." Ähnlich *Grotefend*, Das Deutsche Staatsrecht, S. 187 f.

Allerdings erkannte *v. Mohl* schon damals (1866) den Mangel in der wissenschaftlichen Aufarbeitung dieses Themas: "Die Frage über den nothwendigen Inhalt der Polizei-Gesetze gehört zu dem am wenigsten entwickelten im constitutionellen Staatsrechte."[520]

Bei *Lorenz v. Stein* findet sich dann im Jahr 1870 der Grundsatz, die Polizei solle die persönliche Freiheit nur auf gerichtlichen Befehl beschränken, bzw. zumindest nachträglich eine gerichtliche Entscheidung herbeiführen lassen (wobei genauere Erläuterungen bezüglich des Verfahrens fehlen). Eine gesetzliche Eingriffsgrundlage forderte er noch nicht. Auch bei ihm war die Staatsmacht bei belastenden Eingriffen durch Gesetze nur von außen beschränkt, nicht jedoch notwendigerweise auf gesetzliche Ermächtigungsgrundlagen angewiesen[521].

Der dahinterstehende Gedanke, eine gesetzliche Grundlage für Eingriffe zu fordern, war jedoch nicht mehr unbekannt. Bei *v. Stein* wird etwa die Rechtslage in England dahingehend beschrieben, "daß die Polizei nur im Namen eines bestimmten Gesetzes vorgehen darf"[522]. Zudem hatten auch auf deutschem Gebiet schon in der ersten Jahrhunderthälfte manche den Gesetzesvorbehalt für Eingriffe gefordert[523], jedoch waren die Ansätze regelmäßig wenig konkret, sehr beschränkt auf einige wichtige Bereiche (z. B. Freiheit und Eigentum) und sie konnten sich nicht allgemein durchsetzen. Es blieb bei einer Idee, einer politischen Forderung, die in der Realität noch nicht umgesetzt wurde.

Nicht ohne Einfluß war auch die ganz praktische Problematik, daß weite Teile des öffentlichen Rechts nicht durch Gesetze geregelt waren. Zwar gab es vielfach noch die alten absolutistischen Normen mit umfassenden Regelungen, diese waren jedoch im Lauf der Zeit gewohnheitsrechtlich oder durch die neuen Verfassungen nicht mehr anwendbar[524]. Oder es gab nur

519 *Zachariä*, Deutsches Staats- und Bundesrecht, Bd. 2, S. 122.

520 *v. Mohl*, Die Polizei-Wissenschaft, S. 47, Fn. 4). Ähnlich auch *v. Stein*, Handbuch der Verwaltungslehre und des Verwaltungsrechts, S. 98 f., der ein System bzw. eine Wissenschaft des Polizeirechts (tendenziell im weiteren Sinn von Verwaltungsrecht) gerade im Bezug auf Verfügungen damals noch vermißt.

521 *v. Stein*, Handbuch der Verwaltungslehre und des Verwaltungsrechts, S. 102 f.

522 *v. Stein*, Handbuch der Verwaltungslehre und des Verwaltungsrechts, S. 106.

523 Vgl. oben im Abschnitt C.I.2.a.bb.

524 Beispielsweise die Luxusgesetze, insbesondere die Kleiderordnungen, vgl. *Lassar*, RuPrVBl. 1929, S. 8; *Leuthold*, Das Königlich Sächsische Verwaltungsrecht, S. 69.

verwaltungsintern wirksame Dienstvorschriften, die "den Unterthanen keine Rechtsstellung gegenüber dem Staat" gaben[525]. Insoweit konnte schon mangels gültiger Gesetze ein Gesetzesvorbehalt für Verwaltungsakte bis weit in die zweite Jahrhunderthälfte nicht real durchgesetzt werden. Mit den Worten *Otto Mayers*: "Erst das Verwaltungsgesetz des neuen Staatsrechts, indem es nach *beiden Seiten* zugleich wirkt und beide mit einander *rechtlich verknüpft*, schafft Recht auch in der Verwaltung."[526]

Hinzu kam unmittelbar nach den Revolutionsjahren 1848/49, zwar nur kurzfristig, aber in weiten Teilen Deutschlands, ganz allgemein eine konservative Rückwendung im gesamten politischen und staatsrechtlichen Bereich, die auf die Forderung nach einem Gesetzesvorbehalt ebenfalls nicht ohne hemmenden Einfluß blieb.

Die wirkliche Wende kam mit *Paul Laband*. Auch er sah zwar noch 1878 das begriffliche Verhältnis der Verwaltung und Gesetzgebung "nicht darin, daß die Verwaltung positiv durch die Gesetzgebung bestimmt und geleitet wird, sondern daß sie negativ durch die Gesetzgebung beschränkt wird."[527] Mit einem nicht unbedeutenden Widerspruch zu seiner zitierten allgemeinen Auffassung, führte er anschließend dann doch eine ganze Reihe von staatlichen Maßnahmen auf, die nur aufgrund eines Gesetzes durchgeführt werden dürften. So könne der Staat "Niemanden zur Zahlung von Steuern und Zöllen, zur Leistung von Militairdiensten, zur Erfüllung der Geschworenenpflicht, zum Schulbesuch u.s.w. zwingen, wenn nicht durch Gesetz diese Befugnis des Staates anerkannt ist, und folglich auch nur unter den Voraussetzungen und nur in demjenigen Maße, welche das Gesetz vorschreibt. Ebenso wenig kann die Regierung Jemanden in seiner Gewerbethätigkeit oder an der freien Bewegung oder an der freien Benutzung seines Eigenthums u.s.w. hindern und ihm im Interesse der allgemeinen Sicherheit, Gesundheit, Wohlfahrt oder im Interesse der Staatsfinanzen Beschränkungen

525 *Mayer*, Deutsches Verwaltungsrecht, Bd. 1, 1. Aufl., S. 82 f.

526 *Mayer*, Deutsches Verwaltungsrecht, Bd. 1, 1. Aufl., S. 83, Hervorhebungen im Original. Unter anderem mit dieser Motivation kam es in der zweiten Jahrhunderthälfte zu einer ausgiebigen Verwaltungsrechtsgesetzgebung. So meinte *v. Stein*, Handbuch der Verwaltungslehre, Bd. 1, 3. Aufl., S. 134 im Jahr 1887: "Keine Zeit in der ganzen Weltgeschichte hat daher einen solchen Reichthum von fast immer wohl durcharbeiteten Verwaltungsgesetzen erzeugt als die unsere, und noch immer geht diese Bewegung weiter."

527 *Laband*, Das Staatsrecht des Deutschen Reiches, Bd. 2, 1. Aufl., S. 200.

auferlegen, außer auf Grund eines Rechtssatzes, welcher die Behörden des Staates dazu ermächtigt."[528]

Speziell bezogen auf Verwaltungsakte konkretisierte er diese Aussagen an späterer Stelle folgendermaßen: "Jeder Verwaltungsbefehl muß daher auf einem Gesetze beruhen, welches die Regierung mit der Befugniß ausstattet, eine derartige Leistung, Handlung oder Unterlassung von den Unterthanen zu verlangen. Es gilt dies ausnahmslos und findet nicht blos auf die Einforderung von finanziellen oder militärischen Leistungen, sondern in demselben Umfange auf alle polizeilichen Gebote und Verbote Anwendung."[529]

Damit hatte *Laband* 1878 erstmals wieder - und umfassender als früher in der ersten Jahrhunderthälfte - für das deutsche Recht den allgemeinen Grundsatz aufgestellt, daß für belastende staatliche Maßnahmen, insbesondere Verwaltungsakte, eine gesetzliche Grundlage erforderlich ist. Zwar erwähnte er den Begriff Gesetzesvorbehalt noch nicht und es fehlte auch die später noch weitergehende wissenschaftliche Abstraktion des Rechtsprinzips; die gedankliche Vorleistung hatte er jedoch durch die Auswahl und die Breite seiner Beispiele bereits erbracht, insbesondere wenn man berücksichtigt, daß die bei ihm erwähnten "polizeilichen" Maßnahmen - nach der damals noch teilweise gebräuchlichen weiten Auffassung des Polizeibegriffs - nahezu den gesamten Verwaltungsbereich abdeckten. Das deutsche Verwaltungsrecht und insbesondere der Verwaltungsakt hatten damit eine neue Stufe erreicht, die grundlegend für den heutigen Zustand ist. Auch an dieser Stelle kann der französische Einfluß[530] nicht völlig geleugnet werden, denn *Laband* war zu dieser Zeit 'Professor des Deutschen Rechts' an der erst wenige Jahre vorher deutsch gewordenen Universität Straßburg[531]. Und in Frankreich gab es für

528 *Laband*, Das Staatsrecht des Deutschen Reiches, Bd. 2, 1. Aufl., S. 202 f.

529 *Laband*, Das Staatsrecht des Deutschen Reiches, Bd. 2, 1. Aufl., S. 217.

530 Vgl. zum französischen Einfluß auf das deutsche Verwaltungsrecht allgemein auch *Mayer*, Theorie des Französischen Verwaltungsrechts, S. VII ff. Die Gegenposition gerade in Bezug auf den Verwaltungsakt, nämlich daß dieser eine eigenständige deutsche Entwicklung darstelle, vertritt *Jellinek*, VerwArch. 5 (1897), S. 304 (306).

531 Wie auch *Otto Mayer*, bei dem vielfältige französische Anlehnungen in den Schriften nicht nur unverkennbar sind, sondern auch heftig kritisiert wurden. Gerade von österreichischer Seite wurde der französische Einfluß auf das deutsche Verwaltungsrecht heftig bekämpft, vgl. etwa *Spiegel*, Die Verwaltungsrechtswissenschaft, S. VII: "Denn unser Verwaltungsrecht ist deutscher oder - um die paradoxe Wendung zu vermeiden - es ist weniger französisch als das des Deutschen Reichs." Allerdings blieb es regelmäßig bei pauschalen antifranzösischen Äußerungen, ohne

die vollziehende Gewalt zu dieser Zeit bereits eine "Art *Abhängigkeitsverhältniss* gegenüber dem Gesetze", insbesondere betreffend die sogenannte "Ermächtigung *(autorisation)*"[532], mit gewissen Einschränkungen vergleichbar dem Gesetzesvorbehalt *Labands*.

Damit gab es zwar eine (erneute) Einführung des Gesetzesvorbehalts ins deutsche Recht, jedoch blieb die Auffassung *Labands* zunächst nicht ganz ohne Widerspruch. Noch im gleichen Jahr (1878) entgegnete *Georg Meyer* ausdrücklich unter Bezug auf *Laband*, das Ge- und Verbietungsrecht der Polizeibehörden beruhe "auf der Natur der polizeilichen Thätigkeit." Die fortschreitende Verwaltungsgesetzgebung im Laufe des 19. Jahrhunderts habe nicht die Befugnisse der Behörden erst begründet, sondern nur die vorhandenen Befugnisse eingeschränkt[533]. Entgegen der sonstigen Tendenz in der Literatur blieb er später noch grundsätzlich bei dieser Auffassung, ausdrücklich auch in Bezug auf belastende Verwaltungsakte (Gebote und Verbote)[534].

Die Entwicklung zum Gesetzesvorbehalt war jedoch nicht mehr aufzuhalten. Nach *Laband* nahmen immer mehr Autoren - und auch die Gerichte[535] - die Idee auf, daß belastende staatliche Maßnahmen nur aufgrund eines Gesetzes erfolgen dürften. Für *Edgar Loening* waren 1884 "Rechtssätze" (wie es sich aus dem Zusammenhang bei ihm ergibt: Gesetze) für die Beschränkung der Freiheit (im umfassenden Sinn, nicht nur bezogen auf die körperliche Bewegungsfreiheit) der Untertanen erforderlich[536]. Jede Verletzung dieser Freiheit, die nicht durch einen Rechtssatz gestattet sei, verletze nicht nur das objektive Recht, sondern auch das subjektive Recht des Einzelnen[537]. Dadurch

daß tatsächlich sachliche Abgrenzungen zum französischen Recht erfolgten. Siehe dazu auch *Bühler*, VerwArch. 27 (1919), S. 283 (287); *v. Hippel*, Untersuchungen zum Problem des fehlerhaften Staatsakts, S. VI; *Kaufmann*, VerwArch. 30 (1925), S. 377 (383 ff.).

532 *Mayer*, Theorie des Französischen Verwaltungsrechts, S. 6, Hervorhebung im Original. Vgl. auch die Ausführungen a.a.O., S. 16 und speziell für belastende Befehle S. 167.

533 *Meyer*, Lehrbuch des deutschen Staatsrechtes, S. 452 f.

534 *Meyer*, Lehrbuch des deutschen Verwaltungsrechtes, Bd. 1, S. 36, 78.

535 Erwähnt sei hier nur beispielhaft die bekannte Kreuzberg-Entscheidung, Preuß. OVGE 9, S. 353 (insbesondere 370 ff.), (Urteil v. 14. Juni 1882). Weitere Nachweise bei *Sydow*, Die Verwaltungsgerichtsbarkeit des ausgehenden 19. Jahrhunderts, S. 192 ff.

536 *Loening*, Lehrbuch des Deutschen Verwaltungsrechts, S. 12, speziell für belastende Verwaltungsakte (Befehle) S. 241.

war, entsprechend der Gesetzgebung der vorherigen Zeit, ein gerichtlicher Schutz gegen solche 'gesetzlosen' Eingriffe in subjektive Rechte gegeben[538], was die Bedeutung des Gesetzesvorbehalts noch erhöhte. Auch *Josef Ulbrich* sah als Rechtsgrund für Befehle nur drei Möglichkeiten, die alle gesetzliche Regelungen voraussetzten: ein Blankettgesetz (nach heutiger Terminologie eine Generalklausel), ein Spezialgesetz und - als Sonderfall - eine gesetzliche Regelung, die die Pflicht schon begründet, so daß die Verfügung nur noch wiederholenden und deklaratorischen Charakter hat. Andere Möglichkeiten erwähnte er nicht, so daß auch bei ihm von einem Gesetzesvorbehalt für belastende Verwaltungsakte auszugehen ist[539].

Zudem erkannte man die in vielen Verfassungsurkunden garantierten Grundrechte und Freiheitsrechte als Basis für einen ausdrücklichen oder zumindest stillschweigenden "Vorbehalt der durch das Gesetz oder auf Grund eines Gesetzes auch in diese Dinge zu machenden Eingriffs."[540] Es handelte sich also nicht nur um eine neue - rein theoretische - Entwicklung in der Literatur, sondern man konnte den Bezug zur realen Verfassungslage herstellen[541].

Spätestens ab den achtziger und neunziger Jahren des letzten Jahrhunderts war der Gesetzesvorbehalt für belastende Verwaltungsakte als Standard in der Literatur allgemein anerkannt[542] - wenn man von *Georg Meyer*[543] ab-

537 *Loening*, Lehrbuch des Deutschen Verwaltungsrechts, S. 12.

538 *Loening*, Lehrbuch des Deutschen Verwaltungsrechts, S. 13 mit zahlreichen Hinweisen auf Gegner dieser Entwicklung. Vgl. zum Rechtsschutz gegen Verwaltungsakte auch den entsprechenden Abschnitt C.II.4.

539 *Ulbrich*, Grundzüge des österreichischen Verwaltungsrechtes, S. 55 f.

540 *Mayer*, Deutsches Verwaltungsrecht, Bd. 1, 1. Aufl., S. 75 m.w.N.

541 Wobei auf diesen Bezug jedoch zur damaligen Zeit kein großer Wert gelegt wurde, vgl. dazu etwa *Bühler*, VerwArch. 27 (1919), S. 283 (291 ff.). Der Gesetzesvorbehalt wurde vor allem als eigenständige Entwicklung angesehen.

542 *Bock*, Das Staatsrecht des Deutschen Reiches, S. 78 (wohl in diesem Sinn zu verstehen); *Bornhak*, Grundriß des Deutschen Staatsrechts, S. 126; *Bräuer*, AöR 21 (1907), S. 523 (537); *Fricker*, ZStW 43 (1887), S. 1 (30 ff.); *Haenel*, Deutsches Staatsrecht, Bd. 1, S. 126; *Mayer*, Deutsches Verwaltungsrecht, Bd. 1, 1. Aufl., S. 74 ff. (speziell für belastende Verwaltungsakte S. 97, für Polizeibefehle S. 272); *Rosin*, Das Polizeiverordnungsrecht in Preußen, S. 10 (speziell für Verfügungen S. 11 ff.); *v. Stengel*, Lehrbuch des Deutschen Verwaltungsrechts, S. 202; *Thoma*, Der Polizeibefehl im Badischen Recht, S. 54, 72 ff., 99 ff.; *Zorn*, Das Staatsrecht des Deutschen Reiches, Bd. 1, S. 369. Für die allgemeine Verwaltung grundsätzlich ebenso *Wolzendorff*, Die Grenzen der Polizeigewalt, Teil 2, S. 65 f., allerdings mit einer gewissen Einschränkung für die Polizei, wobei er aber auch hier die Eingriffs-

sieht - und *Labands* diesbezügliche Verdienste um eine "scharfe Hervorhebung" des Grundsatzes wurden ausdrücklich gewürdigt[544]. Die Formulierungen wurden klar und eindeutig, wie beispielsweise 1895 bei *Heinrich Rosin*: "Nur unter den im Gesetz festgestellten Voraussetzungen und nur im Umfange des Gesetzes darf im Rechtsstaate die Verwaltung eine Handlung, Leistung oder Unterlassung von dem Unterthan fordern."[545]

Auch wenn es verfassungsrechtlich als zulässig erachtet wurde, daß eine Ermächtigung der Verwaltung einen weiten Spielraum bot, so sah man darin doch den Widerspruch zu den Geboten des Rechtsstaats und die Hinwendung zur "Willkür des Einzelaktes"[546]. Die Forderung ging also in Richtung einer konkreten gesetzlichen Ermächtigung, einerseits bezüglich der Eingriffsvoraussetzungen und andererseits bezüglich der zu treffenden Maßnahmen.

Ausgenommen vom Gesetzesvorbehalt waren - neben Maßnahmen, die in einem bereits bestehenden besonderen Rechts- oder Gewaltverhältnis ergingen - nur die sogenannten "Verwaltungsakte auf Unterwerfung": Bei diesen belastenden Verfügungen war eine gesetzliche Grundlage nicht erforderlich, wenn die Einwilligung des Betroffenen vorlag. Die Einwilligung ersetzte die gesetzliche Ermächtigung und entfernte die "Rechtsschranke", die dem Staat auferlegt war[547].

Die Notwendigkeit einer gesetzlichen Eingriffsermächtigung hatte sich zu dieser Zeit schon durchgesetzt[548], wenn auch die heutige Bezeichnung

befugnis "im letzten Grunde auf das Gesetz - geschriebenes oder ungeschriebenes -" zurückführt (a.a.O., S. 86). Speziell für die rechtliche Beurteilung von Verwaltungsakten ist seine Einschränkung von Bedeutung (a.a.O., S. 89): Die Pflicht, polizeiliche Ge- und Verbote zu beachten, beruhe "nicht auf einer *allgemeinen Pflicht polizeimäßigen Verhaltens*, sondern auf der *rechtschaffenden Kraft* des von einer Staatsbehörde innerhalb ihrer Kompetenz erlassenen *Verwaltungsaktes*." Hervorhebungen im Original. Dabei bezieht er sich noch im Jahr 1906 ausdrücklich auf die Traditionen der ansonsten längst überwundenen Epoche (a.a.O., S. 90): "Das Polizeirecht ist eben ein Recht des Polizeistaats und des Naturrechts".

543 *Meyer*, Lehrbuch des deutschen Verwaltungsrechtes, Bd. 1, S. 36, 78.

544 *Rosin*, Das Polizeiverordnungsrecht in Preußen, S. 18.

545 *Rosin*, Das Polizeiverordnungsrecht in Preußen, S. 18, wobei ein gewisser Widerspruch an späterer Stelle, a.a.O., S. 20 auftaucht, indem auch das Gewohnheitsrecht als Rechtsgrundlage anerkannt wird.

546 *Mayer*, Deutsches Verwaltungsrecht, Bd. 1, 1. Aufl., S. 273 f. m.w.N.

547 *Mayer*, Deutsches Verwaltungsrecht, Bd. 1, 1. Aufl., S. 98 f.

"Vorbehalt des Gesetzes" erst am Ende der Entwicklung 1895 von *Otto Mayer* eingeführt wurde[549].

b) Vorrang des Gesetzes

Unmittelbar nach den Revolutionsjahren 1848/49 gab es in der juristischen Literatur eine erneute Diskussion zum Gesetzesvorrang, insbesondere zur Frage der rechtlichen Grundlagen staatlicher Handlungen und, im Zusammenhang damit, ob sich die bisherige Stellung der Untertanen geändert habe. Insoweit kann, aufgrund des engen Zusammenhangs und weil die Entwicklung zum Gesetzesvorrang in der ersten Jahrhunderthälfte schon weit fortgeschritten war, bezüglich der grundlegenden Ansätze auf die Ausführungen zum Gesetzesvorbehalt[550] sowie zum früheren Zeitabschnitt vor 1850[551] verwiesen werden. Einige wesentliche Fragestellungen und Besonderheiten - gerade aus der Anfangsphase der zweiten Jahrhunderthälfte - sollen aber noch erwähnt werden:

Für *Carl Friedrich Gerber* blieb 1852 in seinen rechtsdogmatisch noch sehr allgemeinen Ausführungen die Stellung des Untertanen "die eines staatlich Beherrschten"[552]. Er erkannte zwar das Problem, "daß die jetzt in allen deutschen Staaten geschehene Gewährung sogenannter Volksrechte, z. B. Preßfreiheit, Associationsrecht, Gewissensfreiheit u. s. w. zu einer anderen Auffassung der rechtlichen Stellung der Unterthanen" nötigen könne, zog daraus jedoch nicht den Schluß, daß "dem Begriffe der staatsrechtlichen Beherrschung der Inbegriff gewisser öffentlicher Rechte zur Seite gestellt werde."[553]

548 Vgl. zum Gesetzesvorbehalt in dieser Zeit allgemein - ohne speziell auf den Verwaltungsakt einzugehen - auch *Rottmann*, EuGRZ 1985, S. 277 (281 ff.).

549 *Mayer*, Deutsches Verwaltungsrecht, Bd. 1, 1. Aufl., S. 74.

550 Im Abschnitt C.II.2.a.

551 Im Abschnitt C.I.2.c.

552 *Gerber*, Ueber öffentliche Rechte, S. 76. Seine juristischen Ausführungen bleiben vielfach auf der politischen Ebene, auch wenn er dies auf den folgenden Seiten mehrfach bestreitet und ausdrücklich seine juristische Darstellung betont. Dies zeigt erneut auf anschauliche Weise die noch fehlende 'Verwissenschaftlichung' des Verwaltungsrechts in der Mitte des letzten Jahrhunderts.

553 *Gerber*, Ueber öffentliche Rechte, S. 76 f.

Gemeint sind - wie sich aus dem Zusammenhang ergibt - subjektive öffentliche Rechte, die er grundsätzlich ablehnt: Der Staat ist nach seiner Auffassung gegenüber dem Bürger zur Durchführung bestimmter Handlungen nicht verpflichtet. Die genannten Volksrechte sind für ihn lediglich "objektive, abstrakte Rechtssätze über die Ausübung der Staatsgewalt"[554]. Der Staat schütze, "wenn er angerufen wird, das Recht, wie und wo er es findet", also die objektive Rechtsordnung, nicht jedoch die Rechte des Bürgers. Der Bürger könne allenfalls bitten. Diese Bitte sei jedoch keine "Rechtshandlung", sondern eine *"res merae facultatis"*, eine Sache der reinen Möglichkeit, der die "humane Sitte unserer Behörden, Bitten nicht ohne Weiteres abzuweisen" gegenüberstehe[555].

In dem bei ihm angeführten Beispiel (Recht auf die Zurücknahme einer Verfügung) geht er dann aber davon aus, daß bei Vorliegen "eines bestimmten Thatbestandes eine Berechtigung (ein Recht im subjektiven Sinne)"[556] erzeugt werde: Er sieht die Volksrechte als Abwehrrechte an, bei ihm als "negative Rechte" bezeichnet, als "Negationen und Zurückweisungen der Staatsgewalt in die Gränzen ihrer Befugnisse"[557]. Wenn der Staat diese objektiven Rechte nicht einhält und der Bürger dadurch konkret belastet wird, dann entsteht für ihn das subjektive Recht auf die Rücknahme der rechtswidrigen Maßnahme, also im genannten Beispiel die Zurücknahme der belastenden Verfügung.

Insoweit erkennt er für den konkreten Einzelfall - und für die Rechtspraxis ist allein dieser entscheidend - nicht nur die objektive Gesetzesbindung beim Erlaß von Verwaltungsakten (bzw. ihrer Rücknahme) an, sondern auch das subjektive Recht des Bürgers auf Einhaltung der Gesetze, soweit er von belastenden Maßnahmen (Verfügungen) betroffen ist. Der Vorrang des Gesetzes, die staatliche Gesetzesbindung, wird durch die Anerkennung subjektiver Rechte also noch verstärkt.

Gerber war - wenn die Weiterentwicklung nach ihm von heute her rückblickend betrachtet wird - auf dem richtigen Weg und kam der modernen Auffassung schon sehr nahe. Insbesondere war er im Bezug auf das Untertanenverhältnis und die Gesetzesbindung der Überzeugung, daß durch die Entstehung von neuen Rechtsinstituten - wie dem Verwaltungsakt, den er aller-

[554] *Gerber*, Ueber öffentliche Rechte, S. 78 f.

[555] *Gerber*, Ueber öffentliche Rechte, S. 79, Fn. 1.

[556] *Gerber*, Ueber öffentliche Rechte, S. 79.

[557] *Gerber*, Ueber öffentliche Rechte, S. 78.

dings nicht konkret erwähnte - freiheitliche Garantien verstärkt werden könnten[558].

Ganz deutlich für staatliche Einzelfallanordnungen stellte *Johann Caspar Bluntschli* 1857 den Vorrang des Gesetzes dar und die absolut herrschende Meinung in den folgenden Jahrzehnten schloß sich ihm an: "Beschränkt ist die Regierung in der Ausübung dieses Anordnungsrechts durch die bestehende Verfassung, Gesetzgebung und Rechtsordnung überhaupt, innerhalb welcher sie sich bewegen musz, die sie nicht verletzen darf."[559]

G. A. Grotefend kam 1869 zum gleichen Ergebnis und er forderte zudem die Ausweitung gesetzlicher Regelungen, um die Grenzen des Staates fester zu bestimmen - was in der Praxis auch befolgt wurde. Bei einer solchen - von ihm bevorzugten - Gesetzesbindung der Regierung sprach er von einer "verfassungsmässigen Staatsverwaltung"[560].

Unterstrichen und verstärkt wurde diese Auffassung im Gebiet des Verwaltungsrechts durch den Ausschluß der "Entstehung von Rechtsnormen im Wege der Gewohnheit"[561]. Eine - eventuell leichter manipulierbare - ge-

558 *Gerber*, Ueber öffentliche Rechte, S. 82: "Wohl aber ist es möglich, und den germanischen Staaten von Anfang an eigenthümlich, daß in diesen Rahmen noch eine Reihe von Rechtsinstituten aufgenommen werden, welche das Unterthanenverhältniß genauer bestimmen und nach dem Grundsatze der staatsbürgerlichen Freiheit selbständig organisiren."

559 *Bluntschli*, Allgemeines Staatsrecht, Bd. 2, S. 107. Ebenso *Arndt*, Das Staatsrecht des Deutschen Reiches, S. 208; *Bähr*, Der Rechtsstaat, S. 52, der a.a.O., S. 64 f. für eine detailliertere Ausgestaltung der Gesetze im Bereich des öffentlichen Rechts plädiert, um dem Gesetzesvorrang mehr Gewicht zu verschaffen; *Fleiner*, Institutionen des Deutschen Verwaltungsrechts, 1. Aufl., S. 6, 63 sowie speziell für Verfügungen S. 158; *Grotefend*, Lehrbuch des Preußischen Verwaltungsrechts, S. 31; *Kelsen*, AöR 31 (1913), S. 53 (75); *Laband*, Das Staatsrecht des Deutschen Reiches, Bd. 2, 1. Aufl., S. 200 f.; *Loening*, Lehrbuch des Deutschen Verwaltungsrechts, S. 11 f., 241; *Mayer*, Deutsches Verwaltungsrecht, Bd. 1, 1. Aufl., S. 72; *Meyer*, Lehrbuch des deutschen Staatsrechtes, S. 453; *Meyer*, Lehrbuch des deutschen Verwaltungsrechtes, Bd. 1, S. 36 ff., 79; *Rosin*, Das Polizeiverordnungsrecht in Preußen, S. 3; *Schulze*, Staatsrecht, S. 177; *v. Sarwey*, Allgemeines Verwaltungsrecht, S. 31; *v. Stengel*, Lehrbuch des Deutschen Verwaltungsrechts, S. 184; *Thoma*, Der Polizeibefehl im Badischen Recht, S. 75; *Zorn*, Das Staatsrecht des Deutschen Reiches, Bd. 1, S. 374.

560 *Grotefend*, Das Deutsche Staatsrecht, S. 537. In diesem Sinn auch *Fricker*, ZStW 43 (1887), S. 1 (35 f.); *Thoma*, JöR 4 (1910), S. 196 (204 f.).

561 *Schenkel*, Das Staatsrecht des Großherzogthums Baden, S. 21 mit Verweisen auf gesetzliche Regelungen. Ebenso *Bräuer*, AöR 21 (1907), S. 523 (539 f.), (auch

wohnheitsrechtliche Regelung konnte demnach nicht mehr als Rechts- oder Entscheidungsgrundlage dienen; erforderlich wurde die im verfassungsmäßigen Gesetzgebungsverfahren erlassene Norm. Allerdings wurde noch im Jahr 1906 von *Richard Thoma* - trotz grundsätzlicher Übereinstimmung mit der genannten Auffassung - die Notwendigkeit gesehen, daß für eine Übergangszeit, jedoch nur bis zur gesetzlichen Regelung der betreffenden Materie, der alte Zustand fortwirken könne[562]. Eine Neubildung von Gewohnheitsrecht gegen eine bestehende gesetzliche Regelung wurde jedoch ausgeschlossen[563].

Das frühere Argument, der Staat könne sich schon rein logisch nicht selbst binden[564], wurde mit der Theorie der Gewaltenteilung widerlegt. Zumindest die gesetzgebende Gewalt könne die - letztendlich nach außen für den Bürger entscheidende - vollziehende Gewalt binden[565]. Außerdem kam es zu einer inhaltlichen Erweiterung der Gesetzesbindung, indem nicht mehr nur die vom Gesetz gezogenen Schranken des staatlichen Handelns betont wurden, sondern auch die Ansprüche des Untertanen - im Sinn von subjektiven öffentlichen Rechten - Beachtung finden mußten, wenn eine begünstigende Gesetzesvorschrift vorhanden war[566].

Die Entwicklung gipfelte 1895 in *Otto Mayers* Ausführungen - der auch die heute gängige Bezeichnung "Vorrang des Gesetzes" prägte[567] - unter Einbeziehung des Verwaltungsakts[568]: "Der Staat, der für seine Verwaltung kein Gesetz hat und keinen Verwaltungsakt, ist kein Rechtsstaat. Der Staat, der beides ausgebildet hat, ist als Rechtsstaat vollkommener oder unvollkommener je nach dem Masse, in welchem er von diesen Formen Gebrauch macht

ausdrücklich zum Bereich des Gesetzesvorbehalts und für polizeiliche Eingriffe); *Mayer*, Deutsches Verwaltungsrecht, Bd. 1, 1. Aufl., S. 130 ff.; *Thoma*, Der Polizeibefehl im Badischen Recht, S. 107 f. (im Anschluß an *Otto Mayer* und mit Kritik an der bei *Thoma*, a.a.O. zitierten vereinzelten Gegenauffassung von *Georg Meyer*).

562 *Thoma*, Der Polizeibefehl im Badischen Recht, S. 112 f. In diesem Sinn auch *Fleiner*, Institutionen des Deutschen Verwaltungsrechts, 1. Aufl., S. 77 ff. und wohl auch *Wolzendorff*, Der Polizeigedanke des modernen Staats, S. 187.

563 *Thoma*, JöR 4 (1910), S. 196 (204). Ebenso *Fleiner*, Institutionen des Deutschen Verwaltungsrechts, 1. Aufl., S. 77 ff.

564 Vgl. dazu *Thoma*, JöR 4 (1910), S. 196 (201).

565 *Mayer*, Deutsches Verwaltungsrecht, Bd. 1, 1. Aufl., S. 88.

566 *Mayer*, Deutsches Verwaltungsrecht, Bd. 1, 1. Aufl., S. 90.

567 *Mayer*, Deutsches Verwaltungsrecht, Bd. 1, 1. Aufl., S. 72.

568 Verwaltungsakt in *Mayers* oben dargestellter weiterer Auslegung. In diesem Sinn auch *Funk*, Der Verwaltungsakt im österreichischen Rechtssystem, S. 12.

und ihre Wirksamkeit sichert."[569] Die Tendenz in der Verwaltung ging also durch die Bindung mehr in Richtung Gesetzesauslegung und weg von der freien Gestaltung[570].

Ausnahmen von dieser Gesetzesbindung wurden in der zweiten Jahrhunderthälfte fast nicht mehr erwähnt. Nur im Fall der Existenzgefährdung des Staates - nicht allein um eine höhere Wohlfahrt zu erreichen - könne eine Verletzung individueller Rechte und der bestehenden Ordnung gerechtfertigt sein[571]. Dann müsse, so *Bluntschli*, das Naturgesetz der geschriebenen Verfassung vorgehen[572]. Einschränkend legte er jedoch strenge Maßstäbe an die Verhältnismäßigkeit an, besonders wurde die Erforderlichkeit und die zeitliche Begrenzung von Notstandsmaßnahmen betont: "Die zu treffenden Maßnahmen dürfen *nicht härter*, die damit verbundene Verletzung oder Beschränkung bestehender Rechte *nicht gröszer* sein, als der zu erreichende Zweck es durchaus erfordert." Sie dürfen "*nicht länger* dauern, als die Abwendung der Noth es erheischt", insbesondere dürfen regelmäßig keine dauerhaften Gesetze oder Rechtsänderungen geschaffen werden[573].

Heinrich Albert Zachariä sah in der Ausübung des Notrechts etwas rein "Factisches" und rechtfertigte 1867 etwa für Kriegszeiten die Überschreitung des Gesetzes durch die Verwaltung[574]. Auch bei ihm gab es eindeutige Grenzen: Das Notrecht kam nicht zur Anwendung bei Zivilsachen, bei der Verhängung von Strafen oder zur "Aenderung der Staatsverfassung auf nicht verfassungsmäßigem Wege"[575]. Insbesondere für rein politische Zwecke durfte es nicht genutzt werden, etwa "um die Ausübung verfassungsmäßiger Rechte zu hindern"[576].

569 *Mayer*, Deutsches Verwaltungsrecht, Bd. 1, 1. Aufl., S. 66.

570 Vgl. dazu *Spiegel*, Die Verwaltungsrechtswissenschaft, S. 17 f.

571 *Bluntschli*, Allgemeines Staatsrecht, Bd. 2, S. 108 ff. Ähnlich *Zachariä*, Deutsches Staats- und Bundesrecht, Bd. 2, S. 124 ff., vgl. insbesondere die konkreten Beispiele a.a.O., S. 124, Fn. 8).

572 *Bluntschli*, Allgemeines Staatsrecht, Bd. 2, S. 108 ff.

573 *Bluntschli*, Allgemeines Staatsrecht, Bd. 2, S. 113 f., Hervorhebungen im Original.

574 *Zachariä*, Deutsches Staats- und Bundesrecht, Bd. 2, S. 124 ff.

575 *Zachariä*, Deutsches Staats- und Bundesrecht, Bd. 2, S. 125. Im Regelfall, aber ausdrücklich nur als Regel mit Ausnahmen, waren die genannten Beispiele auch für *Bluntschli*, Allgemeines Staatsrecht, Bd. 2, S. 114 dem Notstandsrecht entzogen

576 *Zachariä*, Deutsches Staats- und Bundesrecht, Bd. 2, S. 127.

Klar gegen eine Aufhebung des Gesetzesvorrangs - selbst im Fall einer Notstandsituation des Staates - sprach sich 1878 *Paul Laband* aus. Für ihn bestand "im heutigen Recht kein *ius eminens* des Staates, welches für die Zeit der Noth aus dem Staatsbürger einen Staatssclaven machen würde, sondern zu jeder Zeit und unter allen Verhältnissen sind die Rechte der Staatsgewalt gegen den Einzelnen durch Rechtssätze anerkannt und deshalb beschränkt."[577]

Im Grundsatz hatte sich der Vorrang des Gesetzes in der zweiten Hälfte des 19. Jahrhunderts durchgesetzt. Abgesehen von wenigen 'Ausreißern' war er in der Literatur allgemein anerkannt und wurde in der Praxis beachtet[578] (was insbesondere auch durch die Einrichtung und Ausgestaltung der unabhängigen Verwaltungsgerichtsbarkeit in dieser Zeit garantiert wird[579]). Nur im Bereich der Gefährdung des gesamten Staates war noch eine gewisse Bereitschaft vorhanden, die Gesetze in engen Grenzen unberücksichtigt zu lassen. Auch in dieser Beziehung hatten die Verfassungen eine stabilisierende Wirkung. Der Rechtsstaat hatte sich mit diesen Grundlagen durchgesetzt[580].

c) Bindung an Instruktionen des Regenten oder übergeordneter Behörden

Johann Caspar Bluntschli sah 1857 - noch geprägt von der früher gültigen Auffassung - grundsätzlich eine Verpflichtung untergeordneter Regierungsbehörden zur Befolgung auch widerrechtlicher Verfügungen von

577 *Laband*, Das Staatsrecht des Deutschen Reiches, Bd. 2, 1. Aufl., S. 217.

578 Vgl. dazu die Ausführungen von *Badura*, Das Verwaltungsrecht des liberalen Rechtsstaates, S. 22 ff.; *Feist*, Die Entstehung des Verwaltungsrechts, S. 148 ff.; *Fleiner*, Institutionen des Deutschen Verwaltungsrechts, 5. Aufl., S. 121 ff.; *Held-Daab*, Das freie Ermessen, S. 118 ff.; *Stolleis*, Geschichte des öffentlichen Rechts in Deutschland, Bd. 2, S. 414 f.; *v. Unruh*, NVwZ 1988, S. 690 ff.; jeweils m.w.N. Eine gute Zusammenfassung der Entwicklung in den einzelnen Ländern findet sich auch in der Kommentierung zu Art. 64 des Entwurfs der Württemb. VRO, herausgegeben von der Kommission für die Landesordnung des Allgemeinen öffentlichen Rechts, S. 220 ff.

579 Vgl. den entsprechenden Abschnitt C.II.4.a.bb.

580 Entsprechend der Darstellung von *Rosin*, Das Polizeiverordnungsrecht in Preußen, S. 3: "Erst im Verfassungsstaate kann daher der Rechtsstaat zur vollkommenen Realität gelangen."

vorgesetzten Stellen. Ausnahmen seien aber durch die Verfassung oder eine gesetzliche Regelung im Einzelfall möglich[581].

Durchgesetzt hatte sich jedoch - wie es sich bereits in der ersten Hälfte des 19. Jahrhunderts abzeichnete - die Ansicht, daß ausschlaggebend die gesetzliche Regelung ist. Um exemplarisch für diese Zeit *Georg Meyer* zu zitieren: "Die höheren Organe besitzen das Recht, die Thätigkeiten der niederen zu controlliren und ihnen Befehle zu ertheilen, sowohl in der Form allgemeiner Verordnungen als in der Form concreter Verfügungen. Die niederen Organe sind verpflichtet, diesen Befehlen Folge zu leisten, sofern sich dieselben innerhalb der gesetzlichen Competenz bewegen, den vorgeschriebenen Formen entsprechen und nicht dem klaren Wortlaut eines Gesetzes im Widerspruch stehen."[582]

Generell wurde die Problematik in der Literatur aber kaum mehr erwähnt, da mit der nunmehr durchgehenden Gesetzesbindung der Behörden auf allen Stufen das Kriterium der gesetzmäßigen Verwaltung ganz selbstverständlich Vorrang hatte vor der hierarchischen Struktur des Behördenaufbaus. Die Bindung an Weisungen vorgesetzter Stellen innerhalb der gesetzlichen Schranken blieb naturgemäß erhalten.

3. Wirksamkeit, Bindungswirkung und Aufhebbarkeit von Verwaltungsakten

In der Zeit nach der Jahrhundertmitte wurden auch diese Aspekte des Verwaltungsakts häufig nicht erwähnt[583]. Eine methodische Bearbeitung dieser Bereiche in der Literatur erfolgte erst nach und nach. Zudem gab es in der Praxis zwar unterschiedlichste Einzelfallentscheidungen, aber keine Systematik[584]. Die legislative Behandlung der Thematik war ebenfalls geringfügig:

581 *Bluntschli*, Allgemeines Staatsrecht, Bd. 2, S. 108.

582 *Meyer*, Lehrbuch des deutschen Staatsrechtes, S. 451. Ähnlich auch *Loening*, Lehrbuch des Deutschen Verwaltungsrechts, S. 241.

583 Vgl. dazu auch die historischen Teile der Darstellungen von *Furkel*, Der Widerruf rechtswidriger begünstigender Verwaltungsakte im deutschen und französischen Recht unter besonderer Berücksichtigung des Sozialrechts, S. 67 ff.; *Maas*, Verwaltungsakt und Rechtssatz, S. 34 ff. und *Ossenbühl*, Die Rücknahme fehlerhafter begünstigender Verwaltungsakte, S. 10 ff.

584 Ausführliche Darstellung der uneinheitlichen Judikatur des Österr. VGH bei *Bernat-*

Edmund Bernatzik kam 1886 in seiner sehr umfassenden Untersuchung zu dem Schluß, daß die "neuere Verwaltungsgesetzgebung" diesbezüglich "so gut wie Nichts" enthalte[585]. Noch im Jahr 1910 sah *Karl Kormann* - eine frühere Aussage *Bernatziks* zitierend - in diesem Bereich der Nichtigkeit und Zurücknahme einen "interessanten wissenschaftlichen Urwald"[586], den er erstmals erforschen wollte. Sowohl auf *Bernatziks* als auch auf *Kormanns* Darlegungen wird - was diesen Themenkomplex angeht - ausdrücklich verwiesen.

Einen bedeutenden Fortschritt betreffend den Umfang und die Folgen der Wirksamkeit gab es zumindest bei der Bindungswirkung von Verwaltungsakten. Die mit diesem Umfang im Zusammenhang stehende Rechtskraftswirkung (der Begriff Bestandskraft bezüglich Verwaltungsakten taucht erst später auf) im Bereich des Verwaltungsrechts war anfangs selbst für verwaltungs*gerichtliche* Urteile noch nicht unumstritten, wenn auch die ganz herrschende Meinung diese - in Anlehnung an die Zivilgerichte - befürwortete[587].

zik, Rechtsprechung und materielle Rechtskraft, S. 119 ff. Vgl. zur mangelnden theoretischen Bearbeitung und zur Rspr. des Preuß. OVG *Schoen*, Der Widerruf der Verfügungen, mit ausführlichen Rechtsprechungsnachweisen für die Zeit vor der Weimarer Republik.

585 *Bernatzik*, Rechtsprechung und materielle Rechtskraft, S. 101 (schwerpunktmäßig zur Rechtskraft, aber mit Bezug zum gesamten hier behandelten Themenbereich).

586 *Kormann*, System der rechtsgeschäftlichen Staatsakte, S. 203. Auf der folgenden Seite kritisiert er vor allem die fehlende Wissenschaftlichkeit in der bisherigen Behandlung. Man kann es wohl nicht besser - und vernichtender - ausdrücken als *Kormann* selbst: "Man sollte es kaum für möglich halten, aber ein auch nur oberflächlicher Blick in die Literatur zeigt es, mit welch verblüffender Naivität die meisten Schriftsteller die Bezeichnungen: 'ungültig', 'unwirksam', 'nichtig', 'mangelhaft', 'mit unheilbaren Mängeln behaftet', wahllos und ohne Unterschied verwenden, gerade als ob irgend jemand imstande wäre, zu sagen, was mit solchen Bezeichnungen schlechthin gemeint ist; nur die wenigsten Schriftsteller machen sich die Mühe, Auskunft zu geben über den Sinn, in dem sie namentlich die Worte 'nichtig' und 'ungültig' gebrauchen."

587 *Bernatzik*, Rechtsprechung und materielle Rechtskraft, insbesondere S. 88 ff., S. 109 f. m.w.N. und einer ausführlichen Darstellung des damaligen Meinungsstandes in Deutschland, Österreich und - S. 94 ff. - in Frankreich (wo ebenfalls noch keine klare Linie bezüglich der Rechtskraft erkennbar war). Vgl. auch *Anonymus*, Preuß. VBl. 1897, S. 413 (zu Urteilen des Preuß. OVG); *Coester*, Die Rechtskraft der Staatsakte, S. 104; *Loening*, VerwArch 7 (1899), S. 1; *Kunze*, Das Verwaltungsstreitverfahren, S. 1 (ebenfalls zur preußischen Verwaltungsrechtspflege, die zwar formell der allgemeinen Landesverwaltung zugerechnet wurde, aber dennoch Urtei-

Ausgehend von dieser Grundlage wird verständlich, daß behördliche Akte bezüglich ihrer Bindungswirkung noch geringer eingeschätzt wurden. So sah etwa *Otto Bähr* im Jahr 1864 - allerdings mit kritischer Anmerkung - für diese in der Praxis "keine Rechtskraft"[588].

Allgemein herrschte zur Rechtskraft und Aufhebbarkeit - wenn die Aspekte überhaupt erwähnt wurden - eine große Vielfalt von Meinungen, mit unterschiedlichsten Ansichten zu Detailfragen und einer Vielzahl von Kategorien, die im folgenden nur exemplarisch dargestellt werden können. Eine klare Linie war in der ersten Zeit nach 1850 noch nicht zu erkennen. Untersucht wird hier vor allem die *materielle* Rechtskraft (oder Bestandskraft), da diese für die inhaltliche Bindungswirkung und damit den Charakter des Verwaltungsakts bedeutend ist[589].

Beispielhaft ist zu erwähnen, um die Stellung des Themas zu verdeutlichen, daß etwa *Paul Laband* noch 1878, trotz seiner ansonsten ausführlichen Darstellung des Verwaltungsakts, auf den gesamten Themenkomplex kaum einging[590]. Er bemerkte nur ganz knapp, daß Verfügungen ohne Rechtsgrund aufzuheben oder abzuändern seien, wohingegen unzweckmäßige Verfügungen unter Umständen aufrechterhalten werden könnten[591]. Auf eine mögliche rechtsverbindliche Garantiewirkung für den Bürger ging er nicht ein.

Edgar Loening unterschied 1884 die Aufhebungsmöglichkeiten von Verfügungen nach deren Inhalt. Belastende Verwaltungsakte (Befehle) konnten wegen Rechtswidrigkeit *(ex tunc)* und Zweckwidrigkeit *(ex nunc)* unproblematisch aufgehoben werden[592]. Bei begünstigenden Verwaltungsakten

le erlassen konnte, die "derselben Rechtskraft fähig werden, die die Zivilgerichtsurteile genießen"); *Müller*, Rechtskraft im Verwaltungsstreitverfahren, S. 35 ff. (mit ausführlichen Nachweisen zur Rspr. des Preuß. OVG, a.a.O., S. 43 f.); *Schoen*, Der Widerruf der Verfügungen, S. 120 ff. (wiederum zur Rspr. des Preuß. OVG); *v. Stengel*, Lehrbuch des Deutschen Verwaltungsrechts, S. 183 (Rechtskraft bei ihm in manchen Fällen auch für andere richterliche Entscheidungen, etwa einfache Verfügungen).

588 *Bähr*, Der Rechtsstaat, S. 69 f.

589 Zudem setzt die materielle Rechtskraft oder Bestandskraft die formelle notwendigerweise voraus. Vgl. zu formellen Aspekten - insbesondere zu Beginn und Ende der Anfechtbarkeit - *Fritsche*, Fischers Zeitschr. 24 (1902), S. 145 ff.

590 *Laband*, Das Staatsrecht des Deutschen Reiches, Bd. 2, 1. Aufl. Vgl. insbesondere den Abschnitt über die Formen des Verwaltungshandelns, S. 212 ff.

591 *Laband*, Das Staatsrecht des Deutschen Reiches, Bd. 2, 1. Aufl., S. 219.

592 *Loening*, Lehrbuch des Deutschen Verwaltungsrechts, S. 242.

(Ermächtigungen) war für ihn aufgrund der sehr verschiedenen Gesetze allerdings noch kein System erkennbar[593]. Interessant im Hinblick auf den damaligen Status des Verwaltungsakts sind vor allem *Loenings* Ausführungen zu Verfügungen, mit welchen "ein streitiges subjektives öffentliches Recht festgestellt und anerkannt wird." Diese hätten zwar denselben Inhalt wie ein Urteil, sie seien aber weder hinsichtlich der Voraussetzungen noch hinsichtlich der rechtlichen Wirkungen gleichzusetzen. Der Unterschied zum Urteil liege nicht nur darin, daß eine weisungsgebundene Behörde entscheide, sondern auch in der fehlenden Rechtskraft der Maßnahme. Bei rechtswidrigen Verfügungen könne daher, wenn nicht ausdrücklich gesetzliche Vorschriften entgegenstünden, eine Aufhebung erfolgen, nicht jedoch bei nur zweckwidrigen Verfügungen[594]. Den Verwaltungsakten erkannte er also nur eine sehr beschränkte Garantiewirkung zugunsten des Bürgers zu, der Aspekt des Vertrauensschutzes blieb bei *Loening* unerwähnt[595].

Für *Bernatzik* hingegen war 1886 entscheidend, ob ein Verwaltungsakt auf eine Entscheidung "auf Grund eines abstrakt normirten Verfarens" gerichtet war - dann sollte ihm eine Rechtskraftswirkung zukommen -, oder ob es sich um eine vollstreckbare Verfügung handelte, die generell nicht rechtskräftig werden könne[596]. Zusammenfassend meinte er: "Unter dieser Voraussetzung nun können wir den Satz aufstellen, dass die logischen Prämissen einfacher Verwaltungsakte, Verordnungen, Beurkundungen, Verfügungen der bindenden Judikatswirkung entbehren, dass sie dieselbe vielmehr blos dann besitzen, wenn diese Prämissen selbst durch einen Akt fixiert wurden, der als Entscheidung des dafür massgebenden Rechtsverhältnisses beabsichtigt ist und als solche den Parteien gegenübertritt."[597]

Dem Verwaltungsakt wurde demnach regelmäßig keine dauerhafte Wirksamkeit garantiert, sondern nur in dem (Ausnahme-)Fall, daß der Verfügung eine formale Entscheidung vorausging. Die notwendigerweise immer zu treffende Entscheidung, ob eine Verfügung erlassen werden soll und welchen Inhalt sie hat, genügte nach *Bernatziks* Meinung nicht.

593 *Loening*, Lehrbuch des Deutschen Verwaltungsrechts, S. 243.

594 *Loening*, Lehrbuch des Deutschen Verwaltungsrechts, S. 244 f.

595 So auch bei *Loening*, VerwArch 7 (1899), S. 1 (speziell zu Verfügungen S. 22).

596 *Bernatzik*, Rechtsprechung und materielle Rechtskraft, S. 131 ff.

597 *Bernatzik*, Rechtsprechung und materielle Rechtskraft, S. 134.

Wiederum etwas anders - schon mehr auf der heutigen Linie - sah *Georg Meyer* 1893 die Problematik der Rechtskraft. Bei belastenden Verfügungen bestand für ihn nur eine formelle Rechtskraft dahingehend, daß "derjenige, gegen welchen eine derartige Verfügung ergangen ist, dieselbe nach Ablauf einer gewissen Frist nicht mehr angreifen kann." Eine materielle Rechtskraft erkannte er nicht an und auch keine bindende Wirkung für den Staat, so daß die Aufhebung einer Verfügung jederzeit möglich war[598]. Bei begünstigenden Verwaltungsakten ("Erlaubniserteilungen") war hingegen nach seiner Ansicht die Aufhebung grundsätzlich nur aus "gesetzlich bestimmten Gründen" möglich. Eine Ermessensentscheidung war ausnahmsweise nur dann zulässig, wenn diese "im Gesetze oder bei Erteilung [...] ausdrücklich ausgesprochen" wurde[599]. Insgesamt blieben seine Ausführungen aber noch sehr pauschal.

Eine gewichtige Änderung in der Ausführlichkeit und wissenschaftlichen Durchdringung der Darstellung setzte 1895 mit *Otto Mayer* ein, der eine generelle Bindungswirkung des Verwaltungsakts für Staat und Bürger bejahte. Auch vorher wurde schon angenommen, daß sich der Staat an einen noch bestehenden Verwaltungsakt halten solle; ausdrücklich als rechtliche Verpflichtung erwähnt wurde sie jedoch von *Mayer*, der diese Eigenschaft für so wichtig hielt, daß er für das Verwaltungsaktskapitel in seinem Lehrbuch die Überschrift "Die bindende Kraft des Verwaltungsaktes" wählte[600]. Für beide Seiten - Staat und Untertan - sah er die Wirksamkeit als gegeben an, wenn der Verwaltungsakt nicht für unwirksam erklärt wurde oder ganz ausnahmsweise nichtig war (Nichtigkeit lag für ihn allenfalls dann vor, wenn nur der Schein eines obrigkeitlichen Aktes vorhanden war). Der Verwaltungsakt erfülle dadurch "das ganze Gebiet der Verwaltung mit festen Rechtsverhältnissen"[601]. Allerdings bedeutete das für ihn nicht, daß Verwaltungsakte unabänderbar waren. Im Gegenteil, er sah Verwaltungsakte als "grundsätzlich frei veränderbar und zurücknehmbar" an, es sei denn, daß durch die Verfügung dem Betroffenen ein subjektives Recht geschaffen wurde, der Akt ein Verwaltungsurteil[602] war oder ein gesetzlicher Ausschluß bestand[603]. Dann könne die Rechts-

598 *Meyer*, Lehrbuch des deutschen Verwaltungsrechtes, Bd. 1, S. 80.

599 *Meyer*, Lehrbuch des deutschen Verwaltungsrechtes, Bd. 1, S. 81.

600 *Mayer*, Deutsches Verwaltungsrecht, Bd. 1, 1. Aufl., S. 94 ff.

601 *Mayer*, Deutsches Verwaltungsrecht, Bd. 1, 1. Aufl., S. 99 f., vgl. speziell zum polizeilichen Einzelbefehl auch a.a.O., S. 277.

602 Kritisch zu *Mayers* Auffassung von subjektiven öffentlichen Rechten und der Ver-

kraft, also Unabänderlichkeit eintreten[604]. Bindung in seinem Sinn bedeutet demnach, daß nicht willkürlich über einen Verwaltungsakt hinweggegangen werden kann, eine formale Änderung oder Aufhebung aber grundsätzlich möglich ist. Die Bindungswirkung ist demzufolge nur eine Grundlage für die unter bestimmten Umständen eintretende Rechtskraft.

Aus dieser, noch immer etwas an der Oberfläche bleibenden Differenzierung und unter dem Eindruck des 26. Deutschen Juristentages im September 1902 entwickelte *Mayer* danach die heute grundlegende Unterscheidung zwischen Rechtskraft und Bestandskraft (die er Rechtsverbindlichkeit nannte)[605]. Ein Verhandlungsthema dieses Juristentages war "Die Rechtskraft der Entscheidungen der Verwaltungsbehörden" und als Beschluß mit großer Mehrheit ging folgendes Ergebnis daraus hervor: "Die Rechtskraft der verwaltungsgerichtlichen Urteile und der ihnen gleichstehenden Entscheidungen ist grundsätzlich anzuerkennen und zwar auch in der Weise, dass die Urteile (Entscheidungen) den Staat binden"[606]. Damit hatte man sich zwar zumindest über die Rechtskraft verwaltungsgerichtlicher Urteile geeinigt, den einfachen Verwaltungsakt aber nur völlig unbestimmt und am Rande erwähnt, ohne daß aus dieser Formulierung klare Konsequenzen für ihn ersichtlich wurden. Für *Mayer* waren sowohl Verhandlungsablauf als auch Verhandlungsergebnis zu unwissenschaftlich bzw. undifferenziert[607]. Allerdings wich der Juristentag bei der Diskussion nicht unter das Niveau der damaligen Rechtswissenschaft in

waltungsrechtspflege *Jellinek*, VerwArch. 5 (1897), S. 304 (307 ff.).

603 *Mayer*, Deutsches Verwaltungsrecht, Bd. 1, 1. Aufl., S. 116, 150 f., 174, 302 ff.

604 *Mayer*, Deutsches Verwaltungsrecht, Bd. 1, 1. Aufl., S. 174 ff. Vgl. zum Umfang der Rechtskraft a.a.O., S. 196 ff.

605 *Mayer*, AöR 21 (1907), S. 1 (insbesondere 13 f., 19, 23 ff.).

606 Zitiert nach *Mayer*, AöR 21 (1907), S. 1 (18).

607 In der Wiedergabe von *Mayer*, AöR 21 (1907), S. 1 (18 f.): "Vor der Abstimmung stellte *Seidler* zu aller Sicherheit noch die Frage: 'ob in dem Zusatz: <und andere Entscheidungen> auch die Entscheidungen der Verwaltungsbehörden mit inbegriffen seien'. Auf den Zuruf: 'sie können darunter sein', verneigt er sich: 'Ich danke vielmals'. [...]. So ging diese denkwürdige Verhandlung des deutschen Juristentages aus wie - ein vielberühmtes Schiessen. Ueberaus feine und ernste Fragen juristischer Begriffsbildung wurden durch das liebenswürdigste parlamentarische Entgegenkommen totgeschlagen. Nach so manchem, was bei den Verhandlungen zu Tage trat, war es vielleicht auch am klügsten so. Aber von Wissenschaftlichkeit ist bei diesem Verfahren natürlich keine Rede mehr." Sich dieser Kritik anschließend - und unter Berufung auf das positive Recht in Preußen - *Müller*, Rechtskraft im Verwaltungsstreitverfahren, S. 48. Vgl. auch die moderatere Auffassung von *Coester*, Die Rechtskraft der Staatsakte, S. 104, Fn. 1.

dieser speziellen Frage, sondern er kann exemplarisch dafür angeführt werden, inwieweit das Thema bisher wissenschaftlich durchdrungen war.

Rechtskraft konnte nach *Mayers* fortentwickelter Auffassung ausschließlich gerichtlichen Urteilen zukommen[608]. Verwaltungsakte hatten nach seiner Meinung grundsätzlich nur "rechtsbestimmende Kraft", sie waren ausgestattet "mit bindender Kraft, bindend auch für die Behörden [...], so lange wenigstens, als sie nicht zuständiger Weise und in gehöriger Form wieder zurückgenommen, aufgehoben oder abgeändert werden."[609] Darin lag für ihn auch der Unterschied zwischen Urteilen und einfachen Verwaltungsakten. Eine Bindungswirkung bestand für beide, jedoch mit "einer verschiedenen *Sicherung der Dauer* dieser Wirkung."[610] Das Urteil war nach formeller Rechtskraft grundsätzlich unabänderlich, der Verwaltungsakt konnte unter Einhaltung der oben genannten - allerdings noch relativ unbestimmten - Voraussetzungen im Regelfall wieder geändert werden. Damit war die heutige Trennung in Rechtskraft für Urteile und Bestandskraft (als sogenannte Rechtsverbindlichkeit[611]) für Verwaltungsakte - inhaltlich und begrifflich - ins Verwaltungsrecht eingeführt. Die Verwirrung, die die alleinige Benutzung der Bezeichnung 'Rechtskraft' vorher vielfach ausgelöst hatte, war damit zumindest ansatzweise überwunden. Auch der psychologische Widerstand vieler Autoren gegen eine Bindungswirkung des Verwaltungsakts, die schon wegen des förmlichen Begriffs eine Rechtskraft für Verfügungen bisher prinzipiell abgelehnt hatten, wurde geringer. Es war jetzt einfacher, die Rechtskraft abzulehnen und dennoch die Verbindlichkeit - mit anderer Definition - anzuerkennen.

Nicht unerwähnt bleiben soll auch *Richard Thoma*, der etwa zur gleichen Zeit (1906), zwar nicht sehr vertieft, aber tendenziell mit der gleichen Zielrichtung eine solche Unterscheidung traf. Bei ihm hieß es 1906, "nach Ablauf der Rechtsmittelfristen gewinnen die Polizeiverfügungen den Untertanen gegenüber, unter besonderen Umständen sogar dem regelmäßigen Rücknahme- und Kassationsrecht der öffentlichen Gewalt gegenüber, eine gewisse Konsistenz (Rechtskraftähnlichkeit)"[612].

608 *Mayer*, AöR 21 (1907), S. 1 (19).

609 *Mayer*, AöR 21 (1907), S. 1 (24).

610 *Mayer*, AöR 21 (1907), S. 1 (24), Hervorhebung im Original.

611 *Mayer*, AöR 21 (1907), S. 1 (27).

612 *Thoma*, Der Polizeibefehl im Badischen Recht, S. 58.

Allerdings hielt sich eine Begriffsverwirrung teilweise noch bis weit ins 20. Jahrhundert hinein, wenn auch das Problembewußtsein - gerade durch die nunmehr entwickelte Trennung in zwei Begriffe - mehr und mehr vorhanden war[613].

Übernommen und klar formuliert wurde "Die Verbindlichkeit der Verwaltungsakte"[614] 1910 von *Karl Kormann*, der ausdrücklich betonte, daß auch der Staat an den ergangenen Verwaltungsakt gebunden sei, zumindest soweit keine Nichtigkeit vorliege[615]. Zwar bestehe grundsätzlich die "Möglichkeit des Widerrufs"[616]. Solange dieser aber "nicht erfolgt ist, muß jede staatliche Behörde den Verwaltungsakt als vorhanden ansehen und darf sich nicht ohne weiteres über ihn hinwegsetzen; dies gilt insbesondere auch von der Stellung der Gerichte gegenüber den Verfügungen der Verwaltungsbehörden, und es wird vor allem wichtig bei mangelhaften, anfechtbaren Verwaltungsakten"[617].

Einen kleinen Rückschritt gab es 1911 bei *Fritz Fleiner*, der wieder nur den Begriff 'Rechtskraft' benutzte und eine materielle Bindung des Staates durch Verfügungen grundsätzlich ablehnte[618]. Allerdings erwähnte er eine ganze Reihe von Ausnahmen, denen er unter gewissen Umständen eine Unabänderlichkeit, also Bindung auch für die Behörden, zuerkannte: etwa eine gewerbepolizeiliche Erlaubnis, eine baupolizeiliche Bewilligung, eine Steuerveranlagung und allgemein solche Verfügungen, "welche mit Ermächtigung

[613] Vgl. dazu beispielsweise *Friedrichs*, VerwArch 31 (1926), S. 277 (282 ff.); *Josef*, VerwArch. 30 (1925), S. 475 (481 ff.) oder aus dem Jahr 1927 die Ausführungen von *Coester*, Die Rechtskraft der Staatsakte, S. 11: "Die theoretische Unklarheit, die dieses Gebiet verhüllt, hat auch der Gesetzgeber nicht gelüftet. Er spricht, wenn von der Wirkung der Staatsakte der Verwaltung die Rede ist bald von *Verbindlichkeit*, bald von *Rechtskraft*, ohne daß ein fester Sprachgebrauch hervortritt. Die deutsche Sprache unterschiede jedoch nicht im Ausdruck, wenn keine Begriffsverschiedenheit hinter der Verschiedenheit der Worte stände." Hervorhebungen im Original. Sogar noch um 1960 herrschte Streit in dieser Frage, vgl. etwa *Haueisen*, DÖV 1961, S. 121 (125 ff.) m.w.N.

[614] So die Kapitelüberschrift bei *Kormann*, System der rechtsgeschäftlichen Staatsakte, S. 199. Vgl. dazu auch *Kormann*, Stichwort "Verwaltungsakte", S. 718 (722 ff.).

[615] *Kormann*, System der rechtsgeschäftlichen Staatsakte, S. 199 ff., 220 ff. mit zahlreichen Beispielen aus der Rspr.

[616] *Kormann*, System der rechtsgeschäftlichen Staatsakte, S. 200, 323 ff.

[617] *Kormann*, System der rechtsgeschäftlichen Staatsakte, S. 200.

[618] *Fleiner*, Institutionen des Deutschen Verwaltungsrechts, 1. Aufl., S. 163. In diesem Sinn auch noch 1928 in der 8. Aufl., S. 196 ff.

des Gesetzes subjektive Rechte oder Rechtslagen zu Gunsten bestimmter Untertanen begründet haben."[619]

In bezug auf die praktisch sehr bedeutsame Wirksamkeit oder Nichtigkeit von rechtswidrigen Verwaltungsakten kam es erst mit der ausführlichen und systematischen Darstellung von *Walter Jellinek*[620] im Jahr 1908 zu einem deutlichen Fortschritt gegenüber der bisherigen weitgehenden Nichtbeachtung der Problematik. Mit der zuvor aufgekommenen Bindungswirkung des Verwaltungsakts selbst und seiner Bindung an das Gesetz war die Notwendigkeit entstanden, über die Wirksamkeit rechtswidriger Verfügungen nachzudenken. *Jellinek* untersuchte erstmals grundlegend die noch heute gültige Unterscheidung zwischen rechtswidrigen, aber - zumindest vorläufig - wirksamen und absolut unwirksamen Verwaltungsakten.

Zur gleichen Zeit entstand auch die 1910 veröffentlichte Arbeit von *Karl Kormann*, der denselben Bereich sehr ausführlich und systematisch untersuchte. Seine Begriffsdefinitionen waren noch genauer und konkreter als bei *Jellinek*, wobei der dort gewählte Grundansatz der Unterscheidung von schlichter Rechtswidrigkeit und Nichtigkeit aber vergleichbar ist[621]. Mängel des Verwaltungsakts führten grundsätzlich zur Anfechtbarkeit und nur ausnahmsweise zur Nichtigkeit[622]. Hervorzuheben - aus heutiger Sicht - ist weiterhin die damals neue, klare Herausarbeitung der Nichtigkeitsfolgen, nach der ein nichtiger Verwaltungsakt keiner Aufhebung bedarf, "er kann ohne weiteres von jedem Privatmann, von jeder Verwaltungsbehörde, von jedem Gericht ignoriert werden; soweit im Interesse der Rechtssicherheit eine besondere Nichtigerklärung geschieht, wirkt sie rein deklarativ."[623] Bezüglich der weiteren Einzelheiten ist auf die detailreichen Darstellungen bei *Kormann* und *Jellinek* selbst zu verweisen. Insbesondere bei *Jellinek* findet sich später - in der Zeit der Weimarer Republik - eine umfassende Fortführung der wissenschaftlichen Untersuchung dieser Problematik[624].

619 *Fleiner*, Institutionen des Deutschen Verwaltungsrechts, 1. Aufl., S. 168 f.

620 *Jellinek*, Der fehlerhafte Staatsakt, insbesondere S. 44 ff.

621 *Kormann*, System der rechtsgeschäftlichen Staatsakte, S. 203 ff. Vgl. dazu auch *Kormann*, Stichwort "Verwaltungsakte", S. 718 (722 ff.).

622 *Kormann*, System der rechtsgeschäftlichen Staatsakte, S. 217. Ebenso *Fleiner*, Institutionen des Deutschen Verwaltungsrechts, 1. Aufl., S. 171.

623 *Kormann*, System der rechtsgeschäftlichen Staatsakte, S. 206. Ebenso *Fleiner*, Institutionen des Deutschen Verwaltungsrechts, 1. Aufl., S. 172.

624 *Jellinek*, Verwaltungsrecht, S. 244 ff.

Festzuhalten bleibt, daß auch in dieser Richtung eine Erforschung des Verwaltungsakts begann, die bis heute zu einer sehr vielschichtigen Behandlung des Themas führte, bis hin zur wohl wesentlichsten Neuerung, der allgemeinen gesetzlichen Regelung in den §§ 43 ff. VwVfG. Obwohl es vielfach - aufgrund der unterschiedlichen Terminologie - noch zu einer gewissen Verwirrung kam[625], kann der Fortschritt, daß die Probleme der Wirksamkeit, Bindungswirkung, Rechtskraft und Aufhebbarkeit in der Wissenschaft der Jahrhundertwende nunmehr ausführlich behandelt wurden, nicht bestritten werden.

4. Rechtsschutz gegen Verwaltungsakte

a) Die Stärkung der unabhängigen Justiz

Ab 1850 gab es eine Fortentwicklung der - bereits vorher erkennbaren - Tendenz weg von der Administrativjustiz zur Kontrolle des Verwaltungshandelns durch unabhängige Gerichte[626]. Die Entwicklung zur Verrechtlichung und gerichtlichen Überprüfung hoheitlicher Tätigkeit war nicht aufzuhalten. Bezüglich der Einzelheiten herrschte allerdings keinerlei Einigkeit, weder in der Theorie noch in der Praxis, weshalb *Friedrich Tezner* in seinem Rückblick aus dem Jahr 1900 zutreffend von "dem Wirrsal der entgegenstehenden Anschauungen" sprach[627].

625 Vgl. dazu etwa die Aussage bei *Coester*, Die Rechtskraft der Staatsakte, S. 1 f.: "In der Tat kranken die meisten oft sehr verdienstvollen Arbeiten, wie die von *Bernatzik* u. a., daran, daß der Leser wie der Blinde von der Farbe erzählen hört. Es werden bestimmte Eigenschaften der Staatsakte erörtert, aber ohne daß der Leser ein Bild hat, welche Akte gemeint sind."

626 Vgl. zu diesem Gesamtkomplex *Bauer*, Von der Administrativjustiz zur Verwaltungsgerichtsbarkeit, S. 83 ff.; *Feist*, Die Entstehung des Verwaltungsrechts, S. 128 ff.; *Henne*, Verwaltungsrechtsschutz im Justizstaat, S. 135 ff.; *Rüfner*, Die Entwicklung der Verwaltungsgerichtsbarkeit, in: *Jeserich / Pohl / v. Unruh*, Bd. 3, S. 909 ff.; *Sydow*, Die Verwaltungsgerichtsbarkeit des ausgehenden 19. Jahrhunderts, S. 45 ff.; *Tezner*, VerwArch. 8 (1900), S. 220; *Trostel*, VBlBW 1988, S. 363; *Würtenberger*, Verwaltungsprozeßrecht, S. 18 ff.

627 *Tezner*, VerwArch. 8 (1900), S. 220 (220, 227). In seinem Aufsatz über "Die deutschen Theorien der Verwaltungsrechtspflege" findet sich ein guter Überblick über die Situation in der zweiten Hälfte des 19. Jahrhunderts, allerdings mit dem Schwer-

aa) Die Behandlung in der Literatur

Der Tübinger Professor *Carl Friedrich Gerber* meinte im Jahr 1852, daß der Schutz von öffentlichen Rechten noch deutlich hinter dem von Privatrechten zurückbleibe, da diese regelmäßig von politischen Einwirkungen frei seien. Dennoch ging er - ohne das näher zu belegen - davon aus, daß, trotz einer nur begrenzten Selbständigkeit, die Wirksamkeit der Gerichte weitestgehend unterschätzt würde[628]. Insbesondere hielt er - zwar nicht generell, aber für die damalige Zeit - eine Zuständigkeit der bereits etablierten ordentlichen Gerichte bezüglich öffentlich-rechtlicher Streitigkeiten für besser[629]. Er begründete das vor allem mit der Tradition dieser Institutionen, die einen besseren Rechtsschutz für die Untertanen bieten sollten: "Es giebt einen Schutz des Bestandes öffentlicher Einrichtungen, der vielleicht noch wirksamer ist, als der durch das Recht gewährte, die Macht [...] uralter Gewöhnung an bestehende staatsrechtliche Institutionen, der durch die großen Beispiele vieler Jahrhunderte begründete Glaube an ihren Werth und ihre Brauchbarkeit zur Befriedigung der politischen Interessen des Volkes, sowie endlich ihre fortwährende Ausübung unter Anerkennung und Berücksichtigung des sittlich-intellektuellen Bewußtseins der Nation. Ein bloßer gerichtlicher Schutz einzelner Verfassungselemente setzt eine Kraft und Wirksamkeit der Gerichte voraus, deren Möglichkeit doch immer erst auf dem Vorhandensein der oben genannten Umstände beruht"[630].

Viele Jahre danach (1880) - hier wird die allgemeine Entwicklung anhand seiner Person schon vorweg dargestellt - nahm der mittlerweile geadelte und als sächsischer Kultusminister tätige *Carl Friedrich v. Gerber* eine andere Position ein: Er hielt die Verwaltungsjustiz durch Behörden für eine gute Lösung, wenn bestimmte rechtsstaatliche Voraussetzungen erfüllt waren. Wesentlich für die Verwaltungsjustiz in seinem Sinn war vor allem, "dass die Parteien wie im Civilverfahren zum geordneten rechtlichen Gehöre gelangen, dass ihnen der Rechtskraft fähige Erkenntnisse eröffnet werden" und "sie die Bürgschaft ordnungsmässiger und unparteiischer Erledigung darbietet". Allerdings glaubte er, es könne über eine "Fortbildung dieser Einrichtung zur Auf-

punkt Österreich.

628 *Gerber*, Ueber öffentliche Rechte, S. 97. Zur Praxis vgl. die Darlegungen im folgenden Abschnitt.

629 *Gerber*, Ueber öffentliche Rechte, S. 98.

630 *Gerber*, Ueber öffentliche Rechte, S. 96 f.

stellung selbständiger Gerichtshöfe des öffentlichen Rechts führen, durch welche manche Lücke unseres modernen Staatsrechts geschlossen würde."[631] Tendenziell ist er später also eher den Befürwortern einer Justiz in Verwaltungssachen durch eigenständige und unabhängige Gerichte zuzurechnen.

Zurück in den 1850er Jahren, genauer 1857, war *Joseph Held* der Auffassung, daß der Träger der Staatsgewalt nicht an Urteile der von ihm eingesetzten Richter gebunden sein kann. Rechtsverletzungen des Souveräns seien gegen ihn nicht gerichtlich verfolgbar, sondern sie würden als Unrecht bestehenbleiben[632]. Nach seinen Formulierungen ist zu vermuten, daß er damit nur die oberste Staatsführung meint und nicht alle staatlichen Stellen - als Stellvertreter des Souveräns - miteinbezieht; es fehlt allerdings eine klarstellende Aussage zu diesem Komplex.

Eine genauere Darstellung findet sich im selben Jahr (1857) bei *Johann Caspar Bluntschli*. Er ging grundsätzlich davon aus, daß gegen Verfügungen der Regierung eine Anrufung der Gerichte nicht möglich ist[633].

Er befürwortete demzufolge noch das System der Administrativjustiz, kritisierte allerdings den Begriff als widersprüchlich und bevorzugte die Bezeichnung "Administrativverfahren"[634]. Wichtig waren ihm aber auch in diesem Verfahren gewisse Garantien, etwa das Recht auf Gehör, Öffentlichkeit und Mündlichkeit. Der wesentliche Unterschied zum gerichtlichen Verfahren bestand seiner Auffassung nach darin, "dasz Administrativstreitigkeiten nicht ausschlieszlich nach Rechtsgrundsätzen sondern zugleich mit Berücksichtigung der Zweckmäszigkeit und der öffentlichen Wohlfahrt entschieden werden müssen, und dieser Unterschied übt auf das ganze Verfahren seinen Einflusz aus."[635]

Gleichzeitig sollten die Gerichte bei der Entscheidung ihrer Prozesse aber nicht an Verfügungen staatlicher Stellen gebunden sein, wenn diese formell oder materiell widerrechtlich waren (eine Bestandskraftswirkung von

631 *v. Gerber*, Grundzüge des deutschen Staatsrechts, S. 188 f.

632 *Held*, System des Verfassungsrechts, S. 594 f.

633 *Bluntschli*, Allgemeines Staatsrecht, Bd. 2, S. 235 ff.

634 *Bluntschli*, Allgemeines Staatsrecht, Bd. 2, S. 248. A.a.O., S. 249 stellte er fest, daß diese Frage noch umstritten sei, erkannte jedoch die Tendenz einer Abkehr von der Administrativjustiz, mit Ausnahme von "einzelnen Gebietstheilen, wo die Staatsgewalt ihre Rechte doch nicht aufzugeben genöthigt werden konnte".

635 *Bluntschli*, Allgemeines Staatsrecht, Bd. 2, S. 248.

Verwaltungsakten wurde von ihm somit nicht anerkannt[636]). Die Gerichte sollten die bestehende Rechtsordnung im Rahmen der dargestellten begrenzten Zuständigkeit auch gegen den Willen der Regierung schützen[637]. Im Konfliktsfall solle das Staatsoberhaupt nach einem Gutachten des Staatsrats oder eines sonstigen Organs - bestehend aus Staatsmännern und Juristen - über die Zuständigkeit entscheiden[638].

Als Entscheidungsgrundlage ging *Bluntschli* wieder auf die Trennung von Privatrechten und hoheitlicher Machtausübung zurück. Privatrechtliche Streitigkeiten - und demzufolge eine Justizzuständigkeit - lagen nach seiner Darstellung etwa dann vor, wenn durch eine polizeiliche Verfügung beispielsweise ein Hausbesitzer mit dem Befehl konfrontiert werden sollte, der Adressat der Verfügung jedoch nicht der Besitzer war[639]. Der überwiegende Teil von Streitfragen, die Verwaltungsakte betrafen, sollte jedoch nicht gerichtlich überprüfbar sein: "Inwiefern hiebei die Polizei den Gesetzen gemäsz verfahren sei, ob sie die vorgegebenen Formen des Verfahrens beobachtet habe, ob der Inhalt ihrer Verfügung nothwendig und gerecht sei, das Alles wird um jener Beziehung willen nicht zur Justizfrage; und den Gerichten kann der Entscheid darüber nicht zustehen, da es sich hier wieder nur um Ausübung der polizeilichen Staatshoheit handelt."[640]

Ab 1860 kam es dann in Baden zu einem Umdenken, an dem der in Heidelberg öffentliches Recht lehrende Professor *Bluntschli* maßgeblich beteiligt war. In seiner weiteren Funktion als Mitglied des badischen Landtags nahm er an den Vorarbeiten zum Gesetz, die Organisation der innern Verwaltung betreffend vom 5. Oktober 1863 (durch das u. a. der Badische Verwaltungsgerichtshof eingerichtet wurde) teil und schrieb in einem Kommissionsbericht dazu, daß "die Existenz einer besonderen Verwaltungsrechtspflege selbstverständlich und nur die bessere Organisation derselben in Frage sei"[641]. Ab dieser Zeit sah er dann die Notwendigkeit eines besseren Schutzes

636 Vgl. dazu oben im Abschnitt C.II.3.

637 *Bluntschli*, Allgemeines Staatsrecht, Bd. 2, S. 107 f.

638 *Bluntschli*, Allgemeines Staatsrecht, Bd. 2, S. 237 f.

639 *Bluntschli*, Allgemeines Staatsrecht, Bd. 2, S. 240.

640 *Bluntschli*, Allgemeines Staatsrecht, Bd. 2, S. 240. *Bluntschli* kritisiert a.a.O., Fn. 5 ausdrücklich die Auffassungen von *Zachariä*, *Pfeiffer* und *Mittermaier* (vgl. oben im Abschnitt C.I.4.c.), insbesondere die Meinung, daß aus einer Regierungssache eine Justizsache werden könne. Er meint, allenfalls könne "durch die positive Gesetzgebung was Regierungssache ist, als Justizsache erklärt werden."

im öffentlich-rechtlichen Bereich. Dieser sollte nicht mehr durch die Zivilgerichte, sondern von "öffentlich-rechtlichen Gerichtshöfen" gewährt werden[642].

Schon ganz klar auf der neueren Linie befand sich 1862 auch *L. Joseph Gerstner*. Für ihn besaß die Verwaltung "noch viel zu viel Rechtsgebiet, das ihren Händen entwunden werden muß", und er sah das Problem der Trennung von Justiz und Verwaltung in der Theorie weitgehend als gelöst an. Nur die Praxis trenne sich schwer von der "mittelalterlichen polizeistaatlichen Verbindung" los[643].

Wichtig wurde vor allem die Frage, ob ein Fall aufgrund von Gesetzen oder gleichwertigen Rechtsquellen entschieden werden konnte. Dann sollte es, so *Heinrich Zoepfl* 1863, keinen Unterschied mehr machen, ob "die Sache civilrechtlicher, strafrechtlicher oder staatsrechtlicher Natur ist"[644]. Ausgeschlossen von der gerichtlichen Überprüfung blieben - nach einer beachtlichen Mindermeinung allerdings nur teilweise[645] - die Notwendigkeit und Zweckmäßigkeit des Verwaltungshandelns[646] sowie sonstige Ermessensfragen[647].

641 Zitiert nach *Bauer*, Von der Administrativjustiz zur Verwaltungsgerichtsbarkeit, S. 83; ebenfalls abgedruckt bei *Weizel*, Das Badische Gesetz vom 5. October 1863, S. 120, Fn. 120. Bei *Bauer*, a.a.O., S. 83 ff. wird die Entwicklung dieses Gesetzes ausführlich dargestellt. Siehe dazu auch unten den Abschnitt C.II.4.a.bb.

642 *Bluntschli*, Stichwort "Verwaltung und Verwaltungsrecht", S. 60 (64 f., 68, 71 f.).

643 *Gerstner*, Einleitung in die gesammte Staatsverwaltungslehre, S. 177 ff.

644 *Zoepfl*, Grundsätze des gemeinen deutschen Staatsrechts, Bd. 2, S. 575. Beispiele für überprüfbare Verwaltungsakte a.a.O., S. 596.

645 *Mayer*, Deutsches Verwaltungsrecht, Bd. 1, 1. Aufl., S. 167 ff. mit ausführlichen Nachweisen zum Meinungsstand.

646 *Zoepfl*, Grundsätze des gemeinen deutschen Staatsrechts, Bd. 2, S. 576 mit Nachweisen zu einer Vielzahl von verfassungsrechtlichen Regelungen in den deutschen Staaten zu dieser Frage a.a.O., S. 597 ff. Ebenso *Loening*, Lehrbuch des Deutschen Verwaltungsrechts, S. 801 m.w.N. zu später erlassenen Gesetzen; *Ulbrich*, Grundzüge des österreichischen Verwaltungsrechtes, S. 71. Vgl. auch *Biermann*, Privatrecht und Polizei in Preußen, S. 25 f. mit ausführlichen Nachweisen zur Rspr. des Preuß. OVG, das im Grundsatz der herrschenden Meinung zugeneigt war.

647 So beispielsweise § 3c) des Österreichischen Gesetzes über die Errichtung eines VGH vom 22. Oktober 1875; Art. 13 Nr. 3 des Bayerischen Gesetzes vom 4. August 1878; Art. 13 Abs. 2 des Württembergischen Gesetzes vom 16. Dezember 1876. Vgl. dazu auch die Nachweise und Gesetzeszitate bei *Ibler*, Rechtspflegender Rechtsschutz im Verwaltungsrecht, insbesondere S. 294 ff., der a.a.O. den bis zum Ende der Weimarer Zeit ungelösten Streit darstellt. Zur Entwicklung der Ermessens-

In diesem Sinn hielt auch *Otto Bähr* 1864 die von ihm befürwortete Unterwerfung der Verwaltung unter eine unabhängige Rechtsprechung (nach seiner Auffassung vorzugsweise durch besondere "Gerichte des öffentlichen Rechts"[648]) für "eine wesentliche Bedingung des Rechtsstaats"[649] und sie sei "als Gebot der Gerechtigkeit anzuerkennen."[650] Denn Entscheidungen über den Inhalt von Gesetzen seien auch im hoheitlichen Bereich immer Rechtsfragen und nicht Verwaltungs- bzw. Zweckmäßigkeitsfragen[651].

Dieser Tendenz zu unabhängigen Verwaltungsgerichten folgte später die herrschende Meinung in der Literatur, so beispielsweise *Paul Laband*[652] (1878), *Edgar Loening*[653] (1884), *Josef Ulbrich*[654] (1884), *Lorenz v. Stein*[655]

lehre insgesamt *Held-Daab*, Das freie Ermessen.

648 *Bähr*, Der Rechtsstaat, S. 71 (unter Berufung auf *Gneist*). Wobei in letzter Instanz eine Vereinigung der Rechtszüge unter einem höchsten Gericht erfolgen sollte. Vgl. zu den Positionen und zur Bedeutung von *Bähr* und *Gneist* in diesem Zusammenhang *Sydow*, Die Verwaltungsgerichtsbarkeit des ausgehenden 19. Jahrhunderts, S. 202 f. m.w.N. Tendenziell ebenfalls für eine selbständige und unabhängige Verwaltungsgerichtsbarkeit *v. Mohl*, Die Polizei-Wissenschaft, S. 69, Fn. 6), der gegenüber seiner in der ersten Hälfte des 19. Jahrhunderts vertretenen Meinung (vgl. oben im Abschnitt C.I.4.c.) nunmehr den Vorteil einer neutralen Beurteilung durch Gerichte anerkannte.

649 *Bähr*, Der Rechtsstaat, S. 54.

650 *Bähr*, Der Rechtsstaat, S. 57.

651 *Bähr*, Der Rechtsstaat, S. 58 ff. mit zahlreichen Beispielen. Bei unbestimmten Rechtsbegriffen, wie etwa der "Gefahr für die Sittlichkeit", schließt er jedoch eine Gerichtskontrolle - abgesehen von ganz krassen und offensichtlichen Fehlinterpretationen der Behörden - aus. Diese Begriffe sollten ihrer Natur nach nur einer Beurteilung durch die Verwaltung unterfallen. Gleiches gelte auch für "technische Fragen" wie etwa die Feuergefährlichkeit von Anlagen oder die Diensttauglichkeit Militärpflichtiger, wenn zu deren Beurteilung besondere "technische Behörden" vorhanden seien. Diese seien dann "Sachverständigen-Collegien von richterlicher Natur" an deren Urteile nicht nur der Untertan, sondern auch übergeordnete staatliche Stellen gebunden seien. Deutlich wird auch hier wieder die geringere Achtung bezüglich einer Rechts- bzw. Bestandskraft von Behördenentscheidungen gegenüber Urteilen der Gerichte.

652 *Laband*, Das Staatsrecht des Deutschen Reiches, Bd. 2, 1. Aufl., S. 227.

653 *Loening*, Lehrbuch des Deutschen Verwaltungsrechts, S. 796 f. Vgl. auch *Loening*, VerwArch 7 (1899), S. 1 (24 ff.).

654 *Ulbrich*, Grundzüge des österreichischen Verwaltungsrechtes, S. 70 ff.

655 *v. Stein*, Handbuch der Verwaltungslehre, Bd. 1, 3. Aufl., S. 141 ist wohl ebenso zu verstehen, wobei er jedoch mehr darauf abstellte, daß die Verwaltungsrechtspflege sich innerhalb des Verwaltungsrechts verselbständigte.

(1887), *Georg Meyer*[656] (1893), *Ludwig Spiegel*[657] (1909) und *Richard Thoma*[658] (1910).

bb) Die Ausgestaltung in der Praxis

Eine für die Praxis wesentliche Neuregelung und Verstärkung des gerichtlichen Rechtsschutzes auf Reichsebene - allerdings mit der Möglichkeit, auf Länderebene abweichende Vorschriften zu erlassen[659] - schuf § 17 des RGVG[660]: Die Kompetenz über die Zulassung des Rechtsweges wurde den Gerichten übertragen[661]. Diese konnten damit über den Umfang ihrer eigenen Kompetenz entscheiden und die Kontrollmöglichkeiten gegenüber Verwaltungshandlungen aus der eigenen Machtbefugnis heraus erweitern - sofern ein Kläger vorhanden war. Zu beachten ist allerdings, daß das RGVG grundsätzlich nur für die ordentliche Gerichtsbarkeit geschaffen wurde, also nicht darauf ausgerichtet war, die Verwaltungskontrolle zu verstärken. Jedoch wurde beispielsweise § 1 RGVG ("Die richterliche Gewalt wird durch unabhängige, nur dem Gesetze unterworfene Gerichte ausgeübt.") auch in verwaltungsrechtlichen Abhandlungen - zumindest als richtungweisend - zitiert[662]. Zudem zeigt auch die Erwähnung von Verwaltungsgerichten neben den Verwaltungsbehörden in § 13 RGVG die reichsrechtliche Anerkennung einer unabhängigen Verwaltungsjustiz.

Eine unmittelbare und gewollte Auswirkung auf die Kontrolle von Verwaltungsentscheidungen, insbesondere Verwaltungsakten, hatte jedoch §

656 *Meyer*, Lehrbuch des deutschen Verwaltungsrechtes, Bd. 1, S. 40.

657 *Spiegel*, Die Verwaltungsrechtswissenschaft, S. 21.

658 *Thoma*, JöR 4 (1910), S. 196 (209 ff.) mit ausführlichen Nachweisen.

659 Vgl. dazu die Nachweise bei *Büsing*, Das Staatsrecht der Großherzogthümer Mecklenburg-Schwerin und Mecklenburg-Strelitz, S. 44; *Gareis*, Das Staatsrecht des Großherzogthums Hessen, S. 96; *Loening*, Lehrbuch des Deutschen Verwaltungsrechts, S. 792; *v. Melle*, Das hamburgische Staatsrecht, S. 234 f.; *Meyer*, Lehrbuch des deutschen Verwaltungsrechtes, Bd. 1, S. 50 ff. Siehe auch *Bornhak*, Grundriß des Deutschen Staatsrechts, S. 123 f.

660 Vom 27. Januar 1877.

661 Erläuterungen dazu bei *Loening*, Lehrbuch des Deutschen Verwaltungsrechts, S. 789; *Meyer*, Lehrbuch des deutschen Staatsrechtes, S. 462 f. Vgl. zur Rechtslage unmittelbar vor dieser Regelung *Pözl*, Lehrbuch des Bayerischen Verwaltungsrechts, S. 124 ff.

662 Etwa bei *Arndt*, Das Staatsrecht des Deutschen Reiches, S. 210.

21 der reichsweit gültigen Gewerbeordnung[663]. Nach dieser Norm wurde für bestimmte gewerbliche Verfügungen - im Streitfall - ein kontradiktorisches, mündliches und öffentliches Verfahren vorgeschrieben. Die Entscheidung mußte von einem kollegialischen Gremium getroffen und begründet werden. Zudem war dagegen das Rechtsmittel des Rekurses möglich. Diese Art der Entscheidungsfindung hatte bereits einige wesentliche Merkmale eines verwaltungsgerichtlichen Verfahrens. Damit wurde reichseinheitlich durch gesetzliche Regelung für alle Länder eine justizförmige Kontrollmöglichkeit bezüglich Verwaltungsakten vorgeschrieben.

Erwähnenswert in diesem Zusammenhang ist auch die aufkommende und schließlich in § 839 BGB erstmals für ganz Deutschland normierte persönliche Haftung des Beamten für seine Verwaltungstätigkeit[664], die bis zum Jahr 1910 in den meisten Ländern und im Reich auf den Staat übergeleitet wurde[665]. Auch wenn durch ein gerichtliches Verfahren in diesen Fällen ein rechtswidriger Verwaltungsakt nicht aufgehoben werden konnte, gab es doch zumindest eine rechtliche Überprüfung und gegebenenfalls eine finanzielle Entschädigung für den betroffenen Bürger.

Ergänzt wurden diese Vorschriften durch die teilweise schon vorher einsetzende organisatorische Trennung der Gerichtszweige in manchen Ländern - parallel zur oben dargestellten Entwicklung in der Literatur[666]. Im Gegensatz zu den neugeschaffenen Gerichten in den Ländern fehlte die organisatorische Trennung der Gerichtszweige auf Reichsebene noch fast in allen Bereichen des Verwaltungsrechts[667]. Insoweit wurde dem Reich unter Beru-

663 Vom 21. Juni 1869.

664 Vgl. dazu *Thoma*, JöR 4 (1910), S. 196 (207 f.) m.w.N.

665 Dazu *Ossenbühl*, Staatshaftungsrecht, S. 1 ff.; *Wolff / Bachof / Stober*, Verwaltungsrecht I, S. 84.

666 *Spiegel*, Die Verwaltungsrechtswissenschaft, S. 21 meinte dazu, noch ehe "die akademischen Erörterungen abgeschlossen waren, hatte *das praktische Bedürfnis* in einzelnen Staaten zur Einsetzung von Verwaltungsgerichten geführt, und je länger diese funktionierten, desto klarer wurde es, daß eine annähernd gleichwertige Rechtsprechung von den ordentlichen Gerichten gar nicht geübt werden könnte". Hervorhebung im Original.

667 Wenn man von den ersten Ansätzen auf eng begrenzten Gebieten absieht, für die Sonderverwaltungsgerichte (Bundesamt für Heimatwesen, Reichseisenbahnamt, Patentamt, Reichsversicherungsamt, Reichsrayonkommission, Oberseeamt, Kaiserliches Aufsichtsamt für Privatversicherung, Oberschiedsgericht in der Versicherung für Angestellte, Reichsschiedsgericht für Kriegsbedarf), teilweise eingegliedert in entsprechende Ämter, geschaffen wurden. Vgl. dazu *Fleiner*, Institutionen des Deut-

fung auf die Verfassung auch die Befugnis abgesprochen, ein Reichsverwaltungsgericht zu schaffen[668].

Regelrechte Verwaltungsgerichte - wenn auch mit sehr unterschiedlichen Befugnissen bezüglich der Kontrolle von Verfügungen[669] - wurden in den meisten Ländern eingerichtet. Nachdem die Entwicklung 1863 in Baden[670] begann, folgten später die Länder Anhalt[671], Bayern[672], Braunschweig[673], das Großherzogtum Hessen[674], Lippe[675], Lübeck[676], Österreich[677],

schen Verwaltungsrechts, 5. Aufl., S. 235; *Haenel*, Deutsches Staatsrecht, Bd. 1, S. 759 f.; *Klinger*, Reichswirtschaftsgericht und Kartellgericht; *Kuntzmann-Auert*, Verwaltungsgerichte des Reichs; *Meyer*, Lehrbuch des deutschen Staatsrechtes, S. 471.

668 *Haenel*, Deutsches Staatsrecht, Bd. 1, S. 760.

669 Vgl. zu den jeweiligen Befugnissen *Bauer*, Von der Administrativjustiz zur Verwaltungsgerichtsbarkeit, S. 83 ff.; *v. Brauchitsch*, Die neuen Preußischen Verwaltungsgesetze, S. 137 ff. (Kommentierung zum dort abgedruckten Gesetz über die allgemeine Landesverwaltung vom 30. Juli 1883); *Feist*, Die Entstehung des Verwaltungsrechts, S. 149 ff.; *Gareis*, Das Staatsrecht des Großherzogthums Hessen, S. 98; *Kunze*, Das Verwaltungsstreitverfahren, S. 1 ff.; *Loening*, Lehrbuch des Deutschen Verwaltungsrechts, S. 806 ff.; *Meyer*, Lehrbuch des deutschen Staatsrechtes, S. 467 ff.; *Meyer*, Lehrbuch des deutschen Verwaltungsrechtes, Bd. 1, S. 42 ff.; *Rüfner*, Die Entwicklung der Verwaltungsgerichtsbarkeit, in: *Jeserich / Pohl / v. Unruh*, Bd. 3, S. 912 ff.; *Schenkel*, Das Staatsrecht des Großherzogthums Baden, S. 29 f.; *Schmitt*, Die Grundlagen der Verwaltungsrechtspflege, S. 78 ff.; *Seydel*, Bayerisches Verwaltungsrecht, S. 87 ff.; *v. Stengel*, Lehrbuch des Deutschen Verwaltungsrechts, S. 218 ff.; *Sydow*, Die Verwaltungsgerichtsbarkeit des ausgehenden 19. Jahrhunderts, S. 80 ff.; *Thoma*, JöR 4 (1910), S. 196 (212); *Ulbrich*, Grundzüge des österreichischen Verwaltungsrechtes, S. 71 ff.; *Würtenberger*, Verwaltungsprozeßrecht, S. 20 ff. Auch wenn die Befugnisse der Verwaltungsgerichte zum Teil noch sehr eingeschränkt waren, darf ihre Wirkung nicht unterschätzt werden. *Fleiner*, Ueber die Umbildung zivilrechtlicher Institute, S. 8 meinte 1906 dazu, "so ist doch die Praxis der Verwaltungsgerichte für die Fortbildung eines selbständigen Verwaltungsrechtes von der allergrössten Bedeutung geworden."

670 Gesetze vom 5. Oktober 1863 und 14. Juni 1884. Vgl. zur Entwicklung in Baden *Bauer*, Von der Administrativjustiz zur Verwaltungsgerichtsbarkeit; *Montag*, VBlBW 1992, S. 194 u. 391; *Rapp*, 100 Jahre Badischer Verwaltungsgerichtshof; *Sydow*, Die Verwaltungsgerichtsbarkeit des ausgehenden 19. Jahrhunderts, S. 45 ff.; *Trostel*, VBlBW 1988, S. 363 (365 f.); *Walz*, 100 Jahre Verwaltungsgerichtsbarkeit in Baden.

671 Gesetz vom 27. März 1888.

672 Gesetz vom 8. August 1878. Vgl. zur dortigen Entwicklung *Sydow*, Die Verwaltungsgerichtsbarkeit des ausgehenden 19. Jahrhunderts, S. 45 ff.; *Widtmann*, Verwaltungsrechtspflege in Bayern.

673 Gesetz vom 5. März 1895.

Oldenburg[678], Preußen[679], das Königreich Sachsen[680], Sachsen-Meiningen[681], die thüringischen Staaten[682] und Württemberg[683] sowie weitere kleinere Staaten[684] diesem Beispiel. Bis zum Ende des Kaiserreichs blieben nur wenige Länder ohne Verwaltungsgerichte[685].

Teilweise, in Württemberg und später in Sachsen, bestand für verwaltungsgerichtliche Klagen eine Generalklausel[686], in den übrigen Ländern fand jedoch das Enumerationsprinzip Anwendung. D. h., dort konnten nur Klagen

674 Gesetze vom 12. Juni 1874, 11. Januar 1875 und 16. April 1879.

675 Gesetz vom 9. Februar 1898.

676 Gesetz vom 12. Dezember 1916.

677 Gesetz vom 22. Oktober 1875.

678 Gesetz vom 9. Mai 1906.

679 Gesetze vom 13. Dezember 1872, 3. Juli 1875, 26. Juli 1876, 30. Juli 1883 und 1. August 1883. Vgl. zur dortigen Entwicklung *Ibler*, Rechtspflegender Rechtsschutz im Verwaltungsrecht, S. 207 ff.; *Trostel*, VBlBW 1988, S. 363 (366 f.).

680 Gesetz vom 19. Juli 1900. Vgl. zur dortigen Entwicklung *Baring*, Die Verwaltungsrechtspflege in Sachsen.

681 Gesetz vom 15. März 1897.

682 Staatsvertrag vom 15. Dezember 1910 zur Gründung des Thüringischen Oberverwaltungsgerichts.

683 Gesetz vom 16. Dezember 1876. Vgl. zur Entwicklung in Württemberg *Sydow*, Die Verwaltungsgerichtsbarkeit des ausgehenden 19. Jahrhunderts, S. 45 ff.; *Trostel*, VBlBW 1988, S. 363 (368); *Zinser*, Über die württembergische Verwaltungsgerichtsbarkeit.

684 Siehe dazu auch *Trostel*, VBlBW 1988, S. 363 (364).

685 Vgl. *Trostel*, VBlBW 1988, S. 363 (364).

686 Beispielhaft soll hier die Regelung in Art. 13 des württembergischen Gesetzes über die Verwaltungsrechtspflege vom 16. Dezember 1876 zitiert werden:

"Außerdem entscheidet der Verwaltungsgerichtshof vorbehaltlich der hiernach bezeichneten Ausnahmen über Beschwerden gegen Entscheidungen oder Verfügungen der Verwaltungsbehörden, wenn jemand, sei es eine einzelne Person, ein Verein oder eine Kooperation, behauptet, daß die ergangene, auf Gründe des öffentlichen Rechts gestützte Entscheidung oder Verfügung rechtlich nicht begründet, und daß er hierdurch in einem ihm zustehenden Recht verletzt oder mit einer ihm nicht obliegenden Verbindlichkeit belastet sei.

Ausgeschlossen ist diese Beschwerde, wenn und soweit die Verwaltungsbehörden durch das Gesetz nach ihrem Ermessen zu verfügen ermächtigt sind."

Sachsen folgte in seinem Gesetz über die Verwaltungsrechtspflege vom 19. Juli 1900 weitgehend dem württembergischen Beispiel. Vgl. zur damaligen Anwendung der Generalklausel *Sydow*, Die Verwaltungsgerichtsbarkeit des ausgehenden 19. Jahrhunderts, S. 87 ff.

aus bestimmten, eng umgrenzten Rechtsgebieten, zum Schutz einzelner Rechtsgüter oder zu bestimmten Rechtsverhältnissen erhoben werden. Ausführlicher soll hier nur auf die Regelungen in Baden, das den Anfang der Entwicklung in Süddeutschland darstellt, und Preußen, das aufgrund seiner Größe und gegen Ende des 19. Jahrhunderts politisch wie rechtlich einflußreichen Stellung[687] hervorzuheben ist, eingegangen werden. Trotz vielfältiger Detailabweichungen stimmen die in diesen beiden Länder getroffenen Regelungen in ihrer Grundtendenz überein mit denen der weiteren Länder, in welchen das Enumerationsprinzip galt[688].

In Baden[689] wurde die erstinstanzliche verwaltungsgerichtliche Tätigkeit vom Bezirksrat ausgeübt, der daneben aber auch verwaltungsbehördliche Aufgaben wahrzunehmen hatte[690]. Die gerichtlichen Tätigkeitsbereiche wurden enumerativ in § 5, die behördlichen in § 6 des Gesetzes vom 5. Oktober 1863, "die Organisation der innern Verwaltung betreffend", festgelegt. In letzter Instanz entschied der Verwaltungsgerichtshof als reines Verwaltungsgericht nach § 15 ebenfalls in den Fällen des § 5 (zweitinstanzlich) sowie

687 Mit dem preußischen König als Kaiser und dem preußischen Ministerpräsidenten als Reichskanzler - denen jeweils aus den preußischen Ministerien zugearbeitet wurde - war der große Einfluß dieses Landes auf das neue Reich vorgezeichnet. Juristisch prägend war vor allem das Preuß. OVG, durch seinen hohen Geschäftsanfall (allein die Entscheidungssammlung umfaßt für die Zeit von 1874 bis 1933 insgesamt 90 Bände) und seine rechtsfortbildende Tätigkeit, vgl. *Montag*, VBlBW 1992, S. 194 u. 391 (394). Betont werden muß allerdings auch, daß nicht in allen Gebieten, die zu Preußen gehörten, das gleiche Recht galt. Vielfach galten regionale und historisch gewachsene Sonderregelungen noch lange fort. Siehe dazu beispielsweise *Schulte*, Die Einführung der preußischen Verwaltungsgerichtsbarkeit in Schleswig-Holstein.

688 Zu den Gründen für diese Übereinstimmungen vgl. *Sydow*, Die Verwaltungsgerichtsbarkeit des ausgehenden 19. Jahrhunderts, S. 222 f.

689 Vgl. zur Ausgestaltung der Verwaltungsrechtspflege in Baden ab 1863 *Bauer*, Von der Administrativjustiz zur Verwaltungsgerichtsbarkeit, S. 83 ff.; *Montag*, VBlBW 1992, S. 194 u. 391 (391 ff.); *Rapp*, 100 Jahre Badischer Verwaltungsgerichtshof, S. 7 ff.; *Trostel*, VBlBW 1988, S. 363 (365 f.); *Walz*, 100 Jahre Verwaltungsgerichtsbarkeit in Baden; jeweils m.w.N.

690 Die im Bezirksrat tätigen Staatsdiener waren von ihrem Status her - aufgrund der Weisungsgebundenheit, Absetzbarkeit, Versetzbarkeit, disziplinarrechtlichen Stellung - eher Beamte als Richter, vgl. *Montag*, VBlBW 1992, S. 194 u. 391 (392); *Sydow*, Die Verwaltungsgerichtsbarkeit des ausgehenden 19. Jahrhunderts, S. 137 f. Die unteren Instanzen waren auch in den anderen Ländern fast durchweg gerichtlich und behördlich tätig, während die oberste Instanz ausschließlich als Gericht handelte, vgl. *Trostel*, VBlBW 1988, S. 363 (369).

einigen weiteren speziell genannten Streitigkeiten (erstinstanzlich). Die Zuständigkeitsregelung in § 5 war noch relativ eng gehalten, da man sich erst am Anfang der Entwicklung zum verwaltungsgerichtlichen Rechtsschutz befand und keine (positiven) Erfahrungen anderer Länder nutzen konnte[691]. Die Be-

691 Zur Verdeutlichung, welcher Art und welchen Inhalts die Regelungen waren, soll hier exemplarisch - aus Gründen der Kürze - nur der *relativ* wenige Ziffern umfassende § 5 des badischen Organisationsgesetzes von 1863 zitiert werden:

"Der Bezirksrath entscheidet die Streitigkeiten des öffentlichen Rechtes ohne Unterschied, ob Einzelne, Körperschaften oder der Staat dabei betheiligt sind:

1) über den Anspruch auf das Heimathsrecht und das Ortsbürgerrecht und deren gesetzliche Folgen, über den Antritt des angeborenen Bürgerrechts, die Bürgerannahme und die bürgerrechtlichen Voraussetzungen der Verehelichung;

2) über die Bürgernutzungen und sonstige auf dem öffentlichen Rechte beruhende Ansprüche der Einzelnen an die Gemeinde;

3) über die Beiträge und persönlichen Leistungen zu Gemeindezwecken, zu Socialausgaben und zu den Bedürfnissen der abgesonderten Gemarkungen, ferner über das Beitragsverhältniß der Fabrikanten (§ 78 der Gemeindeordnung) bei außergewöhnlicher Wegbenützung (§ 93 der Gemeindeordnung) und über das der Nebenorte bei zusammengesetzten Gemeinden (§ 171 der Gemeindeordnung);

4) über die Beitragspflicht der einzelnen Steuerpflichtigen zu Kriegskosten, über den Beizug zur Einquartirung und zum Vorspann, sowie über die Vertheilung der dem Bezirke auferlegten Kriegsleistungen unter die Gemeinden;

5) über die Beiträge und persönlichen Leistungen zu den Kosten der Kirchen- und Schulverbände und über die aus der Staatskasse zu leistenden Beiträge zu den Gehalten der Volksschullehrer;

6) über die Beitragspflicht und das Beitragsverhältniß zur Unterhaltung der Vizinal- und Verbindungsstraßen, über Gemarkungsrechte, Zuweisung von Heimathlosen und sonstige auf dem öffentlichen Rechte beruhende Ansprüche, soweit über eine dieser Fragen unter mehreren Gemeinden oder Gemarkungsinhabern Streit obwaltet;

7) über Angelegenheiten der Bodenkultur, insbesondere der Bewässerungs- und Entwässerungsanlagen, Zusammenlegung und Verlegung von Grundstücken und Anlegung von Feldwegen, sofern diese Fragen nicht privatrechtlicher Natur oder nicht durch die bezüglichen Gesetze besonderen Kommissionen oder dem Staatsministerium zur Entscheidung zugewiesen sind;

8) über die Ausübung der Jagd und Fischerei und die Benützung des Wassers, soweit nicht die Zuständigkeit des bürgerlichen Richters begründet ist.

Dem Bezirksrathe steht ferner die Entscheidung zu:

9) über die streitige Stimmberechtigung und Wählbarkeit bei Gemeinde-, Bezirks- und Kreiswahlen;

10) über die gesetzlichen Voraussetzungen der Verbringung in die polizeiliche Verwahrungsanstalt.

Durch Regierungsverordnung können die Bezirksräthe noch für weitere Streitigkeiten des öffentlichen Rechts als zuständig erklärt werden."

schränkungen sind aus diesen Gründen nachvollziehbar[692]. Die meisten Gebiete des besonderen Verwaltungsrechts waren vom gerichtlichen Rechtsschutz ausgeklammert. In einem späteren Gesetz vom 14. Juni 1884, "die Verwaltungsrechtspflege betreffend", wurde der Zuständigkeitsbereich auch in Baden deutlich erweitert (insbesondere in den §§ 2 bis 4). Innerhalb der ersten 50 Jahre seit Bestehen des Verwaltungsgerichtshofs wurden dann die Zuständigkeiten in jeder Landtagsperiode noch mehr vergrößert[693].

In Preußen[694] bestand seit dem Gesetz betreffend die Verfassung der Verwaltungsgerichte und das Verwaltungsstreitverfahren vom 3. Juli 1875 ein dreistufiger Aufbau der Verwaltungsgerichte, wobei auch hier der Kreisausschuß, die unterste Instanz, behördliche und gerichtliche - im letzteren Fall als Kreisverwaltungsgericht bezeichnet (§§ 35 bis 51) - Aufgaben hatte. Ausschließlich gerichtlich tätig waren die Bezirksverwaltungsgerichte[695] (§§ 52, 53) sowie in letzter Instanz das Preußische Oberverwaltungsgericht[696]. Die Zuständigkeiten wurden erst ein Jahr später im Gesetz über die Zuständigkeit der Verwaltungsbehörden und der Verwaltungsgerichtsbehörden vom 26. Juli 1876[697] geregelt. Gemäß § 12 des Zuständigkeitsgesetzes wurden bestimmte Entscheidungen nach dem Enumerationsprinzip dem Verwaltungsstreitverfahren - also den Gerichten - zugewiesen, während für andere das behördliche Beschlußverfahren vorgeschrieben war.

Besonders erwähnenswert unter den vielfältigen Zuständigkeitsregelungen war die generelle gerichtliche Kontrollmöglichkeit für Polizeiverfü-

692 Vgl. *Bauer*, Von der Administrativjustiz zur Verwaltungsgerichtsbarkeit, S. 90 f.

693 *Walz*, 100 Jahre Verwaltungsgerichtsbarkeit in Baden, S. 106 f. Vgl. dazu auch das badische Gesetz vom 14. Juni 1884 in der Fassung von 1925, abgedruckt bei *Merk*, Handbuch der Badischen Verwaltung, S. 311.

694 Vgl. zur Ausgestaltung der Verwaltungsrechtspflege in Preußen ab 1875 *Ibler*, Rechtspflegender Rechtsschutz im Verwaltungsrecht, S. 207 ff.; *Trostel*, VBlBW 1988, S. 363 (366 f.); jeweils m.w.N.

695 Bis zur Neuregelung durch das Gesetz über die allgemeine Landesverwaltung vom 30. Juli 1883.

696 Dieses hatte zum geringeren Teil auch erstinstanzliche Zuständigkeiten, vgl. die Aufstellung in Preuß. OVGE 1, S. 1 f.

697 Wenige Jahre danach ersetzt durch ein neues Zuständigkeitsgesetz vom 1. August 1883, das die Kontrollmöglichkeiten überwiegend noch vergrößerte. Ergänzt wurden diese schon sehr umfangreichen allgemeinen Zuständigkeitsregelungen zur verwaltungsgerichtlichen Kontrolle durch weitere Vorschriften in vielen Rechtsgebieten des besonderen Verwaltungsrechts (Nachweise bei *Ibler*, Rechtspflegender Rechtsschutz im Verwaltungsrecht, S. 272 f.).

gungen. Diese beschränkte Generalklausel bestand sowohl in Preußen (bereits seit der ersten Regelung von 1876) als auch in Baden (ab der Neuregelung von 1884), aber auch in einer Reihe anderer Länder mit Enumerationsprinzip. Schon allein mit dieser Zuweisung war ein großer und wichtiger Teil der Verwaltungshandlungen gerichtlich überprüfbar, jedoch dürfen die anderen Bereiche des öffentlichen Rechts, die einer Gerichtskontrolle unterworfen waren, deshalb nicht unterschätzt werden.

Zwar waren die häufigsten Rechtsschutzersuchen gegen Verwaltungsakte gerichtet, aber das bedeutet nicht, daß Ursache dafür die alleinige Zulässigkeit von Klagen gegen solche Verfügungen war. Wie noch heute erging auch damals die größte Zahl der belastenden behördlichen Maßnahmen durch einen Verwaltungsakt. Schon darin liegt die wesentliche Ursache, daß er das Hauptangriffsziel vor den Verwaltungsgerichten war.

Zudem konnte der Verwaltungsakt aufgrund seiner vielfältigen Definitionen und der regelmäßig sehr umfassenden Begriffsauslegung zur damaligen Zeit in der praktischen Handhabung kaum - wie es aber teilweise vertreten wird[698] - als Zugangsvoraussetzung für den gerichtlichen Rechtsschutz herangezogen werden. "Die Hauptaufgabe der Verwaltungsgerichte besteht darin, über die Gesetzmäßigkeit von Verwaltungsakten zu befinden."[699] Dieser Satz von *Fritz Fleiner* und vergleichbare Aussagen aus dieser Zeit können aus heutiger Sicht leicht falsch verstanden werden, wenn man übersieht, daß für *Fleiner* und eine Reihe anderer Autoren jegliche tatsächliche oder rechtliche Handlung einer Verwaltungsbehörde ein Verwaltungsakt war[700]. Wenn nahezu jede behördliche Handlung auch als Verwaltungsakt bezeichnet werden konnte, dann war eine rechtsschutzausgrenzende Wirkung für andere Handlungsformen der Verwaltung nur sehr begrenzt möglich[701]. Daher ist es auch verständlich, daß die rechtswegeröffnende Funktion des Verwaltungsakts in

698 Vgl. etwa *Schmidt-De Caluwe,* Der Verwaltungsakt in der Lehre Otto Mayers, S. 25 ff.; *Schweickhardt*, DÖV 1965, S. 795 (796); jeweils m.w.N. sowie *Würtenberger*, Verwaltungsprozeßrecht, S. 21.

699 *Fleiner*, Institutionen des Deutschen Verwaltungsrechts, 5. Aufl., S. 240.

700 *Fleiner*, Institutionen des Deutschen Verwaltungsrechts, 5. Aufl., S. 175 f. Siehe dazu oben C.II.1.b.

701 Nur in Einzelfällen kam es zu entsprechenden Zugangsbeschränkungen aufgrund fehlender Verfügung: So scheiterte der Rechtsschutz vor dem Preuß. OVG bei der Veröffentlichung von Untersuchungsergebnissen einer Behörde mit möglicherweise nachteiligen geschäftlichen Folgen daran, daß keine polizeiliche Verfügung vorlag, vgl. Preuß. OVGE 66, S. 316 (Urteil v. 8. Dezember 1913).

der Literatur des 19. Jahrhunderts kein Thema war. Selbst wenn also in den Gesetzen und in der Literatur über die sachliche Zuständigkeit der Verwaltungsgerichte die Begriffe 'Verwaltungsakt' oder 'Verfügung' genannt werden, können diese häufig nicht als Beschränkung des Rechtsschutzes auf Verwaltungsakte im heutigen engen Sinn angesehen werden.

Zur Verdeutlichung seien folgende Beispiele aus der damaligen Praxis angeführt: Nach § 57 des preußischen Zuständigkeitsgesetzes von 1883 war etwa gegen die - rein tatsächliche - Verlegung öffentlicher Wege eine Klage selbst für völlig unbeteiligte Personen zulässig[702]. Weiterhin waren auch Klagen durch einzelne Organe innerhalb der Verwaltung möglich, etwa bei rechtswidrigen Handlungen von anderen Organen, ohne daß diese Handlungen als Verwaltungsakte zu qualifizieren wären. Es handelte sich dabei beispielsweise um folgende staatliche Aufsichtsmaßnahmen: Nach dem früheren preußischen Zuständigkeitsgesetz von 1876 konnte gemäß § 18 der Vorsitzende des Kreisausschusses gegen Beschlüsse des Ausschusses klagen oder gemäß § 69 der Landrat gegen Beschlüsse des Kreistages. Zur Veranschaulichung seien auch einige konkrete Einzelfälle, etwa aus der Praxis des Bayerischen Verwaltungsgerichtshofs angeführt. So wurden dort verhandelt: "ein Streit zwischen einem Kirchendiener und einer Gemeinde um die von jenem geforderte Sondervergütung für das Läuten der Kirchenglocken aus Anlaß des Todes Königs *Ludwigs II* [...] und eine Vorentscheidung über das Vorliegen einer Amtspflichtverletzung, wenn der Lehrer einen Schüler nach Schluß des Unterrichts dazu anhält, für den Lehrer Mist zu fahren und der Schüler dabei verunglückt."[703]

Neben diesen Beispielen gab es allein schon in Preußen, aber auch in anderen Ländern, noch ein Vielzahl weiterer besonderer Klagearten, bei denen es nicht auf das Vorliegen eines Verwaltungsakts ankam. Zu erwähnen sind etwa verschiedene Erstattungs-, Leistungs- oder Feststellungsklagen und sogar Klagen von Privatpersonen gegeneinander vor den Verwaltungsgerichten[704].

702 Vgl. zur Popularklage *Fleiner*, Institutionen des Deutschen Verwaltungsrechts, 5. Aufl., S. 253.

703 *Widtmann*, Verwaltungsrechtspflege in Bayern, S. 50 f.

704 *Ibler*, Rechtspflegender Rechtsschutz im Verwaltungsrecht, S. 269 ff. mit umfangreichen Nachweisen, insbesondere zum preußischen Recht. Vgl. auch *Bartels*, Das Verfahren vor den Verwaltungsgerichten, S. 55, 57, 62, 73; *Fleiner*, Institutionen des Deutschen Verwaltungsrechts, 5. Aufl., S. 253; *Kunze*, Das Verwaltungsstreit-

Wesentliche Zugangsvoraussetzung für das verwaltungsgerichtliche Verfahren war demzufolge oft nicht die Handlungsform Verwaltungsakt, sondern das konkret im Gesetz angeführte Rechtsgebiet, Rechtsverhältnis oder das ausdrücklich genannte Rechtsgut.

Diese Wertung schließt nicht aus, daß es in bestimmten Fällen - hauptsächlich im Polizeirecht - zu entsprechenden Zugangsbeschränkungen aufgrund fehlender Verfügung kam: Etwa scheiterte der Rechtsschutz vor dem Preußischen Oberverwaltungsgericht gegen die Veröffentlichung von Milchuntersuchungsergebnissen durch eine Behörde - mit möglicherweise nachteiligen geschäftlichen Folgen für die Kläger - daran, daß keine polizeiliche Verfügung vorlag[705]. Wie oben bereits dargestellt wurde, bestand in einigen Ländern, wie hier in Preußen, eine beschränkte Generalklausel ausdrücklich für 'polizeiliche Verfügungen'. Das Preußische Oberverwaltungsgericht legte den Begriff der 'Verfügung' eng aus. So "hat der Gerichtshof in ständiger Rechtsprechung derartigen Maßnahmen den Charakter von polizeilichen Verfügungen abgesprochen, weil sie, worauf es entscheidend ankommt, keine Betätigung der polizeilichen Verfügungsgewalt enthalten [...]. Die Bekanntmachung der Untersuchungsergebnisse gebietet oder verbietet nichts, insbesondere untersagt sie den Klägern nicht, die als fettarm befundene und bezeichnete Milch feilzuhalten."[706]

Im Gebiet des Polizeirechts kann also doch - wie dieser Fall exemplarisch zeigt - vielfach von einer rechtsschutzeröffnenden Funktion des Verwaltungsakts ausgegangen werden[707]. Eine Verallgemeinerung dieser Regel ist

verfahren, S. 70 ff.; *Sydow*, Die Verwaltungsgerichtsbarkeit des ausgehenden 19. Jahrhunderts, S. 83 ff., 153 ff.; jeweils mit zahlreichen Beispielen auch aus anderen Ländern wie Baden oder Sachsen. Interessant ist weiterhin die fast dem heutigen § 43 VwGO gleichende Regelung der Feststellungsklage in dem hamburgischen Entwurf eines Gesetzes über Verwaltungsgerichtsbarkeit vom 12. Dezember 1910: "Auf Feststellung des Bestehens oder Nichtbestehens eines Rechtsverhältnisses kann Klage erhoben werden, wenn der Kläger ein berechtigtes Interesse daran hat, daß das Rechtsverhältnis durch richterliche Entscheidung alsbald festgestellt wird." Zum Gesetz wurde diese Regelung allerdings erst in der Weimarer Zeit (1921), ebenso wie eine entsprechende Bestimmung in Bremen. Vgl. zur Entwicklung in Hamburg auch *Quast*, Die Entstehungsgeschichte der hamburgischen Verwaltungsgerichtsbarkeit, bei dem im Anhang die jeweiligen Gesetze und Gesetzesentwürfe abgedruckt sind.

705 Vgl. Preuß. OVGE 66, S. 316 (Urteil v. 8. Dezember 1913).

706 Preuß. OVGE 66, S. 316 (319 f.), (Urteil v. 8. Dezember 1913)

707 Ausführlich zur Rspr. der Verwaltungsgerichtshöfe im Bereich des Polizeirechts

jedoch nach den oben geschilderten Gegenbeispielen nicht zulässig, insbesondere wenn man berücksichtigt, daß der Polizeibegriff zu der Zeit, als die Verwaltungsgerichte eingerichtet wurden, bereits in dem engeren heutigen Sinn gebraucht wurde und schon länger nicht mehr den gesamten Bereich der inneren Verwaltung umfaßte[708]. In einer Vielzahl von anderen Rechtsgebieten wurde, im Gegensatz zum Polizeirecht, in den Zuständigkeitsbestimmungen für die Verwaltungsgerichte regelmäßig nicht der Begriff 'Verfügung' oder 'Verwaltungsakt' gebraucht, so daß es dort auf dieses Merkmal für die Eröffnung des Rechtswegs gerade nicht ankam.

*

An dieser Stelle soll als kurzer epochenübergreifender Einschub die in der Literatur[709] häufig nur sehr pauschal zu findende Darstellung des Verwaltungsakts als zugangseröffnendem Faktor im Rechtsschutzsystem des 19. und 20. Jahrhunderts kritisch angesprochen werden. So wie für den gerade behandelten Zeitabschnitt wurde auch für die Zeit nach dem Ende des Ersten Weltkriegs, die Besatzungszeit nach dem Zweiten Weltkrieg sowie die Bundesrepublik die Rechtsschutzfunktion des Verwaltungsakts hervorgehoben.

Sydow, Die Verwaltungsgerichtsbarkeit des ausgehenden 19. Jahrhunderts, S. 178 ff.

708 Vgl. zur Wandlung des Polizeibegriffs oben in den Abschnitten C.I.2.a. und C.II.1.a.

709 *Battis*, Allgemeines Verwaltungsrecht, S. 123; *Bull*, Allgemeines Verwaltungsrecht, S. 229; *Erichsen*, in: *Erichsen*, Allgemeines Verwaltungsrecht, S. 242 f.; *Faber*, Verwaltungsrecht, S. 167 f.; *Frotscher*, DÖV 1971, S. 259; *Görlitz*, PVS 12 (1971), S. 71 (77 f.); *Haueisen*, DÖV 1961, S. 121; *Herzog*, JA 1973, ÖR S. 21 (23); *Hufen*, Verwaltungsprozeßrecht, S. 34; *Peine*, Allgemeines Verwaltungsrecht, S. 73 f.; *Mayer / Kopp*, Allgemeines Verwaltungsrecht, S. 175; *Schenke*, Verwaltungsprozeßrecht, S. 3; *Schmidt-De Caluwe*, Der Verwaltungsakt in der Lehre Otto Mayers, S. 25 ff.; *Schweickhardt*, DÖV 1965, S. 795 (796 f.); *Würtenberger*, Verwaltungsprozeßrecht, S. 21. Eingang fand die These auch in die Rspr. des Bundesverwaltungsgerichts, vgl. etwa BVerwGE 34, S. 248 (250 f.), (Urteil v. 28. November 1969): "Der Begriff Verwaltungsakt ist eine Zweckschöpfung der Verwaltungsrechtswissenschaft. Durch ihn soll ein wirksamer Rechtsschutz des Bürgers gegen die öffentliche Gewalt gewährleistet werden." Die genannten Darstellungen erwähnen alle - teilweise jedoch ablehnend - die rechtsschutzeröffnende Wirkung des Verwaltungsakts. Sie sind aber bezüglich der Zeit, wann diese Wirkung *erstmals* vorgelegen haben soll, sehr widersprüchlich. Neben der zweiten Hälfte des 19. Jahrhunderts wird die Weimarer Zeit oder die Zeit nach dem Zweiten Weltkrieg genannt. Schon die unterschiedliche zeitliche Einordnung, ab wann dem Verwaltungsakt diese Funktion zugeschrieben wird, zeigt die Fragwürdigkeit der jeweiligen Behauptung.

Ab 1919 konnte die Formulierung in Art. 107 der Weimarer Verfassung[710], daß im Reich und in den Ländern "Verwaltungsgerichte zum Schutze der einzelnen gegen Anordnungen und Verfügungen der Verwaltungsbehörden bestehen" müssen, zu der Auffassung führen, daß der Rechtsschutz gegen Verwaltungshandlungen nur dann eröffnet ist, wenn ein Verwaltungsakt vorliegt[711]. Diese Auslegung ist jedoch nicht zwingend. Ein Ausschluß der verwaltungsgerichtlichen Kontrolle von Verwaltungshandlungen, die nicht als Verwaltungsakt anzusehen sind, war nach dem Wortlaut nicht geboten. Wie die selbst in der nationalsozialistischen Zeit noch geltenden verwaltungsgerichtlichen Zugangsregelungen zeigen, wurde diese restriktive Ansicht auch in der Praxis der Länder nicht umgesetzt[712]. Die Formulierung begrenzte nicht den Rechtsschutz, sondern sie garantierte zumindest in den Fällen, in denen Verwaltungsakte vorlagen, einen gerichtlichen Rechtsschutz, ohne ihn in weiteren Fällen auszuschließen.

Vergleichbar war die Situation auch in der Zeit nach dem Zweiten Weltkrieg. Besonders von *Otto Bachof* wurde hervorgehoben, daß der "Verwaltungsakt zum Angelpunkt des ganzen Rechtsschutzsystems" wurde[713], zumindest bis zum Inkrafttreten der bundeseinheitlich geltenden Verwaltungsgerichtsordnung am 1. April 1960, die die verschiedenen Verwaltungs-

[710] Vom 11. August 1919.

[711] Vgl. dazu *Erichsen*, in: *Erichsen*, Allgemeines Verwaltungsrecht, S. 242 und insbesondere zu den Folgen dieser Anschauung die kritischen Darstellungen von *Krause*, Rechtsformen des Verwaltungshandelns, S. 115 ff. und *Schmidt-De Caluwe*, Der Verwaltungsakt in der Lehre Otto Mayers, S. 25 ff.; jeweils m.w.N.

[712] Vgl. *Danckwerts*, Die Verwaltungsgerichtsbarkeit im nationalsozialistischen Staate, S. 124. Nach seiner Aufstellung mit Stand vom 31. Dezember 1935 bestand eine "Allgemeine Generalklausel" in Sachsen, Württemberg, Thüringen, Bremen und Lübeck sowie eine "Generalklausel für Teilgebiete" in Preußen, Bayern, Baden, Hessen, Hamburg, Mecklenburg, Oldenburg, Braunschweig und Anhalt. Ein "Reines Enumerativsystem" bestand nur in Lippe.

[713] *Bachof*, Über einige Entwicklungstendenzen im gegenwärtigen deutschen Verwaltungsrecht, S. 8 ff. Damit kann auch erklärt werden, warum es betreffend die Verwaltungsaktsdefinition nach dem Zweiten Weltkrieg wieder zu einer "Ausuferung jenes Begriffes auf alle nur denkbaren Bekundungen der Verwaltung" kam, so *Bachof*, VVDStRL 30 (1972), S. 193 (213). Die Begriffsausweitung stellte sicher, daß ein weitgehender gerichtlicher Rechtsschutz gegenüber Verwaltungshandlungen auch dann möglich blieb, wenn Anknüpfungspunkt für den Gerichtszugang ein Verwaltungsakt war oder das zumindest behauptet wurde. Vgl. dazu auch *Herzog*, JA 1973, ÖR S. 21 (23); *Menger*, DÖV 1955, S. 587 (591); *Schweickhardt*, DÖV 1965, S. 795 (797).

gerichtsgesetze der Bundesländer[714] abgelöst und die Generalklausel in § 40 VwGO eingeführt hat.

Auch für die Zeit vor 1960 ist die Beurteilung - auch wenn sie von der Praxis der Gerichte teilweise[715] bestätigt wurde - sehr zweifelhaft. Denn spätestens seit der Geltung des Grundgesetzes, speziell Art. 19 Abs. 4 GG, war ein umfassender, über den Anknüpfungspunkt Verwaltungsakt hinausgehender Rechtsschutz verfassungsrechtlich vorgegeben[716]. So stellte *Christian-Friedrich Menger* schon 1955 die Rechtsschutzmöglichkeiten gegen Realakte und weitere Verwaltungshandlungen, die nicht Verwaltungsakte sind, etwa durch Leistungs- oder Unterlassungsklagen fest. "In der Praxis spielen diese Prozesse allerdings keine große Rolle - was wohl *auch* auf Unkenntnis der wahren Rechtslage zurückzuführen ist, welche zur Umdeutung des wirklichen Geschehens in den Erlaß eines oder mehrerer Verwaltungsakte auch in solchen, dafür gar nicht passenden Fällen führt, um dann mit der Aufhebungs- bzw. mit der Vornahmeklage vorgehen zu können."[717] Er kam zu dem Ergebnis, "daß vom Standpunkt des Bürgers aus, d. h. was die Beeinträchtigung seiner Rechte angeht, der *Verwaltungsrechtsschutz* und überhaupt der Rechtsschutz im öffentlichen Recht *prozessual lückenlos* ausgestaltet ist."[718] Aber selbst nach 1960 war die Anschauung des Verwaltungsakts als Mittel zur Gewährleistung des Rechtsschutzes noch nicht völlig verschwunden[719].

Nach der heutigen Rechtslage ist das Vorliegen eines Verwaltungsakts teilweise sogar nachteilig für den Betroffenen, da er vor einer Anfechtungs-

714 Vgl. die Aufstellung bei *v. Turegg / Kraus*, Lehrbuch des Verwaltungsrechts, S. 310 ff.

715 Eine Darstellung der uneinheitlichen Situation mit Nachweisen aus der widersprüchlichen Rspr. findet sich etwa bei *Bachof*, JZ 1962, S. 663 (667 f.) oder *Schweickhardt*, DÖV 1965, S. 795 (796).

716 Dazu *Herzog*, JA 1973, ÖR S. 21 (23); *Krause*, Rechtsformen des Verwaltungshandelns, S. 115 ff.; *Schmidt-De Caluwe*, Der Verwaltungsakt in der Lehre Otto Mayers, S. 25 ff.; jeweils m.w.N.

717 *Menger*, DÖV 1955, S. 587 (591), Hervorhebung im Original. 'Aufhebungs-' und 'Vornahmeklage' waren die damals gängigen Bezeichnungen für die heutigen Begriffe 'Anfechtungs-' und 'Verpflichtungsklage'.

718 *Menger*, DÖV 1955, S. 587 (592), Hervorhebungen im Original.

719 Vgl. etwa BVerwGE 34, S. 248 (Urteil v. 28. November 1969). Diese Auffassung ablehnend *Frotscher*, DÖV 1971, S. 259; *Schmidt-De Caluwe*, Der Verwaltungsakt in der Lehre Otto Mayers, S. 27 ff.; *Schweickhardt*, DÖV 1965, S. 795 (797); *Zimmer*, Jura 1980, S. 242 (243); jeweils m.w.N.

klage die formellen Regelungen der §§ 68 ff. VwGO für das Vorverfahren einhalten muß und etwa bei Versäumung der Klagefrist gemäß § 74 VwGO keine zulässige Klage mehr erheben kann, wohingegen die Feststellungsklage nach § 43 VwGO nicht fristgebunden ist.

Festzuhalten bleibt, daß zu keiner Zeit der Verwaltungsakt eine für den Zugang zum gerichtlichen Rechtsschutz so umfassende Bedeutung hatte, wie das in einigen der zitierten pauschalen Beurteilungen den Anschein hat. Die weite Verbreitung dieser Ansicht führt teilweise bis in die Gegenwart zu rechtlichen Konstruktionen, die aus heutiger Sicht von *Reimund Schmidt-De Caluwe* als "fast satirisch" bezeichnet werden[720] (etwa zur "konkludenten Duldungsverfügung", bei der die reale Tatmaßnahme einen Verwaltungsakt enthalten soll).

b) Der weiterbestehende behördliche Rechtsschutz

Auch bei bestehenden Verwaltungsgerichten oder sonstigem gerichtlichen Rechtsschutz gegen Verwaltungsakte blieb es häufig bei einer ersten Kontrolle des Verwaltungshandelns innerhalb der Verwaltung, wie beispielsweise noch heute im Widerspruchsverfahren. Bezeichnet wurde dieser Rechtsschutz meist als 'Beschwerde'[721] oder 'Verwaltungsbeschwerde'[722], teilweise auch als 'Anzeige', 'Gegenvorstellung', 'Gesuch', 'Remonstration' oder 'Rekurs'[723]. Allerdings wurde der Begriff 'Beschwerde' manchmal auch für die gerichtliche Klage verwendet[724]. Die behördliche Reaktion auf die Beschwerde - abweisend oder stattgebend - nannte man 'Bescheid'[725].

720 *Schmidt-De Caluwe,* Der Verwaltungsakt in der Lehre Otto Mayers, S. 29 m.w.N.

721 *Bartels*, Das Verfahren vor den Verwaltungsgerichten, S. 3; *Fleiner*, Institutionen des Deutschen Verwaltungsrechts, 5. Aufl., S. 220; *v. Gerber*, Grundzüge des deutschen Staatsrechts, S. 208; *Mayer*, Deutsches Verwaltungsrecht, Bd. 1, 1. Aufl., S. 149; *Meyer*, Lehrbuch des deutschen Staatsrechtes, S. 582; *v. Stengel*, Lehrbuch des Deutschen Verwaltungsrechts, S. 206.

722 *Loening*, Lehrbuch des Deutschen Verwaltungsrechts, S. 794.

723 Nachweise und nähere Ausführungen zu den verwendeten Bezeichnungen bei *Fleiner*, Institutionen des Deutschen Verwaltungsrechts, 5. Aufl., S. 221 f.; *Mayer*, Deutsches Verwaltungsrecht, Bd. 1, 1. Aufl., S. 152.

724 *Loening*, Lehrbuch des Deutschen Verwaltungsrechts, S. 797, Fn. 1, mit Nachweisen aus Gesetzen verschiedener Länder.

725 *Mayer*, Deutsches Verwaltungsrecht, Bd. 1, 1. Aufl., S. 152.

Die Regelungen in den einzelnen Ländern und den verschiedenen Bereichen des besonderen Verwaltungsrechts waren sehr unterschiedlich[726], weshalb an dieser Stelle nur einige Grundzüge herausgearbeitet werden können.

Teilweise war ein behördlicher Rechtsschutz der prozessualen Anfechtung zwingend vorgeschaltet, in anderen Fällen war er ganz ausgeschlossen, wenn eine Klagemöglichkeit bestand (wohl die am weitesten verbreitete Variante), oder er war manchmal nur fakultativ möglich[727].

Der betroffene Bürger konnte sich entweder an die Stelle wenden, von der der belastende Verwaltungsakt ausging, oder an die nächsthöhere Behörde[728]. Im Regelfall war "die der verfügenden Instanz übergeordnete Verwaltungsbehörde" zur Entscheidung befugt[729]. Die formelle Ausgestaltung des behördlichen Rechtsschutzes - falls es ihn gab - war in keiner Weise einheitlich; es bestanden, abhängig von Land und Rechtsgebiet, die unterschiedlichsten Fristen[730], Formvorschriften (beispielsweise war in Österreich auch ein mündlicher Widerspruch ausreichend[731]) und Instanzenzüge[732]. Voraussetzung für die Beschwerdebefugnis einer Person war regelmäßig auch ein Eingriff "in individuelle Rechte oder rechtlich anerkannte Interessen"[733]. Eine badische Verordnung formulierte es beispielsweise so: "Jeder, dessen rechtliches Interesse durch eine Entscheidung oder Verfügung der Verwaltungsbehörden beeinträchtigt sein kann, und dasselbe für verletzt hält, ist zu rekurrieren befugt."[734]

726 Eine sehr ausführliche Darstellung dieses Themas mit Nachweisen für die verschiedenen Länder findet sich bei *Fleiner*, Institutionen des Deutschen Verwaltungsrechts, 5. Aufl., S. 220 ff.; *Loening*, Lehrbuch des Deutschen Verwaltungsrechts, S. 794 ff. sowie *Mayer*, Deutsches Verwaltungsrecht, Bd. 1, 1. Aufl., S. 148 ff.

727 *Loening*, Lehrbuch des Deutschen Verwaltungsrechts, S. 800 f. mit Nachweisen gesetzlicher Regelungen in Preußen und Bayern.

728 *Mayer*, Deutsches Verwaltungsrecht, Bd. 1, 1. Aufl., S. 152.

729 *Fleiner*, Institutionen des Deutschen Verwaltungsrechts, 5. Aufl., S. 222.

730 Teilweise bestand auch keine Frist, vgl. *v. Gerber*, Grundzüge des deutschen Staatsrechts, S. 208.

731 *Ulbrich*, Grundzüge des österreichischen Verwaltungsrechtes, S. 65 f.

732 Vgl. etwa *Loening*, Lehrbuch des Deutschen Verwaltungsrechts, S. 794 ff.; *Schenkel*, Das Staatsrecht des Großherzogthums Baden, S. 28 f.; *Ulbrich*, Grundzüge des österreichischen Verwaltungsrechtes, S. 65 f., 79 ff.

733 *Fleiner*, Institutionen des Deutschen Verwaltungsrechts, 5. Aufl., S. 223.

Materiell konnte neben der tatsächlichen sowie der rechtlichen Würdigung auch die Zweckmäßigkeit der behördlichen Maßnahme überprüft werden[735]. Weiterhin war eine Entscheidung zum Nachteil des Beschwerdeführers, eine *reformatio in peius*, grundsätzlich möglich, wenn es sich bei der Beschwerdeinstanz gleichzeitig um die Aufsichtsbehörde handelte[736].

Aber selbst wenn eine Beschwerde ausdrücklich vorgesehen war, bedeutete das nicht immer, daß sich die angesprochene Behörde damit auch wirklich sachlich befassen mußte. "Je nachdem kann sie auch unbesehen unter den Tisch fallen oder nur der Form halber beschieden werden"[737]. *Otto Mayer* unterschied daher zwischen der 'einfachen' und - im Falle einer Überprüfungspflicht durch Verordnung oder Gesetz - der 'förmlichen' Beschwerde[738].

Gerade diese unsichere Situation im behördlichen Bereich zeigt nochmals deutlich, wie wichtig die unabhängige Justizkontrolle für Verwaltungsakte war.

c) Ergebnis

Zusammenfassend läßt sich sagen: in den verschiedenen deutschen Landesverfassungen gab es zwar auch nach 1850 noch eine Vielzahl von unterschiedlichen Regelungen für die Rechtsschutzmöglichkeiten der Untertanen gegen obrigkeitliche Verfügungen[739]; die Tendenz zur unabhängigen Justizkontrolle ist jedoch nach und nach immer deutlicher hervorgetreten.

734 Badische landesherrliche Verordnung vom 31. August 1884, das Verfahren in Verwaltungssachen betreffend. Zitiert nach *Fleiner*, Institutionen des Deutschen Verwaltungsrechts, 5. Aufl., S. 222, der sich zu dieser Formulierung a.a.O. zustimmend äußerte.

735 *Bartels*, Das Verfahren vor den Verwaltungsgerichten, S. 47; *Fleiner*, Institutionen des Deutschen Verwaltungsrechts, 5. Aufl., S. 223; *Loening*, Lehrbuch des Deutschen Verwaltungsrechts, S. 796.

736 *Fleiner*, Institutionen des Deutschen Verwaltungsrechts, 5. Aufl., S. 225 f. m.w.N. auch zu Ausnahmen von diesem Regelfall.

737 *Mayer*, Deutsches Verwaltungsrecht, Bd. 1, 1. Aufl., S. 153 mit Verweis auf eine entsprechende Vorschrift in einer Badischen Verordnung vom 12. Juli 1864, abgedruckt a.a.O., Fn. 8.

738 *Mayer*, Deutsches Verwaltungsrecht, Bd. 1, 1. Aufl., S. 154 f.

739 *Held*, System des Verfassungsrechts, S. 610 ff. mit ausführlichen Verweisen auf Verfassungsnormen.

Die Ansätze der Entwicklung aus der ersten Jahrhunderthälfte haben sich in den folgenden Jahren fortgesetzt und auch auf der Rechtsschutzseite zu einer rechtsstaatlicheren Entwicklung des Verwaltungsakts beigetragen. Die Garantien, die der Verwaltungsakt nach seiner Ausgestaltung am Ende des 19. Jahrhunderts bot, konnten nur mittels einer Kontrolle durch eine unabhängige Justiz wirklich zur Geltung kommen. Insbesondere die Verwaltungsgerichtsbarkeit konnte - mit den Worten von *Georg Meyer* - ihrer Aufgabe gerecht werden, "die Rechtssphäre des Einzelnen gegenüber dem Staate zu schützen"[740]. "Sie schuf", so *Fritz Fleiner*, "die Krönung des Rechtsstaates"[741]. Die Beurteilung von 'außen' zwang die Verwaltungsbehörden, die verfassungs- und gesetzmäßigen Grundlagen des Verwaltungsakts zu beachten. Aufgrund dieser Tatsache konnte dem Verwaltungsakt die Stabilität - im Sinn von Vertrauensschutz und Rechtssicherheit - zuwachsen, die ihn noch heute wesentlich prägt.

5. Gehorsamspflicht, Widerstandsrecht und Suspensiveffekt

Seit der Jahrhundertmitte hatte sich die Gehorsamspflicht der Untertanen als Gesetzes- bzw. Verfassungsgehorsamspflicht - und losgelöst von Willkürverfügungen des Souveräns und seiner Staatsdiener - weitestgehend durchgesetzt.

Im Jahr 1857 ging *Joseph Held* relativ deutlich von einer "Pflicht des Gehorsams nach dem Gesetze" aus, die er neben die Treue gegen den Inhaber der Staatsgewalt stellte. Beide Elemente setzte er zueinander in Beziehung, indem er den Willen des Souveräns stets als im Einklang mit der Verfassung ansah[742].

Insbesondere hob er auch die positive Funktion des Konstitutionalismus hervor, die eine schärfere Grenzziehung zwischen Staatsgewalt und individueller Freiheit schuf. Im Gegensatz zu *Carl Friedrich Gerber*, der 1852 -

740 *Meyer*, Lehrbuch des deutschen Staatsrechtes, S. 471.

741 *Fleiner*, Institutionen des Deutschen Verwaltungsrechts, 8. Aufl., S. 40.

742 *Held*, System des Verfassungsrechts, S. 592 f. Unlösbare Konflikte zwischen beiden Polen - in extremen Ausnahmefällen - sah er nicht als juristisches, sondern nur als politisches Problem an.

noch etwas rückständig - eindeutig die Pflicht des Untertanen zum Gehorsam gegenüber dem König hervorhob[743], sah *Held* - und mit ihm die danach ganz herrschende Meinung - als Folge der Verfassungen auch eine klare Entwicklung von der Pflicht des Untertanengehorsams zur Pflicht des "staatsbürgerlichen oder verfassungsmässigen" bzw. gesetzmäßigen Gehorsams[744], wobei er den Begriff 'verfassungsmäßig' sehr weit auslegte: Darin seien alle rechtmäßig bestehenden Gesetzes- und Verordnungsnormen enthalten[745]. Er formulierte eindeutig: "Jedem formell legalen Befehle des Souveräns und der Organe der Staatsgewalt muss, in so weit derselbe nicht auf etwas unzweifelhaft Unsittliches oder Widerrechtliches gerichtet ist, sofort Folge geleistet werden."[746]

Ein Widerstandsrecht erkannte *Held* in diesen Fällen grundsätzlich nicht an, jedoch unterschied er zwischen aktivem (für ihn "criminellen") und passivem Widerstand. Letzterer sei zwar nicht verbrecherisch, könne aber durch alle zulässigen Zwangsmittel gebrochen werden[747].

Vergleichbar damit war auch die Auffassung *Heinrich Zoepfls*, der 1863 die natürlichen und positivrechtlichen Schranken des staatsbürgerlichen Gehorsams hervorhob und eindeutig den blinden und unbedingten Gehorsam ablehnte. Aufgrund seiner Vermutung für die Rechtmäßigkeit und Verfassungsmäßigkeit staatlicher Anordnungen erkannte er einen Suspensiveffekt grundsätzlich nicht an[748]. Ein solcher konnte nur dann eintreten, wenn dies die

743 *Gerber*, Ueber öffentliche Rechte, S. 75. Später änderte auch er seine Auffassung, vgl. *v. Gerber*, Grundzüge des deutschen Staatsrechts, S. 209, wo er den Begriff des "bloss verfassungsmässigen Gehorsams" übernahm.

744 *Held*, System des Verfassungsrechts, S. 593 f. Ebenso *Gaupp*, Das Staatsrecht des Königreichs Württemberg, S. 26; *Grotefend*, Das Deutsche Staatsrecht, S. 469, Fn 1); *Loening*, Lehrbuch des Deutschen Verwaltungsrechts, S. 9, 241; *Mayer*, Deutsches Verwaltungsrecht, Bd. 1, 1. Aufl., S. 105 f.; *Meyer*, Lehrbuch des deutschen Staatsrechtes, S. 584; *Zorn*, Das Staatsrecht des Deutschen Reiches, Bd. 1, S. 374.

745 *Held*, System des Verfassungsrechts, S. 599.

746 *Held*, System des Verfassungsrechts, S. 599.

747 *Held*, System des Verfassungsrechts, S. 599, insbesondere Fn. 3. Eine vergleichbare Unterscheidung findet sich auch bei *Grotefend*, Das Deutsche Staatsrecht, S. 472, der von einem Recht zum "negativen Ungehorsam" ausging und damit wohl ebenfalls den passiven Ungehorsam meinte. Zumindest - so ergänzte er a.a.O. - sei jede Drohung oder Gewalt gegen eine Staatsbehörde strafbar, "es sei denn dass nur die Anwendung der Eigenmacht im Stande war, den Unterthanen vor einem unersetzlichen, aus der ordnungswidrigen Verfügung der Behörde unmittelbar entspringenden Nachtheil zu bewahren."

748 *Zoepfl*, Grundsätze des gemeinen deutschen Staatsrechts, Bd. 2, S. 3.

Landesgesetzgebung so bestimmte[749]. Bezüglich eines Widerstandsrechts folgte er ebenfalls der obigen Auffassung *Helds*[750].

Einen Schritt weiter ging *Robert v. Mohl* im Jahr 1866. Auch für ihn war der Bürger dem Staat nur verfassungsmäßigen Gehorsam schuldig, jedoch gestand er ihm gegen rechtswidrige Maßnahmen einen "offenen" Widerstand zu[751], worunter er wohl auch einen aktiven Widerstand verstand.

Eine gesetzliche und reichseinheitliche Regelung des Widerstandsrechts zugunsten der Untertanen wurde durch § 113 des RStGB[752] erreicht: Ein sogar tätlicher Widerstand gegen einen Beamten war nur noch strafbar, wenn dieser sich in der rechtmäßigen Ausübung seines Amtes befunden hat. Damit waren Verwaltungsakte auch insoweit durch die unabhängige Justiz überprüfbar - wenn auch nur indirekt im Strafprozeß.

Mit der weiterentwickelten Vergesetzlichung des Verwaltungsrechts (sowie der genannten strafrechtlichen Regelung) und vor dem Hintergrund der geltenden Verfassungen gegen Ende des 19. Jahrhunderts verlor die Theorie des Widerstandsrechts an Bedeutung. Für *Philipp Zorn* war sie 1895 ein - im Rahmen der Rechtswissenschaft - überwundenes Relikt vergangener Zeit: "Diese Lehre ist bekanntlich ein Hauptstück aus dem Inventarium des alten Naturrechtes und in dessen Rahmen nicht nur verständlich, sondern notwendig als Konsequenz des behaupteten 'Staatsvertrages' *('contract social')*."[753]

Ein Widerstandsrecht (auch ein nur passives) aufgrund von Geboten aus einer höheren Sphäre als dem Gesetz ('Gewissen', 'christlich-germanische Auffassung', 'Moral' usw.) erkennt er als Folge der Entwicklung zum Rechtsstaat nicht mehr an: "Das ist die grundsätzliche Rechtfertigung der Revolution. Universalhistorisch oder rechtsphilosophisch sind jene Sätze unentbehrlich, juristisch sind sie unmöglich."[754]

Damit hatte das früher weitgehend anerkannte Widerstandsrecht mit der Beschränkung der Staatsmacht auf die Gesetze seinerseits eine Einschränkung erfahren. Die Grundlage, die ein Widerstandsrecht erforderlich machte,

[749] *Zoepfl*, Grundsätze des gemeinen deutschen Staatsrechts, Bd. 2, S. 7.

[750] *Zoepfl*, Grundsätze des gemeinen deutschen Staatsrechts, Bd. 2, S. 6 f.

[751] *v. Mohl*, System der Präventiv-Justiz, S. 62, Fn. 1).

[752] Vom 15. Mai 1871.

[753] *Zorn*, Das Staatsrecht des Deutschen Reiches, Bd. 1, S. 374, Fn. 8.

[754] *Zorn*, Das Staatsrecht des Deutschen Reiches, Bd. 1, S. 374, Fn. 8.

war im Rechtsstaat nicht mehr vorhanden, wenn nicht der Staat gegen seine eigenen Gesetze verstieß. Dem verfassungs- und gesetzmäßigen Verwaltungsakt war also ausnahmslos Folge zu leisten, ohne daß - vermeintlich - höhere Werte einen Widerstand rechtfertigen konnten.

Wie auch in der ersten Jahrhunderthälfte wurde die Frage eines Suspensiveffekts bei der Anfechtung eines Verwaltungsakts in der Literatur kaum behandelt[755]. *Josef Ulbrich* lehnte 1884 eine aufschiebende Wirkung für den Regelfall ab. Bei Verfügungen, welche im öffentlichen Interesse ergingen, könne der Suspensiveffekt nur dann "gewährt werden, wenn die Natur des Gegenstandes einen Aufschub zuläßt und der Partei durch den sofortigen Vollzug der Verfügung ein insanabler Nachtheil zugefügt würde."[756] Vom Ansatz her umgekehrt sah es z. B. im Jahr 1886 *Karl Freiherr v. Stengel*: Grundsätzlich sei bei Anbringung einer Beschwerde die Wirkung der Verfügung aufgeschoben, nicht jedoch, "sofern dieselbe nach dem Ermessen der Behörde ohne Nachteil für das Gemeinwesen nicht ausgesetzt bleiben kann."[757]

Aufgrund der unterschiedlichen Regelungen in verschiedenen Gesetzesmaterien und Ländern, jeweils wieder mit einer Vielzahl von Ausnahmen oder Sonderregelungen, läßt sich auch für den hier behandelten Zeitraum keine allgemeine Aussage treffen. Regelmäßig blieb nur die Möglichkeit, im konkreten Einzelfall die jeweilige Gesetzeslage zu untersuchen. Nach der Einschätzung von *Fritz Fleiner* aus dem Jahr 1913 trat "nach den meisten Gesetzen" ein Suspensiveffekt ein[758], so daß in der Praxis zumindest eine Tendenz hin zur aufschiebenden Wirkung von Beschwerde oder Klage erkennbar wird.

755 Vgl. dazu *Wieseler*, Der vorläufige Rechtsschutz gegen Verwaltungsakte, S. 97 ff. mit ausführlichen Nachweisen zu gesetzlichen Regelungen des Suspensiveffekts. Weitere Beispiele auch bei *Sydow*, Die Verwaltungsgerichtsbarkeit des ausgehenden 19. Jahrhunderts, S. 162 f.

756 *Ulbrich*, Grundzüge des österreichischen Verwaltungsrechtes, S. 66.

757 *v. Stengel*, Lehrbuch des Deutschen Verwaltungsrechts, S. 207. Ebenso *Bartels*, Das Verfahren vor den Verwaltungsgerichten, S. 52; *Loening*, Lehrbuch des Deutschen Verwaltungsrechts, S. 795 sowie mit vergleichbarer Tendenz auch *Kormann*, System der rechtsgeschäftlichen Staatsakte, S. 202; jeweils mit Verweisen auf gesetzliche Regelungen, speziell in Preußen, Sachsen, Baden und Bayern, allerdings auch mit Hinweisen auf wichtige Ausnahmen.

758 *Fleiner*, Institutionen des Deutschen Verwaltungsrechts, 5. Aufl., S. 224.

6. Ergebnis

Die staatsrechtliche Neuordnung in der ersten Hälfte des 19. Jahrhunderts, also die Entwicklung zum Verfassungsstaat, schuf die Grundlage für die spätere Ausgestaltung des Verwaltungsrechts[759], insbesondere des Verwaltungsakts. Mit den Verfassungen entstand nicht sofort eine rechtsstaatliche Verwaltung, da die Exekutive in der Realität nicht auf einen Schlag umzuwandeln war. Allerdings war im konstitutionellen Staat eine programmatische Richtung zum Rechtsstaat vorgegeben, der sich auch die Verwaltung nicht entziehen konnte. Die von der Verfassung vorgegebene Garantiefunktion zugunsten der Untertanen wurde ausgeweitet auf die sonstigen Gesetze und von dort auf die Handlungen der Verwaltung.

Um diese Garantien im Bereich der Behörden wirksam werden zu lassen, mußte zwangsläufig ein System für die Verwaltungshandlungen gefunden werden, mit dem die rechtsstaatlichen Grundsätze allgemein durchgesetzt werden konnten, d. h. es mußte eine Verwaltungsrechtswissenschaft begründet werden. Nur so war es möglich, die frühere Ungebundenheit der Verwaltung - mit der Möglichkeit der Willkür - in geordnete Bahnen zu lenken und die Administration berechenbar zu machen[760]. Für diese Verwaltungsrechtswissenschaft wiederum war es unausweichlich, eigenständige Rechtsinstitute zu entwickeln. Nur anhand solcher Institute - von denen das wichtigste der Verwaltungsakt war (und noch ist) - konnte eine systematische Wissenschaft betrieben werden. Man brauchte allgemeine Grundlagen für die Untersuchung der Verwaltungshandlungen, da aufgrund der weitgefächerten Aufgaben der Verwaltung nur so eine rechtsstaatliche Vorausberechenbarkeit möglich wurde.

759 Vgl. zu diesem Interessenwechsel vom Verfassungs- zum Verwaltungsrecht *v. Kirchenheim*, Einführung in das Verwaltungsrecht, S. 1.

760 Vgl. zur Unterscheidung gegenüber der absolutistischen Verwaltung auch die diesbezügliche Beurteilung bei *Spiegel*, Die Verwaltungsrechtswissenschaft, S. 14: "Jedes Verwaltungsrecht empfängt ja seinen *Rechtswert* erst durch die Garantien, welche für seine Durchsetzung gegeben sind. So wurde es wohl für geboten erachtet, die richtigen Prinzipien aufzufinden, welche der Landesfürst bei seiner Regierung zu beachten hat, vielleicht auch die Resultate der Regierungstätigkeit kritisch zu prüfen. Eine *dogmatische* Betrachtung der jeweiligen Regierungsmaßnahmen erschien vom wissenschaftlichen Standpunkt entbehrlich." Hervorhebungen im Original.

Damit wird der untrennbare Zusammenhang deutlich. Die rechtsstaatliche Funktion des Verwaltungsakts bedingt eine derartige Vorausberechenbarkeit behördlicher Aktivitäten. Im weiteren Verlauf wiederum hilft die Bindungswirkung des Verwaltungsakts bei der Voraussage zukünftiger Verwaltungsentscheidungen: Die Behörden durften einen bestandskräftigen und begünstigenden Verwaltungsakt nicht einfach mit widersprechenden Entscheidungen konterkarieren, wenn nicht zugleich eine sachlich begründete und förmliche Aufhebung der bereits vorhandenen Verfügung erfolgte. Damit wurde die angestrebte Garantiefunktion auch auf den administrativen Bereich übertragen, die Verwaltung also auf das gleiche rechtsstaatliche Niveau gehoben, das die Justiz im Bereich des Zivilrechts schon seit langem - und allgemein unbestritten - erreicht hatte.

Hervorzuheben sind vor allem der Vorbehalt und der Vorrang des Gesetzes. Nachdem der Gesetzesvorbehalt anfangs nur bei Einzelfällen erwähnt wurde, wuchs im Lauf der Zeit die Zahl der genannten Einzelfälle, bis er später generell für belastende Verwaltungsakte von der allgemeinen Meinung anerkannt wurde. Ähnlich wurde in der zweiten Jahrhunderthälfte der Gesetzesvorrang zur ganz herrschenden Meinung. Die Selbstbindung des Staates durch Gesetze wurde auch im Fall des Staatsnotstands anerkannt. Wenn Ausnahmen von dieser Bindung zugelassen wurden, geschah dies nur mit deutlichen Beschränkungen in zeitlicher und sachlicher Hinsicht. Meistens wurden solche Ausnahmen jedoch einfach nicht mehr erwähnt.

Das Gegenteil traf auf das Thema der Bindungswirkung des Verwaltungsakts zu: Es wurde nach anfänglichem Schweigen zu einem vielfach diskutierten Schwerpunkt in der Literatur. Man erkannte das Problem der Wirkung des Verwaltungsakts und die wichtige Unterscheidung zwischen Rechts- und Bestandskraft; die Tendenz einer Entwicklung zum heutigen Zustand war bereits gut erkennbar. Damit einher ging die weitere Ausdehnung des Rechtsschutzes gegen Verwaltungsakte und die Verbreitung der Verwaltungsgerichtsbarkeit.

Allerdings blieb, trotz der weitgehenden Einigkeit bezüglich der vorgenannten Punkte, die Kategoriebildung hinsichtlich des Verwaltungsakts äußerst umstritten. *Walter Jellinek* kam 1908 zu dem, soweit die "Grundlagen" einbezogen werden, leicht überzeichneten Schluß: "Andrerseits ist es eine bekannte Tatsache, daß die Äußerungen der Staatsgewalt von den Gelehrten des öffentlichen Rechts an mehreren Orten nach ihrem Wesen geprüft, gruppiert und gesondert worden sind, daß aber alle diese Systeme sowohl in den Grundlagen als auch in den Einzelheiten erheblich von einander abweichen."[761]

Dennoch kann man sagen, daß der heutige Verwaltungsakt im hier behandelten Zeitraum entstanden ist. Auch wenn die Kategorien regelmäßig weiter gefaßt waren als jetzt, hatten spätestens um die Jahrhundertwende fast alle Autoren den Verwaltungsakt im Sinn von § 35 VwVfG in ihre Darstellungen einbezogen. Dabei handelte es sich zwar meistens nur um eine Untergruppe oder die Kombination mehrerer Untergruppen ihrer jeweiligen Systematik, faktisch waren die entscheidenden Merkmale aber schon klar herausgearbeitet.

Die Einteilung war letztendlich mehr eine Frage der persönlichen Vorliebe, nicht jedoch zwangsläufige Folge grundsätzlich unterschiedlicher Anschauungen. In der praktischen Rechtsanwendung hätten sich die Unterschiede in den abstrakten Kategorien wohl selten bemerkbar gemacht. Was fehlte, war eine reichsweite gesetzliche Festlegung des Verwaltungsakts als Begriff und Rechtsinstitut. Mangels einer solchen 'zwangsweisen' Vereinheitlichung und aufgrund der oben erwähnten fehlenden Notwendigkeit für die Praxis konnte auch keine Einigkeit entstehen.

III. Die besondere Behandlung der Privilegien

1. Rechtliche Einordnung

Eine wichtige und in sehr großer Zahl angewandte Sonderform der Einzelakte war das 'Privileg'[762]. Begrifflich und in der rechtlichen Ausgestaltung war sein Gebrauch überaus unterschiedlich[763]. Teilweise wurden auch

[761] *Jellinek*, Der fehlerhafte Staatsakt, S. 5.

[762] Die Zahl der Privilegien hing stark mit der sonstigen Gesetzgebung zusammen. Je weniger die allgemeinen Gesetze die notwendigen Regelungen beinhalteten, desto häufiger mußten Privilegien als Ersatz benutzt werden. Vgl. dazu *Zachariä*, Deutsches Staats- und Bundesrecht, Bd. 2, S. 189.

[763] Vgl. zur uneinheitlichen Verwendung des Begriffs 'Privileg' *Mohnhaupt*, Untersuchungen zum Verhältnis Privileg und Kodifikation, S. 74 ff. m.w.N.

Vorrechte ganzer Klassen und Stände als 'Privilegien' bezeichnet[764], worauf in dieser Untersuchung nicht näher eingegangen werden soll. Es konnte in allen Teilen des öffentlichen und privaten Rechts Anwendung finden und wurde auch selbst als Rechtsinstitut beiden Rechtsgebieten zugeteilt[765].

Während man anfangs das Privileg als Privatrecht bezeichnete (etwa vergleichbar dem Eigentum), kam man später zu der Überzeugung, daß es ein öffentlich-rechtliches Institut sei (im Sinn der obrigkeitlichen Regelung einer bestimmten Rechtsstellung)[766]:

"Die Lehre von den Privilegien in dem heutigen Sinne ist eigentlich dem Gebiete des Civilrechtes fremd, obgleich sie bisher fast immer in dem allgemeinen Theile desselben mit abgehandelt worden ist; sie gehört vielmehr in das Staatsrecht", führte beispielsweise *Heimbach* im Jahr 1854 aus[767].

In aller Regel beinhaltete es eine Vergünstigung für den betreffenden Untertanen, selten wurden aber auch Belastungen als Privileg bezeichnet[768]. Nach *Heimbachs* Auffassung sollten die zum Nachteil des Privilegierten getroffenen Regelungen "eigentlich aber aus dem wissenschaftlichen Gebiete ganz verbannt werden [...], weil Ausnahmegesetze zum Nachtheil gewisser Personen den Charakter der Ungerechtigkeit und Willkür an sich tragen"[769].

Es hatte bis in die erste Hälfte des 19. Jahrhunderts hinein eine Stellung zwischen Gesetz und Verfügung mit Elementen beider Institute; vereinfacht gesagt, eine Verfügung in Gesetzesform. Man unterschied eine behördliche Regelung in Form einer normalen Verfügung und eines Privilegs dadurch, daß die erste bestehende Gesetze unverändert ließ und diese nur konkretisier-

764 *Meyer*, Lehrbuch des deutschen Staatsrechtes, S. 452; *Zorn*, Das Staatsrecht des Deutschen Reiches, Bd. 1, S. 381.

765 Vgl. etwa zu den verschiedenen Rechtsschutzmöglichkeiten bei öffentlich-rechtlichen und privatrechtlichen Privilegien *v. Pfizer*, Ueber die Grenzen zwischen Verwaltungs- und Civil-Justiz, S. 116 ff.

766 Bezüglich dieser Entwicklung hin zum öffentlichen Recht siehe *Mohnhaupt*, Untersuchungen zum Verhältnis Privileg und Kodifikation; *Mohnhaupt*, Privatrecht in Privilegien; *Mohnhaupt*, Vom Privileg zum Verwaltungsakt.

767 *Heimbach*, Stichwort "Privilegium", S. 492 (494).

768 Auch nachteilige Privilegien z. B. bei *Blum*, Handbuch, Stichwort "Privilegien, Privilegienhoheit", S. 161; *Schmitthenner*, Grundlinien des allgemeinen oder idealen Staatsrechtes, S. 304 f.; *Zachariä*, Deutsches Staats- und Bundesrecht, Bd. 2, S. 109.

769 *Heimbach*, Stichwort "Privilegium", S. 492 (494).

te, während die zweite durch die legislative Macht des Regenten[770] in einem Einzelfall auf Dauer eine gesetzesdurchbrechende Ausnahme schuf[771]. Das Privileg war also ein vom *"ius commune"* abweichendes[772] Gesetz für den Einzelfall und wurde deshalb auch als *"ius singulare"*[773] oder *"lex specialis"*[774] bezeichnet. Teilweise wurde auch die Begründung des Privilegs durch Rechtsgeschäft als möglich angesehen[775]. Umfassender - und mit unmittelbarem Hinweis auf Verwaltungsakte - ist die Begriffsbedeutung vor allem in der zweiten Hälfte des 19. Jahrhunderts, etwa bei *Laband*: Er meinte, "ein Privile-

770 Das Recht Privilegien zu vergeben, stand ursprünglich - vor dem Ende des alten Reichs - neben den Landesherren auch dem Kaiser (sowie denjenigen, denen das Recht übertragen wurde) zu, wobei in die Rechte des oder der jeweils anderen nicht eingegriffen werden durfte: So konnten etwa die Territorialfürsten keine Münz- und Zollprivilegien an ihre Untertanen verleihen, da diese "*ausschließlich* zu den kaiserlichen Reservaten" gehörten und der Kaiser durfte "nach ausdrücklicher Vorschrift der Wahlcapitulation seit 1658 keine Privilegien ertheilen, welche unmittelbar den reichsständischen Rechten zuwider sind" (vgl. *Häberlin*, Handbuch des Teutschen Staatsrechts, Bd. 2, S. 178 ff. mit Verweis auf Art. 1 § 9 der Wahlkapitulation und weiteren Beispielen, Hervorhebung im Original). Zur beschränkten kaiserlichen und landesherrlichen Gewalt zur Privilegienerteilung gegen Ende des Reiches und deren Verhältnis zueinander siehe auch *Gönner*, Teutsches Staatsrecht, S. 462 ff., 467 ff. Möglich und sogar häufig war aber eine doppelte Privilegierung durch Kaiser und Landesherrn, um den Schutz des Berechtigten zu erhöhen (*Mohnhaupt*, Stichwort "Privileg, neuzeitlich", Sp. 2005 (2007)). In der Zeit nach 1806 gingen die dem Kaiser vorbehaltenen Rechte zur Privilegierung auf die Landesherren für ihre jeweiligen Staatsgebiete über, vgl. dazu die ausführlichen Darstellungen bei *v. Gerber*, ZStW 27 (1871), S. 430 (433 ff.); *Heimbach*, Stichwort "Privilegium", S. 492 (495 f.).

771 *Häberlin*, Handbuch des Teutschen Staatsrechts, Bd. 2, S. 176 f. So auch *Hinschius / Kahl*, Stichwort "Privilegium", S. 196 (197) und *Pözl*, Stichwort "Privilegium", S. 372 ff. Sehr umfangreiche weitere Nachweise bei *Becker*, Die behördliche Erlaubnis des absolutistischen Fürstenstaates, S. 88 ff.

772 Möglich war auch eine Wiederholung des *ius commune* durch ein Privileg, was zu einem verstärkten Schutz des Rechtsinhabers führte (dazu *Mohnhaupt*, Untersuchungen zum Verhältnis Privileg und Kodifikation, S. 86). Daraus läßt sich die hohe Wertschätzung des Privilegs ablesen.

773 *v. Bitter*, Stichwort "Privileg", S. 316; *Heimbach*, Stichwort "Privilegium", S. 492 (493); *Laband*, Das Staatsrecht des Deutschen Reiches, Bd. 2, 1. Aufl., S. 2; *Mohnhaupt*, Stichwort "Privileg, neuzeitlich", Sp. 2005 (2006) mit Aufzählung weiterer Bezeichnungen; *Pözl*, Stichwort "Privilegium", S. 372; *Zoepfl*, Grundsätze des gemeinen deutschen Staatsrechts, Bd. 2, S. 671.

774 *Mohnhaupt*, Stichwort "Privileg, neuzeitlich", Sp. 2005 (2007); *Zachariä*, Deutsches Staats- und Bundesrecht, Bd. 2, S. 187.

775 Beispielsweise auch durch vertragliche Vereinbarung. Dazu *Mohnhaupt*, Privatrecht in Privilegien, S. 63 f.

gium kann bald durch Rechtsgeschäft (Verwaltungsact), bald durch Gesetzgebungsact *(lex specialis)* begründet sein."[776] Ganz im Gegensatz zu dem auch heute noch möglichen Einzelfallgesetz, war die Privilegienerteilung fast so gängig wie in der Gegenwart die Erteilung von Erlaubnissen durch Verwaltungsakte. Es gab vor Entstehung der Verfassungen wenige planmäßige Grundlagen im Reich, später im Deutschen Bund, und in den Territorien, aber eine große Anzahl von Individualrechten[777]. Diese rechtliche Umgebung "war die natürliche Heimath des Privilegiums. Jeder einzelne folgte dem Alles beherrschenden Streben, seinen individuellen Rechtskreis zu erweitern und zu befestigen; er konnte diess, da nur wenige Regeln die Entwicklung des Einzelrechts beschränkten, am besten durch Erwirkung von Privilegien erzielen."[778] Außerdem konnten Privilegien auch - wie eine Allgemeinverfügung - mehrere Personen betreffen[779]. Das Privileg ist - von seiner Funktion her betrachtet - deshalb eindeutig als Vorläufer des Verwaltungsakts anzusehen.

In der Regel wurden Privilegien mittels einer Urkunde verliehen, die auch selbst als Privileg bezeichnet wurde und in ihrer Gestaltung den mittelalterlichen Diplomen folgte. Wesentlich war vor allem die Pönformel *(Sanctio)*, die den Privilegierten mittels einer Strafandrohung vor unbefugten Beeinträchtigungen seines Rechts schützen sollte[780]. Eine "stillschweigende Verleihung" durch "sprechende Handlungen" war jedoch ebenfalls möglich[781], auch dies eine Parallele zur heutigen Verfügung.

776 *Laband*, Das Staatsrecht des Deutschen Reiches, Bd. 2, 1. Aufl., S. 3. Interessant zum Vergleich ist auch die noch gültige Definition des katholischen Kirchenrechts in Can. 76 - § 1 CIC: "Ein Privileg, d. h. ein durch einen besonderen Rechtsakt gewährter Gnadenerweis [...], kann vom Gesetzgeber wie auch von der ausführenden Autorität gewährt werden, welcher der Gesetzgeber diese Vollmacht übertragen hat."

777 Ein - vielleicht nicht typisches, aber aufschlußreiches - Beispiel ist das Bemühen *Goethes* um ein Nachdruckprivileg für seine Werke im gesamten Deutschen Bund bzw. den Einzelstaaten in der Zeit von 1824 bis 1826, vgl. dazu *Wadle*, NJW 1999, S. 2545 mit ausführlichen weiteren Nachweisen.

778 *v. Gerber*, ZStW 27 (1871), S. 430 (431).

779 *Klüber*, Öffentliches Recht, S. 711, Anmerkung f) m.w.N.

780 Vgl. zu den Formalien *Mohnhaupt*, Untersuchungen zum Verhältnis Privileg und Kodifikation, S. 70 f. m.w.N.

781 *Klüber*, Öffentliches Recht, S. 710, Anmerkung b) m.w.N.

2. Auswirkungen der Gesetzeseigenschaft

Die Gesetzeseigenschaft hatte zur Folge, daß das Privileg dem Berechtigten einerseits ein subjektives Recht gab und gleichzeitig als objektives Recht alle anderen Untertanen dazu verpflichtete, die rechtmäßige Ausübung des Privilegs nicht zu stören[782]. Außerdem war der Privilegieninhaber - nach einer allerdings bis zum Beginn des 19. Jahrhunderts umstrittenen Auffassung[783] - besser als bei normalen Erlaubnissen in Form einer Verfügung gegen eine Aufhebung oder Änderung geschützt[784]: Denn "wofern ein Privilegium nicht ausdrücklich auf Widerruf ertheilt, oder aber selbiges auf eine unerlaubte Weise, durch falsche Vorstellungen erschlichen worden, oder endlich dasselbe den Rechten eines Dritten zuwider" war, konnte das Privileg nur ausnahmsweise und gegen eine Entschädigung aufgehoben werden[785]. Ein rechtmäßiger Grund zur Aufhebung wurde vor allem bei einer Gefahr für das Gemeinwesen gesehen, nicht jedoch schon bei einer allgemeinen Veränderung der Umstände, unter denen das Privileg erteilt worden war[786]. Es ist daher zu den schon oben erwähnten 'wohlerworbenen Rechten' zu zählen und garantierte eine gewisse Rechtssicherheit. Ausdrücklich erwähnt wurde der Vor-

782 Vgl. *Klüber*, Öffentliches Recht, S. 710.

783 Teilweise wurde auch vertreten, daß ein Privileg frei widerruflich sei. Vgl. etwa *Gönner*, Teutsches Staatsrecht, S. 461 f.; dazu auch *Mohnhaupt*, Privatrecht in Privilegien, S. 64; *Mohnhaupt*, Vom Privileg zum Verwaltungsakt, S. 46 f.

784 *Heimbach*, Stichwort "Privilegium", S. 492 (500 ff.); *Klüber*, Öffentliches Recht, S. 711; jeweils m.w.N.

785 *Häberlin*, Handbuch des Teutschen Staatsrechts, Bd. 2, S. 177. Vgl. zu dieser Frage auch die Normen des Preuß. ALR über die Aufhebung von Gesetzen (§§ 59 ff. der Einleitung), die besondere Vorschriften zur Behandlung von Privilegien enthalten (zur Entschädigung siehe §§ 70 ff. der Einleitung).

786 *Strube / Spangenberg*, Rechtliche Bedenken, Bd. 2, S. 317 ff. Bei den Ausführungen dort ist zu beachten, daß die von *Spangenberg* bearbeitete Ausgabe zwar aus dem Jahr 1827 stammt, viele Stellen aber noch auf dem Stand des vorangegangenen Jahrhunderts (bzw. vor 1806) belassen wurden. Das trifft z. B. auf die Darstellung des Rechtsschutzes, a.a.O., S. 318, zu: Die Überprüfung des Aufhebungsgrundes, ob ein *"Casus necessitatis publicae"* vorhanden sei, sollte vor den Reichsgerichten erfolgen können. Im Laufe des 19. Jahrhunderts kam es allerdings - als Vorstufe zum beginnenden Abbau der Privilegien - bald zu einer stark erleichterten Aufhebbarkeit, bis hin zur völlig freien Rücknahme- oder Widerruflichkeit (abgesehen von einer eventuellen Entschädigungspflicht), vgl. dazu beispielsweise *Cucumus*, Lehrbuch des Staatsrechts, S. 373; *v. Rotteck*, Lehrbuch des Vernunftrechts, Bd. 2, S. 146 ff.; *Schmitthenner*, Grundlinien des allgemeinen oder idealen Staatsrechtes, S. 312; *Zoepfl*, Grundsätze des gemeinen deutschen Staatsrechts, Bd. 2, S. 511.

rang vor allgemeinen Gesetzen nochmals in § 21 der Einleitung zum Preuß. ALR[787].

Die Normeigenschaft hatte allerdings auch einen Nachteil: "Jede *Lex specialis* ist also in so fern ein Act der Willkür (resp. der s. g. Gnade), als es, ebenfalls wie bei der Gesetzgebung, ganz von dem Ermessen des Souveräns abhängt, ob er die specielle Norm geben will oder nicht."[788]

3. Abbau der Privilegien

Gerade diese mögliche Willkür bei der Verleihung ließ den Gebrauch des Rechtsinstituts Privileg im Laufe des 19. und 20. Jahrhunderts stark abnehmen[789], so daß es heute fast nur noch eine umgangssprachliche Bedeutung für jedwede Bevorzugung hat, ohne daß man es als Rechtsinstitut bezeichnen kann[790].

Signalwirkung mit einem - wenn auch nur langfristigen - Erfolg in ganz Europa hatte die Abschaffung aller Privilegien in Frankreich im Jahr 1789 durch ein Dekret der Nationalversammlung[791]. Im monarchischen und

787 Vgl. zu Privilegien im Preuß. ALR auch *Parey*, Handbuch des Preußischen Verwaltungsrechts, S. 102.

788 *Zachariä*, Deutsches Staats- und Bundesrecht, Bd. 2, S. 187 f.

789 Ablehnend gegenüber Privilegien und Dispensationen bereits im Jahr 1836 *Müller*, Staatswissenschaftliche Studien, S. 12 f. Später (1864) stellte *Pözl*, Stichwort "Privilegium", S. 372 fest: "Das Wort 'Privilegium' gehört zu denjenigen, welche man in unseren Tagen fast unbedingt perhorrescirt, weil man die Sache, welche man damit bezeichnet, nicht mehr für zeitgemäß hält. Das Privilegium steht, so sagt man, im Widerspruche mit dem Grundsatze der Gleichheit und da dieser Grundsatz als wahr und richtig nicht blos in der Theorie, sondern auch in unseren positiven Verfassungen anerkannt ist, so reiht man daran die Forderung, daß die Privilegien aufgehoben werden." Mit noch deutlicherer Ablehnung *Stammler*, Privilegien und Vorrechte, S. 17 im Jahr 1903: "Wenn aber ein Rechtsgebot im ganzen stehen bleibt, und doch im einzelnen Falle davon beliebig abgewichen wird, so ist es eitel Rechtsbruch und verbleibt, falls dieser gelingt, brutale willkürliche Gewalt. Das wird dadurch nicht anders und nicht besser, sobald der Rechtsbruch durch den Inhaber der gesetzgebenden Gewalt geschieht".

790 Vgl. etwa den Aufsatz "Über Privilegien und Verantwortung" von *Hoffmann-Riem*, AnwBl. 1999, S. 2.

791 Zur französischen Entwicklung siehe *Mohnhaupt*, Untersuchungen zum Verhältnis Privileg und Kodifikation, S. 111 ff. und *Zachariä*, Das Staatsrecht der Rheinischen Bundesstaaten, S. 81 ff., der auf das Fehlen des Privilegs im *Code Napoléon* hin-

ständischen Deutschland, das im Gegensatz zum republikanischen Frankreich nicht nach dem Grundsatz der Gleichheit aufgebaut war, sondern vielmehr "auf dem Princip der Ungleichheit der politischen Rechte"[792], verlief die Entwicklung - vorangetrieben durch den aufgeklärten Absolutismus und das Bürgertum - weniger radikal. Man sah immer weniger die Schutzwirkung, die von den Privilegien ausging, sondern mehr den mangelnden Schutz der Nichtbevorrechtigten durch das *ius commune*.

Beispielsweise sah *Nicolaus Thaddäus Gönner* die rechtliche Gleichheit der Bürger nur dann nicht durch Privilegien beeinträchtigt, wenn diese für alle gleichermaßen zu erringen waren. Exemplarisch nannte er Privilegien der Staatsdiener und Patente für Erfindungen[793]. *J. P. Harl* zufolge war es nötig, wenigstens alle "Privilegien und Exemtionen in Ansehung der Polizei-Gerichtsbarkeit" aufzuheben, da diese der nötigen Einheitlichkeit der polizeilichen Maßnahmen in dem betreffenden Staat zuwiderliefen. Dadurch seien Ansehen und Wirksamkeit der Polizei gefährdet[794].

Mit dem langsamen Vordringen des Gleichheitssatzes[795], der Gewerbefreiheit[796] und einer immer stärkeren Ausformung der allgemeinen Gesetze

weist.

792 Vgl. *Zachariä*, Das Staatsrecht der Rheinischen Bundesstaaten, S. 84 ff. Er sah im Jahr 1810 a.a.O., S. 86 in Deutschland vorrangig das politische Gleichgewicht der Stände gegenüber "der rechtlichen Gleichheit der Unterthanen."

793 *Gönner*, Teutsches Staatsrecht, S. 461. Davon auszunehmen waren aber erbliche Ämter, die nach *Heffter*, Beiträge zum deutschen Staats- und Fürstenrecht, S. 154 ebenfalls zu den Privilegien zählten.

794 *Harl*, Entwurf eines Polizei-Gesetzbuchs, S. 613.

795 Vgl. z. B. schon aus dem Jahr 1819 den Gleichheitssatz aus der württembergischen Verfassungsurkunde (§ 21): "Alle Württemberger haben gleiche staatsbürgerliche Rechte, [...], soweit nicht die Verfassung eine ausdrückliche Ausnahme enthält" (siehe auch die §§ 22, 23) sowie *Behr*, Staatswissenschaftslehre, S. 79; *Weiß*, System des deutschen Staatsrechts, S. 581 f.; *Zoepfl*, Grundsätze des allgemeinen und des constitutionell-monarchischen Staatsrechts, S. 2. Zur politischen Forderung nach Gleichheit durch die konstitutionelle Bewegung vgl. auch *Würtenberger*, Der Staat 37 (1998), S. 165 (171 f.) m.w.N. Zu den geringer werdenden Ausnahmen sowie dem Privilegienabbau siehe *v. Gerber*, Grundzüge des deutschen Staatsrechts, S. 174, Fn. 5; *Maurenbrecher*, Grundsätze des heutigen deutschen Staatsrechts, S. 358; *Mohl*, Das Staatsrecht des Königreiches Württemberg, Bd. 1, S. 287 f., 350 ff.; *Spiegel*, Die Verwaltungsrechtswissenschaft, S. 18 f.; *Zorn*, Das Staatsrecht des Deutschen Reiches, Bd. 1, S. 381 f. Aber auch schon früher waren Privilegien, die - nach *Gönner*, Teutsches Staatsrecht, S. 461 f. - der Rechtsgleichheit der Staatsbürger entgegenstanden, frei widerruflich mit dem Argument, daß derartige Maßnah-

im 19. Jahrhundert veränderte sich die Privilegierung "vom Gnadenerweis zum Rechtsanspruch auf Erteilung"[797]. Privilegien wurden schließlich gemäß den gesetzlichen Vorschriften erteilt[798] und verloren so ihre Eigenart und Sonderstellung als *lex specialis*[799]. Man benutzte zwar häufig noch den Begriff 'Privileg', faktisch war jedoch das entstanden, was man heute als Verwaltungsakt bezeichnen würde[800]. So wurden auch die im Gewerberecht "erforderlichen obrigkeitlichen Genehmigungen oder Concessionen" aufgrund der neuen Gewerbeordnungen erteilt und nicht mehr als Privilegien angesehen[801]. Bei *Georg Meyer / Gerhard Anschütz* hieß es daher 1919: "Als *Privileg* bezeichnet man den ein konkretes Rechtsverhältnis begründenden Verwaltungsakt, wenn durch denselben einem einzelnen Rechtssubjekt eine bevorrechtigte Stellung gewährt wird."[802]

men des Regenten von der Zeit und den jeweiligen Umständen abhingen und daher nicht dauerhaft und unabänderlich die Ungleichbehandlung der Bürger festschreiben könnten. Die Widerruflichkeit geringfügig einschränkend führte er jedoch direkt im Anschluß aus, daß Willkürhandlungen nicht erlaubt seien. Der Staatszweck müsse eine "erhebliche Ursache" zur Aufhebbarkeit liefern.

796 Vgl. zur politisch und rechtlich wichtigen Bedeutung der Gewerbefreiheit (Abbau von obrigkeitlich erteilten Handelsprivilegien wie Monopolen usw.) *Gall*, Bürgertum in Deutschland, S. 54 ff. Siehe auch *v. Gerber*, ZStW 27 (1871), S. 430 (438 f.); *v. Rönne*, Das Staats-Recht des Deutschen Reiches, Bd. 1, S. 133 ff.; *Stier-Somlo*, Stichwort "Privilegien. A. Nach Gewerberecht.", S. 589 f.; *Zoepfl*, Grundsätze des gemeinen deutschen Staatsrechts, Bd. 2, S. 674 m.w.N. aus verschiedenen Landesverfassungen.

797 *Mohnhaupt*, Stichwort "Privileg, neuzeitlich", Sp. 2005 (2009).

798 *v. Gerber*, ZStW 27 (1871), S. 430 (442 ff.); *Meyer*, Lehrbuch des deutschen Staatsrechtes, S. 453; *Meyer*, Lehrbuch des deutschen Verwaltungsrechtes, Bd. 1, S. 87.

799 *v. Gerber*, Grundzüge des deutschen Staatsrechts, S. 174, Fn. 5.

800 Vgl. dazu *Mohnhaupt*, Vom Privileg zum Verwaltungsakt; *Stammler*, Privilegien und Vorrechte, S. 19 f.

801 *v. Gerber*, ZStW 27 (1871), S. 430 (438 f.).

802 *Meyer / Anschütz*, Lehrbuch des deutschen Staatsrechts, 7. Aufl., S. 759, Hervorhebung im Original. Siehe auch a.a.O., S. 762 ff. Die gleiche Definition fand sich auch schon in der 1. Aufl. bei *Meyer*, Lehrbuch des deutschen Staatsrechtes, S. 452 aus dem Jahr 1878, allerdings war damals der Begriff 'Verwaltungsakt' noch weniger klar und eng festgelegt als 1919, so daß *Meyer* zu dieser Zeit eher zufällig das später richtige Wort verwendete (vgl. etwa den sehr weiten Verwaltungsaktsbegriff bei *Meyer*, Lehrbuch des deutschen Verwaltungsrechtes, Bd. 1, S. 29 ff.).

D. Die Fortentwicklung des Verwaltungsakts

I. Die Zeit der Weimarer Republik

Unmittelbar nach dem Ersten Weltkrieg[803] wurde zwar teilweise die Notwendigkeit einer umfassenden Neuorientierung des Verwaltungsrechts gesehen, letztendlich fehlte aber wohl nicht nur die erforderliche Zeitspanne, da bereits nach 15 Jahren die kontinuierliche Nachkriegsentwicklung durch den Nationalsozialismus radikal unterbrochen wurde, sondern es gab auch nicht unerhebliche Stimmen, die das Verwaltungsrecht als unabhängig von der verfassungsrechtlichen Entwicklung ansahen und ein Umdenken nicht für angebracht hielten. Eine einhellige Meinung war in den Anfangsjahren nicht ersichtlich[804].

So war es etwa für *Bühler* 1919 noch "nicht klar zu übersehen, welches die Aufgaben sind, die der deutschen Verwaltung in den nächsten Jahren und Jahrzehnten harren, aber soviel ist sicher, daß es Aufgaben gewaltiger Art sein werden, daß es sich um die Umstellung des Verwaltungsorganismus und der Verwaltungsgesetzgebung auf eine ganz neue Zeit handelt, die kaum einen Teil der bisherigen Ordnung unberührt lassen wird."[805] Er ging davon aus, daß - anders als früher - das Reichsrecht als Verwaltungsrechtsquelle zunehmen würde und die unterschiedlichen Landesverwaltungsrechte zurückgedrängt würden. Allerdings sah er bereits im April 1919 mit Bedauern, daß durch den bundesstaatlichen Aufbau die bisherige Rechtszersplitterung wohl erhalten bliebe, mit der Folge, daß die Wissenschaft von den allgemeinen Lehren des Verwaltungsrechts auch zukünftig einen gewissen Abstand zur

803 Siehe zum verfassungs- und verwaltungsgeschichtlichen Hintergrund z. B. *Forsthoff*, Deutsche Verfassungsgeschichte, S. 164 ff.; *Frotscher / Pieroth*, Verfassungsgeschichte, S. 251 ff.; *Hartung*, Deutsche Verfassungsgeschichte, S. 310 ff.; *Jeserich / Pohl / v. Unruh*, Deutsche Verwaltungsgeschichte, Bd. 4 (insbesondere *Stolleis*, Verwaltungsrechtswissenschaft und Verwaltungslehre in der Weimarer Republik, S. 77 ff.); *Stolleis*, Geschichte des öffentlichen Rechts in Deutschland, Bd. 3, S. 74 ff. Nachweise zur allgemein-historischen Entwicklung finden sich bei *Bracher / Funke / Jacobsen*, Die Weimarer Republik 1918-1933.

804 Dazu *Stolleis*, Geschichte des öffentlichen Rechts in Deutschland, Bd. 3, S. 203 ff.

805 *Bühler*, VerwArch. 27 (1919), S. 283 (283).

Praxis haben würde, die sich zwangsläufig am jeweils tatsächlich bestehenden Landesrecht orientieren müsse[806].

Den großen Änderungserwartungen gegenüber zog beispielsweise *Otto Mayer* - als ein Vertreter der Gegenauffassung - 1923 die vorläufige Bilanz: "Verfassungsrecht vergeht, Verwaltungsrecht besteht"[807], was vier Jahre nach *Bühlers* Äußerung schon recht deutlich absehbar war und sich im Ergebnis für den Umbruch von 1918 als richtig erwies.

Offensichtlich wird dies auch an *Georg Meyers* Lehrbuch des deutschen Staatsrechtes, in dem die Hauptkorrektur im Abschnitt der Verwaltungshandlungen zwischen der ersten Auflage von 1878 und der siebten Auflage von 1919 darin besteht, daß der Begriff 'Verfügung' durch den nunmehr gängigeren Begriff 'Verwaltungsakt' ersetzt wurde[808] und der neue Bearbeiter *Gerhard Anschütz* nach dem Tod *Meyers* dessen bereits am Ende des 19. Jahrhundert nur noch als extreme Mindermeinung bestehende Ansicht - die Ablehnung des Gesetzesvorbehalts[809] - endgültig aufgab[810]. Insbesondere die letztgenannte Änderung ist mehr auf *Meyers* Tod zurückzuführen als auf die Wandlung des staats- und verwaltungsrechtlichen Umfelds nach 1918. Sie kann im Gegenteil als Argument für die Kontinuität angeführt werden, da die genannte Mindermeinung bereits seit der zweiten Hälfte des 19. Jahrhunderts im Verschwinden begriffen war.

Für die Kontinuität in der Praxis sorgte auch das handelnde Personal in der Verwaltung[811]. Gerade in der Notsituation nach dem verlorenen Krieg waren die Beamten aus der Zeit der Monarchie für die Versorgung der Bevölkerung und die Aufrechterhaltung der Ordnung unentbehrlich. Diese auszutauschen erschien unmöglich, weil kein qualifiziertes Ersatzpersonal zur Verfügung stand. Im Jahr 1929 stellte etwa *Gerhard Lassar* fest: "Jede entwickelte Bürokratie hat - es darf hierfür auf die grundlegenden Untersuchungen *Max Webers* bezug genommen werden - eine überragende Stelle, da sich dem

806 *Bühler*, VerwArch. 27 (1919), S. 283 (311 f.).

807 *Mayer*, Deutsches Verwaltungsrecht, Bd. 1, 3. Aufl., Vorwort. Im Anschluß an diesen auch *Kaufmann*, VerwArch. 30 (1925), S. 377 (390 f.).

808 *Meyer*, Lehrbuch des deutschen Staatsrechtes, 1. Aufl., S. 450 ff.; *Meyer / Anschütz*, Lehrbuch des deutschen Staatsrechts, 7. Aufl., S. 757 ff.

809 Vgl. oben im Abschnitt C.II.2.a.

810 *Meyer / Anschütz*, Lehrbuch des deutschen Staatsrechts, S. 760 ff.

811 Vgl. zu diesem Komplex *Hattenhauer*, Geschichte des deutschen Beamtentums, S. 319 ff.

'Herrn' gegenüber der Beamte stets in der Lage des 'Fachmanns' gegenüber dem Dilettanten befindet. Die Rationalisierung des Verwaltungslebens, die sich hier auch außerordentlich weit durchsetzende Arbeitsteilung und die hieraus folgende Unübersichtlichkeit der Verhältnisse erschweren dem Parlament und der öffentlichen Meinung außerordentlich die wirkliche Beherrschung der Verwaltung."[812] In der krisenreichen Zeit bis 1933 überlebte daher mit den Beamten auch das diesen vertraute Verwaltungsrecht den staatsrechtlichen Wandel. Selbst die, die die Republik ablehnten, konnten das zur Zeit der Monarchie entstandene Verwaltungsrecht als Element der Kontinuität akzeptieren, wenn es als unabhängig von der Verfassung angesehen wurde[813].

Aus den genannten Gründen sollen in diesem Abschnitt nur einige Aspekte der Entwicklung des Verwaltungsakts näher beleuchtet werden, die in der Zeit der Weimarer Republik besonders diskutiert wurden bzw. als Neuerung klar herausragen. Für eine Gesamtdarstellung der Situation des Rechtsinstituts kann ansonsten weitgehend auf den obigen Abschnitt C.II. verwiesen werden[814].

1. Kodifizierung des allgemeinen Verwaltungsrechts

Von richtungweisender Bedeutung - trotz der Anlehnung an die herrschende Verwaltungspraxis[815] - waren die Kodifizierung des allgemeinen Verwaltungsrechts[816] in der Landesverwaltungsordnung für Thüringen[817] sowie der Gesetzentwurf einer Verwaltungsrechtsordnung für Württemberg[818]. Beide enthielten allgemeine Bestimmungen zum Verwaltungsakt wie sie in dieser Ausführlichkeit bisher[819] nirgends bestanden. Gerade die Festlegung in

812 *Lassar*, RuPrVBl. 1929, S. 8 (9).

813 *Stolleis*, Geschichte des öffentlichen Rechts in Deutschland, Bd. 3, S. 204.

814 Ein guter kurzer Überblick aus dem Jahr 1929 findet sich auch bei *Stier-Somlo*, Stichwort "Verwaltungsakt", S. 577.

815 Vgl. *Fleiner*, Institutionen des Deutschen Verwaltungsrechts, 8. Aufl., S. 183, Fn. 8.

816 Dazu v. *Unruh*, NVwZ 1988, S. 690 (692 ff.).

817 Vom 10. Juni 1926. Abgedruckt bei *Reuß*, Thüringisches Verwaltungsrecht, S. 40 ff.

818 Veröffentlicht 1931 von der Kommission für die Landesordnung des Allgemeinen öffentlichen Rechts.

819 Etwa im preußischen Gesetz über die allgemeine Landesverwaltung vom 30. Juli 1883 oder in der badischen Landesherrlichen Verordnung, das Verfahren in Verwal-

Gesetzesform ist als wichtiger Fortschritt anzusehen, da dadurch die teilweise noch sehr verwaschen erkennbare Verwaltungspraxis in eine feste Form gegossen wurde, mit der Folge einer erhöhten Rechtssicherheit und Vorausberechenbarkeit der Verwaltung für die Bürger. Auch dies bedeutete einen weiteren Schritt von der Verwaltungsroutine hin zum Verwaltungsrecht.

Die Thür. LVO regelte etwa den Bereich der Polizeiverfügungen (§§ 48 ff.), den Fristlauf betreffend Verfügungen (§§ 62 ff.), ihre Bekanntgabe (§§ 65 f.), die Erforderlichkeit einer Rechtsmittelbelehrung (§ 67), gewisse Änderungs- bzw. Zurücknahmemöglichkeiten (§§ 68 f.), das Rechtsmittelverfahren (§§ 70 ff., behördlich: §§ 126 ff., gerichtlich: §§ 130 ff.) usw. Allerdings fehlte es - aus heutiger Sicht - noch an einer allgemeinen Definition des Verwaltungsakts sowie an näheren Ausführungen zur Wirksamkeit und Rechtsverbindlichkeit.

Noch deutlich detaillierter und systematischer im Aufbau war der Entwurf zur Württemb. VRO. Danach waren Verwaltungsakte "die von einer Verwaltungsbehörde in Ausübung der öffentlichen Gewalt zur Ordnung bestimmter Verhältnisse im Einzelfall erlassenen Verfügungen und Entscheidungen", ausgenommen solche in einem besonderen Gewaltverhältnis (Art. 61). Es folgten Regelungen zur Wirksamkeit (Art. 62), zum Inhalt (Art. 63), zur Gesetzmäßigkeit (Art. 64), zum Ermessen (Art. 65), zu den Nebenbestimmungen (Art. 66 ff.), zur Nichtigkeit (Art. 74 ff.) und zur Zurücknahme und Änderung von Verwaltungsakten (Art. 82 ff.). Der Entwurf wurde mit einer Begründung veröffentlicht, die wie eine Kommentierung die einzelnen Artikel näher erläutert.

In diesem Zusammenhang muß auch noch die neugeschaffene Reichsabgabenordnung[820] genannt werden. Diese traf zwar nur Regelungen, die für das Steuerrecht galten, aber weitgehend in allgemein gehaltener Form, sozusagen ein Verwaltungsverfahrensgesetz für die Steuerverwaltung. Zudem schuf sie erstmals eine gesetzliche Grundlage für das Verwaltungshandeln - hauptsächlich durch Verfügungen (§§ 73 ff. RAO)[821] - im gesamten Reichsgebiet.

tungssachen betreffend vom 31. August 1884, die diesbezüglich allenfalls Ansätze enthielten. Vgl. dazu *Ule*, Die Kodifizierung des Verwaltungsverfahrensrechts, S. 1164.

820 Vom 13. Dezember 1919.

821 Schwerpunkt der Regelungen war die Verbindlichkeit der Verfügungen - auch und

Trotz der jetzt klaren Abtrennung vom Deutschland der Weimarer Republik soll auch die ähnlich umfangreiche gesetzliche Regelung in Österreich zu Verwaltungsakten (dort 'Bescheide' genannt) im Allgemeinen Verwaltungsverfahrensgesetz[822] (insbesondere §§ 56 ff.) nicht unerwähnt bleiben[823].

Aufgrund des kurzen Bestandes der Weimarer Republik konnte die Wirkung dieser Gesetze und Gesetzesvorhaben nicht sehr weitreichend sein[824]. Allerdings sind sie durchaus schon als inhaltlich nahe Vorläufer der heutigen VwGO und des heutigen VwVfG anzusehen, wobei insbesondere der württembergische Entwurf durch seine Ausführlichkeit und systematische Qualität nicht hinter den jetzigen Regelungen zurückbleibt.

2. Verwaltungsakt und Willenserklärung

Vor *Poul Andersen* wurde der Verwaltungsakt regelmäßig als Willenserklärung bezeichnet[825]. Der aus dem Zivilrecht stammende Begriff wurde unkritisch ins Verwaltungsrecht übernommen, ohne daß man sich über einen möglichen Gegensatz von 'Willen' und 'Gesetzesbindung' Gedanken machte und ohne überhaupt darauf einzugehen, warum diese Bezeichnung gewählt wurde. So führte beispielsweise *Otto Mayer* aus: "Den Willen, der namens des Staates von der dazu verordneten Stelle geäußert wird, nennen wir den *Staatswillen.* Er ist ausgestattet mit der öffentlichen Gewalt, vermöge deren er den Untertanen gegenüber als der rechtlich stärkere wirkt, sie überwiegt und bestimmt [...]. Diese *Wirkungskraft* des Staatswillens ist nicht überall gleichartig

gerade für die Behörden. Vgl. dazu *Bühler*, Lehrbuch des Steuerrechts, S. 324 ff. m.w.N. Siehe zu den Anfängen des Steuerrechts *Stolleis*, Geschichte des öffentlichen Rechts in Deutschland, Bd. 3, S. 220 ff.; insbesondere zur Entstehung dieses Teils der RAO auch *Fleiner*, Institutionen des Deutschen Verwaltungsrechts, 8. Aufl., S. 44, jeweils m.w.N.

822 Vom 21. Juli 1925. Dazu *v. Unruh*, NVwZ 1988, S. 690 (692 f.).

823 Vgl. zur weiteren Entwicklung in Österreich *Funk*, Der Verwaltungsakt im österreichischen Rechtssystem.

824 Vgl. zur Fortwirkung dieser Gesetze während des Dritten Reiches aber auch *Weber*, AöR 73 (1943), S. 60.

825 So etwa *v. Kirchenheim*, Einführung in das Verwaltungsrecht, S. 75. Ausführliche Nachweise bei *Andersen*, Ungültige Verwaltungsakte, S. 9 ff.; *Rüping*, Verwaltungswille und Verwaltungsakt, S. 1 ff.

und gleichwertig, sondern den *verschiedenen Ausgangspunkten* verschieden zugemessen. Jede Behördenart hat ihre besondere Ausstattung, und die Kraft des Staatswillens wächst auf der höheren Behördenstufe."[826]

Andersen versuchte 1924[827] aufzuzeigen, daß aufgrund des Prinzips der gesetzmäßigen Verwaltung und aufgrund der Grenzen, die den Behörden bei der Ermessensausübung gezogen waren, die Charakterisierung des Verwaltungsakts als Willenserklärung nicht möglich sei[828]. Dadurch, daß bei bestimmten Verwaltungsakten die Vornahme wie auch der Inhalt gesetzlich vorgeschrieben sei, bleibe dem Beamten - oder der Behörde - keinerlei Wahlmöglichkeit; auf seinen Willen komme es demzufolge gar nicht an. Ebenso sah er den Ausschluß oder zumindest die starke Einschränkung des Willens beim Ermessen: "Die Verwaltung übt ihre Wahl nicht in gleicher Weise frei aus wie etwa derjenige, der sich auf der Speisekarte ein Menü zusammenstellt. Das handelnde Staatsorgan hat ein außerhalb seiner eigenen Person liegendes Interesse zu verfolgen"[829], könne also nicht nach seinem Willen entscheiden. Es bliebe allenfalls die Annahme eines "Staatswillens", den *Andersen* jedoch mit der Argumentation ausschloß, der Wille sei "als psychologische Erscheinung [...] an das Individuum gebunden"[830].

Andersen war damit Vorreiter eines Meinungsumschwungs, der sich aber erst in der zweiten Hälfte des 20. Jahrhunderts verstärkt zeigte[831]. Die Diskussion zu diesem Problemfeld mit inzwischen sehr feinen Verästelungen ist bis heute noch nicht abgeschlossen, hat aber für die Rechtsanwendung keine große Bedeutung erlangt[832].

826 *Mayer*, Deutsches Verwaltungsrecht, Bd. 1, 3. Aufl., S. 64, Hervorhebungen im Original.

827 Die deutsche Übersetzung des dänischen Originals *"Om ugyldige Forvaltningsakter"* erschien erst 1927. Die Behandlung in dieser Arbeit rechtfertigt sich damit, daß *Andersen* "die deutsche Rechtsprechung und die theoretischen Leistungen reichsdeutscher und deutsch-österreichischer Autoren" ausführlich behandelt und das ganze Werk übernational angelegt ist, so *Richard Thoma* im Geleitwort der deutschen Ausgabe, S. VIII, der auch die Übersetzung - durch *Walther Pappenheim* - anregte.

828 *Andersen*, Ungültige Verwaltungsakte, S. 9 ff.

829 *Andersen*, Ungültige Verwaltungsakte, S. 14.

830 *Andersen*, Ungültige Verwaltungsakte, S. 11.

831 *Rüping*, Verwaltungswille und Verwaltungsakt, S. 8 ff. Siehe speziell zum Thema Willensmängel auch *Hoke*, DÖV 1962, S. 281.

832 Vgl. dazu die ausführliche Untersuchung von *Rüping*, Verwaltungswille und Ver-

3. Der zweiseitige Verwaltungsakt

Walter Jellinek führte 1925 als weitere Kategorie neben dem 'Verwaltungsakt auf Unterwerfung' den Begriff des 'zweiseitigen Verwaltungsakts' ein[833]. Es handelt sich dabei um die staatlichen Handlungen, die er zwischen dem oben genannten Rechtsinstitut und dem öffentlich-rechtlichen Vertrag ansiedelte. Die Lücke, die er schließen wollte, sah er bei Akten, die der Mitwirkung des Bürgers bedürfen, die aber "nicht Verträge sind, weil irgendwie der staatliche Wille überragt, aber auch nicht Verwaltungsakte auf Unterwerfung, weil der staatliche Wille nicht so sehr überragt, daß er auch die fehlende Mitwirkung des Bürgers überwindet."[834]

Er sah eine Abstufung vom einseitigen Verwaltungsakt, der ohne Mitwirkung des Beteiligten ergeht, zum Verwaltungsakt auf Unterwerfung, der nur auf Antrag oder mit Zustimmung ergehen darf, aber bei Fehlen dieser Voraussetzungen nicht unwirksam ist. Danach folgt der zweiseitige Verwaltungsakt, der ohne Antrag oder Zustimmung unwirksam bleibt. Den Unterschied zum öffentlich-rechtlichen Vertrag auf der letzten Stufe sah *Jellinek* darin, daß beim zweiseitigen Verwaltungsakt für die Willenserklärung des Staates "die Vermutung der Rechtmäßigkeit und Gültigkeit" bestehe, was beim Vertrag nicht der Fall sei[835]. Zur näheren Wirkung dieser Vermutung fehlen allerdings weitere Ausführungen. Sie führt - wie sich aus seinen weiteren Darlegungen schließen läßt - insbesondere nicht dazu, daß ein solcher Verwaltungsakt ohne fristgerechte Einlegung eines Rechtsmittels bestandskräftig wird.

Hauptbeispiele für zweiseitige Verwaltungsakte waren die Begründung bzw. Beendigung des Beamtenverhältnisses sowie die Entlassung aus der Staatsangehörigkeit. Ohne entsprechenden Antrag des Bürgers blieb es bei der Unwirksamkeit der Maßnahmen[836].

waltungsakt.

833 Vgl. zu beiden Kategorien auch *Hühne*, Die Bedeutung der Mitwirkung des Privaten für das Zustandekommen eines ihn betreffenden mitwirkungsbedürftigen Verwaltungsaktes, S. 30 ff.

834 *Jellinek*, Zweiseitiger Verwaltungsakt und Verwaltungsakt auf Unterwerfung, S. 96 f.

835 *Jellinek*, Zweiseitiger Verwaltungsakt und Verwaltungsakt auf Unterwerfung, S. 106 f.; *Jellinek*, Verwaltungsrecht, S. 250 f.

836 *Jellinek*, Verwaltungsrecht, S. 251.

Der zweiseitige Verwaltungsakt konnte sich - wie auch der Verwaltungsakt auf Unterwerfung - nicht auf Dauer als Kategoriebezeichnung durchsetzen. Beide Begriffe fanden nahezu keine Beachtung in der Praxis und wurden nicht in die entstehenden Kodifizierungen übernommen[837]. Der Hauptgrund ist darin zu sehen, daß für die praktische Anwendung die Unterscheidung in rechtmäßige, schlicht rechtswidrige (wirksame, aber mittels Anfechtung vernichtbare) und nichtige Verwaltungsakte genügte. Die jeweils weitere Aufgliederung dieser drei Gruppen in Verwaltungsakte mit und ohne Antragserfordernis brachte keine Vorteile, da die Rechtsfolgen sich nicht unterschieden; es blieb in beiden Fällen bei Rechtmäßigkeit, schlichter Rechtswidrigkeit oder Nichtigkeit nach den allgemeinen Regeln[838]. Auch der zweiseitige Verwaltungsakt konnte bei der Abgrenzung zwischen schlicht rechtswidrigen und nichtigen Akten keine Hilfestellung bieten, er setzte diese Abgrenzung nur voraus. Als zweiter Grund für das Absterben dieser Kategorie kommt die nicht erkennbare Wirkung der von *Jellinek* behaupteten Vermutung der Rechtmäßigkeit und Gültigkeit hinzu. Die theoretisch mögliche und für das wissenschaftliche Verständnis durchaus brauchbare Unterscheidung war für die praktische Anwendung daher ohne Bedeutung.

4. Rechtsschutz gegen Verwaltungsakte

Der Rechtsschutz gegen Verwaltungsakte wurde auch in der Weimarer Republik - zumindest in der Theorie und hauptsächlich soweit es die Gerichtsorganisation betraf - weiter ausgebaut[839]. Die Praxis konnte den rechtlichen Vorgaben allerdings nicht so schnell in vollem Umfang folgen[840].

837 Dazu *Hatschek*, Lehrbuch des deutschen und preußischen Verwaltungsrechts, S. 12.

838 Vgl. dazu und zum zweiseitigen Verwaltungsakt allgemein auch die ablehnende Position von *Fleiner*, Institutionen des Deutschen Verwaltungsrechts, 8. Aufl., S. 194.

839 Zum Verwaltungsrechtsschutz während der Weimarer Republik allgemein: *Grawert*, Verwaltungsrechtsschutz in der Weimarer Republik; *Ibler*, Rechtspflegender Rechtsschutz im Verwaltungsrecht, S. 279 ff.; *Kimminich*, VBlBW 1988, S. 371; *Rüfner*, Die Entwicklung der Verwaltungsgerichtsbarkeit, in: *Jeserich / Pohl / v. Unruh*, Bd. 4, S. 639 ff.; *Würtenberger*, Verwaltungsprozeßrecht, S. 22 f.; jeweils m.w.N.

840 Vgl. dazu auch die kritischen Anmerkungen von *Coester*, Die Rechtskraft der Staatsakte, S. 112, der für eine stärkere gerichtliche Verwaltungskontrolle stritt und

Schon die Weimarer Verfassung[841] schrieb in Art. 107 fest, daß im Reich und in den Ländern "Verwaltungsgerichte zum Schutze der einzelnen gegen Anordnungen und Verfügungen der Verwaltungsbehörden bestehen" müssen. Ein allgemeines Reichsverwaltungsgericht[842] wurde zwar nicht eingerichtet, allerdings kam es auf Reichsebene zu einem Ausbau der teilweise bereits bestehenden Sonderverwaltungsgerichte[843]. Die einzige wesentliche Neuerung auf dieser Ebene, die erwähnenswert ist, war die Schaffung des Reichsfinanzhofs[844], der sehr weitreichend Verwaltungshandlungen, insbesondere Verwaltungsakte, aus dem Bereich des Abgabenrechts überprüfen konnte.

In den Ländern kam es zu einer nahezu vollständigen Umsetzung der Verfassungsvorgabe: Alle deutschen Länder, mit der einzigen Ausnahme des kleinsten Landes, Schaumburg-Lippe, führten unabhängige Verwaltungsgerichte ein[845]. Bei der Zuständigkeit der Gerichte gab es eine Tendenz weg von einem reinen Enumerativprinzip hin zu einer Generalklausel oder zumindest einem Enumerativprinzip mit beschränkter Generalklausel[846], weshalb *Fritz Fleiner* im Jahr 1928 zu dem Schluß kam: "Der Generalklausel gehört die Zukunft."[847] Ansonsten waren auch in den Ländern keine größeren Verände-

dies vor allem mit den Gefahren des neuen Wahlrechts für die "Massen" und der daraus folgenden politischen Beeinflußbarkeit der Verwaltung von den verschiedenen Gruppeninteressen begründete.

841 Vom 11. August 1919.

842 Zusätzlich in Art. 31 Abs. 2 und Art. 166 der Weimarer Verfassung vorausgesetzt. Vgl. zur Diskussion um die Einrichtung des Reichsverwaltungsgerichts *Kimminich*, VBlBW 1988, S. 371 (373 ff.).

843 Vgl. dazu *Dieckmann*, Verwaltungsrecht, S. 64; *Fleiner*, Institutionen des Deutschen Verwaltungsrechts, 8. Aufl., S. 246 f.; *Giese*, Deutsches Staatsrecht, S. 184 f.; *Kimminich*, VBlBW 1988, S. 371 (375 f.); *Knoll*, Die Entwicklung der Gerichtsbarkeit des Reichs bei Sozialleistungen, S. 90 ff.; *v. Turegg / Kraus*, Lehrbuch des Verwaltungsrechts, S. 309 f.

844 Noch in der Endphase des Kaiserreichs durch Gesetz vom 26. Juli 1918 errichtet. Tätig wurde er allerdings erst nach Erlaß des Gesetzes über die Reichsfinanzverwaltung vom 10. September 1919, mit dem auch die Finanzgerichte erster Instanz geschaffen wurden.

845 *Hatschek*, Lehrbuch des deutschen und preußischen Verwaltungsrechts, S. 5; *Kimminich*, VBlBW 1988, S. 371 (376).

846 *Fleiner*, Institutionen des Deutschen Verwaltungsrechts, 8. Aufl., S. 254 ff.; *Kimminich*, VBlBW 1988, S. 371 (376); jeweils m.w.N.

847 *Fleiner*, Institutionen des Deutschen Verwaltungsrechts, 8. Aufl., S. 255. In diesem Sinn auch *Lassar*, RuPrVBl. 1929, S. 8 (9).

rungen betreffend die Gerichtsorganisation oder die Rechtsprechung feststellbar[848].

II. Die Zeit des Nationalsozialismus

1. Die neue Sicht des Verwaltungsakts

Im nationalsozialistischen Staat[849] sollte ein "Neues Rechtsdenken in der Verwaltung"[850] beginnen. Das wollte man zunächst dadurch erreichen, daß man versuchte, die Terminologie des Zeitalters vor dem "neuen Staat"[851] auszuschalten[852]. Derartige Bestrebungen betrafen ansatzweise auch das Rechtsinstitut Verwaltungsakt. So hielt *Ludwig v. Köhler* es für wünschenswert, zumindest "die Bezeichnung 'Verwaltungsakt' durch einen deutschen Ausdruck zu ersetzen", da er die Lehre insgesamt als unverzichtbar ansah[853]. Manche hielten auch bestimmte Kategorien von Verwaltungsakten für überholt und plädierten daher für einen Verzicht auf die entsprechenden Bezeichnungen[854]. Allerdings waren diese terminologischen Angriffe nicht sehr erfolg-

848 *Kimminich*, VBlBW 1988, S. 371 (377 f.) m.w.N.

849 Zum Rechtssystem insgesamt: *Anderbrügge*, Völkisches Rechtsdenken; *Hirsch / Majer / Meinck*, Recht, Verwaltung und Justiz im Nationalsozialismus; *Kroeschell*, Deutsche Rechtsgeschichte, Bd. 3, S. 268 ff.; *Majer*, Grundlagen des nationalsozialistischen Rechtssystems. Zum öffentlichen Recht: *Dreier*, VVDStRL 60 (2001), S. 9 (32 ff.); *Echterhölter*, Das öffentliche Recht im nationalsozialistischen Staat (schwerpunktmäßig bezogen auf die Justiz); *Frotscher / Pieroth*, Verfassungsgeschichte, S. 300 ff.; *Jeserich / Pohl / v. Unruh*, Deutsche Verwaltungsgeschichte, Bd. 4, S. 651 ff. (insbesondere *Stolleis*, Verwaltungsrechtswissenschaft und Verwaltungslehre im Nationalsozialismus, S. 707 ff.); *Merk*, Deutsches Verwaltungsrecht, S. 257 ff.; *Morsey*, Die verfassungspolitische Entwicklung; *Ruck*, Führerabsolutismus; *Stolleis*, Geschichte des öffentlichen Rechts in Deutschland, Bd. 3, S. 246 ff.

850 So der Titel des Aufsatzes von *Maunz*, DV 1935, S. 65.

851 Häufig benutzte Umschreibung des nationalsozialistischen Staates, z. B. bei *Tatarin-Tarnheyden*, AöR 63 (1934), S. 345.

852 *Maunz*, DV 1935, S. 65.

853 *v. Köhler*, Grundlehren des Deutschen Verwaltungsrechts, S. 203. Gegen den 'häßlichen sprachlichen Mischmaschausdruck' auch 1962 noch *Merk*, Deutsches Verwaltungsrecht, S. 815.

854 Etwa *Maunz*, DV 1935, S. 65, der die Kategorien "begünstigende und belastende

reich. Denn erstens wurde keine Einigkeit darüber erzielt, welche Kategorien tatsächlich überflüssig geworden waren[855], und zweitens lag dem Mißerfolg wohl auch die relativ kurze Zeitspanne der nationalsozialistischen Herrschaft zugrunde.

Ob die Lehre vom Verwaltungsakt überhaupt mit dem "neuen Rechtsdenken" vereinbar sei, wurde ebenfalls häufig als Frage aufgeworfen[856]. Ihre Entstehung zur Zeit des liberalen Rechtsstaats machte sie den nationalsozialistischen Autoren von vornherein verdächtig[857]. Hauptkritikpunkt war die Ausrichtung der Lehre an den Belangen des Einzelnen, die sich zudem - jedenfalls in einer Vielzahl von Fällen - gegen den Staat richteten[858].

Von diesen Grundlagen aus konnte der Verwaltungsakt als Ausprägung dessen angesehen werden, was man im Dritten Reich an liberalistischem Gedankengut überwinden wollte: den bisherigen "Schutz des Individuums gegen Willkür der Hoheitsgewalt"[859], die Trennung der drei Gewalten[860], die subjektiven Rechte des Einzelnen gegenüber dem Staat[861] und den Dualismus des Staat-Untertanen-Verhältnisses[862].

Wenn schon kein neuer Begriff für den Terminus 'Verwaltungsakt' gefunden werden konnte, und auch keiner der Autoren eine umfassende Alternative zu diesem Rechtsinstitut entwickelt hatte, so sollte doch wenigstens die

Verwaltungsakte" ablehnte. Gleiches galt für *Maunz*, Verwaltung, S. 185 f. auch für den "Verwaltungsakt auf Unterwerfung". Noch viel umfassender gegen die frühere Kategorienbildung *Kluge / Krüger*, Verfassung und Verwaltung, S. 258.

855 Siehe dazu beispielsweise *Cremer*, RVBl. 1937, S. 192 (193), der in seinem Aufsatz den Fortbestand des zweiseitigen Verwaltungsakts in der Rspr. des Preuß. OVG kritisierte und selbst, im Gegensatz zu *Maunz*, den Verwaltungsakt auf Unterwerfung favorisierte.

856 Vgl. beispielsweise *Schack*, der seinem Beitrag in: *Frank*, Deutsches Verwaltungsrecht, S. 317 den Titel "Das Problem des Verwaltungsaktes" gab.

857 *Schack*, Das Problem des Verwaltungsaktes, S. 319.

858 *v. Köhler*, Grundlehren des Deutschen Verwaltungsrechts, S. 202; *Schack*, Das Problem des Verwaltungsaktes, S. 319.

859 *Tatarin-Tarnheyden*, AöR 63 (1934), S. 345 (346).

860 *Frank*, DV 1938, S. 737 (739); *Huber*, DJZ 1934, Sp. 950.

861 Vgl. dazu die ausführliche Darstellung von *Bauer*, Geschichtliche Grundlagen der Lehre vom subjektiven öffentlichen Recht, S. 102 ff. über den "Kampf wider das subjektive öffentliche Recht im Nationalsozialismus".

862 *Kluge / Krüger*, Verfassung und Verwaltung, S. 257; *Schack*, Das Problem des Verwaltungsaktes, S. 319.

Definition der neuen politischen Lage angepaßt werden[863]. Dabei lag das Augenmerk vor allem auf der Überwindung der individualistischen Basis des Verwaltungsakts. "Der Verwaltungsakt ist somit eine auf unmittelbare Gemeinschaftsgestaltung in einem Einzelfall gerichtete Verwaltungshandlung"[864], lautete z. B. die Begriffsbestimmung von *Theodor Maunz*. Ähnlich formulierte auch *Otto Koellreutter*, der auf "die Verwirklichung der Gemeinschaftszwecke durch Einwirkung auf den einzelnen Volksgenossen"[865] abstellte. Eine Kombination beider Ansätze findet sich bei *Rudolf Kluge* und *Heinrich Krüger*[866]. Wenn auch nicht alle nationalsozialistischen Juristen den Gemeinschaftsgedanken in ihre Definition aufnahmen[867], so ergab sich in der Regel dennoch aus ihren weiteren Ausführungen, daß sie die geänderte Grundhaltung übernommen hatten.

2. Rechtsbindung beim Erlaß von Verwaltungsakten

Ein wesentlicher und umstrittener Punkt war die rechtliche Bindung der Verwaltung beim Erlaß von Verwaltungsakten. Dies führt zu der Frage, ob der nationalsozialistische Staat sich noch als ein Rechtsstaat ansah. Zu Beginn des Dritten Reiches wurde dieser Begriff als negativ oder zumindest mißverständlich im Sinne des überwundenen Liberalismus angesehen. *Carl Schmitt* sah den Rechtsstaat vor allem historisch als eine politische "Waffe im Kampf gegen den Staat"[868]. Diese Haltung wurde später von einigen kritisch betrachtet[869]; manche sahen sogar in der Rechtsstaatlichkeit ein wesentliches Merkmal des neuen Staates[870]. Bei genauerer Betrachtung stellt man jedoch

[863] *Maunz*, Verwaltung, S. 184 sagte dazu, daß "das neue Denken" den Begriff Verwaltungsakt "erobert und damit zugleich gewandelt hat."

[864] *Maunz*, Verwaltung, S. 184.

[865] *Koellreutter*, Deutsches Verwaltungsrecht, S. 96.

[866] *Kluge / Krüger*, Verfassung und Verwaltung, S. 258.

[867] Vgl. etwa *Dennewitz*, Verwaltung und Verwaltungsrecht, S. 94; *Rehkopp*, Verwaltungskunde, S. 223; *Stuckart / Scheerbarth*, Verwaltungsrecht, S. 30.

[868] *Schmitt*, DR 1933, S. 201 (202).

[869] Vgl. z. B. die persönliche Kritik an *Carl Schmitt* bei *Tatarin-Tarnheyden*, AöR 63 (1934), S. 345 (348).

[870] Siehe zu diesem Streit *Schellenberg*, Rechtsstaatskritik, S. 79 ff.; *Stolleis*, Verwaltungsrechtswissenschaft und Verwaltungslehre im Nationalsozialismus, S. 708 m.w.N.

fest, daß es sich bei vielen Meinungsäußerungen mehr um einen Streit um Worte denn um Inhalte gehandelt hat. Auch die Vertreter des Rechtsstaatsgedankens verstanden diesen Begriff nicht mehr so, wie man ihn in der liberalen Zeit definiert hatte. Teilweise sollte damit nur bestritten werden, daß es sich bei dem nationalsozialistischen Reich um "ein diktatorisches oder gar ein Willkür-Regiment" handelte[871].

Für die Frage nach den Bedingungen der rechtlichen Gebundenheit des Verwaltungsakts ist daher weniger die Rechtsstaatsdiskussion entscheidend, als vielmehr die Vorfrage, was die Vertreter des 'neuen Denkens' unter Recht an sich verstanden. Denn daß Recht und Verwaltungsakt - jedenfalls theoretisch[872] - nicht völlig zu trennen seien, mußten auch die damals 'progressiveren' Juristen einsehen, wollten sie das Verwaltungsrecht nicht zum größten Teil über Bord werfen und sich damit selbst überflüssig machen.

a) Recht im nationalsozialistischen Sinn

Die Auffassung von Recht hat sich im Dritten Reich radikal gewandelt. Die bisherigen Rechtsquellen (Gesetze, Rechtsverordnungen, Satzungen und Gewohnheitsrecht), die in ihrer Rangfolge relativ klar waren, wurden um solche erweitert, die sich nicht eindeutig in das bestehende System einordnen ließen[873]. Vor allem waren sie auch inhaltlich in der Regel schwieriger zu erfassen oder so offen, daß die Auslegung eher an Willkür grenzte.

Noch am sichersten in die Rangordnung einzugliedern war der "Führerwille", der allgemein als höchste rechtliche Autorität angesehen wurde[874].

871 So z. B. *Frank*, DV 1938, S. 737 (739); *Frank*, in: *Frank / Himmler / Best / Höhn*, Grundfragen, S. 8.

872 Die praktische Anwendung von Verwaltungsakten im Dritten Reich, die häufig in keiner Weise auch nur annähernd mit 'Recht' zu tun hatte, kann im Rahmen dieser Arbeit allenfalls in einigen Bereichen exemplarisch angesprochen werden. Hierzu ist auf die inzwischen vielfältige historische Literatur zu verweisen. Ausführliche Nachweise dazu finden sich etwa bei *Bracher / Funke / Jacobsen*, Deutschland 1933-1945 oder *Bracher / Funke / Jacobsen*, Nationalsozialistische Diktatur 1933-1945.

873 Vgl. dazu *Best*, Die Deutsche Polizei, S. 15, der jegliche Rangordnung ablehnte und einfach jede spätere Regelung - gleich welcher Art (bis hin zu Einzelbefehlen) - als Änderung des bisherigen Rechts ansah. *Dreier*, VVDStRL 60 (2001), S. 9 (53) bezeichnet diese Unklarheit zutreffend als "Formindifferenz".

874 *Kluge / Krüger*, Verfassung und Verwaltung, S. 166 ff.; *Kühn*, DR 1935, S. 202 ff.;

Das ergibt sich auch schon aus der Zusammenballung von Staatsfunktionen, die sich im Führer vereinigten: "Oberhaupt, Staatschef des Deutschen Reiches", "Chef der deutschen Reichsregierung", "Chef des gesamten Verwaltungsapparates", der "verfassunggebende Abgeordnete", der "Generalbevollmächtigte des deutschen Volkes", "Oberster Gerichtsherr" usw.[875] Prägnanter ist die Formulierung von dem SS-Brigadeführer und Staatssekretär im Innenministerium *Wilhelm Stuckart*: "Die oberste völlig uneingeschränkte Befehlsgewalt liegt in der Hand des Führers"[876]. Gesetzliche Normierungen konnten ihn in seiner Rechtsgestaltungsmacht nicht hemmen[877]. Als einzige - jedoch sehr theoretische - Grenze wurde "die Verankerung in der Volksgemeinschaft" genannt[878].

Dieser 'Führerwille' stellte nicht nur eine Rechtsquelle dar, sondern diente auch als Auslegungsregel für die Handlungen der Verwaltung und somit für den Erlaß von Verwaltungsakten. "Wie würde der Führer in diesem mir zur Entscheidung vorgelegten Falle entscheiden?" ist die Frage, die sich jeder Verwaltungsbeamte stellen sollte[879].

Besonders problematisch war diesbezüglich auch die Unbestimmtheit, wie der 'Führerwille' festzustellen ist. Als Rechtsquelle kamen nicht nur vom Führer geschaffene Gesetze in Betracht, sondern auch Erlasse und sonstige

Lauer, Die Polizei im nationalsozialistischen Staat, S. 6; *Meißner / Kaisenberg*, Staats- und Verwaltungsrecht, S. 138 f.; *Schack*, Das Problem des Verwaltungsaktes, S. 321 u. 323; *Schmitt*, ZAkDR 1935, S. 435 (439). Vgl. zur Grundlage dieser Autorität auch die Hetzschrift von *Forsthoff*, Der totale Staat, S. 30 ff.

875 Vollständigere Aufzählung bei *Frank*, DV 1938, S. 737 (738). Vgl. zur Stellung und Rechtsgestaltungsmacht des Führers auch den bekannten Satz von *Schmitt*: "Der Führer schützt das Recht vor dem schlimmsten Mißbrauch, wenn er im Augenblick der Gefahr kraft seines Führertums als oberster Gerichtsherr unmittelbar Recht schafft", in seinem Rechtfertigungsaufsatz aus Anlaß der "Niederschlagung" der sogenannten "Röhm-Revolte", DJZ 1934, Sp. 945 (946). Zum "Führerstaat" und seinen Grundlagen *Dreier*, VVDStRL 60 (2001), S. 9 (46 ff.) m.w.N.

876 *Stuckart*, Führung und Verwaltung im Kriege, S. 13.

877 *Frank*, DV 1938, S. 737 (739).

878 *Schack*, Das Problem des Verwaltungsaktes, S. 323. Auch die "Gemeinschaftsordnungen" selbst konnten als Rechtsquelle dienen: Nach *Nebinger*, Reichspolizeirecht, S. 28 gab es eine "Gesetzesergänzung durch die transpositive Ordnung" und eine "'Gesetzesverdrängung' durch die Gemeinschaftsordnungen". Bei *Kluge / Krüger*, Verfassung und Verwaltung, S. IV u. S. 252 wurde die "Volksgemeinschaft" als "unsere wahre 'Verfassung'" und als "Quelle des Verwaltungsrechts" bezeichnet.

879 *Frank*, DV 1938, S. 737 (738).

Anordnungen (selbst solche, die nur in "seiner Eigenschaft als Führer der Bewegung"[880] entstanden sind). Für die Auslegung waren sogar bloße Reden des Führers von Bedeutung[881].

Weiterhin entstand Recht auch durch die NSDAP, die seit dem Gesetz zur Sicherung der Einheit von Partei und Staat vom 1. Dezember 1933 formal als staatliche Organisation anzusehen war. So konnten "Punkte des Parteiprogramms *Rechtsnormen* sein"[882]. Beispielhaft wurde häufig die Aussage des Programms der NSDAP: 'Gemeinnutz geht vor Eigennutz' genannt[883]. Auch dies eine sehr offene und generalklauselartige Regelung.

Zudem wurde als Auslegungsregel für Steuergesetze die "nationalsozialistische Weltanschauung" von § 1 des Steueranpassungsgesetzes[884] verbindlich festgelegt. Diese Vorschrift war "als allgemeiner Rechtsgrundsatz auch auf andere Rechtsgebiete der öffentlichen Verwaltung entsprechend anzuwenden."[885] Durch solche Normen wurde die Rechtsunsicherheit aber eher vergrößert als abgebaut, was unter normalen Umständen ein wesentlicher Zweck von Gesetzgebung ist. Eine derartige Formulierung konnte alles und nichts bedeuten. So ist es auch nicht verwunderlich, daß selbst der Vizepräsident des Preußischen Oberverwaltungsgerichts, *Bach*, bei seinen Ausführungen über dieses Thema zu keinem klaren Ergebnis kam: "Was ist nationalsozialistische Weltanschauung, was ist nationalsozialistische Rechtsauffassung?

880 *Schack*, Das Problem des Verwaltungsaktes, S. 324, Fn. 52 m.w.N.

881 *Schack*, Das Problem des Verwaltungsaktes, S. 324, Fn. 52 m.w.N.

882 *Stritzke*, DV 1939, S. 430 mit Verweis auf die Rspr. des Bay. VGH, Hervorhebung im Original.

883 *Bach*, DV 1938, S. 199 (200); *Stritzke*, DV 1939, S. 430; jeweils mit Verweisen auf die Rspr. des Preuß. OVG bzw. des Bay. VGH. Vgl. dazu auch *Stolleis*, Gemeinwohlformeln im nationalsozialistischen Recht, S. 76 ff.

884 Vom 16. Oktober 1934.

885 Sächs. OVGE 39, S. 1 (Urteil v. 18. Januar 1935); vgl. zu dieser Rspr. *Schmidt*, DV 1938, S. 709 u. 748 (709 f.). Ebenso wie das Sächs. OVG: *Maunz*, DV 1935, S. 65 (68); *Nebinger*, Reichspolizeirecht, S. 27. Ohne auf das genannte Gesetz abzustellen, aber auch für die Geltung der "nationalsozialistischen Weltanschauung" als Auslegungsregel: *Ansorge*, DV 1941, S. 235 u. 249 (235); *Krüger*, DV 1937, S. 203 (206). Noch weitergehend: *Rehkopp*, DV 1937, S. 118: "Neben dem Gesetz steht gleichgeordnet die nationalsozialistische Weltanschauung, wie sie im Programm der NSDAP. und dem Buche des Führers 'Mein Kampf' ihren Niederschlag gefunden hat; sie ist Recht, ohne Gesetz zu sein." Für *Frank*, DV 1938, S. 737 (742) standen das Parteiprogramm und "Mein Kampf" sogar über den Gesetzen.

Die Frage läßt sich weder mit wenigen Worten noch auch nur annähernd erschöpfend beantworten"[886].

Derartige Leerformeln (Generalklauseln und unbestimmte Rechtsbegriffe) fanden auch im öffentlichen Recht in immer stärkerem Maße Anwendung[887]. Dabei kam es zu einem Zirkelschluß. Die neutralen Generalklauseln sollten nach den Grundsätzen der nationalsozialistischen Weltanschauung ausgelegt werden[888], und diese wurde bestimmt durch die erstgenannten Formeln. Das nationalsozialistische Programm mit seinen Propagandaformeln war in weiten Teilen viel zu vage[889], um daraus konkrete Rechtsfolgen ableiten zu können.

Diese neue Auslegungsmethode soll hier exemplarisch an einer 'klassischen' Rechtsgrundlage für einen Verwaltungsakt, der polizeilichen Generalklausel[890], verdeutlicht werden: So führte *Klaus Lauer* aus, daß bei der "Frage, wann eine Störung der öffentlichen Sicherheit oder Ordnung vorliegt", sich ein wesentlicher Wandel vollzogen habe. Diese Frage sei "jetzt *einzig und allein* nach nationalsozialistischen Gesichtspunkten zu entscheiden", was "den polizeilichen Aufgaben eine neue Richtung" gäbe[891]. Anschließend schil-

886 *Bach*, DV 1938, S. 199 (200). Diesen Ausführungen folgten dann zwar Erklärungsversuche, die aber ebenfalls nur aus Generalklauseln bestehen: "Treu und Glauben, Billigkeit, gute Sitten, lebendiges Rechtsgefühl usw." (S. 201), "Gesetze sind nach Sinn und Zweck auszulegen." (S. 203), "Überspitzter Formalismus ist abzulehnen." (S. 204).

887 *Schmitt*, DR 1933, S. 201 mit vielen Beispielen. Ein sehr häufig gebrauchter Ausdruck, der bei *Schmitt* nicht erwähnt wird und mehr im Rahmen der Auslegung Verwendung fand, war das "gesunde Volksempfinden" (vgl. dazu auch *Rüfner*, Die Entwicklung der Verwaltungsgerichtsbarkeit, in: *Jeserich / Pohl / v. Unruh*, Bd. 4, S. 1099 (1108); *Würtenberger*, Zeitgeist und Recht, S. 88 m.w.N.).

888 *Schmitt*, DR 1933, S. 201 (202). Vgl. dazu auch *Ibler*, Rechtspflegender Rechtsschutz im Verwaltungsrecht, S. 322 ff.

889 *Dreier*, VVDStRL 60 (2001), S. 9 (18 f.) m.w.N.

890 Zum beabsichtigten Umbau des gesamten Polizeirechts nach der nationalsozialistischen Weltanschauung vgl. *Götz*, Polizei und Polizeirecht, S. 1017 ff.; *Frank*, in: *Frank / Himmler / Best / Höhn*, Grundfragen, S. 7 ff.; *Nebinger*, Reichspolizeirecht, S. 11 ff., der einen "wohlfahrtspolizeilichen Einschlag" sah, die Unterscheidung von Wohlfahrtspolizei und Sicherheitspolizei für überflüssig hielt und damit an die absolutistische Tradition des 18. Jahrhunderts anknüpfte. Zur Generalklausel selbst vgl. neben den folgenden Beispielen auch *Best*, in: *Frank / Himmler / Best / Höhn*, Grundfragen, S. 21 ff.

891 *Lauer*, Die Polizei im nationalsozialistischen Staat, S. 13, Hervorhebung durch Verfasser. Der Wandel wurde ansatzweise auch schon 1933 bei *Drews*, Preußisches

dert er eine - aus heutiger Sicht - besonders krasse Anwendungsmöglichkeit der neuen Auffassung. So sei eine Störung der öffentlichen Sicherheit schon dann gegeben, wenn ein Deutscher beim feierlichen Absingen des Horst-Wessel-Liedes nicht die Hand zum Hitlergruß hebe. Denn dadurch stelle er sich in einen Gegensatz zum Staat und gefährde "die für den Bestand des Staates unbedingt erforderliche vollkommene Durchführung der nationalsozialistischen Staatsidee"[892].

Ein weiteres Beispiel aus vielen, die in eine ähnliche Richtung weisen, nannte *Alfons Rehkopp*: Die Polizei "kann darüber hinaus unter dem Gesichtswinkel der Aufrechterhaltung der öffentlichen Ordnung auch rein politische Forderungen, die der Führer an seine Volksgenossen stellt, sicherstellen und etwa gegen einen Wirt einschreiten, der sich weigert, seinen Gästen ein Eintopfgericht bereitzustellen"[893]. Gerade im Bereich des Gewerberechts wurde die allgemeine polizeiliche Generalklausel sehr häufig angewandt, um Gewerbeuntersagungen durchzuführen[894]. So wurde teilweise - ab 1938 in zunehmendem Maße - die Unzuverlässigkeit einer Person allein damit begründet, daß diese Jude war und so eine polizeiliche Störung konstruiert, die eine Gewerbeuntersagung rechtfertigte[895].

Eine Gesetzesänderung im Sinne des neuen Regimes war also gar nicht erforderlich, um den ursprünglichen Anwendungsbereich der Vorschrift radikal zu erweitern und einen eingreifenden Verwaltungsakt der Polizei formaljuristisch zu rechtfertigen. Obwohl auch eine solche Gesetzesänderung vorge-

Polizeirecht, S. 16 erkennbar.

892 *Lauer*, Die Polizei im nationalsozialistischen Staat, S. 14.

893 *Rehkopp*, DV 1937, S. 118 (119).

894 § 35 in der damals gültigen Fassung der Gewerbeordnung war noch keine allgemeine Generalklausel zur Gewerbeuntersagung wegen Unzuverlässigkeit, sondern bezog sich nur auf bestimmte Berufsgruppen.

895 *Majer*, "Fremdvölkische" im Dritten Reich, S. 302 f. m.w.N. aus der Rspr. des Bezirksverwaltungsgerichts Köln, des Bay. VGH, des Württemb. VGH und des Sächs. OVG. Vgl. zur Rspr. über polizeiliche Eingriffe in die Gewerbefreiheit auch *Kirchberg*, Der Badische Verwaltungsgerichtshof, S. 193 ff. sowie *Hempfer*, Die nationalsozialistische Staatsauffassung, S. 142 ff. und *Rüfner*, Die Entwicklung der Verwaltungsgerichtsbarkeit, in: *Jeserich / Pohl / v. Unruh*, Bd. 4, S. 1099 (1102 f.) zum Preuß. OVG, das wohl als einziges Obergericht einem derartigen Meinungsumschwung zum Teil widerstanden hat. Vgl. insbesondere zur Behandlung der Juden auch die umfangreiche Dokumentation von *Walk*, Das Sonderrecht für die Juden im NS-Staat sowie zum Antisemitismus in der Rechtswissenschaft *Dreier*, VVDStRL 60 (2001), S. 9 (29 ff.).

schlagen wurde, erkannte man bald, daß die Begriffe der Generalklausel so "elastisch" waren, "daß schlechterdings jede gemeinschaftsgestaltende, die völkischen Werte schützende, die Ordnung des Zusammenlebens stützende Handlung der Polizei mit ihnen gerechtfertigt werden konnte. [...]. Kaum taucht ein neuer Anwendungsfall auf, [...], so wird die bisherige zu eng gewordene Rechtsprechung fallen gelassen und die Gefahrenabwehr auch auf den neuen Fall erstreckt."[896] Die "völlige Sinnwandlung" der Vorschrift wurde damals festgestellt und begrüßt[897].

Nach den gleichen Prinzipien wurde auch auf der Rechtsfolgenseite das 'neue Denken' eingebracht. Bei Verwaltungsakten, die nach dem Gesetz eine Ermessensentscheidung voraussetzten, legte man fest, daß das Ermessen nach nationalsozialistischen Grundsätzen zu betätigen sei. "Denn es kann gar nicht klar genug betont werden, daß auch und gerade der 'nach Ermessen' entscheidende Verwaltungsbeamte an das Recht des Volkes, an seine völkischen Pflichten, an den Plan und Willen des Führers und an die Grundlagen nationalsozialistischen Denkens gebunden ist."[898]

Das führte notwendigerweise dazu, daß das Recht nicht mehr klar zu bestimmen war und somit - ganz nach aktueller Lage - von den Behörden nach Belieben angewandt werden konnte; alles selbstverständlich im Rahmen dessen, was die herrschenden Nationalsozialisten gerade für vorteilhaft hielten. Je unbestimmter die Rechtslage war, desto größer war dementsprechend die Machtfülle des Regimes. Diese Lage wurde auch methodisch herbeigeführt. Trotz des allseits bekundeten Willens zur Rechtserneuerung wurden im Bereich des Verwaltungsrechts nur auf zwei großen Gebieten umfassende Gesetzesreformen durchgeführt[899], während man sich ansonsten mit einer unüberschaubaren Vielzahl von kurzen Spezialgesetzen bzw. Anordnungen jedweder Art behalf[900]. Der Versuch, eine neue Verfassung zu erarbeiten,

896 *Maunz*, Gestalt und Recht der Polizei, S. 57.

897 *Maunz*, Gestalt und Recht der Polizei, S. 58.

898 *Maunz*, Verwaltung, S. 214. Ebenso *Lauer*, Die Polizei im nationalsozialistischen Staat, S. 8; *v. Schönfeldt*, Die allgemeine und innere Verwaltung, S. 86; *Stuckart / Scheerbarth*, Verwaltungsrecht, S. 32. *Maunz*, a.a.O., lehnte daher auch die Unterscheidung von Rechts- und Ermessensfragen insgesamt ab, konnte sich damit aber nicht durchsetzen, vgl. beispielsweise *Schelcher*, DV 1939, S. 162 ff.

899 Auf dem Gebiet des Beamtenrechts das Gesetz zur Neuregelung des Berufsbeamtentums vom 7. April 1933 sowie das Deutsche Beamtengesetz vom 26. Januar 1937 und auf dem Gebiet des Kommunalrechts die Deutsche Gemeindeordnung vom 30. Januar 1935.

wurde wohlweislich erst gar nicht unternommen. Man ging einfach davon aus, daß sich das Recht und die Gerechtigkeit - in der nationalsozialistisch verfremdeten Form - automatisch durchsetzen würden.

Bei *Edgar Tatarin-Tarnheyden* hieß es: "Denn *Deutschsein heißt gerecht sein.* Der Rechtswert ist für den Germanen seit Urzeiten einer seiner höchsten Gemeinschaftswerte"[901]. Mit ähnlich rassisch-völkischer Intention stellte der Reichsrechtsführer und Reichsminister *Hans Frank* fest: "Wir Nationalsozialisten verstehen unter *Recht* den Ausdruck einer auf unserer germanischen Rassengrundlage sich entwickelnden *Lebensordnung unseres Volkes* mit dem Ziele des Schutzes der Allgemeinheit nach außen und nach innen durch vom Volke anerkannte und geübte Regeln. Sitte und Recht steigen nach nationalsozialistischer Auffassung aus dem gleichen Urgrunde der naturgesetzlichen Charakterbedingungen unseres deutschen Wesens auf."[902]

Wichtig war auch noch die Einführung einer neuen Hierarchie im Recht, die unabhängig von der Art der Rechtsquelle Gültigkeit hatte. Die Volksgemeinschaft - und mit ihr der Staat bzw. die Verwaltung - sollte in jedem Falle vorrangig sein gegenüber den Rechten des Einzelnen[903]. *Helmut Nicolai* brachte es drastisch auf den Punkt: "Die Pflicht des Opferns für die Gesamtheit hat keine Grenzen."[904] Konsequenterweise lehnte man daher auch die Geltung von Grundrechten ab und erklärte, daß diese der Geschichte angehörten[905].

900 Vgl. dazu auch *Schmidt*, DV 1941, S. 97 ff., der sich gegen eine Gesetzgebung zum "Allgemeinen Teil" des Verwaltungsrechts - und damit gegen eine generelle Festlegung der Grundprinzipien des Verwaltungsakts - wandte. Ebenso gegen "eine weitgehende Kodifikation des Verwaltungsrechts" *Kluge / Krüger*, Verfassung und Verwaltung, S. 256.

901 *Tatarin-Tarnheyden*, AöR 63 (1934), S. 345 (348), Hervorhebung im Original.

902 *Frank*, DV 1938, S. 737 (741), Hervorhebungen im Original. Vergleichbar auch die Ausführungen von *Lauer*, Die Polizei im nationalsozialistischen Staat, S. 5.

903 Vgl. dazu *Stolleis*, Geschichte des öffentlichen Rechts in Deutschland, Bd. 3, S. 360 f.

904 *Nicolai*, Grundlagen der kommenden Verfassung, S. 93. Ihm zustimmend: *Tatarin-Tarnheyden*, AöR 63 (1934), S. 345 (355). Im Ergebnis ebenso *Krüger*, DV 1937, S. 203 (205); *Meißner / Kaisenberg*, Staats- und Verwaltungsrecht, S. 139; *Schack*, Das Problem des Verwaltungsaktes, S. 334 f.

905 *Bauer*, Geschichtliche Grundlagen der Lehre vom subjektiven öffentlichen Recht, S. 113 f. m.w.N. Vgl. zur Außerkraftsetzung von Grundrechten auch § 1 der Verordnung des Reichspräsidenten zum Schutz von Volk und Staat vom 28. Februar 1933,

Wenn im nächsten Abschnitt die Begriffe Recht und Gesetz angeführt werden, so ist dabei immer die beschriebene 'neue' Anschauung des Rechts sowie die Bedeutungsminderung des Gesetzes durch konkurrierende Rechtsquellen und tendenzielle Auslegungsmethoden zu berücksichtigen. Nur vor diesem Hintergrund kann die folgende Darstellung der Debatte über die Rechtsbindung von Verwaltungsakten, den Vorbehalt und den Vorrang von Gesetz bzw. Recht, richtig verstanden und gewertet werden.

b) Vorbehalt und Vorrang des Gesetzes bzw. des Rechts

Ob ein Verwaltungsakt einer gesetzlichen Rechtsgrundlage bedarf (Vorbehalt), ob und inwieweit eine Bindung an Gesetz und Recht besteht (Vorrang), war ein in der Literatur des Dritten Reichs äußerst kontrovers behandeltes Thema. Die Palette der Meinungen reichte von dem völligen Verzicht auf Normen bei *Heinz Ehaus*[906] bis zu einer noch sehr liberal-rechtsstaatlich anmutenden Gesetzesbindung bei *Arnold Köttgen*[907].

der sich zwar laut Einleitung der Verordnung nur gegen kommunistische Bestrebungen richten sollte, jedoch später allgemeine Anwendung fand (vgl. *Angermund*, "Recht ist, was dem Volke nutzt", S. 62; *Tyrell*, Voraussetzungen und Strukturelemente des nationalsozialistischen Herrschaftssystems, S. 55).

906 *Ehaus*, DV 1938, S. 673 (675). Zwar sind seine Aussagen größtenteils auf das Polizeiverordnungsrecht bezogen und können daher nicht auf das gesamte Verwaltungsrecht ausgedehnt werden; seine allgemeine Grundhaltung bezüglich der Erforderlichkeit von Rechtsgrundlagen wird aber dennoch deutlich. Vgl. insbesondere die folgenden Ausführungen: "Die notwendigen polizeilichen Maßnahmen werden sich aus dem Begriff und den Aufgaben der Polizei selbst ergeben. Die Politische Polizei hat auf diesem Gebiet ein gutes Teil Vorarbeit geleistet." Wenn man das bekannte Verhalten der politischen Polizei (der sogenannten Gestapo) als Maßstab nimmt und unterstellt, daß dieses im Jahr 1938 dem SS-Hauptsturmführer und Regierungsrat *Ehaus* zumindest in den Grundzügen geläufig war, dann muß man wohl auch von einer Befürwortung einer weitgehenden Normfreiheit bezüglich Verfügungen ausgehen. Ähnlich sah es *Hamel*, Wesen und Rechtsgrundlagen der Polizei, S. 389: "Es gibt kein positives Gesetz, aus dem die heutige Zuständigkeit der Polizei abgelesen werden könnte. *Rechtsgrundlage der Polizei ist vielmehr lediglich das Wesen der Staatshoheit und ihre Ausgestaltung durch den Führer und Reichskanzler*" (Hervorhebung im Original). Diese Auffassung kann auch auf die gesamte Verwaltung übertragen werden, da seine Begriffsdefinition von "Polizei" extrem weit war. Er setzte die Polizei- und Staatsaufgaben völlig gleich (vgl. dazu a.a.O., S. 384 f.) und knüpfte damit an die Tradition der früheren absolutistischen Betrachtungsweise an.

907 *Köttgen*, Deutsche Verwaltung, 1. Aufl., S. 36 f.

aa) Vorbehalt

Nahe beim erstgenannten Extrem können vor allem *Werner Best*[908], bis 1940 stellvertretender Leiter des Geheimen Staatspolizeiamts in Berlin, und, im Anschluß an diesen, *Theodor Maunz*[909] eingeordnet werden. Bei beiden spielten die Gesetze nur eine sehr untergeordnete Rolle. Sie seien allenfalls ergänzend, konkretisierend, aber auf jeden Fall nachrangig gegenüber dem Willen der Regierung bzw. der Führung anwendbar. Auf eine förmliche Aufhebung oder Änderung der früheren Gesetze könne daher auch verzichtet werden[910]. *Maunz* bekannte sich zwar zu der Erforderlichkeit von Rechtsgrundlagen, aber diese konnten auch in Einzelweisungen oder Einzelbilligungen des Führers oder sonstiger Personen, die der Führer bestimmt hatte, bestehen[911]. Dadurch, daß auch eine Billigung für ausreichend erklärt wurde, führte *Maunz* seine Argumentation selbst *ad absurdum*. Denn eine Billigung konnte allenfalls mutmaßlich und in der Regel sogar erst nachträglich vorliegen. Zum Zeitpunkt der Maßnahme bestand also gerade keine Rechtsgrundlage. Man könnte dagegen argumentieren, daß auch eine rückwirkende Rechtsgrundlage ausreichend sei. Dies widerspricht jedoch völlig dem Zweck, nämlich der Rechtssicherheit und dem Schutz des Einzelnen, für den diese - im Grunde liberal-rechtsstaatliche - Garantie entwickelt wurde. Als ebenso zweckwidrig ist deshalb auch die bei *Maunz* erwähnte "geheime, nicht veröffentlichte" Ermächtigung einzustufen[912], in der Praxis, mit dem Fortschreiten der nationalsozialistischen Herrschaft, immer mehr zunahm[913].

Eher gegen die Notwendigkeit einer Rechtsgrundlage spricht auch die sogenannte "institutionelle Ermächtigung" der Polizei. Diese bestand in dem "allgemeinen Auftrag des Führers an die Polizei, Staatsschutzkorps zu sein."[914] Eine derartige Formulierung, die an Unbestimmtheit sogar die poli-

908 *Best*, Die Deutsche Polizei, S. 25 ff.; *Best*, Politische Polizei, S. 424 f. im Rahmen des Polizeirechts. Speziell zu diesem Rechtsbereich ebenso *Kluge / Krüger*, Verfassung und Verwaltung, S. 279.

909 *Maunz*, Gestalt und Recht der Polizei, S. 26 ff.; *Maunz*, Verwaltung, S. 183.

910 *Best*, Die Deutsche Polizei, S. 25.

911 *Maunz*, Gestalt und Recht der Polizei, S. 27 mit Verweis auf *Best*.

912 *Maunz*, Gestalt und Recht der Polizei, S. 28.

913 *Dreier*, VVDStRL 60 (2001), S. 9 (56 ff.) m.w.N.

914 *Maunz*, Gestalt und Recht der Polizei, S. 27. Diese Ermächtigung ist wohl als Vorstufe zu dem anzusehen, was *Ebaus* größtenteils erst für die Zukunft vorschlägt (vgl. oben). Ähnlich später auch *Nebinger*, Reichspolizeirecht, S. 17 ff.

zeiliche Generalklausel übertrifft, kann nach heutiger Sichtweise nicht als wirkliche Rechtsgrundlage angesehen werden. *Robert Nebinger* hielt sogar schlicht den "Polizeibegriff" als Ermächtigung für ausreichend[915]. Hierzu paßt dann auch die Auffassung von *Franz W. Jerusalem*, daß Recht "aus der Praxis der Behörden" entstehen könne, "die insoweit an die Stelle des Gesetzgebers treten."[916] Also Bindung durch Praxis, aber ohne Notwendigkeit einer gesetzlichen Ermächtigung. Mit gleicher Intention erklärte *Maunz*: "Was der völkischen Ordnung entspricht, ist Recht, mag es normdelegiert sein oder nicht. Die Einzelverfügung ist nicht etwas weniger Vertrauenswürdiges als der Erlaß einer Rechtsregel."[917]

Somit brauchte man also für einen Verwaltungsakt keine Rechtsgrundlage, sondern der Verwaltungsakt sollte aus sich selbst heraus, nur basierend auf dem völkischen Gedanken, eigenständig Recht schaffen. Im Grundsatz bestätigt wurde diese Ansicht sogar ganz offiziell durch § 1 der Zweiten Verordnung zum Gesetz über die Wiedervereinigung Österreichs mit dem Deutschen Reich vom 18. März 1938: "Der Reichsführer-SS und Chef der Deutschen Polizei im RMdI. kann die zur Aufrechterhaltung der Sicherheit und Ordnung notwendigen Maßnahmen auch außerhalb der sonst hierfür bestimmten gesetzlichen Grenzen treffen."[918]

Bei den Vertretern dieser Richtung kann also nicht mehr von einem Vorbehalt des Gesetzes für den Erlaß von Verwaltungsakten (zumindest von belastenden) gesprochen werden[919]. Konsequenterweise wurde dann auch die

915 *Nebinger*, Reichspolizeirecht, S. 19 ff. Bestätigt wurde seine Ansicht durch § 2 der Danziger Rechtsverordnung über die Polizei vom 11. Januar 1937: "Die Polizeibehörden haben die notwendigen Maßnahmen zur Durchführung ihrer Aufgaben nach pflichtmäßigem Ermessen zu treffen unter Würdigung der Bedeutung des zu schützenden Werts und der innerhalb der Volksgemeinschaft berechtigten Belange der durch die Maßnahme Betroffenen." Bei dieser Ermächtigung wurde auf jegliches Tatbestandsmerkmal verzichtet und nur noch die Rechtsfolgenseite beschrieben.

916 *Jerusalem*, Das Verwaltungsrecht und der neue Staat, S. 11. Später aber trat er an anderer Stelle (*Jerusalem*, Gesetzmäßigkeit der Verwaltung oder Rechtmäßigkeit der Verwaltung?, S. 106 ff.) klar und eindeutig für Vorbehalt und Vorrang des Gesetzes ein.

917 *Maunz*, Die Rechtmäßigkeit der Verwaltung, S. 65.

918 Eine ähnliche Regelung, allerdings nur in einem ministeriellen Erlaß, gab es bereits 1933, vgl. *Best*, in: *Frank / Himmler / Best / Höhn*, Grundfragen, S. 27, Fn. *.

919 *Koellreutter*, Deutsches Verwaltungsrecht, S. 17 f.; *Maunz*, Verwaltung, S. 39, *Nebinger*, Reichspolizeirecht, S. 17 ff. Im Ergebnis ebenso *Lauer*, Die Polizei im nationalsozialistischen Staat, S. 7.

Unterscheidung in belastende und begünstigende Verwaltungsakte für überflüssig erklärt[920].

Etwas abgeschwächt, aber wohl ebenfalls gegen einen Gesetzesvorbehalt sprach sich *Friedrich Schack* aus[921]. Jedoch suchte er nach einem Ersatz, der der Verwaltung eine Vollmacht zum Erlaß von Verwaltungsakten geben könne. Da auch er den Willen der Führung als höchste Instanz ansah, verlangte er, daß jede behördliche Tätigkeit darauf beruhen solle. Jeder Verwaltungsakt setzte dementsprechend einen von der Führung erteilten "Amtsauftrag" voraus. "Daher würde also ein Verwaltungsakt eines Verwaltungsträgers, der nicht auf einen, wenn auch generell erteilten Amtsauftrag zurückginge, rechtswidrig sein."[922]

Schack räumte der Führung sogar eine so außerordentlich wichtige Position ein, daß er selbst für Begünstigungen einen derartigen Auftrag forderte.[923] Dennoch lehnte er die Unterscheidung von begünstigenden und belastenden Verwaltungsakten nicht ab, da für ihn u. a. "die Erfordernisse eines rein begünstigenden Aktes weniger streng sind als die eines belastenden Aktes."[924] Demzufolge nimmt er eine Mittelposition ein, die zwar nicht mehr den Gesetzesvorbehalt anerkennt, aber ersatzweise den Vorbehalt der Führung[925] fordert.

Bei anderen Autoren blieb die gesetzliche Ermächtigung für Eingriffsverwaltungsakte eine wesentliche Voraussetzung[926]. Die Motivation war jedoch nicht mehr der Schutz des Einzelnen, sondern "die höchstmögliche Er-

920 *Maunz*, Verwaltung, S. 186 (str.); siehe dazu auch *Maunz*, DV 1935, S. 65.

921 *Schack*, Das Problem des Verwaltungsaktes, S. 322 f. Seine Formulierung war allerdings sehr vorsichtig. Er legte sich nicht eindeutig fest, dennoch kann aus seinen folgenden Ausführungen darauf geschlossen werden, daß er eine gesetzliche Grundlage nicht für erforderlich hielt.

922 *Schack*, Das Problem des Verwaltungsaktes, S. 323 m.w.N. Den Ausdruck "Amtsauftrag" übernahm er von *Köttgen*, Deutsche Verwaltung, 1. Aufl., S. 36 f., der an dieser Stelle allerdings noch davon ausging, daß ein solcher Auftrag in Gesetzesform zu ergehen hatte.

923 *Schack*, Das Problem des Verwaltungsaktes, S. 328.

924 *Schack*, Das Problem des Verwaltungsaktes, S. 328. Eine genauere Systematik zu diesem Problembereich entwickelte er jedoch nicht, wodurch die von ihm genannten Erfordernisse unklar bleiben.

925 Zu diesem Vorbehalt siehe auch *Pauly*, VVDStRL 60 (2001), S. 73 (92) m.w.N.

926 Vgl. etwa *Forsthoff*, DR 1935, S. 390 (399); v. *Köhler*, Grundlehren des Deutschen Verwaltungsrechts, S. 49 ff.; *Köttgen*, Deutsche Verwaltung, 1. Aufl., S. 36 f.

starkung der Nation", da die hierdurch entstehende Rechtssicherheit vor allem die Gemeinschaft fördern sollte, wenn auch auf dem Umweg über das Vertrauen des Einzelnen.[927] Dennoch wollte z. B. *Ludwig v. Köhler* es grundsätzlich der Führung überlassen, ob sie tatsächlich ein Gesetz erläßt, und relativierte damit den Gesetzesvorbehalt. Insbesondere bei den belastenden Verwaltungsakten war seine Wertung jedoch eindeutig: "Indes entspricht es durchaus dem Wirklichkeitssinn des Nationalsozialismus, wenn davon ausgegangen wird, daß Akte der öffentlichen Verwaltung, die dem Einzelnen die Pflicht zu einem bestimmten Handeln, Dulden oder Unterlassen auferlegen, auf Ermächtigung durch Rechtsvorschrift zu beruhen haben."[928] Er erkannte zwar den Ursprung dieser Ansicht als liberal-rechtsstaatlich an, sah darin aber keine Probleme, da Gesetzgebung und Verwaltungsleitung nicht mehr getrennte Gewalten, sondern in "der obersten Führung vereint" seien[929].

Ebensolche Meinungsverschiedenheiten wie in der Literatur sind auch in der Rechtsprechung festzustellen. Während das Preußische Oberverwaltungsgericht eindeutig an der Erforderlichkeit einer gesetzlichen Ermächtigungsgrundlage festhielt[930], gingen andere Oberverwaltungsgerichte davon aus, daß eine solche nicht unbedingt erforderlich sei[931].

Die herrschende Meinung lag zwischen den Extremen, aber mit fortschreitender Dauer der nationalsozialistischen Diktatur wohl näher bei denen, die einen Gesetzesvorbehalt ablehnten. Ein gutes Indiz dafür ist der Meinungswandel bei *Arnold Köttgen* von der ersten Auflage seines Lehrbuchs "Deutsche Verwaltung" (1936) zur dritten Auflage (1944). Während in der früheren Fassung eine gesetzliche Rechtsgrundlage verlangt wurde[932], be-

927 *v. Köhler*, Grundlehren des Deutschen Verwaltungsrechts, S. 50.

928 *v. Köhler*, Grundlehren des Deutschen Verwaltungsrechts, S. 49 f.

929 *v. Köhler*, Grundlehren des Deutschen Verwaltungsrechts, S. 51.

930 Etwa Preuß. OVG JW 1937, S. 1031 f. (Urteil v. 8. Oktober 1936) mit Anmerkung von *Fritzschen*; Preuß. OVGE 101, S. 203 ff. (Urteil v. 16. Dezember 1937). Vgl. dazu auch die zustimmende Abhandlung von *Ansorge*, DV 1941, S. 235 u. 249 (236); die Kritik von *Höhn*, DV 1938, S. 330 (331) sowie aus neuerer Zeit *Götz*, Polizei und Polizeirecht, S. 1030 f. und die ausführliche Darstellung von *Hempfer*, Die nationalsozialistische Staatsauffassung, S. 145 ff. mit vielen Nachweisen aus der Rspr. des Preuß. OVG.

931 Z. B. Sächs. OVG DV 1937, S. 61 (Urteil v. 23. Oktober 1936); Thür. OVG RVBl. 1936, S. 316 (Urteil v. 4. März 1936); Württemb. VGH RVBl. 1936, S. 972 f. (Urteil v. 17. Juni 1936). Vgl. dazu *Krüger*, DV 1937, S. 203 ff.; *Schmidt*, DV 1938, S. 709 u. 748 (711 f.) m.w.N. aus der Rspr.

gnügte sich *Köttgen* später mit einer "rechtlichen Grundlage", was bedeutet, daß als Ermächtigung "nicht lediglich positive Rechtsnormen herangezogen werden können, sondern gleichermaßen die ungeschriebenen Rechtsgrundsätze des Gemeinschaftslebens."[933]

bb) Vorrang

In engem Zusammenhang mit dem Vorbehalt steht der Vorrang des Gesetzes. Es stellte sich die Frage, ob Verwaltungsakte noch an Gesetze gebunden waren, diesen also nicht widersprechen durften. Auch zu diesem Thema gab es gegensätzliche Ansichten, wobei die herrschende Meinung jedoch klarer auszumachen ist. Denn mit der oben dargestellten Bedeutungsminderung der Gesetze durch neue Rechtsquellen folgte zwingend die Notwendigkeit, den Grundsatz des Gesetzesvorrangs abzuwandeln, um die neuen Rechtsquellen in das Gesamtrechtssystem zu integrieren. Trotz der häufigen Beteuerung, daß kein Verwaltungsakt einer gesetzlichen Regelung widersprechen dürfe[934], zeigt schon die Änderung der Terminologie den Wandel der Auffassung. Statt von 'Gesetzmäßigkeit der Verwaltung' sprach man in aller Regel von der 'Rechtmäßigkeit der Verwaltung'[935], wobei die Rangfolge der beiden Grundsätze gleich klargestellt wurde: "Die Rechtmäßigkeit steht in dem Sinne *über* der Gesetzmäßigkeit"[936]. Insbesondere bei Inter-

932 *Köttgen*, Deutsche Verwaltung, 1. Aufl., S. 199.

933 *Köttgen*, Deutsche Verwaltung, 3. Aufl., S. 219 u. 221. Vergleichbar auch die Position von *Kluge / Krüger*, Verfassung und Verwaltung, S. 257 f.

934 *Köttgen*, Deutsche Verwaltung, 1. Aufl., S. 36; *Laforet*, Deutsches Verwaltungsrecht, S. 225; *Lauer*, Die Polizei im nationalsozialistischen Staat, S. 7; *Maunz*, Die Rechtmäßigkeit der Verwaltung, S. 62; *Maunz*, Verwaltung, S. 38 ff., 182; *Maunz*, DV 1935, S. 65 (66); *Schack*, Das Problem des Verwaltungsaktes, S. 323. Sinngemäß auch *Dennewitz*, Verwaltung und Verwaltungsrecht, S. 87 und *v. Köhler*, Grundlehren des Deutschen Verwaltungsrechts, S. 43, 161. Ausdrücklich anderer Ansicht *Himmler*, in: *Frank / Himmler / Best / Höhn*, Grundfragen, S. 11 ff.

935 *Kluge / Krüger*, Verfassung und Verwaltung, S. 258; *Koellreutter*, Deutsches Verwaltungsrecht, S. 16 f.; *Laforet*, Deutsches Verwaltungsrecht, S. 225; *Maunz*, Die Rechtmäßigkeit der Verwaltung, S. 62; *Maunz*, Verwaltung, S. 39; *Maunz*, DV, 1935, S. 65 (66); *Nebinger*, Reichspolizeirecht, S. 11; *Schack*, Das Problem des Verwaltungsaktes, S. 324. Vgl. dazu *Ibler*, Rechtspflegender Rechtsschutz im Verwaltungsrecht, S. 325 ff.

936 *Krüger*, DV 1937, S. 203 (205), Hervorhebung im Original. Ebenfalls in diesem Sinn z. B. *Maunz*, DR 1935, S. 393 (397) und *Schack*, Das Problem des Verwaltungsaktes, S. 324.

essenkonflikten des Einzelnen mit der Volksgemeinschaft lag der Vorrang bei dem die Gemeinschaft schützenden Staat. Die Rechte des Einzelnen - und damit auch solche, die gesetzlich garantiert waren - mußten zurückweichen. Der verwaltende Staat "handelt 'in einem höheren Sinne *rechtmäßig*', wenn er die Gemeinschaft schützt."[937]

Der Inhalt des Meinungsumschwungs läßt sich unmittelbar aus der neuen Auffassung von Recht[938] ableiten. Es bestand nunmehr - sozusagen ersatzweise - eine Bindung der Verwaltung an den Führerwillen, die nationalsozialistische Weltanschauung und unbestimmte Gemeinwohlformeln[939]. An die Stelle des Gesetzes schob man eine Vielzahl von verschwommenen Begriffen, die eine nicht vorhandene Rechtsordnung vorgaukeln sollten. Recht sollte nicht von der Norm ausgehen, sondern sich aus dem ergeben, was im Volk als Recht vorhanden ist[940].

In der Wissenschaft wurde zu diesem Zweck ein neues Rechtsdenken gefordert und entwickelt, das jedoch letztendlich auch nicht zu einer größeren Klarheit führte. Zu nennen ist insbesondere *Carl Schmitt* und seine Lehre vom "konkreten Ordnungs- und Gestaltungsdenken"[941]. Er versuchte darin das Wesen des Rechts zurückzuführen auf Institutionen und die konkrete Lebensordnung der arischen Volksgemeinschaft[942]. Auch hier blieb jedoch als letzter Ausweg aus dem Dilemma, daß die "konkrete Ordnung" gerade nicht konkret

937 *Krüger*, DV 1937, S. 203 (205), Hervorhebung im Original.

938 Siehe oben im Abschnitt C.II.2.a.

939 Vgl. dazu *Stolleis*, Gemeinwohlformeln im nationalsozialistischen Recht, S. 238 f.

940 *Maunz*, DV 1935, S. 65 (68). Ähnlich sah es *Frank*, DV 1938, S. 737 (744): "Die Autorität der Verwaltung liegt nicht in einer intransigenten, autoritären, blasierten Selbstsicherheit, sondern *in der Bejahung der Verwaltungsmaßnahmen durch das Volksbewußtsein.* [...]. Auch für das Verwaltungsrecht gilt: *Was dem Volke nützt, ist Recht.*" Hervorhebungen im Original.

941 Ausführlich dargestellt bei *Schmitt*, Über die drei Arten des rechtswissenschaftlichen Denkens. *Maunz*, DR 1935, S. 393 (394) bezeichnete ihn daraufhin als "Ueberwinder der gesetzesstaatlichen Verwaltung, indem er nämlich das Denken in *Institutionen* statt in Normen in die Verwaltung einführte." Hervorhebung im Original. Siehe dazu auch *Kirschenmann*, "Gesetz" im Staatsrecht und in der Staatsrechtslehre des Nationalsozialismus, S. 29 ff. und *Rüthers*, Das Ungerechte an der Gerechtigkeit, S. 95 ff. m.w.N.

942 Zum Begriff der "Volksgemeinschaft" siehe *Dreier*, VVDStRL 60 (2001), S. 9 (33 ff.) m.w.N.

und eindeutig feststellbar war, nur die Übertragung der Entscheidung auf den Führer[943].

Aus diesem Vorrang der Führung folgte eine Differenzierung, wann eine Gesetzesbindung streng zu sein hat und wann allgemeinere Rechtmäßigkeitserwägungen eingreifen sollten. Dabei wurde zwischen neuen Gesetzen und solchen aus der Zeit vor dem nationalsozialistischen Staat unterschieden[944]. Man begründete dies damit, daß sich die Bindung nur dann rechtfertigen lasse, wenn das Gesetz auch wirklich als Ausprägung des Führerwillens angesehen werden könne. Recht und neue Gesetze seien "im Dritten Reich dasselbe, weil das Gesetz Plan und Wille des Führers ist."[945] *Friedrich Schack* führte aus: "An die seit der Umwälzung erlassenen Gesetze besteht sogar, wie gesagt, eine strenge Bindung, da es undenkbar ist, daß ein vom Führer erlassenes Gesetz nicht 'Recht' wäre, und wenn ältere Gesetze dem Empfinden der völkischen Gemeinschaft entsprechend umgedeutet werden, so folgt damit der das Gesetz anwendende Beamte nur dem mutmaßlichen Willen des Führers."[946]

Jedoch ist trotz dieser Differenzierung davon auszugehen, daß auch bei den neuen Gesetzen die nationalsozialistische Weltanschauung als Auslegungsregel anzuwenden ist und daß die sogenannte "strenge Bindung" dadurch relativiert wird. Außerdem ist zu bedenken, daß im Dritten Reich zwar viele Details neu geregelt wurden, in der 'nur' zwölfjährigen Dauer aber nicht einmal annähernd der größte Teil der Gesetze neugefaßt oder auch nur geändert werden konnte. Die große Masse der Verwaltungsrechtsnormen stammte sogar noch aus dem 19. Jahrhundert und war zudem in den verschiedenen Reichsgebieten unterschiedlich, was eine durchgehende Änderung im nationalsozialistischen Sinn in besonderem Maße erschwerte.

Entgegen der dargestellten herrschenden Meinung stand recht einsam auch hier wieder das Preußische Oberverwaltungsgericht. Es hielt fest am Grundsatz der Bindung von Verwaltungsakten an das förmliche Gesetz, welchen es als Element der nationalsozialistischen Weltanschauung ansah, oder dies wenigstens vorgab[947]. Wesentlich bei dieser Haltung war zudem, daß die

943 Vgl. *Schmitt*, DJZ 1934, Sp. 945 (946 f.).

944 Dazu *Stolleis*, Geschichte des öffentlichen Rechts in Deutschland, Bd. 3, S. 363.

945 *Krüger*, DV 1937, S. 203 (206).

946 *Schack*, Das Problem des Verwaltungsaktes, S. 324. Ebenso *Maunz*, Verwaltung, S. 40.

oben beschriebene Umdeutung der gesetzlichen Tatbestandsmerkmale und unbestimmten Rechtsbegriffe, insbesondere bei der polizeilichen Generalklausel, von dem Gericht nur teilweise[948] mitvollzogen wurde. So schließt sich auch der Kreis zum Festhalten am Gesetzes*vorbehalt* durch das Preußische Oberverwaltungsgericht. Durch diese Positionen stellte es sich zumindest in Teilen[949] seiner Rechtsprechung schützend vor die im totalitären Staat verfolgten Minderheiten. Beispielhaft verdeutlicht werden kann diese Rechtsprechung anhand der vielzähligen Urteile des Gerichts zur Gewerbeuntersagung durch Polizeibehörden. Im Widerspruch zu der in den §§ 1, 143 RGO garantierten Gewerbefreiheit wurde vor allem Juden, Zigeunern, Kommunisten sowie Zeugen Jehovas häufig durch Verwaltungsakt die Ausübung eines Gewerbes untersagt oder der Antrag auf Erteilung eines Wandergewerbescheins abgelehnt. Diese Untersagungsverfügungen oder Antragsablehnungen, die nur auf der Gruppenzugehörigkeit der betreffenden Personen beruhten, wurden vom Preußischen Oberverwaltungsgericht nicht gebilligt[950]. Eine

947 Vgl. dazu *Best*, in: *Frank / Himmler / Best / Höhn*, Grundfragen, S. 23 ff.; *Hempfer*, Die nationalsozialistische Staatsauffassung, S. 142 ff. mit ausführlichen Nachweisen aus der Rspr. des Preuß. OVG; *Rüfner*, Die Entwicklung der Verwaltungsgerichtsbarkeit, in: *Jeserich / Pohl / v. Unruh*, Bd. 4, S. 1099 (1102 ff.). Zur gegensätzlichen Rspr. anderer Verwaltungsgerichte, wie beispielsweise dem Bad. VGH, dem Sächs. OVG und dem Thür. OVG, siehe *Kirchberg*, Der Badische Verwaltungsgerichtshof, S. 195 ff.; *Krüger*, DV 1937, S. 203; *Schmidt*, DV 1938, S. 709 u. 748 (insbesondere S. 711); jeweils m.w.N.

948 Beispiele für die Umdeutung im nationalsozialistischen Sinn finden sich etwa bei *Bach*, DV 1938, S. 199 mit Nachweisen aus der Rspr. des Preuß. OVG, wobei die dort zitierten Urteile nicht ausschließlich mit der neuen Staatsideologie zu erklären sind. So kann etwa die Entscheidung des Gerichts über die Unstatthaftigkeit von Damenboxkämpfen, Preuß. OVGE 91, S. 139 (Urteil v. 9. November 1933), vom Ergebnis her auch auf das konservative Frauenbild der Richter zurückgeführt werden, ohne daß die nationalsozialistische Rechtsanschauung herangezogen werden muß. Daß der "Durchbruch der nationalen Revolution" im Urteil als Begründung angeführt wird, bedeutet nicht zwingend, daß die Entscheidung tatsächlich darauf beruht. Ein zum gleichen Ergebnis kommendes Urteil wäre auch vor oder nach 1933 in einem nicht vom Nationalsozialismus geprägten Land Europas denkbar gewesen.

949 Zu einem Gegenbeispiel, kommunistische Bestrebungen betreffend, vgl. auch *Kirchberg*, VBlBW 1988, S. 379 ff., der insbesondere die Entscheidung Preuß. OVGE 94, S. 134 (Urteil v. 25. Oktober 1934) zum Erscheinungsverbot für die marxistische "Neue Tribüne" kritisiert.

950 Vgl. Preuß. OVGE 92, S. 188 (Urteil v. 21. Dezember 1933); Preuß. OVGE 92, S. 99 (Urteil v. 22. Februar 1934); Preuß. OVG RVBl. 1936, S. 361 (Urteil v. 19. Dezember 1935); Preuß. OVGE 97, S. 204 (Urteil v. 30. Dezember 1935); Preuß. OVGE 99, S. 177 (Urteil v. 1. Oktober 1936); Preuß. OVGE 100, S. 217 (Urteil v.

typische Urteilsbegründung hatte etwa folgenden Wortlaut: "Der Wandergewerbeschein kann unter Berufung auf § 57b Ziff. 2 RGO nicht allein aus dem Grunde versagt werden, daß der Antragsteller Zigeuner sei und Zigeuner erfahrungsgemäß ein Wandergewerbe nur zum Schein ausübten, um in Wahrheit die Begehung von Diebstählen und Betrug zu decken, oder aber in Fällen der wirklichen Ausübung des Wandergewerbes sich hierbei regelmäßig als unzuverlässig erweisen."[951]

Aber vor allem mit dem weiteren Fortschreiten der völkisch-nationalsozialistischen Gesetzgebung gegen solche Gruppen wurde dieser Schutz aufgrund der konsequenten Beibehaltung der Gesetzesbindung durch das Preußische Oberverwaltungsgericht auch wieder geringer[952]. Nach der Änderung von § 57 RGO durch Gesetz vom 6. Juli 1938 ("Der Wandergewerbeschein ist zu versagen: [...] wenn der Nachsuchende Jude ist.") war die bisherige Rechtsprechung zumindest für die Gruppe der Juden nicht mehr fortsetzbar.

Die Ergebnisse der Entscheidungen des Preußischen Oberverwaltungsgerichts waren somit weniger bestimmt von einer gänzlich anderen Weltanschauung der Richter[953], als vielmehr von formal-juristischem Rechtsstaatsdenken und einer positivistischen Anwendung der Gesetze[954], was jedoch die Verdienste dieses Gerichts nicht entwertet[955]. Die Grundhaltung änderte sich erst im Jahr 1941, als das Gericht mit teilweise neuem Personal in das neugeschaffene Reichsverwaltungsgericht überführt wurde[956]. Das Reichsverwaltungsgericht erklärte - um in dem oben exemplarisch gewählten Bereich des Gewerberechts zu bleiben - unter Hinweis auf das "Interesse der Volksgemeinschaft", die die Gewerbefreiheit garantierende Vorschrift des § 143 RGO

8. Oktober 1936); Preuß. OVGE 101, S. 203 (Urteil v. 16. Dezember 1937); Preuß. OVGE 106, S. 55 (Urteil v. 17. Januar 1941). Ausführliche weitere Nachweise zu diesem Thema finden sich bei *Frege,* Der Status des Preußischen Oberverwaltungsgerichtes, S. 144 ff.

951 Preuß. OVGE 97, S. 204 (Urteil v. 30. Dezember 1935).

952 *Hempfer*, Die nationalsozialistische Staatsauffassung, S. 145 m.w.N.

953 Vgl. dazu *Angermund*, Deutsche Richterschaft 1919-1945.

954 *Rüfner*, Die Entwicklung der Verwaltungsgerichtsbarkeit, in: *Jeserich / Pohl / v. Unruh*, Bd. 4, S. 1099 (1102 ff.).

955 Vgl. dazu auch *Frege,* Der Status des Preußischen Oberverwaltungsgerichtes, S. 144 ff.

956 Durch den Erlaß des Führers und Reichskanzlers über die Errichtung des Reichsverwaltungsgerichts vom 3. April 1941.

sei "als nicht mehr geltend" anzusehen[957], obwohl das Gesetz formal weiterhin Bestand hatte. Damit erhielt die Polizei die Möglichkeit, mit höchstgerichtlicher Duldung bestimmten Personengruppen aufgrund der polizeilichen Generalklausel die Ausübung eines Gewerbes zu untersagen.

Trotz der starken herrschenden Meinung im Schrifttum und in großen Teilen der Rechtsprechung scheint die behördliche Praxis dem Bild des neuen nationalsozialistischen Rechtsdenkens nicht immer in vollem Maße entsprochen zu haben. Obwohl die meisten Beamten dem Regime gegenüber zumindest loyal waren, zeigen häufige Beschwerden von Gauleitern und Reichsstatthaltern bis hin zu Äußerungen von *Adolf Hitler* selbst, daß vieles, was ideologisch und juristisch vorgedacht wurde, sich bei den Behörden nicht durchsetzte. *Hitler* glaubte, daß er unter der Beamtenschaft noch "Zehntausende teils versteckter, teils lethargischer Gegner" habe und es noch Jahre dauern werde, bis eine Verwaltung existiere, "die auch wirklich mitgehen wolle"[958]. Einer der Hauptkritikpunkte war dabei das beträchtliche Festhalten von Beamten an rechtlichen Vorschriften und Paragraphen[959]. Auch wenn viele nationalsozialistische Parteimitglieder führende Positionen in der Verwaltung übernahmen, konnte dennoch nicht die gesamte Bürokratie in kürzester Zeit völlig umgewandelt werden[960]. Dazu trug auch das Kompetenzgerangel zwischen Partei- und Staatsstellen bei[961]. Daß das totalitäre System trotzdem funktionierte, erscheint bei diesen Voraussetzungen zumindest sonder-

957 RVerwG ZAkDR 1943, S. 157 (Urteil v. 1. Oktober 1942).

958 Aus einer Niederschrift über die Reichsstatthalter-Konferenz am 1. November 1934 in der Reichskanzlei R 43 II / 1392 (Bundesarchiv Koblenz), zitiert nach *Rebentisch*, Führerstaat und Verwaltung, S. 30. Siehe zur Haltung *Hitlers* gegenüber den Beamten auch *Hattenhauer*, Geschichte des deutschen Beamtentums, S. 392 ff., 437 f., 447 ff. sowie dessen schon frühe grundsätzliche Ablehnung des Beamtentums in *Hitler*, Mein Kampf, S. 5 f.

959 *Rebentisch*, Führerstaat und Verwaltung, S. 29 ff. m.w.N. Vgl. zum Ablauf in der Verwaltungspraxis auch *Laux*, Führung und Verwaltung in der Rechtslehre des Nationalsozialismus, S. 58 ff. sowie die knappe Wertung von *Wolff / Bachof / Stober*, Verwaltungsrecht I, S. 90.

960 Mit den großen Rüstungsvorhaben und dem beginnenden Krieg wurde der Bedarf an erfahrenen Beamten dann so groß, daß sogar aus damaliger Sicht politisch belastete, also regimekritische Beamte, die man bereits aus dem Staatsdienst entfernt hatte, wieder eingestellt werden mußten. Vgl. *Hattenhauer*, Geschichte des deutschen Beamtentums, S. 412 f., 422 f.

961 Dazu *Dreier*, VVDStRL 60 (2001), S. 9 (42 ff.); *Hattenhauer*, Geschichte des deutschen Beamtentums, S. 417 ff.; *Stolleis*, Geschichte des öffentlichen Rechts in Deutschland, Bd. 3, S. 353.

bar. Treffend charakterisiert denn auch *Dieter Rebentisch* in einer zusammenfassenden Würdigung die Verwaltungskonfusion - angelehnt an ein Zitat von *Joseph Goebbels* - als "das organisierte Chaos"[962].

Aufgrund der großen Unterschiede zwischen einzelnen Behörden, je nachdem, ob sie in politisch und weltanschaulich relevanten Bereichen tätig waren oder nicht, und abhängig von den jeweils verantwortlichen Beamten, läßt sich eine eindeutigere Darstellung der Gesetzestreue bei den Amtshandlungen, respektive beim Erlaß von Verwaltungsakten, nicht geben. Wenigstens kann festgehalten werden, daß bei der Rechtsbindung Theorie und Praxis nicht in dem von den Nationalsozialisten gewünschten Umfang übereinstimmten[963].

3. Die Befugnis zum Erlaß von Verwaltungsakten durch die NSDAP

Während vor Beginn des Dritten Reichs die Befugnis zum Erlaß von Verwaltungsakten eindeutig auf staatliche Behörden beschränkt war, trat nach 1933 eine Änderung ein, die mit der Stellung der NSDAP im Staatsgefüge[964] zusammenhing. Durch das Gesetz zur Sicherung der Einheit von Partei und Staat[965] wurde sie zu einer "Körperschaft des öffentlichen Rechts". Sie erhielt jedoch eine Sonderstellung dadurch, daß sie nicht in die Verwaltungsordnung eingegliedert - und somit dem Staat untergeordnet - wurde, sondern die Verfassung des Reiches "bildet, trägt und erhält"[966]. Die Einheitsformel stellte jedoch mehr eine programmatische Zielbestimmung dar; sie war nicht für die praktische Umsetzung in allen öffentlichen Bereichen gedacht. Die organisatorische Trennung blieb weitestgehend bestehen. Die Partei sollte die Verwaltung auch nicht insgesamt übernehmen, sondern nur Einfluß nehmen auf das

962 *Rebentisch*, Führerstaat und Verwaltung, S. 533.

963 Vgl. zur "Stabilisierung des Rechts in Zeiten des Umbruchs", insbesondere im Nationalsozialismus, den unter diesem Titel erschienenen Aufsatz von *Roellecke*, NJW 1997, S. 432.

964 Zum Verhältnis von Staat und Partei siehe *Dreier*, VVDStRL 60 (2001), S. 9 (40 ff.) m.w.N.

965 Vom 1. Dezember 1933.

966 *Huber*, Verfassung, S. 164. Vgl. dazu auch *Meißner / Kaisenberg*, Staats- und Verwaltungsrecht, S. 136.

Verhalten der Behörden, um es stärker nach der nationalsozialistischen Weltanschauung auszurichten[967]. Dies geschah durch die Personalunion von Parteiführern und Amtsleitern sowie durch verschiedenste Mitwirkungsrechte der Partei bei Verwaltungsentscheidungen[968].

Besonders verstärkt wurde der Parteieinfluß bei der Polizei, indem man diese weitgehend mit der Parteiorganisation SS vereinigte und gemeinsam dem 'Reichsführer SS und Chef der Deutschen Polizei im Reichsministerium des Innern' (gemäß der nationalsozialistischen Abkürzungswut: 'RFSSuChdDtPol im RMdI') *Heinrich Himmler* unterstellte[969]. In den genannten Fällen blieb die Befugnis zum Erlaß von Verwaltungsakten letztendlich aber noch bei den staatlichen Behörden.

Anders war es bei einer neu geschaffenen Institution, den parteipolitischen Kommissaren (solche waren beispielsweise der Reichsjustizkommissar, der Reichsjugendführer, der Reichssportführer und der Beauftragte für den Vierjahresplan). Diese wurden, im Gegensatz zu den früher üblichen Kommissaren (außerhalb der Beamtenhierarchie stehende Staatsdiener zur Erfüllung besonderer, in der Regel zeitlich befristeter Aufgaben in Ausnahmesituationen), nicht völlig dem Staat unterstellt, sondern in weiten Bereichen der NSDAP. Sie blieben der Parteidisziplin unterworfen und mußten gegenüber der Parteileitung die Verantwortung übernehmen. Ihre Aufgabe richtete sich nach dem Programm und den Zielen der Partei, die ihnen Anweisungen erteilen und sie auch wieder abberufen konnte. Zudem handelten sie im Namen der Partei[970]. Als Kommissare konnten sie staatliche Macht ausüben und, begrenzt von der jeweils individuell bestimmten Vollmacht, selbständig jede denkbare Verwaltungsmaßnahme treffen, demnach also auch Verwaltungsakte erlassen[971]. Ein Ziel ihrer Tätigkeit war beispielsweise die Gleichschaltung: Der Reichsjustizkommissar sollte die Justiz in den Ländern vereinheitlichen, der Reichsjugendführer die Jugendverbände in die Hitlerjugend eingliedern.

967 *Huber*, Verfassung, S. 169 f.

968 *Neeße*, Partei und Staat, S. 27 f. (mit Verweis auf dahingehende Äußerungen von *Joseph Goebbels*); *Reuling*, AöR 67 (1937), S. 326 (328).

969 Dazu *Götz*, Polizei und Polizeirecht, S. 1017 ff. In Preußen wurden durch *Hermann Göring* auch 50.000 SA-Männer zu "Hilfspolizisten" gemacht, vgl. *Dreier*, VVDStRL 60 (2001), S. 9 (21, Fn. 56).

970 Vgl. dazu *Reuling*, AöR 67 (1937), S. 326 (336 ff.), der die Aufgabe und Bedeutung der Staatskommissare und der parteipolitischen Kommissare ausführlich darstellt.

971 *Reuling*, AöR 67 (1937), S. 326 (329).

Der Reichssportführer hatte neben der Gleichschaltung der Sportverbände auch die Aufgabe, die Olympischen Spiele von 1936 in Berlin vorzubereiten und durchzuführen. Eine sehr umfassende Machtposition hatte der Beauftragte für den Vierjahresplan, dessen Zielsetzung darin bestand, die Unabhängigkeit Deutschlands auf wirtschaftlichem Gebiet herbeizuführen[972].

Auch wenn alle diese Handlungen formell dem Staat zuzurechnen waren, ist eine gravierende Änderung dadurch eingetreten, daß ein Parteifunktionsträger die Befugnis zum Erlaß hoheitlicher Verfügungen nach den Richtlinien der NSDAP bekam. Diese Richtlinien ergaben sich aus dem originären Hoheitsrecht der Partei, das sich "in keiner Weise und in keiner Beziehung vom Staate" ableitete[973]. Die Zielsetzung für den Vierjahresplan etwa, für den der Beauftrage als parteipolitischer Kommissar zuständig war, wurde durch "den Führer auf dem Reichsparteitag 1936 der Bewegung gestellt"[974]. Es handelte sich dabei um eine ideelle Vorgabe der Partei, sie "entspringt nationalsozialistischer Weltanschauung, sie ist nicht Verpflichtung des Staates, sondern der Bewegung."[975] Demzufolge "trägt doch vor Führer und Volk allein die nationalsozialistische Bewegung die Verantwortung."[976]

In der Praxis standen somit die Staatsorganisation und die Parteiorganisation[977] gleichberechtigt nebeneinander, und von beiden konnten Verwaltungsakte ausgehen.

4. Wirksamkeit, Bindungswirkung und Aufhebbarkeit von Verwaltungsakten

An dieser Stelle muß nochmals besonders daran erinnert werden, daß in der damaligen Literatur die Terminologie sehr uneinheitlich war. Nach 1933 verstärkte sich diese ohnehin schon bestehende Problematik noch dadurch, daß politische und rechtswissenschaftlich-dogmatische Texte ver-

972 *Reuling*, AöR 67 (1937), S. 326 (338 ff.).

973 *Lingg*, DR 1935, S. 387 m.w.N.

974 *Reuling*, AöR 67 (1937), S. 326 (342).

975 *Reuling*, AöR 67 (1937), S. 326 (343).

976 *Reuling*, AöR 67 (1937), S. 326 (343).

977 Siehe zur weitläufigen und nahezu allgegenwärtigen Parteiorganisation *Ley*, Organisationshandbuch der NSDAP.

mischt wurden, regelmäßig mit der Folge einer noch ungenaueren Verwendung der Fachbegriffe. Gerade in dem hier untersuchten Bereich wurden die Begriffe 'Wirksamkeit', 'Gültigkeit', 'Nichtigkeit', 'Aufhebung', 'Anfechtung', 'Rücknahme', 'Widerruf' usw. häufig unterschiedlich und widersprüchlich verwandt. Auch hier sind also bei Zitaten und in den Originaltexten nicht die heutigen engen oder sogar gesetzlich definierten Begriffsbedeutungen zugrundezulegen[978]. Problematisch ist vor allem, daß Nichtigkeit und Aufhebbarkeit häufig nicht klar getrennt wurden, so daß auch die Darstellung hier zwangsläufig gemeinsam erfolgt. Akzeptabel bleibt diese Vermischung aber deshalb, weil diejenigen, welche eine Trennung nicht vollzogen, die gleichen allgemeinen Kriterien für alle Varianten anwenden wollten.

Bei der Frage der Wirksamkeit und Nichtigkeit von fehlerhaften Verwaltungsakten blieb die große Mehrheit der Autoren bei der bisherigen kasuistischen Aufzählung verschiedener Konstellationen. Die genannten Nichtigkeitsfälle waren jedoch jeweils sehr unterschiedlich, so daß von einer einheitlichen herrschenden Meinung nicht gesprochen werden kann[979]. Selbst innerhalb der Fallgruppen, die Nichtigkeit zur Folge haben sollten, war dies oft nur als Regel bei besonders schweren Fehlern anzusehen. Eindeutige Kriterien, wann ein solcher Fehler vorliegt, wurden allerdings auch weiterhin nicht angegeben, was bei der Vielzahl unterschiedlichster Möglichkeiten verständlich ist.

Ebenso abgelehnt - wie schon in der Zeit vor dem Dritten Reich - wurde in diesem Bereich die Anwendung von Regeln des bürgerlichen Rechts. Die §§ 116 ff. des BGB sollten zur Bestimmung der Aufhebbarkeit von Verwaltungsakten nicht einmal mehr analog angewandt werden. Man sah darin allenfalls noch eine Ausprägung allgemeiner Rechtsgrundsätze, die auch im öffentlichen Recht Gültigkeit hätten[980]. Teilweise wurde die Anlehnung an das Zivilrecht sogar völlig verworfen[981].

978 Vgl. dazu die genaueren Ausführungen in der Einleitung.

979 Siehe etwa die verschiedensten Beispiele bei *v. Köhler*, Grundlehren des Deutschen Verwaltungsrechts, S. 175 ff.; *Koellreutter*, Deutsches Verwaltungsrecht, S. 102 f.; *Köttgen*, Deutsche Verwaltung, 3. Aufl., S. 220 ff.; *Laforet*, Deutsches Verwaltungsrecht, S. 244 ff.; *Maunz*, Verwaltung, S. 197 ff.; *von der Mosel*, Handwörterbuch, Bd. 2, Stichwort "Verwaltungsakte", Sp. 1499 f.; *Nebinger*, Reichspolizeirecht, S. 52 f., 57 f.; *v. Schönfeldt*, Die allgemeine und innere Verwaltung, S. 94; *Stuckart / Scheerbarth*, Verwaltungsrecht, S. 35 f.; *Weber*, AöR 73 (1943), S. 60 ff.

980 *Appelius*, RVBl. 1934, S. 672; *Köttgen*, Deutsche Verwaltung, 3. Aufl., S. 217;

Wiederaufgegriffen und abgewandelt wurde ferner die teleologische Lehre *Ernst v. Hippels*, der eine formalistische Verbindung von Fehler und Fehlerfolge ablehnte und eine Lösung jeweils nur am konkreten Einzelfall finden wollte[982]. Zwar handelte es sich dabei nur um eine Mindermeinung; an der Entwicklung dieser Theorie läßt sich jedoch gut der nationalsozialistische Einfluß auch in diesem Bereich der Behandlung von Verwaltungsakten aufzeigen. Vor allem *Friedrich Schack* folgte dieser Linie, wobei er aber - in Abgrenzung zu *v. Hippel* - eine totale Abschaffung von Regeln vermeiden wollte. Zumindest sehr allgemein gehaltene Formulierungen sollten als Entscheidungsgrundlage Anwendung finden. Als Beispiel verwies er auf "Treu und Glauben" sowie "die Verkehrssitte" gemäß § 157 BGB, ohne allerdings diesen zivilrechtlichen Satz ins öffentliche Recht zu übertragen. Entscheidendes Kriterium für die Wirksamkeit, Nichtigkeit oder Aufhebbarkeit von Verwaltungsakten sollte die "Lebens- und Interessenlage" sein[983]. Auf die Rechtmäßigkeit des Verwaltungsakts ging er in diesem Zusammenhang überhaupt nicht ein. Wesentlich sei z. B. bei einem vorliegenden Willensmangel, "die *beiderseitigen* Interessen unter vernünftiger Würdigung des einzelnen Falles zu berücksichtigen"[984]. Mittels dieses Interessenausgleichs konnten auch die damit zusammenhängenden Detailfragen, etwa bezüglich "der ex tunc- oder ex nunc-Wirkung bei der Rücknahme"[985] von Verwaltungsakten, gelöst werden.

Mit fortschreitender Dauer der nationalsozialistischen Herrschaft paßte *Schack* seine Theorie von 1933 immer stärker dem "neuen Denken" an. Der Ausgleich von Staats- und Individualinteressen konnte zu leicht mit dem überwunden geglaubten Staat-Untertanen-Dualismus in Verbindung gebracht

Preuß. OVGE 92, S. 240 (243), (Urteil v. 9. Januar 1934). *Weber*, AöR 73 (1943), S. 60 (61) sah zwar sachliche Gemeinsamkeiten, lehnte aber die zivilrechtliche Terminologie ab.

981 *Maunz*, Verwaltung, S. 197; *Nebinger*, Reichspolizeirecht, S. 53; *Schack*, RVBl. 1936, S. 226 (227).

982 *v. Hippel*, Untersuchungen zum Problem des fehlerhaften Staatsakts, S. 62 ff. Dabei handelt es sich um eine eher rechtsphilosophische und rechtsmethodische Arbeit aus der Weimarer Zeit, die sich vor allem gegen den Rechtspositivismus richtete und sich bewußt von den anderen Schriften über den fehlerhaften Staatsakt abgrenzte, vgl. a.a.O., S. VII.

983 *Schack*, Fischers Zeitschr. 69 (1933), S. 273 (285).

984 *Schack*, Fischers Zeitschr. 69 (1933), S. 273 (285 f.), Hervorhebung durch Verfasser.

985 *Schack*, Fischers Zeitschr. 69 (1933), S. 273 (288).

werden. Vor allem war es auch erforderlich, eine Rangordnung bei der Interessenabwägung einzuführen, um nicht in liberalistischer Manier dem Einzelnen eine zu bedeutende Rechtsstellung zukommen zu lassen. Den "individuellen Kern [...], daß *gegensätzliche* Interessen ausgeglichen werden sollen", wollte er 1936 so nicht mehr stehen lassen: "Für den heutigen Staat, der von dem Grundgedanken der Volksgemeinschaft und der Einheit beherrscht wird, wäre ein solcher Ausgangspunkt falsch. Vielmehr kann hier der Ausgleich nur unter dem Gesichtspunkt der *Verbindung* von Staat und Volksgenossen gesucht werden. Dies ist aber ein wesentlich anderer Ausgangspunkt, indem hier schon von vornherein die Pflicht, sich dem Ganzen einzuordnen und nötigenfalls Opfer zu bringen, der leitende Gedanke ist."[986]

Angesichts der noch herrschenden kasuistischen Betrachtungsweise schlug er dann vor, zumindest eine ergänzende gesetzliche Generalklausel zu schaffen, mit dem Inhalt, daß ein fehlerhafter Verwaltungsakt allgemein aufhebbar sei, "wenn die Belange des Staates dies erfordern."[987] Stillschweigend bestehe eine solche sogar schon dadurch, daß die nationalsozialistische Weltanschauung Bestandteil des Rechts geworden sei.

Die Notwendigkeit einer wenigstens ergänzenden Korrektur sahen auch andere Autoren. *Hans Janberg* stellte u. a. darauf ab, daß es bei der Aufhebung von Staatsangehörigkeitsverleihungen wichtig sei, "ob der Bewerber dem Staate rassisch und erbgesundheitlich erwünscht ist"[988]. Allgemeiner ausgedrückt sollte jede möglicherweise bestehende Störung der Gemeinschaftsordnung einen ganz entscheidenden Einfluß auf die Wirksamkeit und Aufhebbarkeit von Verwaltungsakten haben[989].

Neben der Frage der Aufhebbarkeit wurde regelmäßig auch das damit in untrennbarem Zusammenhang stehende Problem der Rechtskraft von Ver-

986 *Schack*, RVBl. 1936, S. 226 (229), Hervorhebungen im Original.

987 *Schack*, RVBl. 1936, S. 226 (230). Später fast wörtlich ("Staat" ersetzte er durch "Volksgemeinschaft") übernommen in *Schack*, Das Problem des Verwaltungsaktes, S. 335.

988 *Janberg*, RVBl. 1935, S. 839 f. Vgl. zur "Rassenproblematik" auch die Ausführungen von *Duckwitz*, Der fehlerhafte militärische Verwaltungsakt, S. 63 ff. m.w.N., in denen er den Streitstand zur Frage der Nichtigkeit oder Aufhebbarkeit der militärischen Beförderung eines "jüdischen Mischlings" darstellt (eine solche war nach § 15 Wehrgesetz verboten).

989 Z. B. *Maunz*, Verwaltung, S. 194 ff.; ähnlich *Koellreutter*, Deutsches Verwaltungsrecht, S. 104.

waltungsakten aufgeworfen. Über die formelle Rechtskraft - also die Unanfechtbarkeit nach Ablauf einer bestimmten Frist - war man sich einig; sie wurde allgemein bejaht[990]. Bei der materiellen Rechtskraft erreichte man jedoch keine Einigkeit und eine herrschende Meinung läßt sich wohl kaum feststellen. Man unterschied bei den Lösungsvorschlägen sogar zwischen verschiedenen Rechtsgebieten, die ungleich behandelt werden sollten. *Friedrich Klein* untersuchte die Problematik im Steuerrecht und kam auch da wieder zu einer differenzierenden Lösung: Einfachen Steuerverwaltungsakten sollte im Gegensatz zu behördlichen Anfechtungsentscheidungen grundsätzlich keine Rechtskraft zukommen[991]. Äußerst umstritten war die Frage auch bei Verfügungen nach der Kriegssachschädenverordnung. So verneinte *Kurt Paffrath* deren materielle Rechtskraft[992], während *Walter Boyens* sie ausdrücklich bejahte[993]. Genauso gegensätzlich waren auch die Ausführungen zu den Verfügungen allgemein. Während einige meinten, die Verwaltungsakte ergingen immer "unter der '*clausula rebus sic stantibus*'" und verlören "ihre Rechtskraft, wenn sich - wie sehr oft - die ihrem Erlaß zugrunde liegenden rechtlichen oder tatsächliche Umstände ändern und die Belange der Volksgemeinschaft die Bindung nicht mehr zulassen"[994], behaupteten andere eine prinzipiell bestehende Rechtskraft[995]. Teilweise kamen verschiedene Autoren sogar mit den gleichen argumentativen Grundlagen zu unterschiedlichen Lösungen: Man war sich grundsätzlich über eine begrenzte Aufhebbarkeit einig, wobei manche den Schwerpunkt auf die Begrenzung legten und damit zu einer Rechtskraftswirkung kamen, während andere die Aufhebbarkeit betonten und aus diesem Grund eine Rechtskraftswirkung ablehnten[996]. Trotz

[990] Vgl. statt aller *Koellreutter*, Deutsches Verwaltungsrecht, S. 103.

[991] *Klein*, VerwArch. 45 (1940), S. 49 (insbesondere S. 71 ff.) m.w.N. und einer ausführlichen Darstellung des Streitstandes.

[992] *Paffrath*, DV 1942, S. 151 ff.

[993] *Boyens*, DV 1942, S. 294 ff.

[994] *Stuckart / Scheerbarth*, Verwaltungsrecht, S. 34. In diesem Sinn auch *Kluge / Krüger*, Verfassung und Verwaltung, S. 260.

[995] *Mannlicher*, DV 1942, S. 291.

[996] Eine ausführlichere Darstellung der völlig unterschiedlichen Betrachtungen würde den Rahmen dieser Arbeit sprengen, vgl. deshalb zu den Einzelheiten auch *Biener*, DV 1942, S. 453 ff.; *Huber*, DR 1935, S. 401 f.; *Jungmann*, RVBl. 1942, S. 384 ff.; *v. Köhler*, Grundlehren des Deutschen Verwaltungsrechts, S. 186 ff.; *Koellreutter*, Deutsches Verwaltungsrecht, S. 103 ff.; *Köttgen*, Deutsche Verwaltung, 3. Aufl., S. 222 ff.; *Laforet*, Deutsches Verwaltungsrecht, S. 207 ff.; *Mannlicher*, DV 1942, S. 291; *Maunz*, Verwaltung, S. 192 f.; *Schack*, Das Problem des Verwaltungsaktes, S.

vielen - tatsächlich bestehenden - sachlichen Unterschieden kann auch hier wieder ein großer Teil des Streits auf eine fehlende Begriffsdefinition und unklare Terminologie zurückgeführt werden.

Bemerkenswert erscheint weiterhin, daß die teilweise bestehenden gesetzlichen Vorschriften zur Aufhebbarkeit und Rechtskraft aus den zwanziger und dreißiger Jahren[997] in den jeweiligen Reichsgebieten zwar in der Praxis angewandt wurden, auf die Literatur jedoch nur einen sehr geringen Einfluß hatten. In der Regel wurden sie überhaupt nicht angesprochen; abgesehen von denjenigen Verfassern, die in den entsprechenden Ländern tätig waren[998]. Zu erwähnen sind vor allem die detaillierten Regelungen in den §§ 68 ff. des Österr. AVG[999], den §§ 141 ff. der Thür. LVO[1000] und der ausnahmsweise von *Wilhelm Stuckart* und *Walter Scheerbarth*[1001] behandelte § 42 des Preuß. PVG[1002], sowie die Art. 82 ff. der Württemb. VRO (Entwurf)[1003]. Auch diese Ignoranz der Literatur zeigt die Herabminderung des Gesetzes zur Zeit der nationalsozialistischen Herrschaft.

Zusammenfassend läßt sich sagen, daß man im Bereich von Wirksamkeit, Nichtigkeit, Aufhebbarkeit und Rechtskraft über die Phase der Suche nach einer neuen - zum nationalsozialistischen Gedankengut passenden - eigenständigen Lehre nicht hinauskam[1004]. Die maßgebenden Juristen wollten zwar die alten Strukturen überwinden, konnten aber keine bessere oder einheitlichere Behandlungsweise der Verwaltungsakte finden. Wie schon im Rahmen der Rechtsbindung beim Erlaß von Verwaltungsakten, überzog man nur die bisherigen dogmatischen Grundlagen (umstritten wie sie waren) mit einer Schicht von nichtssagenden Begriffen wie Volksgemeinschaft, völkische Weltanschauung usw. Das Recht wurde noch stärker aufgeweicht und

337 ff.; *Stuckart / Scheerbarth*, Verwaltungsrecht, S. 34 ff.

997 Siehe oben im Abschnitt D.I.1.

998 Vgl. *Mannlicher*, DV 1942, S. 291, der polemisch kritisierte, daß das Österr. AVG im "Altreich [...] völlig unbeachtet und unerwähnt" blieb.

999 Vom 21. Juli 1925.

1000 Vom 10. Juni 1926.

1001 *Stuckart / Scheerbarth*, Verwaltungsrecht, S. 38, welche die Norm auch analog auf andere Verwaltungsakte außerhalb des Polizeirechts anwenden wollten.

1002 Vom 1. Juni 1931.

1003 Im Jahr 1931 herausgegeben von der Kommission für die Landesordnung des Allgemeinen öffentlichen Rechts.

1004 Vgl. dazu auch *Weber*, AöR 73 (1943), S. 60 (82 ff.).

somit die Rechtsunsicherheit zugunsten der Machthaber vergrößert, auch wenn diese immer wieder ausdrücklich betonten, daß "die Rechtssicherheit die Grundlage jeder Volksgemeinschaft" sei (*Hermann Göring*, 1935)[1005]. Ein rechtswissenschaftlicher Fortschritt im Sinne einer geänderten und schlüssigeren Systematik in diesem Problembereich ist nicht festzustellen.

5. Rechtsschutz gegen Verwaltungsakte

a) Behördlicher Rechtsschutz

Im System des behördlichen Rechtsschutzes gegen Verwaltungsakte kam es während der nationalsozialistischen Periode zu keinen wesentlichen verfahrensrechtlichen Änderungen. Man behielt grundsätzlich die Gegenvorstellung an die die Verfügung erlassende Behörde, die formlose und die förmliche Beschwerde an die jeweils nächsthöhere Behörde bei[1006], wenn auch die Bezeichnungen dieser Rechtsbehelfe häufig variierten. In den einzelnen Ländern bzw. Reichsteilen und in den verschiedenen Rechtsgebieten bestanden auch weiterhin viele Sonderregelungen für Einzelfälle (oder es wurden solche neu geschaffen)[1007]. Eingeführt wurde z. B. reichseinheitlich im Kommunalrecht der sogenannte Einspruch nach den §§ 29 ff. DGO, einer Abart der förmlichen Beschwerde, die sich jedoch nicht an die höhere Behörde, sondern an den Bürgermeister richtete. An der grundlegenden Ausgestaltung des behördlichen Rechtsschutzes änderte sich dadurch nichts. Ein relativ geringer Eingriff von allgemeiner Bedeutung in allen Teilbereichen des Verwaltungsrechts geschah erst mit Kriegsbeginn durch den Erlaß des Führers und Reichskanzlers über die Vereinfachung der Verwaltung[1008]. In diesem wurde bestimmt, daß "die weitere Beschwerde oder ein gleichartiger Rechtsbehelf" entfällt (Abschnitt IV 1), was bedeutet, daß nicht mehr die gesamte Verwaltungshierarchie durchlaufen werden konnte, sondern der Beschwerdeweg

1005 Zitiert nach *Klein*, VerwArch. 45 (1940), S. 49 (55).

1006 Vgl. etwa *Dennewitz*, Verwaltung und Verwaltungsrecht, S. 106 ff.; *Kluge / Krüger*, Verfassung und Verwaltung, S. 261 f.; *Maunz*, Verwaltung, S. 199 f.; *Nebinger*, Reichspolizeirecht, S. 81 ff.

1007 Vgl. *Nebinger*, Reichspolizeirecht, S. 81

1008 Vom 28. August 1939.

nach der nächsthöheren Behörde über der verfügungserlassenden Stelle erschöpft war.

Über die konkrete Möglichkeit, Rechtsschutz im wirklichen Sinn des Wortes zu erlangen, lassen sich auch hier wieder keine allgemeinen Aussagen treffen. Wie bei der Frage der Gesetzesbindung hing die praktische Anwendung während der totalitären Herrschaft überwiegend von der politischen Relevanz der Materie und den handelnden Personen ab.

b) Gerichtlicher Rechtsschutz

Ob die Verwaltungsgerichtsbarkeit überhaupt noch mit dem nationalsozialistischen Führerstaat vereinbar sei, oder ob sie mit der Abschaffung der Gewaltenteilung ebenfalls verschwinden solle, war ein ausgiebig diskutiertes und sehr umstrittenes Thema. Während einige das gesamte Rechtsbehelfsverfahren allein bei den Verwaltungsbehörden ansiedeln wollten, vertrat die überwiegende Mehrheit die Auffassung, daß auch der neue Staat eine eigenständige Verwaltungsgerichtsbarkeit brauche[1009]. Spätestens mit der Errichtung des Reichsverwaltungsgerichts war die Entscheidung für die Beibehaltung gefallen; allerdings mit erheblichen Zugangsbeschränkungen[1010].

Wichtig für die Kontrolle von Verwaltungsakten ist in diesem Zusammenhang die Frage der Eröffnung des Verwaltungsrechtswegs. Auch in die-

1009 Vgl. dazu aus der damaligen Sicht *Danckwerts*, Die Verwaltungsgerichtsbarkeit im nationalsozialistischen Staate, S. 99 ff.; *Dennewitz*, Verwaltung und Verwaltungsrecht, S. 113 ff.; *Kluge / Krüger*, Verfassung und Verwaltung, S. 263 ff.; *Meißner / Kaisenberg*, Staats- und Verwaltungsrecht, S. 139 und rückblickend *Kirchberg*, VBlBW 1988, S. 379; *Rüfner*, Die Entwicklung der Verwaltungsgerichtsbarkeit, in: *Jeserich / Pohl / v. Unruh*, Bd. 4, S. 1099 ff.; *Stolleis*, Die Verwaltungsgerichtsbarkeit im Nationalsozialismus; *Stolleis*, Geschichte des öffentlichen Rechts in Deutschland, Bd. 3, S. 364 ff.; *Würtenberger*, Verwaltungsprozeßrecht, S. 23 f.; jeweils m.w.N.

1010 Durch den Erlaß des Führers und Reichskanzlers über die Errichtung des Reichsverwaltungsgerichts vom 3. April 1941. Dazu *Rüfner*, Die Entwicklung der Verwaltungsgerichtsbarkeit, in: *Jeserich / Pohl / v. Unruh*, Bd. 4, S. 1099 (1112 f.); *v. Turegg / Kraus*, Lehrbuch des Verwaltungsrechts, S. 310; *Würtenberger*, Verwaltungsprozeßrecht, S. 23 f. Für *Stolleis*, Geschichte des öffentlichen Rechts in Deutschland, Bd. 3, S. 364 war die Errichtung des Reichsverwaltungsgerichts "ein Pyrrhus-Sieg, zumal ein grobschlächtiger NS-Funktionär mit ausgesprochenen Aversionen gegen Verwaltungsrecht und Verwaltungsgerichtsbarkeit dessen erster Präsident wurde" (*Walter Sommer*).

sem Punkt bestanden erhebliche landesrechtliche Unterschiede[1011]. Bisher gab es in den meisten Ländern Spezialregelungen für die Zulassung (Enumerationsprinzip), in anderen eine Generalklausel. Während sich manche Autoren für eine umfassendere gerichtliche Überprüfbarkeit aller Verfügungen aussprachen[1012], hielt die herrschende Meinung eine Begrenzung für erforderlich. Insbesondere eine verwaltungsgerichtliche Generalklausel im Sinne des heutigen § 40 VwGO sollte es nicht geben[1013]. So führte beispielsweise *Theodor Maunz* aus: "Der Generalklausel gehört auch keineswegs die Zukunft. Diese Meinung war lediglich ein Wunschbild der radikal-individualistischen Richtung im Verwaltungsrecht, keine Wirklichkeit. [...]. Sie hat auch keine Aussicht verwirklicht zu werden."[1014]

Vor allem politische Handlungen sollten auf keinen Fall gerichtlich überprüfbar sein[1015]. Hauptsächlicher Anwendungsbereich dieser Regel waren die Verfügungen der politischen Polizei oder der Gestapo. Schon bevor dies z. B. in § 7 des Preußischen Gesetzes über die Geheime Staatspolizei vom 10. Februar 1936 formalgesetzlich geregelt wurde und auch in den Ländern, in denen eine derartige Norm nicht bestand, war eine solche Ansicht in der Literatur anzutreffen[1016] und wurde teilweise auch schon von den Gerichten befolgt[1017]. Besonders problematisch war dabei, daß die Frage, was politisch oder unpolitisch sei, "nur vom Politischen her bestimmt werden" könne[1018] und somit von den diesbezüglich tonangebenden Nationalsozialisten, was die Gerichte in großen Bereichen überflüssig machte. Zudem bestimmte § 1 des

1011 Vgl. *Nebinger*, Reichspolizeirecht, S. 84.

1012 Beispielsweise *Frank*, DV 1938, S. 737 (740).

1013 *Rüfner*, Die Entwicklung der Verwaltungsgerichtsbarkeit, in: *Jeserich / Pohl / v. Unruh*, Bd. 4, S. 1099 (1104) m.w.N.

1014 *Maunz*, Verwaltung, S. 215.

1015 *Scheuner*, AöR 63 (1934), S. 166 u. 261 (344). Vgl. dazu auch *Kluge / Krüger*, Verfassung und Verwaltung, S. 263 ff.

1016 *Best*, Politische Polizei, S. 425; *Franzen*, Hauptprobleme des bürgerlichen und öffentlichen Rechts, S. 10; *Nebinger*, Reichspolizeirecht, S. 54. Vgl. auch *Rüfner*, Die Entwicklung der Verwaltungsgerichtsbarkeit, in: *Jeserich / Pohl / v. Unruh*, Bd. 4, S. 1099 (1106, 1110).

1017 Vgl. dazu die ausführlichen Darstellungen von *Hempfer*, Die nationalsozialistische Staatsauffassung, S. 159 ff.; *Kirchberg*, Die Kontrolle von Maßnahmen der "politischen Polizei", S. 141 ff.; *Kirchberg*, VBlBW 1988, S. 379 (380 f.) und *Majer*, Grundlagen, S. 109 ff.; jeweils m.w.N. Siehe zur Rspr. im politischen Bereich auch *Frege*, Der Status des Preußischen Oberverwaltungsgerichtes, S. 144 ff.

1018 *Schmitt*, DR 1933, S. 201. Siehe dazu auch *Schweder*, Politische Polizei, S. 170 ff.

genannten Gestapo-Gesetzes: "Welche Geschäfte im einzelnen auf die Geheime Staatspolizei übergehen, bestimmt der Chef der Geheimen Staatspolizei im Einvernehmen mit dem Minister des Innern." Damit waren selbst lebensentscheidende Verwaltungsakte wie die 'Schutzhaft', die 'Vorbeugehaft' oder die Verbringung in Konzentrationslager auf 'legalem' Weg der rechtlichen Kontrolle durch die Gerichte entzogen[1019].

Mit dieser Zuständigkeitsbeschränkung korrespondierte auch der zahlenmäßige Rückgang bei den Anfechtungsklagen gegen polizeiliche Verfügungen, denn "anscheinend erhofften sich die Rechtssuchenden von der Anfechtung vielfach keine Lösung."[1020] Dieser Satz von *Maunz* ist symptomatisch für den Bedeutungsverfall der Verwaltungsgerichtsbarkeit insgesamt[1021]. Mit der neuen Einstellung ihr gegenüber, daß sie nicht mehr für den Schutz des Individuums bestehe, sondern allein im "Interesse des Staates, des Volkes und seines Führers"[1022], verlor sie ihre ursprüngliche Funktion und damit den Hauptzweck ihrer Existenz. Im Zweifel war also ein wirksamer gerichtlicher Rechtsschutz gegen Verwaltungsakte nicht mehr möglich[1023].

6. Ergebnis

Innere Umgestaltung und äußere Kontrollbeschränkungen während der nationalsozialistischen Epoche hatten somit den Verwaltungsakt in der Theorie, aber auch in wesentlichen Bereichen der Praxis, total gewandelt. Die

1019 Vgl. zu Schutz- und Vorbeugehaft *Bracher*, Die deutsche Diktatur, S. 235; *Götz*, Polizei und Polizeirecht, S. 1020 f.; *Nebinger*, Reichspolizeirecht, S. 76 f.; *Rüfner*, Die Entwicklung der Verwaltungsgerichtsbarkeit, in: *Jeserich / Pohl / v. Unruh*, Bd. 4, S. 1099 (1106); *Tesmer*, DR 1936, S. 135.

1020 *Maunz*, Gestalt und Recht der Polizei, S. 54 m.w.N. Vgl. dazu auch *Kirchberg*, VBlBW 1988, S. 379 f.; *Montag*, VBlBW 1992, S. 194 u. 391 (396). Nach *Montag*, a.a.O., fiel die Zahl der Fälle des Bad. VGH "von 208 im Jahre 1933 auf 107 im Jahre 1936 schon um rund die Hälfte und verringerte sich in den folgenden Jahren bis 1944/45 bis auf Null."

1021 Ausführlich dazu auch *Ibler*, Rechtspflegender Rechtsschutz im Verwaltungsrecht, S. 308 ff.; *Kirchberg*, VBlBW 1988, S. 379 ff.; *Montag*, VBlBW 1992, S. 194 u. 391 (395 f.).

1022 *Danckwerts*, Die Verwaltungsgerichtsbarkeit im nationalsozialistischen Staate, S. 120.

1023 Dazu *Rüfner*, Die Entwicklung der Verwaltungsgerichtsbarkeit, in: *Jeserich / Pohl / v. Unruh*, Bd. 4, S. 1099 (1100, 1111 f.).

größtenteils erfolgte Beibehaltung der gleichen Begriffe darf nicht über die radikale Veränderung des Rechtsinstituts hinwegtäuschen. Anhand dieser Zeit wird deutlich, daß auch Gesetze und dogmatische Strukturen letztendlich nicht entscheidend sind für das tatsächliche Rechtssystem in einem Staatswesen. Obwohl es durchaus viele Regelungen mit eindeutig nationalsozialistischem Inhalt gab, ist die wichtigste Erkenntnis die, daß durch eine tendenziöse Umdeutung von weltanschaulich neutralen Begriffen, eine neue Interpretation von Rechtsinstituten und eine Änderung der allgemeinen Grundhaltung gegenüber dem Recht ein gänzlich anderer Staat entstehen kann[1024]. In diesem war die gewandelte Auffassung vom Verwaltungsakt auf der einen Seite ein wichtiges Element des neuen Gemeinwesens und auf der anderen Seite wurde der Verwaltungsakt selbst wieder von diesem beeinflußt, was sich in der fortschreitenden Entwicklung während der zwölfjährigen totalitären Herrschaft vielfach gezeigt hat. Diese Wechselwirkung führte zu dem, was der Verwaltungsakt am Ende des Dritten Reichs war, oder wenigsten nach dem Willen der Führung sein sollte: ein Instrument zur Kontrolle und Unterwerfung des Einzelnen durch den Staat.

III. Die Zeit nach 1945

Die Zeit nach 1945 führte auf dem Gebiet der Bundesrepublik in weitgehend konsequenter Fortführung der Entwicklung vor 1933 zum heutigen Zustand des Verwaltungsakts, der auf der Basis des Grundgesetzes - und deutlich von ihm beeinflußt[1025] - mit der verfassungsrechtlichen Festlegung rechtsstaatlicher Prinzipien eine zuvor so nicht gekannte Stabilität erreicht hat.

Erwähnenswert aus der Zeit vor Gründung der Bundesrepublik ist vor allem die Militärregierungsverordnung Nr. 165 über die Verwaltungsgerichtsbarkeit in der britischen Zone[1026], in deren § 25 sich eine Legaldefinition des Verwaltungsakts findet, die in das heutige Verwaltungsverfahrensgesetz nahezu wortgleich übernommen wurde[1027].

1024 Vgl. zu diesem Thema auch *Rüthers*, Entartetes Recht.

1025 Vgl. *Wolff / Bachof / Stober*, Verwaltungsrecht I, S. 98 f.

1026 Vom 15. September 1948. Dazu *v. Unruh*, Verwaltungsgerichtsbarkeit, S. 1183 ff.

1027 "Verwaltungsakt im Sinne dieser Verordnung ist jede Verfügung, Anordnung, Ent-

Von entscheidender Bedeutung waren danach die Kodifizierungen in VwGO[1028] und VwVfG[1029] sowie die durchgängige Ausgestaltung des Rechtsschutzes durch eigenständige Verwaltungsgerichte[1030] und das Bundesverfassungsgericht - räumlich im gesamten Bundesgebiet und auch sachlich durch die sehr weitreichende Überprüfungsmöglichkeit von Verwaltungsakten auf der verfassungsrechtlich garantierten Basis des Art. 19 Abs. 4 GG. Mit der bundeseinheitlichen Kodifizierung kam es endlich zu einem Abschluß des terminologischen Streits: Ab jetzt herrschte zwangsläufig[1031] durch § 35 VwVfG - zumindest was die wesentlichen Merkmale angeht - Einigkeit über die Definition des Verwaltungsakts[1032].

Da die Nachkriegsentwicklung hauptsächlich auf den bereits vorhanden Grundlagen aufbaute und die Materialien allgemein leicht zugänglich sind, kann in dieser Arbeit auf eine nähere Nachzeichnung verzichtet werden[1033].

scheidung oder sonstige Maßnahme, die von einer Verwaltungsbehörde zur Regelung eines Einzelfalles auf dem Gebiete des öffentlichen Rechtes getroffen wird." Zwar fehlte noch das Merkmal der Außenwirkung in der Definition, es war aber auch ohne die ausdrückliche Nennung anerkannt; vgl. *Herzog*, JA 1973, ÖR S. 21 (23).

1028 Vom 21. Januar 1960. Dazu *v. Unruh*, Verwaltungsgerichtsbarkeit, S. 1189 ff. Zu den Vorgängergesetzen unmittelbar nach dem Zweiten Weltkrieg vgl. *Landmann / Giers / Proksch*, Allgemeines Verwaltungsrecht, S. 270 f.; *v. Turegg / Kraus*, Lehrbuch des Verwaltungsrechts, S. 310 ff.

1029 Vom 25. Mai 1976. Ausführlich dazu *Ule*, Die Kodifizierung des Verwaltungsverfahrensrechts; *v. Unruh*, NVwZ 1988, S. 690 (694 f.).

1030 Vgl. zur historischen Entwicklung nach 1945 *Ule*, Die geschichtliche Entwicklung des verwaltungsgerichtlichen Rechtsschutzes in der Nachkriegszeit; *v. Unruh*, Verwaltungsgerichtsbarkeit; *Würtenberger*, Verwaltungsprozeßrecht, S. 24 ff.

1031 Vgl. etwa die Kritik von *Obermayer*, NJW 1987, S. 2642 (2644).

1032 Einflußreich war auch schon der von 1963 stammende und von *Höcherl* herausgegebene Musterentwurf eines Verwaltungsverfahrensgesetzes mit der - abgesehen von der Allgemeinverfügung - gleichlautenden Definition in § 27.

1033 Insoweit wird auf die ausführlichen Literaturnachweise am Ende des Abschnitts B. (speziell zum Verwaltungsakt) sowie (zur Verwaltungsrechtsentwicklung allgemein) auf *Jeserich / Pohl / v. Unruh*, Deutsche Verwaltungsgeschichte, Bd. 5 (dort insbesondere *Ossenbühl*, Die Weiterentwicklung der Verwaltungswissenschaft, S. 1143 ff.); *Obermayer*, NJW 1987, S. 2642; *Redeker*, NJW 1997, S. 373; *Redeker*, NJW 1997, S. 2639; *Stern*, Das Staatsrecht der Bundesrepublik Deutschland, Bd. 2, S. 752 ff. sowie *Wolff / Bachof / Stober*, Verwaltungsrecht I, S. 96 ff. verwiesen. Aufgrund der immer stärker wachsenden Bedeutung der Sozialverwaltung im Nachkriegsdeutschland bis in die heutige Zeit soll zur 'neuen' Handlungsform des Ver-

Nur am Rande zu erwähnen ist die abweichende Entwicklung in der DDR[1034]. Während im ersten Lehrbuch zum Verwaltungsrecht der DDR von 1957 der Begriff "Verwaltungsakt" noch Verwendung fand[1035], benutzte man im letzten Werk zu diesem Thema (1988) den Ausdruck nicht mehr, sondern sprach von "Einzelentscheidungen"[1036].

Definiert wurde der Verwaltungsakt als "diejenige Rechtsform der vollziehenden und verfügenden Tätigkeit der gesetzlich dazu berufenen staatlichen Organe der Deutschen Demokratischen Republik, durch die diese in Ausübung der Staatsgewalt die Aufgaben und Funktionen des Staates aufgrund und in Durchführung der Gesetze unmittelbar schöpferisch verwirklichen, indem sie einseitig, von sich aus bestimmte rechtliche Folgen hervorrufen."[1037] Ähnlich sah man 1988 auch die Einzelentscheidung: Sie "ist ein einseitiger, empfangsbedürftiger Rechtsakt eines Organs des Staatsapparates gegenüber einem konkreten Adressaten, durch den ein Verwaltungsrechtsverhältnis begründet, geändert oder aufgehoben wird. Dieser Rechtsakt wird in Ausübung vollziehend-verfügender Tätigkeit auf der Grundlage einer Rechtsvorschrift erlassen."[1038] Zumindest formal stand man mit diesen Begriffsbestimmungen in beiden Fällen noch in der Tradition der früheren Verwaltungsaktsentwicklung in Deutschland.

Hervorgehoben wurde anfangs, neben der "Entwicklung der ökonomischen Basis unseres Arbeiter-und-Bauern-Staates" und der "Hebung des politisch-moralischen Niveaus der Werktätigen", auch der Schutz "der Rechte und Interessen der Bürger" durch Verwaltungsakte[1039], während später die bewußte "Organisierung gesellschaftlicher Verhältnisse bei der weiteren Ge-

waltungsakts auf diesem Gebiet auch *Rüfner*, VVDStRL 28 (1970), S. 203 (204 ff.) erwähnt werden.

1034 Zur allgemeinen Verwaltungsrechtsentwicklung in der DDR vgl. *Wolff / Bachof / Stober*, Verwaltungsrecht I, S. 91 ff. mit ausführlichen weiteren Nachweisen. Zum Verwaltungsakt siehe *Forst*, Der Verwaltungsakt in der UdSSR und der "DDR".

1035 *Bönninger / Hochbaum / Lekschas / Schulze*, Das Verwaltungsrecht der Deutschen Demokratischen Republik, S. 169 ff.

1036 Akademie für Staats- und Rechtswissenschaft der DDR, Verwaltungsrecht, S. 132 ff.

1037 *Bönninger / Hochbaum / Lekschas / Schulze*, Das Verwaltungsrecht der Deutschen Demokratischen Republik, S. 170.

1038 Akademie für Staats- und Rechtswissenschaft der DDR, Verwaltungsrecht, S. 134.

1039 *Bönninger / Hochbaum / Lekschas / Schulze*, Das Verwaltungsrecht der Deutschen Demokratischen Republik, S. 171.

staltung der entwickelten sozialistischen Gesellschaft" das erklärte Hauptziel war. Allerdings verzichtete man in der Literatur bis zum Ende der DDR nicht darauf, stets auch die gesetzlich garantierten Rechte der Bürger als Schutzgut miteinzubeziehen[1040].

Eine rechtswissenschaftliche Vertiefung des Themas 'Verwaltungsakt' kann jedoch in der gesamten Zeit der DDR ebensowenig festgestellt werden, wie eine Gesetzgebung zu den allgemeinen Regeln des Verwaltungsrechts. Symptomatisch in diesem Zusammenhang ist auch die Festschreibung einer Verwaltungsgerichtsbarkeit in Art. 138 der ersten Verfassung der DDR[1041], während sie in der zweiten Verfassung[1042] nicht mehr erwähnt wurde. Insoweit ist es gerechtfertigt, diesen Exkurs sehr knapp zu halten - besonders da die rechtssoziologisch interessante Frage der praktischen Anwendung des Verwaltungsakts im Rahmen dieser Untersuchung nicht beantwortet werden kann.

[1040] Akademie für Staats- und Rechtswissenschaft der DDR, Verwaltungsrecht, S. 133, 137.

[1041] Vom 7. Oktober 1949.

[1042] Vom 6. April 1968. Vgl. zur Entwicklung der Verwaltungsgerichtsbarkeit in der DDR *Würtenberger*, Verwaltungsprozeßrecht, S. 25 m.w.N.

E. Ergebnis und Ausblick

Vor dem Hintergrund der historischen Darstellung soll abschließend in gebotener Kürze auf die gegenwärtigen Herausforderungen an das Rechtsinstitut Verwaltungsakt - auch im Hinblick auf die Europäisierung des Verwaltungsrechts[1043] - eingegangen werden[1044].

Bei allem positiven und prägenden Einfluß des Verwaltungsakts auf unser Rechtssystem darf nicht übersehen werden, daß die dargestellte Entwicklung nicht die einzige Möglichkeit war, im Bereich der Einzelmaßnahmen ein rechtsstaatliches Verwaltungssystem zu schaffen. Gerade der Blick in andere Rechtsordnungen zeigt, daß eine rechtsstaatliche Verwaltung auch ohne ein vergleichbares klar definiertes Rechtsinstitut möglich ist und relativiert damit alle Aussagen über die - dennoch nicht unbeachtliche - Bedeutung des Rechtsinstituts Verwaltungsakt. Besonders der relativierende Blick von außen, der an dieser Stelle nur angedeutet werden kann, könnte neben der historischen Herangehensweise bei einer umfassenderen Untersuchung zu einem besseren Verständnis des Verwaltungsakts in unserem Rechtssystem führen und mögliche Alternativen im zukünftigen Fortgang der Entwicklung aufzeigen.

Zur Verdeutlichung kann als Beispiel für eine völlig andere Entwicklung - bevor auf die Europäisierung näher eingegangen wird - auf das US-amerikanische Recht[1045] (als dem Teil des anglo-amerikanischen Rechtskreises, der von der gesamteuropäischen Rechtsvereinheitlichung nicht betroffen ist) verwiesen werden. Dort hat sich, trotz langer rechtsstaatlicher Tradition, weder ein klar abgrenzbares Rechtsgebiet Verwaltungsrecht, noch

1043 Vgl. dazu nur beispielhaft die Einzelbeiträge in *Magiera / Sommermann*, Verwaltung in der Europäischen Union sowie in *Schmidt-Aßmann / Hoffmann-Riem*, Strukturen des Europäischen Verwaltungsrechts; jeweils mit ausführlichen weiteren Nachweisen.

1044 Siehe auch die allgemeinen Beurteilungen von *Stern*, Das Staatsrecht der Bundesrepublik Deutschland, Bd. 2, S. 754 ff. und *Wahl*, Zur Lage der Verwaltung Ende des 20. Jahrhunderts.

1045 Ausführliche Literaturnachweise und eine kurze Einführung zum amerikanischen Verwaltungsrecht finden sich beispielsweise bei *Wolff / Bachof / Stober*, Verwaltungsrecht I, S. 87 f. und 109 ff. und bei *Burnham*, Introduction to the law, S. 206 ff.

ein dem Verwaltungsakt vergleichbares Rechtsinstitut herausgebildet. Zwar gibt es im Bereich des informellen *(informal administrative process)*[1046] wie des formellen Verwaltungsverfahrens *(formal adjudication)*[1047] die Möglichkeit der Behörden, Einzelanweisungen (hauptsächlich als *orders*) zu erlassen, die in Deutschland regelmäßig als Verwaltungsakte ergehen würden. Bereits die Grundlagen für diese *orders*[1048] sind jedoch in Bezug auf die rechtlichen Voraussetzungen (formell und materiell) sowie die Rechtsfolgen derart unterschiedlich, daß ein einheitliches Rechtsinstitut wie der Verwaltungsakt darin in keiner Weise gesehen werden kann.

Ein wesentlicher Grund für diese völlig andersartige Entwicklung - neben der Herkunft aus dem englischen Fallrechtssystem, das ohnehin eine systematische Ausgestaltung der Rechtsordnung erschwert - ist auch darin zu sehen, daß in den Vereinigten Staaten durch die schnelle und radikale Schaffung eines demokratischen Rechtsstaats unmittelbar mit der Staatsgründung und Verfassungsgebung keine Zeit blieb, um ein Verwaltungsrechtssystem mit klar definierten Rechtsinstituten zu entwickeln. Man mußte sofort in den vielfältigen Einzelfällen eine gerechte Lösung finden und wählte den Weg der umfassenden Kontrolle der Verwaltungshandlungen von außen, hauptsächlich durch unabhängige Gerichte oder Kommissionen, die eine Verwaltungskontrolle unmittelbar anhand der Verfassung und vor allem mit Blickrichtung auf ein faires Verwaltungsverfahren *(due process of law)* durchführten[1049].

Da die Verfassung jedoch nur die ganz wesentlichen Garantien enthielt, blieb es bei einer großen Freiheit der staatlichen Organe, das Verwaltungsverfahren und die Verwaltungshandlungen in unterschiedlichster Art und Weise auszugestalten. Nahezu jedes Gebiet des besonderen Verwaltungsrechts, jeder Einzelstaat und die verschiedensten Behörden konnten so jeweils ein eigenständiges Verwaltungsverfahren und eigene Handlungsformen entwickeln.

1046 Dazu beispielsweise *Gellhorn / Levin*, Administrative law and process, S. 160 ff.

1047 *Gellhorn / Levin*, Administrative law and process, S. 242 ff.

1048 Vgl. etwa 73A C.J.S. Public administrative law and procedure §§ 158 f. mit umfassenden Nachweisen aus der Rspr.

1049 Die Basis für diese Kontrolle ist insbesondere das *Fifth Amendment* (von 1791) und das *Forteenth Amendment* (von 1868) der amerikanischen Verfassung. Dazu *Gellhorn / Levin*, Administrative law and process, S. 194 ff.

Andere Ansätze und Prinzipien, die die Aufgaben des heutigen Verwaltungsakts übernehmen und die trotzdem rechtsstaatlichen Grundsätzen gerecht werden, sind also - wie am amerikanischen Beispiel aufgezeigt - nicht nur denkbar, sondern werden sich aufgrund der zunehmenden Internationalisierung des Rechts auch in Deutschland zwangsläufig herausbilden. Allerdings ist es aufgrund der bisherigen langen und kontinuierlichen Entwicklung des Rechtsinstituts unwahrscheinlich, daß eine völlige Abkehr vom Verwaltungsakt stattfinden wird. Auch der Einfluß des europäischen Einigungsprozesses auf das deutsche Verwaltungsrecht wird aller Voraussicht nach nicht die Grundlagen des Rechtsinstituts Verwaltungsakt angreifen, sondern nur die fließende Weiterentwicklung bewirken.

Nicht zu unterschätzen sind die langsam voranschreitenden indirekten Einflüsse anderer Rechtsordnungen, die durch die enge Zusammenarbeit der Staaten bestehen - ebenfalls besonders im europäischen Bereich. Aufgrund der sehr vielfältigen Einwirkungen dieser Art, die das Rechtsinstitut Verwaltungsakt regelmäßig nur am Rande betreffen, sind sie im Rahmen der vorliegenden Arbeit nicht näher zu untersuchen.

Die direkten Einwirkungen, deren Einflüsse auf den Verwaltungsakt leichter zu fassen sind, geschehen vor allem auf zwei Wegen. Erstens wirken die Regelungen der Europäischen Union als höherrangiges Recht auf die deutsche Rechtsordnung - insbesondere das Verwaltungsrecht - ein und verändern diese entweder unmittelbar oder durch die Umsetzung in nationales Recht[1050]. Zweitens kommt es zu Einflüssen durch nationales Recht anderer Staaten der Union, da deren Verwaltungsakte in Deutschland - als sogenannte 'transnationale Verwaltungsakte' - unmittelbar ihre rechtliche Wirkung entfalten können[1051].

1050 Vgl. *Schoch*, JZ 1995, S. 109; *Schwarze*, Einführung, S. 17 ff.

1051 Dazu *Becker*, DVBl. 2001, S. 855 (kritisch zur Existenz eines Rechtsinstituts 'transnationaler Verwaltungsakt'); *v. Danwitz*, Systemgedanken eines Rechts der Verwaltungskooperation, S. 179 ff.; *Hoffmann-Riem*, Strukturen des Europäischen Verwaltungsrechts, S. 358; *Neßler*, Europäisches Richtlinienrecht wandelt deutsches Verwaltungsrecht, S. 5 ff.; *Neßler*, NVwZ 1995, S. 863; *Ruffert*, Die Verwaltung 34 (2001), S. 453; *Schmidt-Aßmann*, DVBl. 1993, S. 924 (935 f.); *Schwarze*, Deutschland, S. 135 ff. Vgl. zu Einflüssen des Europarechts auf den Verwaltungsakt auch die Untersuchung von *Müller*, Die Aufhebung von Verwaltungsakten unter dem Einfluß des Europarechts.

Bei den Eingriffen der Europäischen Union handelt es sich verstärkt nicht nur um einzelne mehr oder weniger unsystematische Verordnungen, Richtlinien und Entscheidungen. Vielmehr entsteht neben - oder über - dem deutschen Recht eine eigenständige "Europäische Rechtsordnung", die "sich nur als Ergebnis eines komplexen Ineinandergreifens gemeinschaftsrechtlicher und nationalstaatlicher Rechtsordnungen" begreifen läßt[1052]. Die Folge ist u. a. die Bildung eines europäischen Verwaltungsrechts[1053]. Betroffen von dieser neuen Rechtsordnung sind nicht nur Teile des besonderen Verwaltungsrechts, sondern auch die allgemeinen Regelungen und Rechtsinstitute[1054] sowie das Verfassungsrecht[1055].

Auf der Ebene der Europäischen Union ist etwa ein Parallelinstitut zum Verwaltungsakt in Art. 249 Abs. 4 EGV bzw. Art. 161 Abs. 4 EAGV, dort "Entscheidung" genannt, festgeschrieben, das in diesem Bereich den Verwaltungsakt ersetzt und unmittelbare Geltung für einen Mitgliedsstaat oder den einzelnen Bürger hat[1056]. Hervorzuheben sind die Einflüsse in den Gebieten des Verfahrensrechts, der Gesetzesbindung der Verwaltung, des Vertrauensschutzes sowie des Rechtsschutzes gegen Verwaltungsakte[1057]. Möglicherweise kommt es - trotz der in den bisherigen europäischen Verträgen fehlenden Regelungskompetenz der Union für diesen Bereich - zukünftig sogar zu einer Kodifizierung des allgemeinen Verwaltungsrechts auf europäischer Ebene[1058]. Selbst wenn diese Regelungen nur für die europäischen Ein-

[1052] *Rodríguez Iglesias*, NJW 1999, S. 1. Dazu auch *Jannasch*, Wechselwirkung zwischen nationalem Verwaltungsrecht und europäischem Gemeinschaftsrecht.

[1053] Dazu *Schmidt-Aßmann*, VBlBW 1988, S. 381 (383); *Schmidt-Aßmann*, DVBl. 1993, S. 924; *Schnapauff*, Deutsche Verwaltung und Europäische Integration, S. 20 ff.

[1054] Vgl. *Bleckmann*, DÖV 1993, S. 837 (844 ff.); *Schmidt-Aßmann*, VBlBW 1988, S. 381 (386 f.); jeweils m.w.N.

[1055] Dazu nur beispielhaft *Jannasch*, Wechselwirkung zwischen nationalem Verwaltungsrecht und europäischem Gemeinschaftsrecht, S. 36 f.

[1056] Näheres dazu bei *Emmert*, Europarecht, S. 128 f.; *Schweitzer / Hummer*, Europarecht, S. 109 f. m.w.N.

[1057] Vgl. *Bleckmann*, DÖV 1993, S. 837 (841 ff.); *Jannasch*, Wechselwirkung zwischen nationalem Verwaltungsrecht und europäischem Gemeinschaftsrecht, S. 30 ff.; *Schoch*, JZ 1995, S. 109 (111 f.) sowie speziell zur Europäisierung des Verwaltungsprozeßrechts *Würtenberger*, Verwaltungsprozeßrecht, S. 34; jeweils m.w.N.

[1058] Vgl. dazu die Forderung von *Schnapauff*, Deutsche Verwaltung und Europäische Integration, S. 25 f., der auf ein dahingehendes Memorandum des niederländischen Außenministeriums von 1996 verweist.

richtungen bindend wären, käme es mit Sicherheit zu einer erheblichen Vorbildwirkung für das nationale Verwaltungsrecht der einzelnen Mitgliedsstaaten. Im Idealfall könnte in entfernterer Zukunft und unter Beibehaltung der nationalen Kompetenzen eine Angleichung nach dem Muster der nahezu gleichlautenden deutschen Bundes- und Landesverwaltungsverfahrensgesetze erfolgen.

Der zweite Bereich von Einwirkungen anderer nationaler Rechtsordnungen durch transnationale Verwaltungsakte ist erst im letzten Jahrzehnt näher ins Blickfeld der Wissenschaft gerückt[1059], geht jedoch ursprünglich auf das sogenannte 'Cassis-de-Dijon-Urteil' des Europäischen Gerichtshofs bereits aus dem Jahr 1979 zurück[1060]. In diesem Urteil hatte das Gericht entschieden, daß die Zulassung von Herstellung und Vertrieb eines alkoholischen Getränks durch einen Mitgliedsstaat von den anderen Mitgliedsstaaten anerkannt werden muß, weshalb diese die Einfuhr des Getränks nicht untersagen dürfen. Diese Rechtsprechung wurde später auf andere Bereiche ausgedehnt und auch in europäischen Richtlinien zur gegenseitigen Anerkennung von Verwaltungsentscheidungen fortgesetzt[1061]. Verwaltungsakte nationaler Behörden auf der Grundlage von deren nationaler Rechtsordnung erzeugen somit unmittelbare Rechtswirkungen in anderen Mitgliedsstaaten der Europäischen Union.

Durch die europäischen Einflüsse wird der Grundsatz der Gesetzmäßigkeit der Verwaltung, wie er sich in den vergangenen zweihundert Jahren entwickelt hat, auf eine völlig neue Basis gestellt. Die Bindung der Verwaltung besteht nicht mehr nur an die Gesetze des eigenen Staates, sondern sie besteht auch und sogar vorrangig an das Recht der Europäischen Union sowie - zumindest in Teilen - an fremde Rechtsordnungen anderer Mitgliedsstaaten[1062].

Allein schon durch die vielfältigen Änderungen des rechtlichen Umfeldes in Europa wird sich das Rechtsinstitut Verwaltungsakt stetig weiterentwickeln müssen. Hinzu kommt aber auch die nicht unwesentliche eigenständi-

1059 Mit der Einführung des Begriffs 'transnationaler Verwaltungsakt' durch *Neßler*, Europäisches Richtlinienrecht wandelt deutsches Verwaltungsrecht, S. 5 ff. sowie *Schmidt-Aßmann*, DVBl. 1993, S. 924 (935 f.).

1060 EuGH NJW 1979, S. 1766 (Urteil v. 20. Februar 1979).

1061 Ausführliche Nachweise bei *Neßler*, NVwZ 1995, S. 863 (864); *Ruffert*, Die Verwaltung 34 (2001), S. 453 (459 ff.).

1062 Vgl. zu dieser "Europäisierung des Gesetzmäßigkeitsgrundsatzes" *Neßler*, Europäisches Richtlinienrecht wandelt deutsches Verwaltungsrecht, S. 77 ff.

ge innerstaatliche Fortbildung des Verwaltungsrechts in Deutschland - die teilweise sogar den europäischen Tendenzen entgegengesetzt ist[1063].

So wird etwa durch neue Formen rechtlichen Handelns der Verwaltung und deren verstärkte Anwendung, oder gar die Privatisierung der Verwaltung[1064], der Gebrauch des Verwaltungsakts eingeschränkt oder modifiziert. Diskutiert wird mit Begriffen, die teilweise wenig juristischen Aussagewert haben und über deren genaue Abgrenzung noch kaum Einigkeit besteht. Beispielhaft seien nur die Bezeichnungen 'informelles Verwaltungshandeln', 'informales Verwaltungshandeln', 'kooperatives Verwaltungshandeln', 'Verfahrenshandeln', 'Planhandeln', 'Beratung', 'Vorverhandlungen', 'Arrangements', 'Agreements', 'Absprachen', 'Duldungen', 'Warnungen' und 'Mediation' genannt[1065], die hier nicht genauer beschrieben werden können, jedoch mehr und mehr Verwendung finden[1066].

Gerade bei Großprojekten und Masseverfahren im technischen und ökologischen Bereich[1067] werden diese Handlungsformen als Ersatz oder zumindest als Ergänzung zum Verwaltungsakt herangezogen. Der schnelle wissenschaftliche Fortschritt in diesen Gebieten und die häufig nahezu unüberschaubaren Folgen und Risiken fordern von der Verwaltung und dem Verwaltungsrecht innovative Lösungen[1068], die das reine Festhalten an hergebrachten

1063 Dazu *Hoffmann-Riem*, Strukturen des Europäischen Verwaltungsrechts - Perspektiven einer Systembildung, S. 348 ff. sowie - kritisch - *Schoch*, Die europäische Perspektive des Verwaltungsverfahrens- und Verwaltungsprozeßrechts, S. 287 ff., 314 ff.

1064 Aus der vielfältigen Literatur zur Privatisierung nur beispielhaft *Hoffmann-Riem*, Effizienz als Herausforderung an das Verwaltungsrecht - Einleitende Problemskizze, S. 54 f.; *Schoch*, DVBl. 1994, S. 962; jeweils m.w.N.

1065 Vgl. zu den Begriffen etwa die Erläuterungen von *Brohm*, DVBl. 1994, S. 133; *Bulling*, DÖV 1989, S. 277; *Stelkens / Bonk / Sachs - P. Stelkens / Schmitz*, Verwaltungsverfahrensgesetz, § 9 Rn. 162 ff.; *Wagner / Engelhardt*, NVwZ 2001, S. 370; *Wolff / Bachof / Stober*, Verwaltungsrecht I, S. 100; jeweils m.w.N.

1066 Zur weiten Verbreitung dieser Handlungsformen in anderen Rechtsordnungen, insbesondere der japanischen (dort *"gyôseishidô"*, Verwaltungsleitung, genannt) vgl. *Fujita*, NVwZ 1994, S. 133.

1067 Insbesondere das Umweltverwaltungsrecht wirkt regelmäßig als Schrittmacher für das allgemeine Verwaltungsrecht. Dazu *Di Fabio*, NVwZ 1999, S. 1153; *Hoffmann-Riem*, Verwaltungsrechtsreform - Ansätze am Beispiel des Umweltschutzes -, S. 118 ff.; *Schmidt-Aßmann*, Zur Reform des Allgemeinen Verwaltungsrechts, S. 27 ff.

1068 Siehe dazu die von *Hoffmann-Riem / Schmidt-Aßmann* herausgegebenen Schriften

Rechtsinstituten nicht zulassen. Durch diese kooperativen Handlungsformen versucht man eine höhere Akzeptanz[1069] bei den betroffenen Bürgern und damit auch eine Beschleunigung des Verfahrens zu erreichen.

Eine dogmatische Vertiefung der neuen Verwaltungspraxis - wie sie etwa beim öffentlich-rechtlichen Vertrag bereits vorliegt[1070] - bleibt allerdings noch abzuwarten. Nicht übersehen werden darf aber in diesem Zusammenhang, daß gerade die fortschreitende Formalisierung das Verwaltungsrecht vorangebracht hat[1071]. Zuzustimmen ist *Christoph Gusy*, der mit seiner Aussage ein Kernproblem der neueren Entwicklungen anspricht: "Demnach erscheint jeder Versuch, informales Handeln juristisch domestizieren zu wollen, entweder vergeblich oder selbstwidersprüchlich."[1072]

Deshalb werden Verwaltungsverfahren, die mit informellem Verwaltungshandeln begonnen haben, häufig doch mit öffentlich-rechtlichem Vertrag oder Verwaltungsakt abgeschlossen[1073]. Regelmäßig kann das Ergebnis des Verfahrens nur mit solchen 'klassischen' Handlungsformen rechtlich abgesichert werden. Informelles Verwaltungshandeln (im Sinne von kooperativer Verwaltung mit dem Ziel, Akzeptanz zu erreichen) und Verwaltungsakt schließen sich also nicht gegenseitig aus, sondern beide haben nebeneinander ihre Berechtigung. Man kann sogar zu dem Ergebnis kommen, "daß Kooperation, Konsens und Akzeptanz nicht Gegensätze zum administrativen Handeln durch Verwaltungsakt, sondern Elemente des Verwaltungsverfahrens sind."[1074] Betont werden muß jedoch, daß die Rechtmäßigkeit des Verwaltungshandelns gegenüber diesen modernen Zielsetzungen vorrangig ist[1075], weshalb im Zweifelsfall z. B. ein belastender Verwaltungsakt, der ohne Kooperation und Akzeptanz zum einzig rechtmäßigen Ziel führt, einem

zur Reform des Verwaltungsrechts.

1069 Zum Ziel der "Akzeptanz durch Verwaltungsverfahren" *Würtenberger*, NJW 1991, S. 257.

1070 Vgl. dazu *Bauer*, Anpassungsflexibilität im öffentlich-rechtlichen Vertrag; *Pakeerut*, Die Entwicklung der Dogmatik des verwaltungsrechtlichen Vertrages.

1071 In diesem Sinn auch *Schmidt-Aßmann*, VBlBW 1988, S. 381 (382).

1072 *Gusy*, NJW 2000, S. 979.

1073 Dazu *Stelkens / Bonk / Sachs - P. Stelkens / Schmitz*, Verwaltungsverfahrensgesetz, § 9 Rn. 164 ff.

1074 Vgl. *Schoch*, Der Verwaltungsakt zwischen Stabilität und Flexibilität, S. 207.

1075 *Schoch*, Der Verwaltungsakt zwischen Stabilität und Flexibilität, S. 208; *Würtenberger*, NJW 1991, S. 257 (263).

rechtswidrigen Konsens vorgezogen werden muß. Mit den treffenden Worten von *Friedrich Schoch*: "Jedenfalls unter Juristen sollte kein Zweifel daran bestehen, daß - selbst bei größtmöglicher Öffnung der Rechtsordnung für neuartige soziale Phänomene und Entwicklungen - das Verfassungsrecht durch Art. 20 Abs. 2 und Abs. 3 GG einer Auflösung der Ausübung von Staatsgewalt in Konsens- und Diskursmodelle entgegensteht."[1076]

Erwähnenswert ist auch eine Tendenz, statt die jeweilige Handlungsform - heute also zumeist den Verwaltungsakt - in den Mittelpunkt des verwaltungsrechtlichen Denkens zu stellen, verstärkt das zugrundeliegende Verwaltungsrechtsverhältnis zu betrachten[1077]. Der Versuch, die Handlungsformenlehre durch die Hervorhebung des Rechtsverhältnisses überflüssig zu machen, ist nicht gelungen. Die Handlungsformen sind - wie auch diese historische Untersuchung gezeigt hat - mit dem materiellen Recht und seinen Funktionen so eng verbunden, daß eine Trennung nicht möglich ist. "Es ist geradezu evident, daß die Handlungsformen schon aus rechtspraktischen und rechtsdogmatischen Gründen zum unverzichtbaren Kernbestand des Verwaltungsrechts gehören. [...]. Daher muß auch prinzipiell ansetzender Kritik an der Form des *Verwaltungsakts* entgegengetreten werden."[1078] Diese Feststellung führt nicht dazu, daß die nähere Betrachtung des Verwaltungsrechtsverhältnisses überflüssig wird. Das Rechtsverhältnis kann - besonders bei mehreren beteiligten Rechtssubjekten mit unterschiedlichsten Interessen und Rechtsbeziehungen - die Handlungsformenlehre sinnvoll ergänzen, ohne sie zu ersetzen[1079].

Somit bleibt der Handlungsform Verwaltungsakt in der Praxis ihre große Bedeutung erhalten. Die Flexibilität des Verwaltungsakts, die etwa durch den in § 10 VwVfG festgelegten Grundsatz der Nichtförmlichkeit des Verwaltungsverfahrens, die Möglichkeit von Absprachen im Rahmen der Anhörung, vorläufige Regelungen, die Befristung, die Rücknahme und den Widerruf ohnehin schon vorhanden war[1080], ist gerade in den letzten Jahren

1076 *Schoch*, Der Verwaltungsakt zwischen Stabilität und Flexibilität, S. 208.

1077 Vgl. dazu *Schmidt-Aßmann*, VBlBW 1988, S. 381 (384); *Schmidt-De Caluwe*, Der Verwaltungsakt in der Lehre Otto Mayers, S. 12 ff.; jeweils m.w.N.

1078 *Schoch*, Der Verwaltungsakt zwischen Stabilität und Flexibilität, S. 205 f., Hervorhebung im Original.

1079 Vgl. *Schmidt-Aßmann*, Zur Reform des Allgemeinen Verwaltungsrechts, S. 44 f., 56 f., 60; *Schoch*, Der Verwaltungsakt zwischen Stabilität und Flexibilität, S. 210 ff., 232.

nach der Vereinigung Deutschlands - überwiegend aus finanziellen und wirtschaftlichen Gründen - noch stärker verdeutlicht worden.

Die aus dieser Zeit stammenden Änderungen des Verwaltungsverfahrensgesetzes und der Verwaltungsgerichtsordnung[1081], hauptsächlich zur Beschleunigung des Verwaltungs-, insbesondere des Genehmigungsverfahrens (§§ 71a ff. VwVfG), wirken sich unmittelbar auf den Verwaltungsakt aus, ohne jedoch seinen Charakter grundlegend zu ändern. So besteht nunmehr die ausdrückliche Verpflichtung der Behörden, das Verwaltungsverfahren "zügig durchzuführen" (§§ 10, 71b VwVfG), den - potentiellen - Antragsteller bereits vor Stellung des Antrags über Beschleunigungsmöglichkeiten, erforderliche Unterlagen, einzuschaltende Sachverständige und sonstige Verfahrensabschnitte zu beraten (§ 71c VwVfG) sowie die Möglichkeit ein Sternverfahren (71d VwVfG) oder eine Antragskonferenz (§ 71e VwVfG) durchzuführen. Außerdem wurden die Möglichkeiten der Behörden zur Heilung von Verfahrensfehlern deutlich ausgeweitet (§§ 45, 46 VwVfG)[1082]. Beispielsweise ist eine Heilung nicht mehr wie nach der alten Regelung nur bis zum Abschluß des Vorverfahrens, sondern jetzt bis zum Abschluß des verwaltungsgerichtlichen Verfahrens möglich (§ 45 Abs. 2 VwVfG)[1083]. Diese, teilweise aus den Erfahrungen mit informellem Verwaltungshandeln hervorgegangenen[1084], gesetzlichen Novellierungen zeigen die Wandlungsfähigkeit des regelmäßig

[1080] Dazu *Schmidt-Aßmann*, Effizienz als Herausforderung an das Verwaltungsrecht, S. 261; *Schmidt-Aßmann*, Zur Reform des Allgemeinen Verwaltungsrechts, S. 60 ff.; *Schoch*, Der Verwaltungsakt zwischen Stabilität und Flexibilität; *Schulte*, Wandel der Handlungsformen der Verwaltung und der Handlungsformenlehre, S. 335. Insbesondere auf die ausführlichen Darlegungen von *Schoch*, a.a.O., ist hier, zur Vermeidung von Wiederholungen, Bezug zu nehmen.

[1081] Insbesondere durch das Genehmigungsverfahrensbeschleunigungsgesetz vom 12. September 1996 und das Sechste Gesetz zur Änderung der Verwaltungsgerichtsordnung und anderer Gesetze vom 1. November 1996. Dazu *Bonk*, NVwZ 1997, S. 320; *Holznagel*, Verfahrensbezogene Aufgabenkritik und Änderungen von Verfahrensstandards, S. 205 ff.; *Schmieszek*, NVwZ 1996, S. 1151; *Schmitz / Wessendorf*, NVwZ 1996, S. 955; *Schoch*, Die europäische Perspektive des Verwaltungsverfahrens- und Verwaltungsprozeßrechts, S. 288 ff.

[1082] Vgl. dazu auch die Änderungen in den §§ 87, 94 und 114 VwGO. Ausführlich dazu *Schmieszek*, NVwZ 1996, S. 1151 m.w.N.

[1083] Kritisch *Holznagel*, Verfahrensbezogene Aufgabenkritik und Änderungen von Verfahrensstandards, S. 225 ff.

[1084] Vgl. zur Formalisierung informellen Verwaltungshandelns auch *Voßkuhle*, Der Wandel von Verwaltungsrecht und Verwaltungsprozeßrecht, S. 391.

auf den Abschluß durch Verwaltungsakt gerichteten Verwaltungsverfahrens und damit auch die Wandlungsfähigkeit des Verwaltungsakts selbst.

Auf absehbare Zeit wird daher der Verwaltungsakt als 'ausgereiftes' Rechtsinstitut in der Verwaltung eine wesentliche Rolle spielen. Seine vielfältigen Möglichkeiten und die rechtlichen Garantien, die mit ihm verbunden sind, machen ihn auch auf weite Sicht unverzichtbar.

Literaturverzeichnis[1085]

Achterberg, Norbert, Allgemeines Verwaltungsrecht, 2. Aufl., Heidelberg 1986

Akademie für Staats- und Rechtswissenschaft der DDR (Hrsg.), Verwaltungsrecht, Berlin 1988

Amberg, Hellmuth, Rechtsnatur und prozessuale Behandlung behördlicher Mitwirkungsakte bei mehrstufigen Verwaltungsakten, Diss. jur. Würzburg 1966

Anderbrügge, Klaus, Völkisches Rechtsdenken, Berlin 1978

Andersen, Poul, Ungültige Verwaltungsakte mit besonderer Berücksichtigung der Ungültigkeitsgründe, Mannheim / Berlin / Leipzig 1927

Andreae, Martin, Der streitentscheidende Verwaltungsakt, Diss. jur. Köln 1986

Angermund, Ralph, Deutsche Richterschaft 1919-1945, Frankfurt am Main 1990

Angermund, Ralph, "Recht ist, was dem Volke nutzt.", in: Bracher, Karl Dietrich / Funke, Manfred / Jacobsen, Hans-Adolf (Hrsg.), Deutschland 1933-1945, Neue Studien zur nationalsozialistischen Herrschaft, Bonn 1992, S. 57

Anonymus, Rechtskraft und Oberverwaltungsgericht, Preuß. VBl. 1897, S. 413

Ansorge, Otto, Der Polizeibefehl (Die polizeiliche Verfügung) in Preußen nach den neuesten Rechtsgrundsätzen des Preußischen Oberverwaltungsgerichts, DV 1941, S. 235 u. 249

Appelius, Zur Frage der Anfechtbarkeit von Beamtenanstellungen infolge von Willensmängeln - insbesondere bei Kommunalbeamten, RVBl. 1934, S. 672

Aretin, Johann Christoph Freiherr v., Staatsrecht der konstitutionellen Monarchie, Bd. 1, Altenburg 1824

Arndt, Adolf, Das Staatsrecht des Deutschen Reiches, Berlin 1900

Arndt, Gottfried, Der Verwaltungsakt als Grundlage der Verwaltungsvollstreckung, Köln / Berlin / Bonn / München 1967

Aubin, Peter, Die Haftung der Europäischen Wirtschaftsgemeinschaft und ihrer nationalen Mitgliedsstaaten bei gemeinschaftsrechtswidrigen nationalen Verwaltungsakten, Baden-Baden 1982

1085 Die Schrifttumsnachweise im Text werden in der Regel verkürzt zitiert. Sie sind mittels des Literaturverzeichnisses ohne weitere Auflistung verständlich.

Bach, Die Rechtsprechung des Preußischen Oberverwaltungsgerichts im Lichte der nationalsozialistischen Weltanschauung und Rechtsauffassung, DV 1938, S. 199

Bachof, Otto, Die Dogmatik des Verwaltungsrechts vor den Gegenwartsaufgaben der Verwaltung, VVDStRL 30 (1972), S. 193

Bachof, Otto, Die Rechtsprechung des Bundesverwaltungsgerichts (BVerwGE Band 4-12), JZ 1962, S. 663

Bachof, Otto, Über einige Entwicklungstendenzen im gegenwärtigen deutschen Verwaltungsrecht, in: Külz, Helmut R. / Naumann, Richard (Hrsg.), Staatsbürger und Staatsgewalt, Karlsruhe 1963, Bd. 2, S. 3

Badura, Peter, Das Verwaltungsrecht des liberalen Rechtsstaates, Göttingen 1967

Bähr, Otto, Der Rechtsstaat, Cassel / Göttingen 1864, Neudruck Aalen 1961

Bähr, Peter, Die maßgebliche Rechts- und Sachlage für die gerichtliche Beurteilung von Verwaltungsakten, Köln 1967

Baring, Martin (Hrsg.), Aus 100 Jahren Verwaltungsgerichtsbarkeit, 2. Aufl., Köln / Berlin / Bonn / München 1964

Baring, Martin, Die Verwaltungsrechtspflege in Sachsen - Ereignisse und Gestalten -, in: Baring, Martin (Hrsg.), Aus 100 Jahren Verwaltungsgerichtsbarkeit, 2. Aufl., Köln / Berlin / Bonn / München 1964, S. 65

Bartels, Georg, Das Verfahren vor den Verwaltungsgerichten, Berlin 1907

Battis, Ulrich, Allgemeines Verwaltungsrecht, 2. Aufl., Heidelberg 1997

Bauer, Hartmut, Anpassungsflexibilität im öffentlich-rechtlichen Vertrag, in: Hoffmann-Riem, Wolfgang / Schmidt-Aßmann, Eberhard (Hrsg.), Innovation und Flexibilität des Verwaltungshandelns, Baden-Baden 1994, S. 245

Bauer, Hartmut, Geschichtliche Grundlagen der Lehre vom subjektiven öffentlichen Recht, Berlin 1986

Bauer, Ina, Von der Administrativjustiz zur Verwaltungsgerichtsbarkeit, Sinzheim 1996

Becker, Joachim, Der transnationale Verwaltungsakt, DVBl. 2001, S. 855

Becker, Klaus, Die behördliche Erlaubnis des absolutistischen Fürstenstaates, Diss. jur. Marburg 1970

Becker, Stephan, Die Bindungswirkung von Verwaltungsakten im Schnittpunkt von Handlungsformenlehre und materiellem öffentlichen Recht, Baden-Baden 1997

Behr, Wilhelm Joseph, Neuer Abriss der Staatswissenschaftslehre zum Gebrauche für Vorlesungen nebst einem Versuche des Grundrisses einer Constitution für Monarchien, Bamberg / Würzburg 1816

Berg, Günther Heinrich v., Handbuch des Teutschen Policeyrechts, Teil 1, Hannover 1799

Bernatzik, Edmund, Rechtsprechung und materielle Rechtskraft, Wien 1886, Neudruck Aalen 1964

Beseler, Hans-Friedrich, Die Rechtskraft der Verwaltungsakte, Diss. jur. Münster 1960

Best, Werner, Die Deutsche Polizei, Darmstadt 1941

Best, Werner, Die Politische Polizei des Dritten Reiches, in: Frank, Hans (Hrsg.), Deutsches Verwaltungsrecht, München 1937, S. 417

Biener, Wilhelm, Zum Problem der materiellen Rechtskraft der Verwaltungsakte, DV 1942, S. 453

Biermann, Johannes, Privatrecht und Polizei in Preußen, Berlin 1897

Bitter, v., (Hrsg.), Handwörterbuch der Preußischen Verwaltung, Bd. 2, 2. Aufl., Leipzig 1911

Bleckmann, Albert, Methoden der Bildung europäischen Verwaltungsrechts, DÖV 1993, S. 837

Bloem, Tilman, Verfassungsgerichtliche Probleme von 1495-1806, Diss. jur. Kiel 1969

Blum, Robert (Hrsg.), Volksthümliches Handbuch der Staatswissenschaften und Politik, Leipzig 1848-1851, Neudruck Leipzig 1973

Bluntschli, Johann Caspar, Allgemeines Staatsrecht, Bd. 2, 2. Aufl., München 1857

Bluntschli, Johann Caspar, Stichwort "Verwaltung und Verwaltungsrecht", in: Bluntschli, Johann Caspar / Brater, Karl (Hrsg.), Deutsches Staats-Wörterbuch, Bd. 11, Stuttgart / Leipzig 1870, S. 60

Bluntschli, Johann Caspar / Brater, Karl (Hrsg.), Deutsches Staats-Wörterbuch, Stuttgart / Leipzig 1857-1870

Bock, Eduard, Das Staatsrecht des Deutschen Reiches, Stuttgart 1902

Bode, Eckart, Die Rücknahme rechtswidriger Verwaltungsakte mit Doppelwirkung, Diss. jur. Göttingen 1967

Böckenförde, Ernst-Wolfgang (Hrsg.), Staatsrecht und Staatsrechtslehre im Dritten Reich, Heidelberg 1985

Bönninger, Karl / Hochbaum, Hans-Ulrich / Lekschas, Eva / Schulze, Gerhard, Das Verwaltungsrecht der Deutschen Demokratischen Republik, Berlin 1957

Bonk, Heinz Joachim, Strukturelle Änderungen des Verwaltungsverfahrens durch das Genehmigungsverfahrensbeschleunigungsgesetz, NVwZ 1997, S. 320

Bornhak, Conrad, Grundriß des Deutschen Staatsrechts, 4. Aufl., Leipzig 1916

Boyens, Walter, Sind Bescheide im Verfahren nach der Kriegssachschädenverordnung der materiellen Rechtskraft fähig?, DV 1942, S. 294

Bracher, Karl Dietrich, Die deutsche Diktatur, 6. Aufl., Frankfurt am Main / Berlin / Wien 1979

Bracher, Karl Dietrich / Funke, Manfred / Jacobsen, Hans-Adolf (Hrsg.), Deutschland 1933-1945. Neue Studien zur nationalsozialistischen Herrschaft, Bonn 1992

Bracher, Karl Dietrich / Funke, Manfred / Jacobsen, Hans-Adolf (Hrsg.), Die Weimarer Republik 1918-1933, Bonn 1987

Bracher, Karl Dietrich / Funke, Manfred / Jacobsen, Hans-Adolf (Hrsg.), Nationalsozialistische Diktatur 1933-1945. Eine Bilanz, Bonn 1983

Bräuer, Karl, Die Belastung der Adjazenten mit Trottoirbeiträgen nach pfälzischem Recht und nach dem System einzelner Partikularrechte, AöR 21 (1907), S. 523

Brauchitsch, M. v., Die neuen Preußischen Verwaltungsgesetze, Bd. 1, 15. Aufl., Berlin 1897

Brauer, Johann Niklaus Friedrich, Beyträge zu einem allgemeinen Staatsrecht der Rheinischen Bundes-Staaten in Funfzig Sätzen, Karlsruhe 1807

Braun, Joachim, Die präjudizielle Wirkung bestandskräftiger Verwaltungsakte, Frankfurt am Main 1981

Brede, Uwe, Der Verwaltungsakt mit Dauerwirkung, Frankfurt am Main 1997

Breitkopf, Karl, Rücknahme und Widerruf von Verwaltungsakten mit Dauerwirkung unter besonderer Berücksichtigung des Wiederaufgreifens des Verwaltungsverfahrens im Recht der Sozialversicherung und der Kriegsopferversorgung, Diss. jur. Bochum 1980

Brohm, Winfried, Die Dogmatik des Verwaltungsrechts vor den Gegenwartsaufgaben der Verwaltung, VVDStRL 30 (1972), S. 245

Brohm, Winfried, Rechtsstaatliche Vorgaben für informelles Verwaltungshandeln, DVBl. 1994, S. 133

Bronnenmeyer, Helmut, Der Widerruf rechtmäßiger begünstigender Verwaltungsakte nach § 49 VwVfG, Berlin 1994

Broß, Siegfried, Untersuchungen zu den Appellationsbestimmungen der Reichskammergerichtsordnung von 1495, Berlin 1963

Bücking, Hans-Jörg, Rechtsschutz bei zurückgenommenen und erledigten Verwaltungsakten, Frankfurt am Main 1976

Bühler, Buchbesprechung: Otto Mayers Deutsches Verwaltungsrecht. (Zweite Auflage.), VerwArch. 27 (1919), S. 283

Bühler, Ottmar, Lehrbuch des Steuerrechts, Bd. 1, Berlin 1927

Büsing, Otto, Das Staatsrecht der Großherzogthümer Mecklenburg-Schwerin und Mecklenburg-Strelitz, in: Marquardsen, Heinrich (Hrsg.), Handbuch des Oeffentlichen Rechts der Gegenwart in Monographien, Bd. 3, 2. Halbbd., Freiburg 1888, S. 1

Bull, Hans Peter, Allgemeines Verwaltungsrecht, 6. Aufl., Heidelberg 2000

Bulling, Hans Urban, Die Anfechtbarkeit von Verwaltungsakten zusammenwirkender Behörden, Diss. jur. Tübingen 1963

Bulling, Manfred, Kooperatives Verwaltungshandeln (Vorverhandlungen, Arrangements, Agreements und Verträge) in der Verwaltungspraxis, DÖV 1989, S. 277

Bullinger, Martin, Öffentliches Recht und Privatrecht. Studien über Sinn und Funktion der Unterscheidung, Stuttgart / Berlin / Köln / Mainz 1968

Bullinger, Martin, Vertrag und Verwaltungsakt. Zu den Handlungsformen und Handlungsprinzipien der öffentlichen Verwaltung nach deutschem und englischem Recht, Stuttgart 1962

Burnham, William, Introduction to the law and legal system of the United States, St. Paul / Minnesota 1995

Butterwegge, Georg, Verwaltungsvertrag und Verwaltungsakt, Berlin 2001

Caspar, Johannes, Der fiktive Verwaltungsakt - Zur Systematisierung eines aktuellen verwaltungsrechtlichen Instituts, AöR 125 (2000), S. 131

Coester, Robert, Die Rechtskraft der Staatsakte, München / Leipzig 1927

Coing, Helmut (Hrsg.), Ius commune 5, Frankfurt am Main 1975

Conrad, Hermann, Die geistigen Grundlagen des Allgemeinen Landrechts für die preußischen Staaten von 1794, Köln / Opladen 1958

Corpus Juris Secundum, St. Paul / Minnesota, Stand 1998

Cremer, Zur Anfechtbarkeit zweiseitiger Verwaltungsakte, RVBl. 1937, S. 192

Cucumus, Conrad, Lehrbuch des Staatsrechts der konstitutionellen Monarchie Baierns, Würzburg 1825

Dabelow, Christoph Christian, Lehrbuch des Staats- und Völkerrechts der Deutschen, Erster Theil, Halle 1795

Danckwerts, Justus, Die Verwaltungsgerichtsbarkeit im nationalsozialistischen Staate, in: Frank, Hans (Hrsg.), Deutsches Verwaltungsrecht, München 1937, S. 99

Danwitz, Thomas v., Systemgedanken eines Rechts der Verwaltungskooperation, in: Schmidt-Aßmann, Eberhard / Hoffmann-Riem, Wolfgang (Hrsg.), Strukturen des Europäischen Verwaltungsrechts, Baden-Baden 1999, S. 171

Dennewitz, Bodo, Verwaltung und Verwaltungsrecht, Wien 1944

Dieckmann, Carl, Verwaltungsrecht, 4. Aufl., Berlin 1926

Diestelkamp, Bernhard (Hrsg.), Das Reichskammergericht in der Deutschen Geschichte, Köln 1990

Di Fabio, Udo, Das Kooperationsprinzip - ein allgemeiner Rechtsgrundsatz des Umweltrechts, NVwZ 1999, S. 1153

Döhring, Erich, Geschichte der deutschen Rechtspflege seit 1500, Berlin 1953

Dott, Klaus, Täuschung und objektive Unrichtigkeit von Angaben eines Beteiligten als Widerrufsgrund eines begünstigenden Verwaltungsakts, Diss. jur. Köln 1964

Dreier, Horst, Die deutsche Staatsrechtslehre in der Zeit des Nationalsozialismus, VVDStRL 60 (2001), S. 9

Drews, Bill, Preußisches Polizeirecht, Allgemeiner Teil, 4. Aufl., Berlin 1933

Druschel, Christoph, Die Verwaltungsaktbefugnis, Berlin 1999

Duckwitz, Edmund, Der fehlerhafte militärische Verwaltungsakt, Würzburg 1941

Dürig, Günter / Rudolf, Walter (Hrsg.), Texte zur deutschen Verfassungsgeschichte, 2. Aufl., München 1979

Echterhölter, Rudolf, Das öffentliche Recht im nationalsozialistischen Staat, Stuttgart 1970

Ehaus, Heinz, Verordnung gegen den Waffenbesitz der Juden - Verordnung über die Polizeiverordnungen der Reichsminister, DV 1938, S. 673

Eibert, Reinhard, Die formelle Rechtswidrigkeit von Verwaltungsakten, Diss. jur. Erlangen-Nürnberg 1978

Einem, Götz v., Strukturen der Beseitigungs- und Anpassungsverfahren von Verwaltungsakten in Verwaltungsverfahrensgesetz, Sozialgesetzbuch Teil X und Abgabenordnung unter besonderer Berücksichtigung der höchstrichterlichen Rechtsprechung als Anpassungs- und Beseitigungsgrund, Diss. jur. Göttingen 1989

Elster, Theodor, Begünstigende Verwaltungsakte mit Bedingungen, Einschränkungen und Auflagen, Göttingen 1979

Emmert, Frank, Europarecht, München 1996

Engel, Christoph, Planungssicherheit für Unternehmen durch Verwaltungsakt, Tübingen 1992

Erbel, Günter, Die Unmöglichkeit von Verwaltungsakten, Frankfurt am Main 1972

Erbguth, Britta, Der Rechtsschutz gegen die Aufhebung begünstigender Verwaltungsakte, Baden-Baden 1999

Erfmeyer, Klaus, Der nichtmaterielle Verwaltungsakt - eine rechtswidrige und überflüssige Fiktion, DÖV 1996, S. 629

Erichsen, Hans-Uwe, Verfassungs- und verwaltungsrechtsgeschichtliche Grundlagen der Lehre vom fehlerhaften belastenden Verwaltungsakt und seiner Aufhebung im Prozeß, Frankfurt am Main 1971

Erichsen, Hans-Uwe (Hrsg.), Allgemeines Verwaltungsrecht, 10. Aufl., Berlin / New York 1995

Erichsen, Hans-Uwe / Hoppe, Werner / Mutius, Albert v. (Hrsg.), System des verwaltungsgerichtlichen Rechtsschutzes, Festschrift für Christian-Friedrich Menger, Köln / Berlin / Bonn / München 1985

Erler, Adalbert / Kaufmann, Ekkehard / Schmidt-Wiegand, Ruth (Hrsg.), Handwörterbuch zur deutschen Rechtsgeschichte, Berlin 1971 ff.

Faber, Heiko, Verwaltungsrecht, 3. Aufl., Tübingen 1992

Feist, Hans-Joachim, Die Entstehung des Verwaltungsrechts als Rechtsdisziplin, München 1967

Fenske, Hans / Mertens, Dieter / Reinhard, Wolfgang / Rosen, Klaus (Hrsg.), Geschichte der politischen Ideen: Von Homer bis zur Gegenwart, Königstein / Taunus 1981

Fischer, Christiane, Der Verwaltungsakt als staatsrechtlich determinierte Handlungsform, Diss. jur. Bonn 2000

Fleiner, Fritz, Institutionen des Deutschen Verwaltungsrechts, 1. Aufl., Tübingen 1911

Fleiner, Fritz, Institutionen des Deutschen Verwaltungsrechts, 5. Aufl., Tübingen 1920 (unveränderter Neudruck, Stand 1913)

Fleiner, Fritz, Institutionen des Deutschen Verwaltungsrechts, 8. Aufl., Tübingen 1928

Fleiner, Fritz, Ueber die Umbildung zivilrechtlicher Institute durch das öffentliche Recht, Tübingen 1906

Fleischmann, Max (Hrsg.), Wörterbuch des Deutschen Staats- und Verwaltungsrechts, Bd. 3, 2. Aufl., Tübingen 1914

Fluck, Jürgen, Die Erfüllung des öffentlich-rechtlichen Verpflichtungsvertrages durch Verwaltungsakt, Berlin 1985

Foerstemann, Th., Principien des preußischen Polizeirechts, Berlin 1869

Forst, Hans-Jürgen, Der Verwaltungsakt in der UdSSR und der "DDR", Diss. jur. Köln 1969

Forsthoff, Ernst, Der totale Staat, Hamburg 1933

Forsthoff, Ernst, Deutsche Verfassungsgeschichte der Neuzeit, 4. Aufl., Stuttgart / Berlin / Köln / Mainz 1972

Forsthoff, Ernst, Lehrbuch des Verwaltungsrechts, Bd. 1, Allgemeiner Teil, 7. Aufl., München / Berlin 1958

Forsthoff, Ernst, Von den Aufgaben der Verwaltungsrechtswissenschaft, DR 1935, S. 398

Frank, Hans (Hrsg.), Deutsches Verwaltungsrecht, München 1937

Frank, Hans, Recht und Verwaltung, DV 1938, S. 737 (= Recht und Verwaltung, München 1938)

Frank, Hans / Himmler, Heinrich / Best, Werner / Höhn, Reinhard, Grundfragen der deutschen Polizei, Hamburg 1937

Franzen, Wilhelm, Hauptprobleme des bürgerlichen und öffentlichen Rechts, Göttingen 1934

Frege, Ludwig, Der Status des Preußischen Oberverwaltungsgerichtes und die Standhaftigkeit seiner Rechtsprechung auf politischem Gebiet, in: Külz, Helmut R. / Naumann, Richard (Hrsg.), Staatsbürger und Staatsgewalt, Karlsruhe 1963, Bd. 1, S. 131

Freisler, Roland / Löning, George Anton / Nipperdey, Hans Carl (Hrsg.), Festschrift für Justus Wilhelm Hedemann zum sechzigsten Geburtstag, Jena 1938

Fremuth, Fritz, Der Vorbehalt des Gesetzes in der bayerischen Verfassungsurkunde vom 26. 5. 1818 und seine Auswirkungen auf die Rechtsentwicklung im bayerischen Frühkonstitutionalismus, Diss. jur. Marburg 1970

Fricker, K. V., Ueber die Einwirkung des Erscheinens einer Verfassungs-Urkunde auf das bestehende Recht, ZStW 43 (1887), S. 1

Friedrichs, Karl, Buchbesprechung: Friedrich Stein, Die Zivilprozeßordnung für das Deutsche Reich, VerwArch 31 (1926), S. 277

Fries, Jakob Friedrich, Von Deutschem Bund und Deutscher Staatsverfassung, Heidelberg 1816

Fritsche, E. R., Beginn und Ende der Anfechtbarkeit von Verwaltungsakten, Fischers Zeitschr. 24 (1902), S. 145

Frotscher, Werner, Rechtsschutz nur gegen Verwaltungsakte?, DÖV 1971, S. 259

Frotscher, Werner / Pieroth, Bodo, Verfassungsgeschichte, 2. Aufl., München 1999

Fujita, Tokiyasu, Streitvermeidung und Streiterledigung durch informelles Verwaltungshandeln in Japan, NVwZ 1994, S. 133

Funk, Bernd-Christian, Der verfahrensfreie Verwaltungsakt, Wien / New York 1975

Funk, Bernd-Christian, Der Verwaltungsakt im österreichischen Rechtssystem, Wien 1978

Funke, Gottlob Leberecht, Die Verwaltung in ihrem Verhältniß zur Justiz, die Grenzlinie zwischen beiden, und die Verwaltungsjustiz, Zwickau 1838

Furkel, Rüdiger, Der Widerruf rechtswidriger begünstigender Verwaltungsakte im deutschen und französischen Recht unter besonderer Berücksichtigung des Sozialrechts, Diss. jur. Freiburg 1967

Gall, Lothar, Bürgertum in Deutschland, Berlin 1989

Gareis, Carl, Das Staatsrecht des Großherzogthums Hessen, in: Marquardsen, Heinrich (Hrsg.), Handbuch des Oeffentlichen Rechts der Gegenwart in Monographien, Bd. 3, 1. Halbbd., Freiburg 1888, S. 53

Gaupp, L., Das Staatsrecht des Königreichs Württemberg, in: Marquardsen, Heinrich (Hrsg.), Handbuch des Oeffentlichen Rechts der Gegenwart in Monographien, Bd. 3, 1. Halbbd., Freiburg 1888, S. 1

Gellhorn, Ernest / Levin, Ronald M., Administrative law and process, 3. Aufl., St. Paul / Minnesota 1990

Gerber, Carl Friedrich v., Grundzüge des deutschen Staatsrechts, 3. Aufl., Leipzig 1880

Gerber, Carl Friedrich, Ueber öffentliche Rechte, Tübingen 1852

Gerber, Carl Friedrich v., Ueber Privilegienhoheit und Dispensationsgewalt im modernen Staate, ZStW 27 (1871), S. 430

Gerstner, L. Joseph, Einleitung in die gesammte Staatsverwaltungslehre, Würzburg 1862

Gessler, Zur Frage der s. g. Administrativjustiz, ZStW 18 (1862), S. 719

Giese, Friedrich, Deutsches Staatsrecht, Berlin / Wien 1930

Gneist, Rudolf, Der Rechtsstaat, Berlin 1872

Gneist, Rudolf, Verwaltung Justiz Rechtsweg, Staatsverwaltung und Selbstverwaltung nach englischen und deutschen Verhältnissen, Berlin 1869

Gönner, Nicolaus Thaddäus, Der Staatsdienst aus dem Gesichtspunkt des Rechts und der Nationalökonomie betrachtet, Landshut 1808

Gönner, Nicolaus Thaddäus v., Entwurf eines Gesetzbuchs über das gerichtliche Verfahren in bürgerlichen Rechtssachen, Bd. 1, Erlangen 1815

Gönner, Nicolaus Thaddäus v., Entwurf eines Gesetzbuchs über das gerichtliche Verfahren in bürgerlichen Rechtssachen, Bd. 2, erste Abtheilung, Motive, Erlangen 1815

Gönner, Nicolaus Thaddäus, Handbuch des deutschen gemeinen Prozesses, Bd. 2, 2. Aufl., Erlangen 1804

Gönner, Nicolaus Thaddäus, Teutsches Staatsrecht, Landshut 1804

Görlitz, Axel, Politische Funktionen der Lehre vom Verwaltungsakt, PVS 12 (1971), S. 71

Görtemaker, Manfred, Deutschland im 19. Jahrhundert, 3. Aufl., Bonn 1987

Götz, Volkmar, Polizei und Polizeirecht, in: Jeserich, Kurt G. A. / Pohl, Hans / Unruh, Georg-Christoph v. (Hrsg.), Deutsche Verwaltungsgeschichte, Bd. 4, Stuttgart 1985, S. 1017

Gose, Walther / Würtenberger, Thomas (Hrsg.), Zur Ideen- und Rezeptionsgeschichte des Preußischen Allgemeinen Landrechts, Stuttgart 1999

Goßmann, Uwe, Der Widerruf begünstigender Verwaltungsakte im Recht der Europäischen Gemeinschaften, Diss. jur. Köln 1964

Grawert, Rolf, Verwaltungsrechtsschutz in der Weimarer Republik, in: Erichsen, Hans-Uwe / Hoppe, Werner / Mutius, Albert v. (Hrsg.), System des verwaltungsgerichtlichen Rechtsschutzes, Festschrift für Christian-Friedrich Menger, Köln / Berlin / Bonn / München 1985, S. 35

Gritschneder, Otto, Das Reichskammergericht (1495-1806), DRiZ 1988, S. 452

Groeben, Klaus v. d., Die Erfüllung von allgemeinen und besonderen polizeilichen Aufgaben, in: Jeserich, Kurt G. A. / Pohl, Hans / Unruh, Georg-Christoph v. (Hrsg.), Deutsche Verwaltungsgeschichte, Bd. 3, Stuttgart 1984, S. 435

Grossmann, Gerhard, Die Beteiligung mehrerer Verwaltungsbehörden am Zustandekommen eines Verwaltungsaktes, Diss. jur. Heidelberg 1964

Grotefend, G. A., Das Deutsche Staatsrecht der Gegenwart, Berlin 1869

Grotefend, G. A., Lehrbuch des Preußischen Verwaltungsrechts, Bd. 1, Berlin 1890

Gusy, Christoph, Verwaltung durch Information, NJW 2000, S. 977

Häberlin, Karl Friedrich, Handbuch des Teutschen Staatsrechts nach dem System des Herrn Geheimen Justizrath Pütter, Bd. 2, neue Ausgabe, Berlin 1797

Haenel, Albert, Deutsches Staatsrecht, Bd. 1, Leipzig 1892

Hamel, Walter, Wesen und Rechtsgrundlagen der Polizei im nationalsozialistischen Staate, in: Frank, Hans (Hrsg.), Deutsches Verwaltungsrecht, München 1937, S. 381

Happe, Claus-Michael, Die grenzüberschreitende Wirkung von nationalen Verwaltungsakten, Frankfurt am Main 1987

Harl, J. P., Entwurf eines Polizei-Gesetzbuchs, Erlangen 1822

Hartung, Fritz, Deutsche Verfassungsgeschichte vom 15. Jahrhundert bis zur Gegenwart, 9. Auflage, Stuttgart 1969

Hatschek, Julius, Lehrbuch des deutschen und preußischen Verwaltungsrechts, 7. u. 8. Aufl., Leipzig 1931

Hattenhauer, Hans, Geschichte des deutschen Beamtentums, 2. Aufl., Köln / Berlin / Bonn / München 1993

Haueisen, Fritz, Der Verwaltungsakt im Lichte neuerer Überlegungen, DÖV 1961, S. 121

Heffter, August Wilhelm, Beiträge zum deutschen Staats- und Fürstenrecht, Berlin 1829

Heike, Herwart, Der gegenwärtige Stand der Lehre vom nichtigen Verwaltungsakt, Diss. jur. Göttingen 1960

Heimbach sen., Stichwort "Privilegium", in: Weiske, Julius (Hrsg.), Rechtslexikon für Juristen aller teutschen Staaten enthaltend die gesammte Rechtswissenschaft, Bd. 8, Leipzig 1854, S. 492

Heitzer, Hermann, Probleme des Zusammenwirkens mehrerer Verwaltungsbehörden beim Erlaß eines Verwaltungsaktes, Diss. jur. Mainz 1961

Held, Joseph, System des Verfassungsrechts der monarchischen Staaten Deutschlands, Bd. 2, Würzburg 1857

Held-Daab, Ulla, Das freie Ermessen, Berlin 1996

Helmke, Diedrich, Verfahrensfehler beim Zustandekommen eines Verwaltungsaktes, Diss. jur. Würzburg 1976

Hempfer, Walter, Die nationalsozialistische Staatsauffassung in der Rechtsprechung des Preußischen Oberverwaltungsgerichts, Berlin 1974

Hengst, Peter, Der nichtige Verwaltungsakt im Verwaltungsverfahren und im Prozeß, Diss. jur. Münster 1960

Henne, Thomas, Verwaltungsrechtsschutz im Justizstaat, Frankfurt am Main 1995

Hermann, Hans Peter, Der begünstigende Verwaltungsakt unter besonderer Berücksichtigung des Widerrufs, Diss. jur. Würzburg 1966

Herrnritt, Rudolf Herrmann, Grundlehren des Verwaltungsrechtes, Tübingen 1921

Herzog, Roman, Abschied vom Begriff des Verwaltungsaktes?, JA 1973, ÖR S. 21

Heyen, Erk Volkmar, Entwicklungsbedingungen der Verwaltungsrechtswissenschaft, Der Staat 22 (1983), S. 21

Heyen, Erk Volkmar (Hrsg.), Wissenschaft und Recht der Verwaltung seit dem Ancien Regime, Frankfurt am Main 1984

Hilg, Günter, Zusammenwirken von Behörden beim Erlaß eines Verwaltungsaktes, Diss. jur. München 1965

Hinschius, Paul / Kahl, W., Stichwort "Privilegium", in: Fleischmann, Max (Hrsg.), Wörterbuch des Deutschen Staats- und Verwaltungsrechts, Bd. 3, 2. Aufl., Tübingen 1914, S. 196

Hippel, Ernst v., Untersuchungen zum Problem des fehlerhaften Staatsakts, Berlin 1931 (Neudruck, Stand 1924)

Hirsch, Martin / Majer, Diemut / Meinck, Jürgen (Hrsg.), Recht, Verwaltung und Justiz im Nationalsozialismus. Ausgewählte Schriften, Gesetze und Gerichtsentscheidungen, Köln 1984

Hitler, Adolf, Mein Kampf, Bd. 1, München 1925 (Neudruck 1934)

Höcherl, Hermann (Hrsg.), Musterentwurf eines Verwaltungsverfahrensgesetzes (EVwVerfG 1963), Köln / Berlin 1964

Höhn, Reinhard, Alte und neue Polizeirechtsauffassung in der Praxis, DV 1938, S. 330

Hönig, Wolfgang, Die Zulässigkeit von Nebenbestimmungen bei Verwaltungsakten, Diss. jur. München 1968

Hoffmann, Karl Heinrich Ludwig, Ueber den Begriff, den Inhalt und die Bedeutung des positiven Staatsverwaltungsrechts in dessen engerem Sinne, ZStW 1 (1844), S. 190

Hoffmann-Riem, Wolfgang, Effizienz als Herausforderung an das Verwaltungsrecht - Einleitende Problemskizze, in: Hoffmann-Riem, Wolfgang / Schmidt-Aßmann, Eberhard (Hrsg.), Effizienz als Herausforderung an das Verwaltungsrecht, Baden-Baden 1998, S. 11

Hoffmann-Riem, Wolfgang, Strukturen des Europäischen Verwaltungsrechts - Perspektiven einer Systembildung, in: Schmidt-Aßmann, Eberhard / Hoffmann-Riem, Wolfgang (Hrsg.), Strukturen des Europäischen Verwaltungsrechts, Baden-Baden 1999, S. 317

Hoffmann-Riem, Wolfgang, Verwaltungsrechtsreform - Ansätze am Beispiel des Umweltschutzes -, in: Hoffmann-Riem, Wolfgang / Schmidt-Aßmann, Eberhard / Schuppert, Gunnar Folke (Hrsg.), Reform des Allgemeinen Verwaltungsrechts, Baden-Baden 1993, S. 115

Hoffmann-Riem, Wolfgang, Über Privilegien und Verantwortung, AnwBl. 1999, S. 2

Hoffmann-Riem, Wolfgang / Schmidt-Aßmann, Eberhard (Hrsg.), Effizienz als Herausforderung an das Verwaltungsrecht, Baden-Baden 1998

Hoffmann-Riem, Wolfgang / Schmidt-Aßmann, Eberhard (Hrsg.), Innovation und Flexibilität des Verwaltungshandelns, Baden-Baden 1994

Hoffmann-Riem, Wolfgang / Schmidt-Aßmann, Eberhard (Hrsg.), Verwaltungsrecht in der Informationsgesellschaft, Baden-Baden 2000

Hoffmann-Riem, Wolfgang / Schmidt-Aßmann, Eberhard / Schuppert, Gunnar Folke (Hrsg.), Reform des Allgemeinen Verwaltungsrechts, Baden-Baden 1993

Hoke, Rudolf, Willensmängel beim Verwaltungsakt, DÖV 1962, S. 281

Holznagel, Bernd, Verfahrensbezogene Aufgabenkritik und Änderungen von Verfahrensstandards als Reaktion auf die staatliche Finanzkrise, in: Hoffmann-Riem, Wolfgang / Schmidt-Aßmann, Eberhard (Hrsg.), Effizienz als Herausforderung an das Verwaltungsrecht, Baden-Baden 1998, S. 205

Horn, Thomas J., Die Aufhebung des der Drittanfechtung unterliegenden Verwaltungsakts, Frankfurt am Main 1989

Huber, Ernst Rudolf, Deutsche Verfassungsgeschichte seit 1789, Bd. 1, 2. Aufl., Stuttgart / Berlin / Köln / Mainz 1967

Huber, Ernst Rudolf, Deutsche Verfassungsgeschichte seit 1789, Bd. 2, 3. Aufl., Stuttgart / Berlin / Köln / Mainz 1988

Huber, Ernst Rudolf, Deutsche Verfassungsgeschichte seit 1789, Bd. 3, 3. Aufl., Stuttgart / Berlin / Köln / Mainz 1988

Huber, Ernst Rudolf, Die Einheit der Staatsgewalt, DJZ 1934, Sp. 950

Huber, Ernst Rudolf, Dokumente zur deutschen Verfassungsgeschichte, Bd. 1, 3. Aufl., Stuttgart / Berlin / Köln / Mainz 1978

Huber, Ernst Rudolf, Justiz und Verwaltung, DR 1935, S. 401

Huber, Ernst Rudolf, Verfassung, Hamburg 1937

Hueber, Alfons, Otto Mayer. Die "juristische Methode" im Verwaltungsrecht, Berlin 1982

Hühne, Ulrich Ludwig, Die Bedeutung der Mitwirkung des Privaten für das Zustandekommen eines ihn betreffenden mitwirkungsbedürftigen Verwaltungsaktes, Frankfurt am Main 1991

Hufen, Friedhelm, Verwaltungsprozeßrecht, 2. Aufl., München 1996

Huxholl, Christian, Die Erledigung des Verwaltungsakts im Widerspruchsverfahren, Berlin 1995

Ibler, Martin, Rechtspflegender Rechtsschutz im Verwaltungsrecht, Tübingen 1999

Jachmann, Klaus, Die Berichtigung offenbar unrichtiger Verwaltungsakte gemäß § 42 VwVfG / § 129 AO, Aachen 1995

Janberg, Hans, Der Widerruf der Staatsangehörigkeitsverleihung wegen Erschleichung, RVBl. 1935, S. 839

Jannasch, Alexander, Wechselwirkung zwischen nationalem Verwaltungsrecht und europäischem Gemeinschaftsrecht - aus deutscher Perspektive, in: Magiera, Siegfried /

Sommermann, Karl-Peter (Hrsg.), Verwaltung in der Europäischen Union, Berlin 2001, S. 27

Jellinek, Buchbesprechung: Otto Mayer, Deutsches Verwaltungsrecht, VerwArch. 5 (1897), S. 304

Jellinek, Walter, Der fehlerhafte Staatsakt und seine Wirkungen, Tübingen 1908

Jellinek, Walter, Verwaltungsrecht, 3. Aufl., Offenburg 1948 (unveränderter Neudruck, Stand 1931)

Jellinek, Walter, Zweiseitiger Verwaltungsakt und Verwaltungsakt auf Unterwerfung, in: Triepel, Heinrich (Hrsg.), Verwaltungsrechtliche Abhandlungen. Festgabe zur Feier des fünfzigjährigen Bestehens des Preußischen Oberverwaltungsgerichts, Berlin 1925, S. 84

Jerusalem, Franz W., Das Verwaltungsrecht und der neue Staat, Jena 1935

Jerusalem, Franz W., Gesetzmäßigkeit der Verwaltung oder Rechtmäßigkeit der Verwaltung?, in: Freisler, Roland / Löning, George Anton / Nipperdey, Hans Carl (Hrsg.), Festschrift für Justus Wilhelm Hedemann zum sechzigsten Geburtstag, Jena 1938

Jesch, Dietrich, Die Bindung des Zivilrichters an Verwaltungsakte, Diss. jur. Erlangen 1956

Jeserich, Kurt G. A. / Pohl, Hans / Unruh, Georg-Christoph v. (Hrsg.), Deutsche Verwaltungsgeschichte, Stuttgart 1983-1988

Jolly, J., Das Polizeistrafgesetzbuch und das Gesetz über die Gerichtsbarkeit und das Verfahren in Polizeistrafsachen für das Großherzogthum Baden, Heidelberg 1864

Jordan, Silvester, Stichwort "Administrativjustiz. Administrativjustizsachen.", in: Weiske, Julius (Hrsg.), Rechtslexikon für Juristen aller teutschen Staaten enthaltend die gesamte Rechtswissenschaft, Bd. 1, Leipzig 1839, S. 134

Jordan, Silvester, Versuche über allgemeines Staatsrecht, Marburg 1828

Josef, Eugen, Streitfragen aus dem Verwaltungsrecht und dem Verwaltungsverfahren, VerwArch. 30 (1925), S. 475

Josten, Yvonne, Die Teilbarkeit der Regelung von Verwaltungsakten, Diss. jur. Bonn 1998

Jungmann, H., Zur materiellen Rechtskraft in der Verwaltungsrechtspflege, RVBl. 1942, S. 384

Kahl, Wolfgang, Der Verwaltungsakt - Bedeutung und Begriff, Jura 2001, S. 505

Kaufmann, Erich, Otto Mayer, VerwArch. 30 (1925), S. 377

Kaufmann, Erich / Blomeyer-Bartenstein, Horst / Närger, Heribald / Olzog, Günter / Ruprecht, Ingeborg, Der polizeiliche Eingriff in Freiheiten und Rechte, Frankfurt am Main, 1951

Kawerau, Hans-Bernhard, Bundesgesetzliche Ermächtigung zum Erlaß von Verwaltungsakten durch Bundesminister, Diss. jur. Berlin 1970

Keller, Chr., Stichwort "Verwaltungsgerichtsbarkeit", in: Erler, Adalbert / Kaufmann, Ekkehard / Schmidt-Wiegand, Ruth (Hrsg.) Handwörterbuch zur deutschen Rechtsgeschichte, Bd. 5, Berlin 1993 f., Sp. 879

Kellner, Hubert, Auskünfte und Zusagen über künftige Verwaltungsakte, Diss. jur. Münster 1965

Kelsen, Hans, Zur Lehre vom öffentlichen Rechtsgeschäft, AöR 31 (1913), S. 53 u. 190

Kemper, Klaus, Der vorläufige Verwaltungsakt, Baden-Baden 1990

Kimminich, Otto, Die Verwaltungsgerichtsbarkeit in der Weimarer Republik, VBlBW 1988, S. 371

Kirchberg, Christian, Der Badische Verwaltungsgerichtshof im Dritten Reich, Berlin 1982

Kirchberg, Christian, Die Kontrolle von Maßnahmen der "politischen Polizei" durch die Verwaltungsgerichte, in: Rebentisch, Dieter / Teppe, Karl (Hrsg.), Verwaltung contra Menschenführung im Staat Hitlers. Studien zum politisch-administrativen System, Göttingen 1986, S. 141

Kirchberg, Christian, Die Selbstentmachtung der Verwaltungsgerichtsbarkeit im Dritten Reich, VBlBW 1988, S. 379

Kirchenheim, A. v., Einführung in das Verwaltungsrecht, Stuttgart 1885

Kirschenmann, Dietrich, "Gesetz" im Staatsrecht und in der Staatsrechtslehre des Nationalsozialismus, Berlin 1970

Klein, Friedrich, Zum Problem der materiellen Rechtskraft von Steuerverwaltungsakten, insbesondere von Steuerbescheiden, VerwArch. 45 (1940), S. 49

Klinger, Hans, Reichswirtschaftsgericht und Kartellgericht, in: Külz, Helmut R. / Naumann, Richard (Hrsg.), Staatsbürger und Staatsgewalt, Karlsruhe 1963, Bd. 1, S. 103

Klostermann, Michael, Die Aufhebung des Verwaltungsaktes mit Doppelwirkung im Verwaltungsverfahren, Frankfurt am Main 1992

Klüber, Johann Ludwig, Öffentliches Recht des teutschen Bundes und der Bundesstaaten, 4. Aufl., Frankfurt am Main 1840

Klüber, Johann Ludwig, Staatsrecht des Rheinbundes, Tübingen 1808

Kluge, Rudolf / Krüger, Heinrich, Verfassung und Verwaltung im Großdeutschen Reich, 2. Aufl., Berlin 1939

Kneuer, H., Kurzes Handbuch des Bayerischen Verwaltungsrechts, Leipzig 1928

Knoke, Ulrich, Rechtsfragen der Rücknahme von Verwaltungsakten, Berlin 1989

Knoll, Ernst, Die Entwicklung der Gerichtsbarkeit des Reichs bei Sozialleistungen, in: Külz, Helmut R. / Naumann, Richard (Hrsg.), Staatsbürger und Staatsgewalt, Karlsruhe 1963, Bd. 1, S. 87

Köhler, Ludwig v., Grundlehren des Deutschen Verwaltungsrechts, Stuttgart / Berlin 1935

Koellreutter, Otto, Deutsches Verwaltungsrecht, 2. Aufl., Berlin 1938

König, Klaus, Die Anerkennung ausländischer Verwaltungsakte, Köln 1965

Köttgen, Arnold, Deutsche Verwaltung, 1. Aufl., Mannheim / Berlin / Leipzig 1936

Köttgen, Arnold, Deutsche Verwaltung, 3. Aufl., Berlin 1944

Kommission für die Landesordnung des Allgemeinen öffentlichen Rechts (Hrsg.), Verwaltungsrechtsordnung für Württemberg, Entwurf eines Gesetzes mit Begründung, Stuttgart 1931

Kopp, Ferdinand Johannes, Vorläufiges Verwaltungsverfahren und vorläufiger Verwaltungsakt, Frankfurt am Main / Berlin 1992

Kormann, Karl, Stichwort "Verwaltungsakte", in: Fleischmann, Max (Hrsg.), Wörterbuch des Deutschen Staats- und Verwaltungsrechts, Bd. 3, 2. Aufl., Tübingen 1914, S. 718

Kormann, Karl, System der rechtsgeschäftlichen Staatsakte, Berlin 1910

Kost, Edmund, Behördliches Zusammenwirken beim Erlaß verwaltungsgerichtlich anfechtbarer Verwaltungsakte, Diss. jur. Köln 1965

Krause, Peter, Rechtsformen des Verwaltungshandelns, Berlin 1974

Kreuzer, Heinrich, Der vertragswidrige Verwaltungsakt, München 1988

Kroeschell, Karl, Deutsche Rechtsgeschichte, Bd. 3 (seit 1650), 1. Aufl., Opladen 1989

Krüger, Recht und Gesetz, DV 1937, S. 203

Kühn, Friedrich, Zur Entwicklung des Führergedankens, DR 1935, S. 202

Kühne, Ulrich Ludwig, Die Bedeutung der Mitwirkung des Privaten für das Zustandekommen eines ihn betreffenden mitwirkungsbedürftigen Verwaltungsaktes, Frankfurt am Main 1991

Külz, Helmut R. / Naumann, Richard (Hrsg.), Staatsbürger und Staatsgewalt, Karlsruhe 1963

Kuntzmann-Auert, Marion, Verwaltungsgerichte des Reichs außerhalb des Bereichs der Sozialleistungen und des Reichswirtschaftsgerichts, in: Külz, Helmut R. / Naumann, Richard (Hrsg.), Staatsbürger und Staatsgewalt, Karlsruhe 1963, Bd. 1, S. 117

Kunze, Fritz, Das Verwaltungsstreitverfahren, Berlin 1908

Kurz, Anton, Versuch einer Entwicklung der Grundsätze, nach welchen die Zweckmäßigkeit des Staats-Organismus in konstitutionellen Monarchien zu beurtheilen ist, nebst dem Grundrisse zu einem Verwaltungs-Gesetzbuche, München 1821

Laband, Paul, Das Staatsrecht des Deutschen Reiches, Bd. 2, 1. Aufl., Tübingen 1878

Laband, Paul, Das Staatsrecht des Deutschen Reiches, Bd. 2, 5. Aufl., Tübingen 1911

Laforet, Wilhelm, Deutsches Verwaltungsrecht, München 1937

Landmann, Heinz / Giers, Wolfgang / Proksch, Ernst, Allgemeines Verwaltungsrecht, 3. Aufl., Düsseldorf 1964

Lascho, Stefan, Die Erledigung des Verwaltungsaktes als materiellrechtliches und verwaltungsprozessuales Problem, Berlin 2001

Lassar, Gerhard, Reformfragen des Verwaltungsrechtsschutzes, RuPrVBl. 1929, S. 8

Laubinger, Hans-Werner, Der Verwaltungsakt mit Doppelwirkung, Göttingen 1967

Lauer, Klaus, Die Polizei im nationalsozialistischen Staat, Hamburg 1935

Laux, Eberhard, Führung und Verwaltung in der Rechtslehre des Nationalsozialismus, in: Rebentisch, Dieter / Teppe, Karl (Hrsg.), Verwaltung contra Menschenführung im Staat Hitlers. Studien zum politisch-administrativen System, Göttingen 1986, S. 33

Leist, Justus Christoph, Lehrbuch des teutschen Staatsrechts, 2. Aufl., Göttingen 1805

Leuthold, C. E., Das Königlich Sächsische Verwaltungsrecht, Leipzig 1878

Ley, Robert (Hrsg.), Organisationshandbuch der NSDAP, 4. Aufl., München 1937

Lingg, Anton, Die Verwaltung in der NSDAP, DR 1935, S. 387

Loening, Edgar, Die Rechtskraft verwaltungsgerichtlicher Urtheile, VerwArch 7 (1899), S. 1

Loening, Edgar, Lehrbuch des Deutschen Verwaltungsrechts, Leipzig 1884

Lotz, Johann Friedrich Eusebius, Ueber den Begriff der Polizei und den Umfang der Staatspolizeigewalt, Hildburghausen 1807

Maas, Udo, Verwaltungsakt und Rechtssatz, Köln 1970

Märklin, Rainer, Die Grenzen der Formfreiheit des Verwaltungsaktes, Diss. jur. Heidelberg 1965

Mager, Ute, Der maßgebliche Zeitpunkt für die Beurteilung der Rechtswidrigkeit von Verwaltungsakten, Berlin 1994

Magerl, Horst, Verwaltungsrechtsschutz in Württemberg in der Zeit von 1760-1850, Diss. jur. Freiburg 1965

Magiera, Siegfried / Sommermann, Karl-Peter (Hrsg.), Verwaltung in der Europäischen Union, Berlin 2001

Maier, Hans, Die ältere deutsche Staats- und Verwaltungslehre, 2. Aufl., München 1980

Majer, Diemut, "Fremdvölkische" im Dritten Reich, Boppard am Rhein 1981

Majer, Diemut, Grundlagen des nationalsozialistischen Rechtssystems, Stuttgart / Berlin / Köln / Mainz 1987

Mannlicher, Egbert, Zur Frage der materiellen Rechtskraft der Verwaltungsbescheide, DV 1942, S. 291

Maunz, Theodor, Die Rechtmäßigkeit der Verwaltung, in: Frank, Hans (Hrsg.), Deutsches Verwaltungsrecht, München 1937, S. 51

Maunz, Theodor, Gestalt und Recht der Polizei, Hamburg 1943

Maunz, Theodor, Neues Rechtsdenken in der Verwaltung, DV 1935, S. 65

Maunz, Theodor, Staatsbegriff und Verwaltung, DR 1935, S. 393

Maunz, Theodor, Verwaltung, Hamburg 1937

Maurenbrecher, Romeo, Grundsätze des heutigen deutschen Staatsrechts, 2. Aufl., Frankfurt am Main 1843 (unveränderter Neudruck, Stand 1837)

Maurer, Hartmut, Allgemeines Verwaltungsrecht, 13. Aufl., München 2000

Mayer, Franz / Kopp, Ferdinand, Allgemeines Verwaltungsrecht, 5. Aufl., Stuttgart / München / Hannover 1985

Mayer, Friedrich Franz, Grundsätze des Verwaltungs-Rechts, Tübingen 1862

Mayer, Otto, Buchbesprechung: Georg Meyer, Lehrbuch des deutschen Verwaltungsrechts, 2. Aufl., AöR 11 (1896), S. 157

Mayer, Otto, Deutsches Verwaltungsrecht, Bd. 1, 1. Aufl., Leipzig 1895

Mayer, Otto, Deutsches Verwaltungsrecht, Bd. 1, 3. Aufl., München / Leipzig 1924

Mayer, Otto, Theorie des Französischen Verwaltungsrechts, Strassburg 1886

Mayer, Otto, Zur Lehre vom öffentlichrechtlichen Vertrage, AöR 3 (1888), S. 3

Mayer, Otto, Zur Lehre von der materiellen Rechtskraft in Verwaltungssachen, AöR 21 (1907), S. 1

Meißner, Otto / Kaisenberg, Georg, Staats- und Verwaltungsrecht im Dritten Reich, Berlin 1935

Meisterlin, F., Die Verhältnisse der Staatsdiener nach rechtlichen Grundsätzen, Cassel 1838

Mejer, Otto, Einleitung in das Deutsche Staatsrecht, Rostock 1861

Melle, Werner v., Das hamburgische Staatsrecht, Hamburg / Leipzig 1891

Menger, Christian-Friedrich, Rechtssatz, Verwaltung und Verwaltungsgerichtsbarkeit, DÖV 1955, S. 587

Merk, Wilhelm, Deutsches Verwaltungsrecht, Bd. 1, Berlin 1962

Merk, Wilhelm, Handbuch der Badischen Verwaltung, Bd. 1, 10. Aufl., Heidelberg 1925

Merlin, M., Répertoire universel et raisonné de jurisprudence, 5. Aufl., Bruxelles 1825

Meyer, Georg, Lehrbuch des deutschen Staatsrechtes, 1. Aufl., Leipzig 1878

Meyer, Georg, Lehrbuch des deutschen Verwaltungsrechtes, Bd. 1, 2. Aufl., Leipzig 1893

Meyer, Georg / Anschütz, Gerhard, Lehrbuch des deutschen Staatsrechts, 7. Aufl., München / Leipzig 1919

Meyer, Georg / Dochow, Franz, Lehrbuch des deutschen Verwaltungsrechts, Bd. 1, 4. Aufl., München / Leipzig 1913

Mihatsch, Günther, Änderung, Rücknahme und Widerruf von Steuerverwaltungsakten, Bielefeld 1988

Minnigerode, Ludwig, Beitrag zur Beantwortung der Frage: Was ist Justiz- und was ist Administrativ-Sache?, Darmstadt 1835

Mittermaier, Carl Josef Anton, Ueber das Verhältniß der Justiz zu den Verwaltungssachen, über Administrativjustiz und Competenzconflikte, AcP 21 (1838), S. 254 u. AcP 22 (1839), S. 47

Mittermaier, Carl Josef Anton, Was hat der deutsche Proceß im Ganzen und im Detail durch die neuere doctrinelle und legislative Behandlung gewonnen?, AcP 12 (1829), S. 133 u. 362

Mohl, Robert, Das Staatsrecht des Königreiches Württemberg, Bd. 1, Tübingen 1829

Mohl, Robert v., Das Staatsrecht des Königreiches Württemberg, Bd. 2, 2. Aufl., Tübingen 1840

Mohl, Robert v., Die Polizei-Wissenschaft nach den Grundsätzen des Rechtsstaates, Bd. 1, 3. Aufl., Tübingen 1866

Mohl, Robert v., System der Präventiv-Justiz oder Rechts-Polizei (= Die Polizei-Wissenschaft nach den Grundsätzen des Rechtsstaates, Bd. 3), 3. Aufl., Tübingen 1866

Mohnhaupt, Heinz, Privatrecht in Privilegien, in: Vorträge zur Geschichte des Privatrechts in Europa, Ius commune Sonderheft 15, Frankfurt am Main 1981, S. 58

Mohnhaupt, Heinz, Stichwort "Privileg, neuzeitlich", in: Erler, Adalbert / Kaufmann, Ekkehard / Schmidt-Wiegand, Ruth (Hrsg.), Handwörterbuch zur deutschen Rechtsgeschichte, Bd. 3, Berlin 1984, Sp. 2005

Mohnhaupt, Heinz, Untersuchungen zum Verhältnis Privileg und Kodifikation im 18. und 19. Jahrhundert, in: Coing, Helmut (Hrsg.), Ius commune 5, Frankfurt am Main 1975, S. 71

Mohnhaupt, Heinz, Vom Privileg zum Verwaltungsakt. Beobachtungen zur dogmengeschichtlichen Entwicklung in Deutschland seit der Mitte des 18. Jahrhunderts, in: Heyen, Erk Volkmar (Hrsg.), Wissenschaft und Recht der Verwaltung seit dem Ancien Regime, Frankfurt am Main 1984, S. 41

Montag, Martin, Die Geschichte der Verwaltungsgerichtsbarkeit unter besonderer Berücksichtigung der Entwicklung in Baden, VBlBW 1992, S. 194 u. 391

Morsey, Rudolf, Die verfassungspolitische Entwicklung, in: Jeserich, Kurt G. A. / Pohl, Hans / Unruh, Georg-Christoph v. (Hrsg.), Deutsche Verwaltungsgeschichte, Bd. 4, Stuttgart 1985, S. 696

Mosel, Curt von der / Mosel, Günther von der, Handwörterbuch des Verwaltungsrechts, Bd. 2, 14. Aufl., Leipzig 1938

Müller, Alexander, Staatswissenschaftliche Studien für Gesetzgebung, geistige Entwicklung, staatsbürgerliche Wohlfahrt und persönliche Freiheit, Stuttgart 1836

Müller, Hermann, Die Aufhebung von Verwaltungsakten unter dem Einfluß des Europarechts, Berlin 2000

Müller, Wolfgang, Rechtskraft im Verwaltungsstreitverfahren, Leipzig 1910

Nebinger, Robert, Reichspolizeirecht, 2. Aufl., Leipzig 1941

Neeße, Gottfried, Partei und Staat, Hamburg 1936

Neßler, Volker, Der transnationale Verwaltungsakt - Zur Dogmatik eines neuen Rechtsinstituts, NVwZ 1995, S. 863

Neßler, Volker, Europäisches Richtlinienrecht wandelt deutsches Verwaltungsrecht, Berlin 1994

Nicolai, Helmut, Grundlagen der kommenden Verfassung, 4. Aufl., Berlin 1933

Niere, Ulrich, Der Verwaltungsakt im Sozialrecht, Begriff und Funktion, Diss. jur. Hamburg 1969

Obermayer, Klaus, Verwaltungsakt und innerdienstlicher Rechtsakt, Stuttgart / München / Hannover 1956

Obermayer, Klaus, Verwaltungsrecht im Wandel, NJW 1987, S. 2642

Oppenhoff, Th. F., Die Preußischen Gesetze über die Ressort-Verhältnisse zwischen den Gerichten und den Verwaltungsbehörden, Berlin 1863

Ossenbühl, Fritz, Die Rücknahme fehlerhafter begünstigender Verwaltungsakte, Berlin 1964

Ossenbühl, Fritz, Die Weiterentwicklung der Verwaltungswissenschaft, in: Jeserich, Kurt G. A. / Pohl, Hans / Unruh, Georg-Christoph v. (Hrsg.), Deutsche Verwaltungsgeschichte, Bd. 5, Stuttgart 1987, S. 1143

Ossenbühl, Fritz, Staatshaftungsrecht, 5. Aufl., München 1998

Osterloh, Lerke, Erfordernis gesetzlicher Ermächtigung für Verwaltungshandeln in der Form des Verwaltungsakts?, JuS 1983, S. 280

Paffrath, Kurt, Die Rechtskraft der Bescheide im Verfahren nach der Kriegssachschädenverordnung, DV 1942, S. 151

Pakeerut, Worachet, Die Entwicklung der Dogmatik des verwaltungsrechtlichen Vertrages, Berlin 2000

Parey, K., Handbuch des Preußischen Verwaltungsrechts, Bd. 2, Berlin 1887

Pauly, Walter, Die deutsche Staatsrechtslehre in der Zeit des Nationalsozialismus, VVDStRL 60 (2001), S. 73

Pauly, Walter, Stichwort "Verwaltungsakt", in: Erler, Adalbert / Kaufmann, Ekkehard / Schmidt-Wiegand, Ruth (Hrsg.), Handwörterbuch zur deutschen Rechtsgeschichte, Bd. 5, Berlin 1993 f., Sp. 875

Peine, Franz-Joseph, Allgemeines Verwaltungsrecht, 5. Aufl., Heidelberg 2000

Perthes, Clemens Theodor, Der Staatsdienst in Preußen, Hamburg 1838

Peters, Hans, Lehrbuch der Verwaltung, Berlin / Göttingen / Heidelberg 1949

Pfeiffer, Burkhard Wilhelm, Practische Ausführungen aus allen Theilen der Rechtswissenschaft, Bd. 3, Hannover 1831

Pfeiffer, Burkhard Wilhelm, Practische Ausführungen aus allen Theilen der Rechtswissenschaft, Bd. 5, Hannover 1838

Pfeiffer, Burkhard Wilhelm, Praktische Ausführungen aus allen Theilen der Rechtswissenschaft, Bd. 6, Hannover 1841

Pfizer, Carl v., Ueber die Grenzen zwischen Verwaltungs- und Civil-Justiz und über die Form bei Behandlung der Verwaltungsjustiz, Stuttgart 1828

Pfizer, Karl v., Prüfung der neuesten Einwendungen gegen die Zulässigkeit der Verwaltungsjustiz und gegen ihren Umfang, Stuttgart 1833

Piendl, Robert, Eine Studie zur maßgebenden Sach- und Rechtslage beim Rechtsschutz gegen Verwaltungsakte, Frankfurt am Main / Berlin 1992

Pölitz, Karl Heinrich Ludwig, Die Staatswissenschaften im Lichte unsrer Zeit, Erster Theil, 2. Aufl., Leipzig 1827

Pölitz, Karl Heinrich Ludwig, Die Staatswissenschaften im Lichte unsrer Zeit, Zweiter Theil, 2. Aufl., Leipzig 1827

Pöppinghaus, Klaus, Das System des Widerrufs von Verwaltungsakten, Diss. jur. Münster 1959

Pözl, Joseph, Lehrbuch des Bayerischen Verwaltungsrechts, München 1871

Pözl, Joseph, Stichwort "Privilegium", in: Bluntschli, Johann Caspar / Brater, Karl (Hrsg.), Deutsches Staatswörterbuch, Bd. 8, Stuttgart / Leipzig 1864, S. 372

Polomski, Ralf-Michael, Der automatisierte Verwaltungsakt, Berlin 1993

Poppitz, Johannes, Die Anfänge der Verwaltungsgerichtsbarkeit, AöR 72 (1943), S. 158 u. AöR 73 (1944), S. 3

Quast, Gerd, Die Entstehungsgeschichte der hamburgischen Verwaltungsgerichtsbarkeit, Diss. jur. Hamburg 1974

Rapp, Maximilian, 100 Jahre Badischer Verwaltungsgerichtshof, in: Külz, Helmut R. / Naumann, Richard (Hrsg.), Staatsbürger und Staatsgewalt, Karlsruhe 1963, Bd. 1, S. 3

Rebentisch, Dieter, Führerstaat und Verwaltung im zweiten Weltkrieg. Verfassungsentwicklung und Verwaltungspolitik 1939-1945, Stuttgart 1989

Rebentisch, Dieter / Teppe, Karl (Hrsg.), Verwaltung contra Menschenführung im Staat Hitlers. Studien zum politisch-administrativen System, Göttingen 1986

Redeker, Konrad, 50 Jahre NJW: Frühe Beiträge zur Entwicklung des öffentlichen Rechts seit 1947 - Themen und Personen, NJW 1997, S. 2639

Redeker, Konrad, 50 Jahre - Rückblicke und Ausblicke aus der Verwaltungsgerichtsbarkeit, NJW 1997, S. 373

Rehkopp, Alfons, Die Generalklauseln im Verwaltungsrecht, DV 1937, S. 118

Rehkopp, Alfons, Staats- und Verwaltungskunde, 2. Aufl., Berlin 1943

Reimold, Klaus, Der württembergische Geheime Rat als oberste Administrativjustizbehörde, Diss. jur. Tübingen 1985

Reinhard, Wolfgang, Vom italienischen Humanismus bis zum Vorabend der französischen Revolution, in: Fenske, Hans / Mertens, Dieter / Reinhard, Wolfgang / Rosen, Klaus (Hrsg.), Geschichte der politischen Ideen: Von Homer bis zur Gegenwart, Königstein / Taunus 1981, S. 201

Remmert, Barbara, Verfassungs- und verwaltungsrechtsgeschichtliche Grundlagen des Übermaßverbotes, Heidelberg 1995

Reuling, Robert, Parteipolitische Kommissare, AöR 67 (1937), S. 326

Reuß, Wilhelm (Hrsg.), Thüringisches Verwaltungsrecht, Berlin 1927

Rittmann, Albrecht, Die Verwaltungsklage bei Divergenzen zwischen Antrag und rechtsgewährendem Verwaltungsakt, Diss. jur. Tübingen 1984

Rocke, Gerd-Wilhelm, Die Legitimation zur Anfechtung von Verwaltungsakten, Zürich 1968

Rodríguez Iglesias, Gil Carlos, Gedanken zum Entstehen einer Europäischen Rechtsordnung, NJW 1999, S. 1

Roellecke, Gerd, Stabilisierung des Rechts in Zeiten des Umbruchs, NJW 1997, S. 432

Rönne, Ludwig v., Das Staats-Recht des Deutschen Reiches, Bd. 1, 2. Aufl., Leipzig 1876

Rosin, Heinrich, Das Polizeiverordnungsrecht in Preußen, 2. Aufl., Berlin 1895

Rotteck, Carl v., Lehrbuch des Vernunftrechts und der Staatswissenschaften, Bd. 2, Stuttgart 1830

Rotteck, Carl v., Lehrbuch des Vernunftrechts und der Staatswissenschaften, Bd. 3, Stuttgart 1834

Rottmann, Frank, Der Vorbehalt des Gesetzes und die grundrechtlichen Gesetzesvorbehalte, EuGRZ 1985, S. 277

Ruck, Michael, Führerabsolutismus und polykratisches Herrschaftsgefüge - Verfassungsstrukturen des NS-Staates, in: Bracher, Karl Dietrich / Funke, Manfred / Jacobsen, Hans-Adolf (Hrsg.), Deutschland 1933-1945. Neue Studien zur nationalsozialistischen Herrschaft, Bonn 1992, S. 32

Rüfner, Wolfgang, Die Entwicklung der Verwaltungsgerichtsbarkeit, in: Jeserich, Kurt G. A. / Pohl, Hans / Unruh, Georg-Christoph v. (Hrsg.), Deutsche Verwaltungsgeschichte, Bd. 3, Stuttgart 1984, S. 909

Rüfner, Wolfgang, Die Entwicklung der Verwaltungsgerichtsbarkeit, in: Jeserich, Kurt G. A. / Pohl, Hans / Unruh, Georg-Christoph v. (Hrsg.), Deutsche Verwaltungsgeschichte, Bd. 4, Stuttgart 1985, S. 639

Rüfner, Wolfgang, Die Entwicklung der Verwaltungsgerichtsbarkeit, in: Jeserich, Kurt G. A. / Pohl, Hans / Unruh, Georg-Christoph v. (Hrsg.), Deutsche Verwaltungsgeschichte, Bd. 4, Stuttgart 1985, S. 1099

Rüfner, Wolfgang, Die Rechtsformen der sozialen Sicherung und das Allgemeine Verwaltungsrecht, VVDStRL 28 (1970), S. 203

Rüfner, Wolfgang, Verwaltungsrechtsschutz in Preußen im 18. und in der ersten Hälfte des 19. Jahrhunderts, in: Erichsen, Hans-Uwe / Hoppe, Werner / Mutius, Albert v. (Hrsg.), System des verwaltungsgerichtlichen Rechtsschutzes, Festschrift für Christian-Friedrich Menger, Köln / Berlin / Bonn / München 1985, S. 3

Rüfner, Wolfgang, Verwaltungsrechtsschutz in Preußen , Bonn 1962

Rüping, Uta, Verwaltungswille und Verwaltungsakt, Diss. jur. Bonn 1986

Rüthers, Bernd, Das Ungerechte an der Gerechtigkeit, Zürich / Osnabrück 1991

Rüthers, Bernd, Entartetes Recht, Rechtslehren und Kronjuristen im Dritten Reich, 2. Aufl., München 1989

Ruffert, Matthias, Der transnationale Verwaltungsakt, Die Verwaltung 34 (2001), S. 453

Saladin, Peter, Der Widerruf von Verwaltungsakten, Basel 1960

Samalee, Staporn, Die Umdeutung fehlerhafter Verwaltungsakte, Diss. jur. Göttingen 1999

Sarwey, O. v., Allgemeines Verwaltungsrecht, in: Marquardsen, Heinrich (Hrsg.), Handbuch des Oeffentlichen Rechts der Gegenwart in Monographien, Bd. 1, Freiburg 1887, S. 1

Schachel, Jens, Nebenbestimmungen zu Verwaltungsakten, Berlin 1979

Schack, Friedrich, Das Problem des Verwaltungsaktes, in: Frank, Hans (Hrsg.), Deutsches Verwaltungsrecht, München 1937, S. 317

Schack, Friedrich, Willensmängel bei Verwaltungsakten, Fischers Zeitschr. 69 (1933), S. 273

Schack, Friedrich, Zur Behandlung der fehlerhaften Verwaltungsakte im neuen Staat, RVBl. 1936, S. 226

Schäfer, Adolf, Die Beseitigung begünstigender Verwaltungsakte durch die Erlaßbehörde, Diss. jur. München 1966

Schäfer, Gerhard, Der Widerruf begünstigender Verwaltungsakte, Marburg 1960

Schaffer, Wolfgang, Die Unabhängigkeit der Rechtspflege und des Richters, BayVBl. 1991, S. 641

Schelcher, Herbert, Gesetzesvollzug und Ermessensfreiheit in der Verwaltungstätigkeit, DV 1939, 162

Schellenberg, Ulrich, Die Rechtsstaatskritik. Vom liberalen zum nationalen und nationalsozialistischen Rechtsstaat, in: Böckenförde, Ernst-Wolfgang (Hrsg.), Staatsrecht und Staatsrechtslehre im Dritten Reich, Heidelberg 1985, S. 71

Schenke, Wolf-Rüdiger, Verwaltungsprozeßrecht, 7. Aufl., Heidelberg 2000

Schenkel, K., Das Staatsrecht des Großherzogthums Baden, in: Marquardsen, Heinrich (Hrsg.), Handbuch des Oeffentlichen Rechts der Gegenwart in Monographien, Bd. 3, 1. Halbbd., Freiburg 1888, S. 1

Scheuner, Ulrich, Die nationale Revolution. Eine staatsrechtliche Untersuchung, AöR 63 (1934), S. 166 u. 261

Schiedermair, Werner, Der Verwaltungsakt auf Unterwerfung, Diss. jur. Würzburg 1967

Schimmelpfennig, Hans-Christoph, Vorläufige Verwaltungsakte, München 1989

Schlinghoff, Gerhart, Das Reichskammergericht und seine Erforschung, DRiZ 1987, S. 273

Schlözer, August Ludwig, Allgemeines StatsRecht und StatsVerfassungsLere, Göttingen 1793

Schlüter, Jörg, Das Zusammenwirken von Verwaltungsbehörden bei Erlaß eines Verwaltungsaktes, Diss. jur. Münster 1966

Schmalz, Theodor, Das natürliche Staatsrecht, Frankfurt / Leipzig 1794

Schmelzeisen, Gustaf Klemens, Der Reichshofrat, JuS 1975, S. 427

Schmidt, Eberhard, Rechtssprüche und Machtsprüche der preußischen Könige des 18. Jahrhunderts, Leipzig 1943

Schmidt, Georg, Grundlinien der Rechtsfindung des Sächsischen Oberverwaltungsgerichts in den Jahren 1933 bis 1938, DV 1938, S. 709 u. 748

Schmidt, Georg, Verwaltungsgesetzgebung ohne "Allgemeinen Teil", DV 1941, S. 97

Schmidt, Lutz, Unmittelbare Privatrechtsgestaltung durch Verwaltungsakt, Diss. jur. Bielefeld 1975

Schmidt-Aßmann, Eberhard, Der Beitrag der Gerichte zur verwaltungsrechtlichen Systembildung, VBlBW 1988, S. 381

Schmidt-Aßmann, Eberhard, Deutsches und Europäisches Verwaltungsrecht, DVBl. 1993, S. 924

Schmidt-Aßmann, Eberhard, Effizienz als Herausforderung an das Verwaltungsrecht - Perspektiven der verwaltungsrechtlichen Systembildung, in: Hoffmann-Riem, Wolfgang / Schmidt-Aßmann, Eberhard (Hrsg.), Effizienz als Herausforderung an das Verwaltungsrecht, Baden-Baden 1998, S. 245

Schmidt-Aßmann, Eberhard, Zur Reform des Allgemeinen Verwaltungsrechts - Reformbedarf und Reformansätze -, in: Hoffmann-Riem, Wolfgang / Schmidt-Aßmann, Eberhard / Schuppert, Gunnar Folke (Hrsg.), Reform des Allgemeinen Verwaltungsrechts, Baden-Baden 1993, S. 11

Schmidt-Aßmann, Eberhard / Hoffmann-Riem, Wolfgang (Hrsg.), Strukturen des Europäischen Verwaltungsrechts, Baden-Baden 1999

Schmidt-De Caluwe, Reimund, Der Verwaltungsakt in der Lehre Otto Mayers, Tübingen 1999

Schmidt-v. Rhein, Georg, Das Reichskammergericht in Wetzlar, NJW 1990, S. 489

Schmieszek, Hans-Peter, Sechstes Gesetz zur Änderung der Verwaltungsgerichtsordnung und anderer Gesetze (6. VwGOÄndG), NVwZ 1996, S. 1151

Schmitt, Carl, Der Führer schützt das Recht, DJZ 1934, Sp. 945

Schmitt, Carl, Die Rechtswissenschaft im Führerstaat, ZAkDR 1935, S. 435

Schmitt, Carl, Fünf Leitsätze für die Rechtspraxis, DR 1933, S. 201

Schmitt, Carl, Über die drei Arten des rechtswissenschaftlichen Denkens, Hamburg 1934

Schmitt, K. J., Die Grundlagen der Verwaltungsrechtspflege im constitutionell-monarchischen Staate, Stuttgart 1878

Schmitthenner, Friedrich, Grundlinien des allgemeinen oder idealen Staatsrechtes, Giessen 1845, Nachdruck Hamburg 1966

Schmitz, Heribert / Wessendorf, Franz, Das Genehmigungsverfahrensbeschleunigungsgesetz - Neue Regelungen im Verwaltungsverfahrensgesetz und der Wirtschaftsstandort Deutschland, NVwZ 1996, S. 955

Schnapauff, Klaus-Dieter, Deutsche Verwaltung und Europäische Integration, in: Magiera, Siegfried / Sommermann, Karl-Peter (Hrsg.), Verwaltung in der Europäischen Union, Berlin 2001, S. 13

Schoch, Friedrich, Der Verwaltungsakt zwischen Stabilität und Flexibilität, in: Hoffmann-Riem, Wolfgang / Schmidt-Aßmann, Eberhard (Hrsg.), Innovation und Flexibilität des Verwaltungshandelns, Baden-Baden 1994, S. 199

Schoch, Friedrich, Die europäische Perspektive des Verwaltungsverfahrens- und Verwaltungsprozeßrechts, in: Schmidt-Aßmann, Eberhard / Hoffmann-Riem, Wolfgang (Hrsg.), Strukturen des Europäischen Verwaltungsrechts, Baden-Baden 1999, S. 279

Schoch, Friedrich, Die Europäisierung des Allgemeinen Verwaltungsrechts, JZ 1995, S. 109

Schoch, Friedrich, Privatisierung von Verwaltungsaufgaben, DVBl. 1994, S. 962

Schoen, Paul, Der Widerruf der Verfügungen nach der Rechtsprechung des Oberverwaltungsgerichts, in: Triepel, Heinrich (Hrsg.), Verwaltungsrechtliche Abhandlungen. Festgabe zur Feier des fünfzigjährigen Bestehens des Preußischen Oberverwaltungsgerichts, Berlin 1925, S. 118

Schönfeldt, Jobst v., Die allgemeine und innere Verwaltung, Berlin / Wien 1942

Schroeder, Klaus-Peter, Das Reichskammergericht, JuS 1978, S. 368

Schulte, Martin, Wandel der Handlungsformen der Verwaltung und der Handlungsformenlehre in der Informationsgesellschaft, in: Hoffmann-Riem, Wolfgang / Schmidt-Aßmann, Eberhard (Hrsg.), Verwaltungsrecht in der Informationsgesellschaft, Baden-Baden 2000, S. 333

Schulte, Wolfgang, Die Einführung der preußischen Verwaltungsgerichtsbarkeit in Schleswig-Holstein, Diss. jur. Kiel 1977

Schulze, Hermann, Einleitung in das deutsche Staatsrecht, neue Ausgabe, Leipzig 1867

Schuster, Rudolf / Evers, Hans-Ulrich (Hrsg.), Alle deutschen Verfassungen, 1. Aufl., München 1985

Schwarze, Jürgen (Hrsg.), Das Verwaltungsrecht unter europäischem Einfluß, Baden-Baden 1996

Schwarze, Jürgen, Einführung, in: Schwarze, Jürgen (Hrsg.), Das Verwaltungsrecht unter europäischem Einfluß, Baden-Baden 1996, S. 11

Schwarze, Jürgen, Deutschland, in: Schwarze, Jürgen (Hrsg.), Das Verwaltungsrecht unter europäischem Einfluß, Baden-Baden 1996, S. 123

Schweder, Alfred, Politische Polizei, Berlin 1937

Schweickhardt, Rolf, Der Verwaltungsakt als Anknüpfungspunkt im Verwaltungsprozeß, DÖV 1965, S. 795

Schweitzer, Michael / Hummer, Waldemar, Europarecht, 5. Aufl., Neuwied 1996

Schwerin, Claudius Freiherr v., Geschichte des Verwaltungsrechts und der Verwaltungswissenschaft, in: Frank, Hans (Hrsg.), Deutsches Verwaltungsrecht, München 1937, S. 3

Seibert, Max-Jürgen, Die Bindungswirkung von Verwaltungsakten, Baden-Baden 1989

Sellmann, Martin, Der Weg zur neuzeitlichen Verwaltungsgerichtsbarkeit - ihre Vorstufen und dogmatischen Grundlagen, in: Külz, Helmut R. / Naumann, Richard (Hrsg.), Staatsbürger und Staatsgewalt, Karlsruhe 1963, Bd. 1, S. 25

Seydel, Max, Grundriß zu Vorlesungen über Bayerisches Verwaltungsrecht, München 1883

Siebecke, Friedrich F., Die mitwirkungsbedürftigen Verwaltungsakte, Diss. jur. Münster 1958

Soden, Julius Graf v., Die Staats-Polizei nach den Grundsätzen der National-Oekonomie, Aarau 1817

Sonnenfels, Joseph v., Grundsätze der Polizey, Handlung, und Finanz, Bd. 1, 7. Aufl., Wien 1804

Spanner, Hans, Die österreichischen Verwaltungsverfahrensgesetze als Vorbild eines Reichsgesetzes über das Verwaltungsverfahren, DV 1938, S. 676

Spick, Hans, Der vorläufige Rechtsschutz bei rechtsgestaltenden Verwaltungsakten, Diss. jur. Köln 1961

Spiegel, Ludwig, Die Verwaltungsrechtswissenschaft, Leipzig, 1909

Stahl, Friedrich Julius, Philosophie des Rechts, Bd. 2, 2. Abtheilung, Heidelberg 1837

Stammler, Rudolf, Privilegien und Vorrechte, Halle an der Saale 1903

Stein, Lorenz v., Handbuch der Verwaltungslehre und des Verwaltungsrechts, 1. Aufl., Stuttgart 1870

Stein, Lorenz v., Handbuch der Verwaltungslehre, Bd. 1, 3. Aufl., Stuttgart 1887

Stelkens, Paul / Bonk, Heinz Joachim / Sachs, Michael, Verwaltungsverfahrensgesetz, 6. Aufl., München 2001

Stengel, Carl v., Begriff, Umfang und System des Verwaltungsrechts, ZStW 38 (1882), S. 219

Stengel, Karl Freiherr v., Lehrbuch des Deutschen Verwaltungsrechts, Stuttgart 1889

Stern, Klaus, Das Staatsrecht der Bundesrepublik Deutschland, Bd. 2, München 1980

Stier-Somlo, Fritz / Elster, Alexander (Hrsg.), Handwörterbuch der Rechtswissenschaft, Berlin / Leipzig 1926-1929

Stier-Somlo, Fritz, Stichwort "Privilegien. A. Nach Gewerberecht. B. Nach Staatsrecht.", in: Stier-Somlo, Fritz / Elster, Alexander (Hrsg.), Handwörterbuch der Rechtswissenschaft, Bd. 4, Berlin / Leipzig 1927, S. 589

Stier-Somlo, Fritz, Stichwort "Verwaltungsakt", in: Stier-Somlo, Fritz / Elster, Alexander (Hrsg.), Handwörterbuch der Rechtswissenschaft, Bd. 6, Berlin / Leipzig 1929, S. 577

Stolleis, Michael, Die Verwaltungsgerichtsbarkeit im Nationalsozialismus, in: Erichsen, Hans-Uwe / Hoppe, Werner / Mutius, Albert v. (Hrsg.), System des verwaltungsgerichtlichen Rechtsschutzes, Festschrift für Christian-Friedrich Menger, Köln / Berlin / Bonn / München 1985, S. 57

Stolleis, Michael, Gemeinwohlformeln im nationalsozialistischen Recht, Berlin 1974

Stolleis, Michael, Geschichte des öffentlichen Rechts in Deutschland, Bd. 1. Reichspublizistik und Policeywissenschaft: 1600-1800, München 1988

Stolleis, Michael, Geschichte des öffentlichen Rechts in Deutschland, Bd. 2. Staatsrechtslehre und Verwaltungsrechtswissenschaft: 1800-1914, München 1992

Stolleis, Michael, Geschichte des öffentlichen Rechts in Deutschland, Bd. 3. Staats- und Verwaltungsrechtswissenschaft in Republik und Diktatur: 1914-1945, München 1999

Stolleis, Michael, Stichwort "Rechtsstaat", in: Erler, Adalbert / Kaufmann, Ekkehard / Schmidt-Wiegand, Ruth (Hrsg.), Handwörterbuch zur deutschen Rechtsgeschichte, Bd. 4, Berlin 1990, Sp. 367

Stolleis, Michael, Stichwort "Verwaltungsrechtswissenschaft", in: Erler, Adalbert / Kaufmann, Ekkehard / Schmidt-Wiegand, Ruth (Hrsg.), Handwörterbuch zur deutschen Rechtsgeschichte, Bd. 5, Berlin 1993 f., Sp. 883

Stolleis, Michael, Verwaltungslehre und Verwaltungsrechtswissenschaft 1803-1866, in: Jeserich, Kurt G. A. / Pohl, Hans / Unruh, Georg-Christoph v. (Hrsg.), Deutsche Verwaltungsgeschichte, Bd. 2, Stuttgart 1983, S. 56

Stolleis, Michael, Verwaltungsrechtswissenschaft und Verwaltungslehre 1866-1914, in: Jeserich, Kurt G. A. / Pohl, Hans / Unruh, Georg-Christoph v. (Hrsg.), Deutsche Verwaltungsgeschichte, Bd. 3, Stuttgart 1984, S. 85

Stolleis, Michael, Verwaltungsrechtswissenschaft und Verwaltungslehre in der Weimarer Republik, in: Jeserich, Kurt G. A. / Pohl, Hans / Unruh, Georg-Christoph v. (Hrsg.), Deutsche Verwaltungsgeschichte, Bd. 4, Stuttgart 1985, S. 77

Stolleis, Michael, Verwaltungsrechtswissenschaft und Verwaltungslehre im Nationalsozialismus, in: Jeserich, Kurt G. A. / Pohl, Hans / Unruh, Georg-Christoph v. (Hrsg.), Deutsche Verwaltungsgeschichte, Bd. 4, Stuttgart 1985, S. 707

Storz, Werner, Die Rücknahme begünstigender Verwaltungsakte wegen ursprünglicher Fehlerhaftigkeit, Diss. jur. Tübingen 1963

Strickstrock, Tilo, Zur Kompetenz Oberster Bundesbehörden zum Erlaß von Verwaltungsakten, Diss. jur. Münster 1968

Stritzke, Otto, Nationalsozialistische Weltanschauung und die Rechtsprechung des Bayerischen Verwaltungsgerichtshofs, DV 1939, S. 430

Strube, David Georg / Spangenberg, Ernst, Rechtliche Bedenken, Bd. 2, Hannover 1827

Stuckart, Wilhelm, Führung und Verwaltung im Kriege, Berlin 1941

Stuckart, Wilhelm / Scheerbarth, Walter, Verwaltungsrecht, 4. Aufl., Leipzig 1939

Svarez, Carl Gottlieb, Vorträge über Recht und Staat, herausgegeben von Conrad, Hermann / Kleinheyer, Gerd, Köln / Opladen 1960

Sydow, Gernot, Die Verwaltungsgerichtsbarkeit des ausgehenden 19. Jahrhunderts, Heidelberg 2000

Tatarin-Tarnheyden, Edgar, Grundlagen des Verwaltungsrechts im neuen Staat, AöR 63 (1934), S. 345

Tesmer, Hans, Die Schutzhaft und ihre rechtlichen Grundlagen, DR 1936, S. 135

Tezner, Friedrich, Die deutschen Theorien der Verwaltungsrechtspflege, VerwArch. 8 (1900), S. 220

Thieme, Hans, Das Heilige Römische Reich und seine Glieder, JuS 1981, S. 549

Thoma, Richard, Der Polizeibefehl im Badischen Recht, Teil 1, Tübingen 1906

Thoma, Richard, Rechtsstaatsidee und Verwaltungsrechtswissenschaft, JöR 4 (1910), S. 196

Triepel, Heinrich (Hrsg.), Verwaltungsrechtliche Abhandlungen. Festgabe zur Feier des fünfzigjährigen Bestehens des Preußischen Oberverwaltungsgerichts, Berlin 1925

Trostel, Eugen, Die Verwaltungsgerichtsbarkeit von der Gründung bis zum Ausgang des Kaiserreichs, VBlBW 1988, S. 363

Turegg, Kurt Egon v. / Kraus, Erwin, Lehrbuch des Verwaltungsrechts, 4. Aufl., Berlin 1962

Tyrell, Albrecht, Voraussetzungen und Strukturelemente des nationalsozialistischen Herrschaftssystems, in: Bracher, Karl Dietrich / Funke, Manfred / Jacobsen, Hans-Adolf (Hrsg.), Nationalsozialistische Diktatur. Eine Bilanz, Bonn 1983, S. 37

Ulbrich, Josef, Grundzüge des österreichischen Verwaltungsrechtes, Prag / Leipzig 1884

Ule, Carl Hermann, Die geschichtliche Entwicklung des verwaltungsgerichtlichen Rechtsschutzes in der Nachkriegszeit, in: Erichsen, Hans-Uwe / Hoppe, Werner / Mutius, Albert v. (Hrsg.), System des verwaltungsgerichtlichen Rechtsschutzes, Festschrift für Christian-Friedrich Menger, Köln / Berlin / Bonn / München 1985, S. 81

Ule, Carl Hermann, Die Kodifizierung des Verwaltungsverfahrensrechts, in: Jeserich, Kurt G. A. / Pohl, Hans / Unruh, Georg-Christoph v. (Hrsg.), Deutsche Verwaltungsgeschichte, Bd. 5, Stuttgart 1987, S. 1162

Unruh, Georg-Christoph v., Kodifiziertes Verwaltungsrecht, NVwZ 1988, S. 690

Unruh, Georg-Christoph v., Polizei, Polizeiwissenschaft und Kameralistik, in: Jeserich, Kurt G. A. / Pohl, Hans / Unruh, Georg-Christoph v. (Hrsg.), Deutsche Verwaltungsgeschichte, Bd. 1, Stuttgart 1983, S. 388

Unruh, Georg-Christoph v., Verwaltungsgerichtsbarkeit, in: Jeserich, Kurt G. A. / Pohl, Hans / Unruh, Georg-Christoph v. (Hrsg.), Deutsche Verwaltungsgeschichte, Bd. 5, Stuttgart 1987, S. 1178

Volkmann, Jürgen, Die Problematik der Rechtskraft sozialversicherungsrechtlicher Verwaltungsakte, Diss. jur. Köln 1966

Vorträge zur Geschichte des Privatrechts in Europa, Ius commune Sonderheft 15, Frankfurt am Main 1981

Voßkuhle, Andreas, Der Wandel von Verwaltungsrecht und Verwaltungsprozeßrecht in der Informationsgesellschaft, in: Hoffmann-Riem, Wolfgang / Schmidt-Aßmann, Eberhard (Hrsg.), Verwaltungsrecht in der Informationsgesellschaft, Baden-Baden 2000, S. 349

Voucko, Manfred, Die Pflicht zur Begründung von Verwaltungsakten, Diss. jur. Frankfurt am Main 1967

Wadle, Elmar, Goethes Gesuch um ein Nachdruckprivileg des Deutschen Bundes und die preußische Politik, NJW 1999, S. 2545

Wagner, Volkmar / Engelhardt, Matthias, Mediation im Umwelt- und Planungsrecht als Alternative zur behördlichen oder gerichtlichen Streitentscheidung, NVwZ 2001, S. 370

Wahl, Rainer, Verwaltungsverantwortung und Verwaltungsgerichtsbarkeit, VBlBW 1988, S. 387

Wahl, Rainer, Zur Lage der Verwaltung Ende des 20. Jahrhunderts, in: Jeserich, Kurt G. A. / Pohl, Hans / Unruh, Georg-Christoph v. (Hrsg.), Deutsche Verwaltungsgeschichte, Bd. 5, Stuttgart 1987, S. 1197

Walcke-Wülffen, Dirk-Joachim v., Begründungszwang von Verwaltungsakten, Diss. jur. München 1974

Walk, Joseph (Hrsg.), Das Sonderrecht für die Juden im NS-Staat, Heidelberg / Karlsruhe 1981

Walz, Ernst, 100 Jahre Verwaltungsgerichtsbarkeit in Baden, in: Baring, Martin (Hrsg.), Aus 100 Jahren Verwaltungsgerichtsbarkeit, 2. Aufl., Köln / Berlin / Bonn / München 1964, S. 102

Weber, Werner, Der fehlerhafte Verwaltungsakt als Gegenstand der Gesetzgebung, AöR 73 (1943), S. 60

Weiler, Freiherr v., Ueber Verwaltung und Justiz und über die Gränzlinie zwischen beiden, Mannheim 1826

Weimar, Wilhelm, Stillschweigender Verwaltungsakt und Schweigen als Verwaltungsakt, JW 1933, S. 1931

Weiske, Julius (Hrsg.), Rechtslexikon für Juristen aller teutschen Staaten enthaltend die gesamte Rechtswissenschaft, Leipzig 1839-1862

Weiß, Karl Eduard, System des deutschen Staatsrechts, Regensburg 1843

Weizel, G., Das Badische Gesetz vom 5. October 1863 über die Organisation der innern Verwaltung, Karlsruhe 1864

Werner, Fritz, Verwaltungsrecht als konkretisiertes Verfassungsrecht, DVBl. 1959, S. 527

Widmann, Josef, Abgrenzung zwischen Verwaltungsakt und eingreifendem Realakt, Diss. jur. München 1996

Widtmann, Julius, Verwaltungsrechtspflege in Bayern von 1863 bis 1963, in: Baring, Martin (Hrsg.), Aus 100 Jahren Verwaltungsgerichtsbarkeit, 2. Aufl., Köln / Berlin / Bonn / München 1964, S. 41

Wieseler, Willi, Der vorläufige Rechtsschutz gegen Verwaltungsakte, Berlin 1967

Winkler, Günther, Der Bescheid, Wien 1956

Winterstetter, Alfred, Der Verwaltungsakt als Vollstreckungstitel, Diss. jur. München 1967

Wirth, Peter Nikolaus, Umdeutung fehlerhafter Verwaltungsakte, Frankfurt am Main / Bern 1991

Woerner, Lothar / Grube, Georg, Die Aufhebung von Steuerverwaltungsakten (AO 1977), 6. Aufl., Stuttgart 1978

Wolff, Hans J. / Bachof, Otto / Stober, Rolf, Verwaltungsrecht I, 10. Aufl., München 1994

Wolzendorff, Kurt, Der Polizeigedanke des modernen Staats, Breslau 1918

Wolzendorff, Kurt, Die Grenzen der Polizeigewalt, Teil 2, Marburg an der Lahn 1906

Würtenberger, Thomas, Akzeptanz durch Verwaltungsverfahren, NJW 1991, S. 257

Würtenberger, Thomas, Der Konstitutionalismus des Vormärz als Verfassungsbewegung, Der Staat 37 (1998), S. 165

Würtenberger, Thomas, Der Schutz von Eigentum und Freiheit im ausgehenden 18. Jahrhundert, in: Gose, Walther / Würtenberger, Thomas (Hrsg.), Zur Ideen- und Rezeptionsgeschichte des Preußischen Allgemeinen Landrechts, Stuttgart 1999

Würtenberger, Thomas, Verwaltungsprozeßrecht, München 1998

Würtenberger, Thomas, Zeitgeist und Recht, 2. Aufl., Tübingen 1991

Würtenberger, Thomas / Heckmann, Dirk / Riggert, Rainer, Polizeirecht in Baden-Württemberg, 4. Aufl., Heidelberg 1999

Zachariä, Heinrich Albert, Deutsches Staats- und Bundesrecht, Bd. 2, 3. Aufl., Göttingen 1867

Zachariä, Karl Salomo, Das Staatsrecht der Rheinischen Bundesstaaten und das Rheinische Bundesrecht, Heidelberg 1810

Zimmer, Gerhard, Handlungsformen und Handlungsbefugnisse der öffentlichen Verwaltung, Jura 1980, S. 242

Zinser, Hans-Walter, Über die württembergische Verwaltungsgerichtsbarkeit, in: Baring, Martin (Hrsg.), Aus 100 Jahren Verwaltungsgerichtsbarkeit, 2. Aufl., Köln / Berlin / Bonn / München 1964, S. 94

Zoepfl, Heinrich, Grundsaetze des allgemeinen und des constitutionell-monarchischen Staatsrechts, 2. Aufl., Heidelberg 1841

Zoepfl, Heinrich, Grundsätze des gemeinen deutschen Staatsrechts, Bd. 2, 5. Aufl., Leipzig / Heidelberg 1863

Zorn, Philipp, Das Staatsrecht des Deutschen Reiches, Bd. 1, 2. Aufl., Berlin 1895

Zuleeg, Manfred, Bürgerlichrechtliche Schuldverhältnisse zwischen Hoheitsträger und Staatsbürger auf Grund Verwaltungsakts?, Diss. jur. Erlangen 1959

Peter Lang · Europäischer Verlag der Wissenschaften

Christine E. Linke

Europäisches Internationales Verwaltungsrecht

Frankfurt/M., Berlin, Bern, Bruxelles, New York, Oxford, Wien, 2001. 295 S.
Europäische Hochschulschriften: Reihe 2, Rechtswissenschaft. Bd. 3290
ISBN 3-631-38536-6 · br. € 45.50*

Die Arbeit behandelt die Frage, welchen Regeln das Verwaltungsrecht bei grenzüberschreitenden Fallgestaltungen folgt. Wonach bestimmt sich bei verwaltungsrechtlichen Sachverhalten mit Auslandsbezug die Zuständigkeit der inländischen Behörden, das anzuwendende Recht und welche Wirkung haben fremde Hoheitsakte im Inland? Der Schwerpunkt liegt dabei auf den Vorgaben des Gemeinschaftsrechts. Die Untersuchung zeigt, dass nationale Behörden in vielfältiger Weise an Verwaltungsentscheidungen der Behörden anderer EU-Mitgliedstaaten gebunden sind und sogar verpflichtet sein können, selbst ausländisches Verwaltungsrecht anzuwenden. Die nach dem herkömmlichen internationalen Verwaltungsrecht geltende Begrenzung des Verwaltungsrechts auf das eigene Staatsgebiet ist im Verhältnis zu den anderen Mitgliedstaaten weitgehend aufgehoben.

Aus dem Inhalt: Grundzüge des deutschen internationalen und interlokalen Verwaltungsrechts · Internationalverwaltungsrechtliche Regelungen im Gemeinschaftsrecht · Gemeinschaftsweite Geltung nationaler Verwaltungsakte auf der Grundlage von EU-Verordnungen · Gemeinschaftsrechtliche Anerkennungspflichten · Aufhebung grenzüberschreitender Verwaltungsakte · Grenzüberschreitende gestufte Verwaltungsverfahren · Die Grundfreiheiten als zweiseitige Kollisionsnormen · Rechtsschutz bei grenzüberschreitenden Fallgestaltungen

www.ingramcontent.com/pod-product-compliance
Ingram Content Group UK Ltd.
Pitfield, Milton Keynes, MK11 3LW, UK
UKHW021911290926
8980IPUK00015B/1200

9 783631 396902